KB001014

영원토록 그리울 리즈 펄(Liz Perle, 1956-2015)에게
이 책을 바칩니다.

슬픔 이후의 슬픔

호프 에덜먼
Hope Edelman

—

김재경
옮김

The AfterGrief

상실의 아픔과 함께 삶으로 나아가는 법

다산초당

슬픔을 슬퍼하기

'과거는 과거에 묻어두자. 눈앞에 미래가 놓여 있잖아. 삶은 계속될 거야.'

이는 저자 호프 에덜먼이 어머니의 장례식을 치른 직후 선택했던 삶의 옷이자 살아가는 방식이며 자신을 향한 명령이었다. 그리고 그녀는 곧이어 "놀랍게도 삶은 '정말로' 계속되었다"라고 말한다. 터놓고 말하면 우리 역시 고통스러운 이별을 경험한 후에도 '씩씩하게' 살아가는 것이 슬픔을 대하는 바람직한 삶의 자세라 여겨왔다. 슬픔에 휩싸인 채 허덕이는 것은 멜랑콜리아 상태, 즉 병적 우울이라고 경고하면서 말이다.

우리는 혹여라도 슬픔에 빠져 인생의 '루저'가 되지는 않을까 두려워하며 여러 의사와 심리치료사가 제시하는 '단계별 슬픔 극복' 과정에 올라타서 매 단계를 충실하게 이행하고자 노력한다. 다시 말해 슬픔의 터널을 가능한 한 빨리 빠져나오는 데 온 힘을 쏟는다.

그래서 저자가 판에 박힌 듯한 이런 '슬픔 극복 매뉴얼'을 과감히 깨고 나왔다는 점이 가장 놀라웠다. 에덜먼은 슬픔을 떨쳐버리자고 말하는 대신 자신의 슬픔을 들여다보고 '상실의 이야기'를 만들어보자고 독려한다. 그녀가 제안하는 방식은 지극히 '정신분석적'이다. 정신분석 과정에서 중요한 요소가 '감정 경험의 재구성reconstruction'이고 '정신적 진실psychic truth'을 찾는 것이기 때문이다. 개인의 마음속 깊은 곳에서 벌어진 감정의 이야기들을 찾아내고 거기에 깃든 자기감정과 진실로 만났을 때 비로소 진정한 치유와 극복이 일어난다. 슬픔은 '슬퍼하는 것' 말고는 달리 해결 방법이 없다. 이를 위해서라도 '이야기'는 필요하다. 허공에 대고 울 수는 있지만, 아무런 이야기도 없는 상태에서 슬픔의 의미와 이유를 느끼고 이해하기란 불가능하기 때문이다.

저자는 먼저 자신이 경험한 상실과 유사한 상실의 이야기를 가능한 한 많이 보고 또 철저히 직면하려고 노력했다. 열일곱 살에 어머니를 사별했지만 적어도 서른이 될 때까지 마음속에서 어머니를 떠나보내지 않은 채 '애도 작업'을 진행했던 것으로 보인다. 그녀가 얼마나 의식적으로 인터뷰를 계획하고 글을 썼는지는 알 수 없으나 서른 살이 되던 1994년 자신과 비슷하게 어린 나이에 어머니를 사별한 92명의 여성들을 인터뷰하고 첫 책 《엄마 없는 딸들Motherless Daughters》을 펴냈다. 이로써 그녀만의 애도 작업이 일단락되는가 싶었으나 무언가 미진함을 느꼈던지 저술가로서의 활동을 계속하면서 또다시 유년 시절 어머니를 여읜 여성들을 수십 차례 인터뷰하고 수많은 자료들을 수집하며 '애도'를 분석해 나간다.

에덜먼은 자신의 슬픔을 묻어버리고 가짜 용기로 스스로를 치장하며 사는 대신 느리더라도 오롯이 제 안의 슬픔을 마주하고 겪어내고자 작정한 것 같다. 2020년대가 되자 그녀는 이전에 인터뷰했던 사람들을 다시 추적하여 장편 서사와 같은 '상실의 이야기'를 엮어냈다. 그 과정에서 얻은 귀중한 통찰을 정리한 것이 바로 이 책《슬픔 이후의 슬픔》이다. 에덜먼은 이 책을 통해 개별적 존재로서 슬픔을 '존엄하게' 풀어내는 방법을 알리며 '이야기 만들기'에 도전해 보기를 권한다. 또한 자신의 개인적 슬픔을 아낌없이 공유하며 상실의 이야기와 서사를 풀어내는 방식을 흥미롭게 전한다. 그뿐만 아니라 슬픔에 관한 여러 이론과 지식을 친절하게 설명하며 슬픔에 대한 새로운 지평을 열수 있도록 돕는다. 그러나 무엇보다 내게 감동을 주었던 것은 '사별의 슬픔'을 다루는 그녀의 오래되고 끈질긴 몸부림 자체였다. 한 편의 드라마를 보는 듯했다. 이 책은 마치 상실을 겪은 이들에게 이렇게 말하는 것만 같다.

"충분히 그리고 깊이 슬퍼하세요. 그래도 괜찮습니다. 아니, '그래야만' 괜찮아질 수 있습니다."

_성유미(정신의학과 전문의,《감정이 아니라고 말할 때》저자)

차례

극복을 극복하기

엄마가 동생 집 부엌에 머무르고 있단다. 여동생이 영매에게서 들은 말이다. 우리 엄마의 딸답게 동생과 나는 이 소식을 당연하다는 듯 받아들였다. 엄마는 항상 우리더러 열린 마음으로 겸손해야 한다고 했다. 우리가 뭐라고 다른 사람보다 더 많이 안다고 자신한단 말인가? 게다가 엄마가 부엌에 머무르고 있다는 말은 일견 논리적으로 들렸다. 우리가 어린 시절 살던 집에서 부엌은 집의 중심이자 엄마가 대부분의 시간을 보낸 장소였기 때문이다. 그곳에서 엄마는 늘 부엌일을 하거나 큰 솥에 치킨 카차토레(이탈리아식 닭찜―옮긴이)를 준비하거나 동네 친구들과 얼룩덜룩한 포마이카(내열 플라스틱―옮긴이) 식탁에 둘러앉아 맥스웰하우스 커피를 마시거나 구석의 탁자에 앉아 검지로 연두색 전화선을 빙빙 꼬면서 한가롭게 통화를 하고 있었다. 집에 애가 셋인 데다가 아빠에게 '정리 정돈'이란 머릿속에나 존재하는 개념이었기 때문에 엄마는 언제나 부엌을 깨끗하게 청소하느라 바빴다. 그러니 엄마가 살아 있었다면 아마 동생의 부엌을 마음에 들어 했을 것이다. 내 집 부엌은 만성적인 무질서에 굴복한 지 오래지만 동생의 부엌은 항상 광이 날 만큼 깨끗하니까. 나라도 동생 집 부엌에 머무르겠다.

나도 여동생도 가족 장지와 멀리 떨어진 곳에 살고 있어서 둘 다 엄마의 무덤을 찾아갈 일이 거의 없다. 그래서인지 동생은 엄마의 흑백 사진을 액자에 넣어 부엌 조리대 위에 올려놓았다. 가지런히 늘어선 유리병과 레인지 사이의 공간에 액자가 놓여 있다. 덕분에 동생의 강아지들을 대신 돌봐주러 갈 때면 유리병에 든 강아지 간식을 꺼내면서 엄마에게도 인사를 건네고는 한다. 어쩌면 자식들과 손주들이 잘 지내고 있다고 알려드릴 수도 있겠다. 뭔가 중요한 결정을 내려야 할 일이 생기면 손가락 끝을 유리병에 문지르면서 엄마에게 조언을 구할 수도 있다.

하지만 엄마가 뭐라고 대답할지는 상상에 맡겨야 한다. 우리가 함께한 시간은 고작 17년뿐인 데다가 그마저도 마지막 2년은 엄마 말을 거의 듣지 않다시피 했으니까. 그때 이후로 오래도록 엄마의 목소리와 웃음소리를 잊고 지냈다. 엄마는 1981년에 돌아가셨고 엄마의 목소리가 담긴 테이프 같은 것도 없다. 꿈에서 엄마를 만날 때면 엄마는 늘 낯선 목소리로 말했고 어떤 때는 엄마의 말이 잘 들리다가도 또 어떤 때는 알아듣기가 힘들었다. 그러니까 엄마의 진짜 목소리를 듣지 못한 지 거의 39년이 된 셈이다.

39년이라니. 나도 안다. 긴 시간이라는 거. 다들 그렇다고 얘기한다.

'39년이 지났는데 아직도 극복을 못 한 거야?'

오래전에 사별의 아픔을 겪은 사람이라면 누구나 이런 질문을 떠올린 적이 있을 것이다. 부모, 남매, 배우자, 연인, 친척, 동료, 지인, 친구 등 누군가로부터 명시적으로든 암묵적으로든 비슷한 질문을 받아야 했던 순간도 있으리라. 그때마다 상대방이 보내는 미묘한 신호에도 익숙하다. 이를테면 눈썹을 살짝 치켜든 채 부드러우면서도 놀란 목소리로 "어머! 그렇게나 오래됐다고?"라고 말하는 식이다. 그렇게나 오래전에 벌어진 일이 아직도 우리 머릿속과 마음속에 뙈리를 틀고 앉아 있다는 사실이 신기한가 보다. 그러게 왜 이런 아픔은 자극을 받을 때마다 어김없이 불쑥 튀어나오는 걸까?

당사자인 우리 역시 똑같은 의문을 품은 적이 있지 않은가?

'내가 아직도 극복을 못 했다고?' 마치 사랑하는 사람의 죽음이 인생이라는 육상경기 중 뛰어넘어야 할, 그리고 다시는 돌아보지 말아야 할 허들이라도 되는 것처럼 말이다.

나도 사랑하는 사람의 죽음을 '극복'할 손쉬운 방법이 있으면 좋겠다. 진심으로 그렇다. 하지만 지난 38년 동안 내가 경험하고 학습하고 관찰한 바에 따르면 그런 방법은 존재하지 않는다. 1994년에 첫 책 《엄마 없는 딸들》을 출간한 이후 나는 미국, 캐나다, 호주, 뉴질랜드, 영국, 유럽, 인도, 중동 등에 사는 수많은 여성들의 이야기를 수집했다. 모두 어린 시절에 어머니를 여읜 여성이었다. 나는 그들의 형제자매, 남편, 아버지, 자녀와도 전화나 이메일 또는 만남을 통해 대화를 나눴다. 그렇게 내 사무실에는 인간의 육체와 정신과 감정이 사별의 아픔에 어떤 식으로 반응하는지 조사한 내용이 캐비닛 다섯 개에 꽉 들어차게 되었다. 나는 지난 20년 동안 논픽션 글쓰기 교실을 운영하면서 수많은 대학원생과 신진 작가가 자신의 아픔이나 상실을 이야기로 풀어내도록 돕기도 했다. 특히 이번 책을 위해서는 소중한 사람과 사별한 아픔이 있는 남성과 여성 81명을 심층 인터뷰했다. 대개 아동기, 청소년기, 청년기에 사별을 경험했으나 제대로 이해와 돌봄을 받지 못한 사람들이었다. 나는 어린 시절 사별을 경험한 뒤 오래도록 아픔을 간직하고 살아가는 사람들에게 초점을 맞췄다. 따라서 내가 진행한 인터뷰 대다수는 아동기, 청소년기, 청년기에 부모, 남매, 연인, 친구를 잃은 사람을 대상으로 하고 있다. 성인이 된 후 배우자, 연인, 자녀를 잃은 사람들에 관해서는 잠깐씩만 다뤘다. 이런 사례들은 사별 관련 문헌에서 아예 별도의 범주로 다뤄지는 데다가 성인기의 사별이 장기적으로 어떤 영향을 미칠 수 있는지 분석하는 훌륭한 책들이 이미 많기 때문이다.

모두 종합해 보니 내가 정말 어마어마한 수의 상실을 들여다보았구나 싶다. 그렇기 때문에 나는 이제 확신을 가지고 말할 수 있다. 사별의 아픔, 특히 감수성이 예민한 나이에 경험한 사별의 아픔은 결코 잊어버리거나 벗어나거나 억누르거나 넘어설 수 있는 문제가 아니라고. 어떤 아픔이든 시간이 지날수록 무뎌진다는 생각은 착각이다. 사별의 크나큰 아픔은 오히려 우리의 정체성이 되어 생각, 바람, 기대, 행동, 두려움에 영향을 미친다. 그 아픔은 사별 이후에 이어지는 인생 내내 우리와 함께한다.

작가이자 심리치료사인 클레어 비드웰 스미스Claire Bidwell Smith도 이렇게 말한다. "사별의 아픔은 얼마나 끈질긴지 정말 놀라울 정도예요. 매번 형태를 바꿔 새로운 방식으로 나를 다시 찾아오지요. 심지어 아품이 완전히 가셨다고 생각하는 순간에도 말이에요. 어머니가 돌아가신 지 24년이 지났고 아버지가 돌아가신 지 17년이 지났는데 그 상실감은 아직도 제 안에 남아 있습니다. 두 분이 돌아가신 뒤로 매일 어떤 형태로든 남아 있어요."

심리학자 리아트 그라넥Leeat Granek과 작가 메건 오루크Meghan O'Rourke는 2011년《슬레이트Slate》에 사랑하는 사람을 잃은 성인 약 8000명을 대상으로 한 설문조사 결과를 발표하면서 "사별은 사별 이후에 지속되는 삶의 면면을 미묘하게 바꾸어놓는다"고 설명했다. 설문조사에 참여한 사람 중 3분의 1 가까이가 사별을 겪은 지 8년 이상 지난 상태였다. 그럼에도 그들은 아픔을 '극복'했다고 느끼기는커녕 사별의 슬픔이 현재 자신에게 어떤 영향을 미치는지 그리고 앞으로 어떤 영향을 미칠지 끊임없이 이야기하고 싶어 했다.

멤피스대학에서 구성주의 심리학을 가르치는 교수이자 포틀랜드 상실이행연구소의 설립자인 로버트 니마이어Robert Neimeyer는 애도를 이렇게 설명한다. "이 과정은 사람들이 보통 생각하는 것보다 훨씬 더 오래 지속됩니다. 여러 달 정도가 아니라 여러 해에 걸쳐 진행되며, 사별을 겪은 지 수년 혹은 수십 년이 지난 뒤에도 주기적으로 '슬픔이 치솟는 상태'가 닥칠 수 있지요."《슬레이트》의 설문조사 결과 역시 이와 일치했다. 사별한 지 1~2년 만에 다시 이전의 상태로 돌아갔다고 느낀 응답자는 4분의 1에 불과했다. 그에 반해 사별 이후 단 한 번도 이전의 자신을 되찾지 못했다고 응답한 사람은 4분의 1이 넘었다.

그럼에도 평범한 미국인을 아무나 붙잡고 소중한 사람과 사별한 슬픔이 얼마나 지속될 것 같으냐고 물어보면 '며칠 내지는 1년'이라는 대답이 돌아온다. 한 실문조사에서는 응답자 과반수가 2주를 최대치로 말하기도 했다. 겨우 2주 말이다. 2주면 일부 문화권에서는 감정적 고통을 추스르고 상황을 이해하기는 고사하고 장례를 치르기에도 빠듯한 시간이다.

사람들은 흔히 애도를 일정 시간 동안 일련의 단계를 지나 '종착' 단계로 마무리되는 과정이라고 생각하지만 실제 애도는 그보다 훨씬 종잡을 수 없이 복잡하다. 둘 사이에 큰 괴리가 존재하는 셈이다. 결국 많은 사람들은 사별의 아픔을 겪으면서 이제까지 주위에서 들어온 얘기와는 전혀 다른 현실을 마주하고 이러지도 저러지도 못하는 상황에 빠진다.

가까운 이와 사별한 사람 중 10~15퍼센트가 '복합적 애도'를 경험한다. 복합적 애도에 빠진 사람은 사별로 인한 감정적 고통이 너무 극심하고 지속적인 탓에 혼자 힘으로는 정상적인 일상생활을 재개하지 못한다. 정신이 애도를 위한 주파수에만 맞춰진 상태가 되는 것이다. 최근 연구에 따르면 이런 유형의 사람 상당수는 이미 우울이나 불안을 겪고 있었거나 '애도에 취약한 성향'을 가지고 있었을 가능성이 있다. 지난 70년 동안 사별에 관한 연구는 이처럼 복합적 애도를 겪는 정신과 환자(전통적으로 여성)에게 초점을 맞춰왔다. 이런 이유로 나머지 85퍼센트, 즉 일반적인 애도를 경험하는 여성과 남성에 관해서는 알려진 바가 그리 많지 않다. 물론 이들은 대개 사별 이후 달라진 상황에 그 나름대로 적응하기는 한다.

하지만 그 후에는 어떤 일이 기다리고 있을까? 그들은 10년이 지난 뒤에 어떤 상황을 마주할까? 20년 혹은 40년 뒤에는? 시간이 흐름에 따라 그들은 어떤 식으로 삶에 적응하게 될까? 어떤 식으로 적응할 때 그들에게 가장 도움이 될까? 상실의 아픔은 남은 인생에서 어떻게 모습을 드러낼까?

답하기 쉬운 질문이 아니다. 애도는 지극히 개인적인 과정이기 때문이다. 서로 미세하게 상호작용을 일으키는 다음의 수많은 변수들이 결과에 영향을 미칠 수 있다.

- 사별을 겪을 당시의 나이
- 고인의 사망 원인
- 고인과의 관계
- 받을 수 있는 사회적 지원의 종류와 양
- 성별
- 기질 혹은 성격
- 세상을 바라보는 시각이나 관점
- 가족들의 의사소통 방식
- 종교, 문화, 인종, 민족
- 사회·경제적 지위
- 세대
- 사별 당시 혹은 이후의 기타 스트레스 요인
- 그 이전에 사별의 아픔을 다스렸던 방법
- 가족 단위 및 규모의 장단기적 변화

변수가 이렇게 많은 만큼 조합할 수 있는 결과의 가짓수 역시 무한

대에 가깝다.

게다가 사별을 겪은 사람이 이후에 어떻게 대처하며 살아가는지 오랜 시간을 들여 추적한 연구는 좀처럼 찾아보기 힘들다. 지금까지의 연구들은 사별한 사람을 기껏해야 6~7년 조사한 것이 대다수다. 상실의 아픔이 오랜 세월에 걸쳐 전개되는 동안 남은 사람들이 죽음에 어떤 식으로 적응하고 의미를 부여하는지 판단할 만한 경험적 데이터가 부족한 셈이다.

하지만 우리가 상실을 겪었다는 사실 자체는 변하지 않더라도 그 사실을 받아들이는 방식은 시간이 지남에 따라 조금씩 바뀔 수 있음을, 우리는 경험을 통해 알고 있다. 나의 엄마는 1981년 7월 유방암으로 생을 마감했다. 당시 엄마는 마흔둘, 나는 열일곱이었다. 이런 구체적인 사실은 고정되어 있다. 내게는 그 사실을 바꿀 능력이 없다. 하지만 이런 사실이 시간이 지남에 따라 내게 어떤 '의미'를 지니는가는 계속 변화한다. 성질이 불같고 독선적이었던 열일곱의 나는 비난할 대상을 찾고 싶었다. 하지만 서른셋에 엄마가 되고 자식을 사랑하는 엄마의 마음을 직접 경험하자 엄마의 죽음을 다른 시각으로 바라보게 되었다. 내 나이가 점차 마흔둘에 가까워지고 결국 마흔둘을 지나자 또 생각이 달라졌다. 그제야 나는 엄마가 얼마나 짧은 생을 보냈는지, 그래서 얼마나 많은 것들을 놓쳤는지 진심으로 이해할 수 있었다. 서른셋은 물론 마흔하나에도 이해하지 못했을 사실이다. 물론 열일곱 살에는 감히 상상조차 못 했다. 이제 나는 엄마가 세상을 떠난 나이보다 열 살이 더 많다. 지금 내가 확실히 말할 수 있는 사실 한 가지는 엄마보다 나이가 이 정도 많아지면 정말 이상한 기분이 든다는 것이다.

이 책을 준비하며 인터뷰한 사람들 역시 나처럼 나이를 먹음에 따라 관점이 변했다고 말했다. 하지만 그들의 대답은 모두 과거를 회상하며 떠올린 기억에서 건져 올린 것이다. 그리고 인간의 기억력은 실제 사건을 뒤섞고 비트는 고약한 습성을 가지고 있다. 아쉽게도 사람들이 사별의 아픔을 받아들이는 방식이 수십 년에 걸쳐 어떻게 변화하는지 실시간으로 추적하여 조사한 연구는 찾아볼 수 없었다. 그때 문득 우리 집 차고에 있는 상자들이 떠올랐다. 상자에는 카세트테이프와 필사본이 들어 있었다. 1990년대 초《엄마 없는 딸들》을 쓰기 위해 여성 92명과 인터뷰한 자료였다. 각각의 인터뷰에는 어머니와 사별한 여성이 삶의 특정한 시점에 어머니의 죽음을 어떻게 이해했는지 이야기한 내용이 담겨 있었다. 끊임없이 변화하는 인간 경험의 흐름에 핀을 하나 꽂아놓은 셈이다. 나는 그 여성들이 거의 30년이 지난 지금 중년 혹은 노년의 입장에서 동일한 사실을 어떻게 해석할지 궁금해졌다. 다행히 구글, 링크드인, 페이스북, 화이트페이지스(미국의 인물 검색 사이트—옮긴이)를 통해 기존 92명의 여성 중 18명을 찾아낼 수 있었고 2018년과 2019년에 걸쳐 이들과 인터뷰했다. 이들과 다시 접촉해 최근의 관점을 어린 시절의 관점과 비교하고 약 30년 동안 인식이 어떻게 변했는지(혹은 변하지 않았는지) 대화한 일은 이 책을 집필하며 얻은 가장 특별하고 값진 경험이었다.

이들 여성 18명에 더해 남성과 여성 63명과 추가로 인터뷰한 결과 오랜 시간이 지난 사별의 아픔이 사별 직후에 발생하는 충격, 망연자실, 혼란, 부정, 탈진, 불안, 분열, 조정, 적응 과정과 질적으로 어떻게 다른지가 분명히 드러났다. '애도grief'는 이전에 존재했던 것과 앞으로 다가올 것 사이의 경계를 가르는, 고통스러우면서도 현실감이 느껴지지 않는 기간을 묘사하기에 적절한 단어다. 하지만 삶에 더욱 광범위하고 지대한 영향을 미치는 것은 애도 이후에 찾아오는 시간이다. 사별을 경험한 사람 중 85퍼센트는 시간이 지나면 사별의 아픔이 줄어들어 웃음과 기쁨을 되찾을 수 있다. 그러나 사별의 아픔은 삶의 중요한 순간마다 경고도 없이 불쑥 고개를 내밀고는 한다.

애도 이후의 시간에 우리는 이전에 일어나지 않던 혹은 일어날 수 없던 수많은 일들이 일어나고, 이전에 일어나던 혹은 일어날 수 있던 수많은 일들이 일어나지 않는 새로운 현실에 적응해야 한다. 환영할 만한 상황인 동시에 슬퍼할 만한 상황이기도 하다. 예를 들면 이전에 오던 안부 문자와 연락이 더 이상 오지 않는다. 새로운 관계가 시작된다. 관계가 끝난다. 손잡아 주는 사람 없이 결혼식장에 혼자 입장한다. 자식이 태어난다. 물어볼 것이 많지만 물어볼 사람이 없다. 목표를 이루지만 나를 지켜봐 줄 사람이 없다. 명절 전통을 계속 이어나가거나 더 이상 이어나가지 않는다. 나에게 주어진 하루를 진심으로 깊이 감사한다. 생생히 느껴짐에도 도저히 말로 표현할 수 없는 감정에 좌절한다.

물론 사별을 겪은 사람도 결국은 다시 앞으로 나아간다. 하지만 그렇다고 사별한 사람을 잊어버린다는 뜻은 아니다. 오히려 우리는 그들을 우리 삶의 모본이자 조언자로서 마음속에 간직한 채 새로운 차원으로 나아간다. 그러면서 고인과의 관계는 이전보다 훨씬 더 다층적이고 미묘하고 복잡하게 변해간다.

우리가 애도라고 부르는 기간은 상실이라는 훨씬 더 긴 시간의 시작에 불과하다. 바로 이 상실의 시간을 나는 '애도 후의 애도aftergrief'라 부른다.

여태까지 제대로 된 평가나 보고가 이루어지기는커녕 오히려 오해를 받아온 애도 후의 애도는 '이제 무슨 일이 벌어질까?'와 '앞으로 무슨 일이 벌어질까?'라는 질문의 답이 드러나는 시기다. 애도 후의 애도 기간 동안 우리는 끊임없이 지난 일들에 대한 인식을 조정하고 망자와 맺고 있는 내적 관계를 쇄신하며 상실에 부여한 의미를 재고한다. 애도 후의 애도 기간 동안 우리는 사별에 내재된 모순과 함께 살아가는 법을 배운다. 이때 우리는 시간이 지남에 따라 사별의 아픔이 소멸하는 것 같으면서도 여전히 생생하게 느껴지는 현실에 적응한다.

21년 전 열아홉 살 아들의 자살을 경험한 친구 낸시는 애도 후의 애도를 이렇게 설명한다. "아들의 죽음에 익숙해지고 나니 애도 후의 애도가 찾아왔어. 죽음에 익숙해졌다는 말은 뼈와 근육이 사별의 아픔을 버텨내기 시작했다는 뜻이지. 다른 일들을 다시 이어나갈 힘이 생겼다는 뜻이야."

애도 기간의 가장 극심한 비통감이 가라앉기 시작할 무렵 애도 후의 애도가 찾아온다. 그러고 나면 애도 후의 애도는 계속되고 또 계속된다. 다시 말해 애도 후의 애도는 남은 평생 동안 지속된다.

엄마가 돌아가신 1981년, 내가 살던 지역에는 사별을 겪은 가족을 지원하는 기관이 거의 없었다. 몇몇 종교 단체가 일부 도움을 제공했지만 호스피스라든가 사별을 당한 아이들을 돕는 제도는 1990년대나 되어서야 생기기 시작했다. 아빠가 찾아간 한부모가장연합 구성원 대다수는 이혼한 여성이 있다. 그들은 첫 만남 때 자신들의 전화번호를 아빠에게 알려주기는 했지만 아빠는 더 이상 연락을 취하지 않았다. 1981년에 사별을 당한 가족은 대개 병원이나 사고 현장에서 걸어나와 집으로 돌아간 후 앞으로 어떻게 해야 할지 스스로 판단해야 했다.

아빠가 돌아가신 2005년에는 상황이 크게 달라져 있었다. 그즈음에 는 유가족을 지원하는 호스피스 프로그램, 비영리 기관, 협력 단체, 애 도 프로그램, 주말 캠프 등이 미국 전역에 자리를 잡고 있었다. 많은 이 들이 이런 수단을 통해 큰 도움을 받았으며 앞으로도 그럴 것이다. 이 들 기관은 특히 사별 이후에 나타나는 다양한 반응을 있는 그대로 받 아들이고 그것이 전혀 이상한 일이 아님을 인정함으로써 유가족에게 큰 힘이 되어준다.

하지만 극히 일부를 제외하면 이들은 '최근'에 사별을 겪은 사람들 을 주로 돕는다. 따라서 여러 해 전에 부모, 형제자매, 자녀, 배우자, 친 구를 잃은 성인은 다시 비통한 감정에 빠져 지원 기관에 연락을 취하 더라도 "언제 사별하셨나요?"라는 질문에 가로막히고 만다. "12년 전 이요", "20년 전이요", "30년 전이요"라고 대답하면 그렇게 오래 묵은 상실감을 돌봐줄 만한 서비스는 존재하지 않는다는 유감 어린 반응만 내보일 뿐이다. 이는 참으로 당혹스러운 상황이다. 수천만 명에 달하 는 미국인이 오랜 사별의 아픔을 간직한 채 살아가고 있기 때문이다. 2009년에 뉴욕생명재단이 시행한 조사에 따르면 설문에 참여한 19세 이상의 미국인 7명 중 1명(즉 14퍼센트)이 스무 살이 되기 전에 부모나 형제자매를 잃었다고 응답했다. 이 비율을 미국 내 전체 성인에 적용 하면 3000만 명 이상의 미국인이 유아기나 청소년기에 직계 가족을 잃은 경험을 했다는 의미가 된다. 이것만으로도 어마어마한 수치이지만 스무 살 이전에 애인이나 친구를 잃은 사람, 20대나 30대에 부모, 형제자매, 친구, 배우자, 자녀를 사별한 사람까지 포함한다면 그 수는 훨씬 더 증가할 것이다.

유가족 지원 제도가 마련되기 전인 1960~1980년대는 물론 그 이후에도 우리 사회는 사별을 겪은 사람이 어떻게 애도를 해야 하는가에 관해 터무니없는 메시지를 전달해 왔다. 예컨대 이런 식이다. "그래도 삶은 계속되는 법이야." "모든 일에는 다 이유가 있어." "너를 죽이지 못하는 고통은 너를 강하게 만들 뿐이야." "괜히 눈물을 보이면 어머니, 아버지, 할머니 등등 가족이 속상해할 거야." "슬픔에 젖어서 빈둥거리지 마." "이제 과거에서 벗어날 때가 됐잖아." "잊고 살아가다 보면 슬픔도 무뎌질 거야."

설문에 따르면 어린 시절 사별을 겪은 사람 중 거의 절반이 사랑하는 사람의 죽음을 충분히 애도할 기회를 갖지 못했다고 한다. 괴로움을 표출하는 행동이 잘못된 것이라는 압박을 느꼈기 때문이다. 이는 심각한 문제다. 방대한 양의 문헌에 따르면 애도를 제대로 표출하지 못하고 억제당한 아이들은 발달 장애, 청소년 비행, 집중력 저하, 약물 남용, 우울과 불안, 뒤늦게 왜곡되어 나타나는 비통감 등을 겪을 가능성이 높기 때문이다. 허약한 사람이나 감정을 드러내는 것이라는 가르침을 받은 성인, 특히 남성은 애도 기간을 대충 넘기고 사회적으로 용인되는 행동만 하려는 충동을 강하게 느낄 수 있다. 가까운 사람을 잃은 후 직장 생활이나 육아 등 생존과 직결되는 기본적인 활동을 하느라 애도할 여유를 갖지 못한 사람 역시 의식적으로든 무의식적으로든 괴로움을 억눌러야 할지 모른다. 이런 사람들도 나중에 약물 남용이나 우울, 분노, 폭력성을 경험하거나 친밀감을 발전시키기 어려워하는 경향을 보인다. 또한 신체적·정신적 질환에 걸릴 위험성도 높아진다.

수천만 명의 사람들이 가까운 사람을 잃은 상실감을 제대로 해소하지 못한 채 살아가는 모습을 상상해 보자. 그리고 다른 이들과 섞여 살아가는 그들의 얼굴을 찬찬히 들여다보자. 그중 몇몇은 '공개적인 장소에서 써야 하는 가면'을 쓰지 못하고 괴로움을 분명하게 드러낼지 모른다. 그러나 대다수는 평범한 사람처럼 군중 속에서 하루를 보내다 집에 들어가고 나서야 조용히 끙끙댈 것이다. 오래도록 표출되지 못한 억눌린 사별의 아픔은 오늘날 사람들이 가장 간과하는 공중보건 위기 중 하나다.

이토록 많은 사람들이 과거에 크나큰 사별의 아픔을 경험했는데도 왜 우리 사회는 사별이 미치는 장기적인 영향을 제대로 이해하지 못하는 것일까? 어째서 우리는 온갖 병리 현상과 증상을 가리키는 방대한 어휘를 가지고 있으면서도 오래전 사별을 겪은 사람들이 매일 견디는 조정 과정을 설명하는 일에서는 소극적인 것일까?

이 책은 이 같은 질문을 핵심적으로 다루고자 한다. 이런 의문 때문에 39년 전에 엄마를 잃고 15년 전에 아빠를 잃은 나는 장기적인 애도 현상을 설명할 만한 학제적인 틀을 찾기 시작했다. 물론 쉽지 않은 일이었다.

이 책을 읽다 보면 공식적인 연구 자료를 간간이 마주칠 것이다. 하지만 나는 정신과 환자에게서 수집한 데이터나 설문조사 결과를 분석한 데이터보다는 사별을 겪은 개개인이 자신의 경험을 인식하는 방식에 훨씬 더 관심이 많았다. 이런 나를 위해 81명이 인터뷰에 응해주었다. 대부분 유아기나 청소년기에 사별을 겪은 사람들이다. 그들은 감사하게도 나를 직접 만나서든 화상 전화를 통해서든 긴 시간에 걸쳐 자신의 이야기를 공유해 주었다. 인터뷰에 참여한 사람들의 나이는 22세에서 73세에 이르며 평균적으로는 49세다. 그들이 사별을 경험한 지는 최소 2년에서 최대 66년이 지났으며 평균적으로는 34년이 지났다. 사별의 원인은 다양했다. 3분의 2는 갖가지 만성 질환으로, 3분의 1은 갑작스러운 사고로 사랑하는 사람을 떠나보내야 했다.

이들과의 대화를 통해 나는 애도 후의 애도가 우리 생각이나 기대보다 훨씬 더 유동적이고 다층적이며 광범위한 양상으로 나타난다는 사실을 깨달았다. 물론 우리처럼 오랜 사별의 아픔을 간직한 채 살아가는 사람이라면 누구나 직관적으로 이 사실을 이해한다. 우리를 둘러싼 사회가 이 사실을 깨닫기까지 오래 기다려야 했을 뿐이다.

무엇에든 정해진 순서가 있다고 생각하는 사람이 많다 보니 애도에 관한 기존의 통념은 거의 아무런 의심 없이 받아들여졌다. 그 통념에 따르면 애도란 일련의 단계들로 구성되어 있으며 우리는 매 단계를 밟아나감으로써 사별을 수용하고 아픔을 해결한다. 물론 많은 사람들이 경험하는 일이지만 애도가 그런 식으로 끝나지는 않는다. 오히려 현실과는 한참 거리가 먼 이야기다.

애도에 관한 기존의 문화적 인식을 바꾸려면 우리가 반드시 넘어야 할 산이 몇 가지 있다.

첫째로 우리는 애도가 오로지 감정적·심리적 경험에 불과하다는 생각을 버리고 전체론적인 관점을 택해야 한다. 다시 말해 인지적, 행동학적, 신체적, 철학석, 영석, 역사적, 문화적 관점에서도 애도를 바라보아야 한다. 사별을 당한 사람은 자신만의 방식으로 상실감에 반응할 자격을 가지고 있으므로 우리는 그들이 잘 맞아떨어지지 않는 구식 표준에 따라 행동하리라고 기대해서는 안 된다.

다음으로 우리는 사별을 겪은 사람들을 지원하는 일을 사회적 책임으로 인식해야 한다. 시기의 차이만 있을 뿐 결국 우리는 모두 소중한 누군가와 언젠가 사별하게 된다. 2020년에 닥친 코로나 19 바이러스 사태만 생각하더라도 이 사실은 고통스러울 만큼 자명해 보인다. 사별을 경험한 뒤 고통을 표출할 기회를 얻지 못한 사람들 역시 다른 수많은 사람들과 상호작용하며 살아간다. 그들도 다음 세대를 양성하고 정책을 수립하며 미래의 역사를 만드는 과정에 참여한다. 따라서 사별을 겪은 아이나 어른을 사별당한 시점에 지원하는 것은 물론 그 이후로도 장기적으로 지원하는 일은 공공선을 증진할 수 있는 가치 있는 투자라고 할 수 있다.

무엇보다 우리는 사별을 겪은 이의 단기적인 고통을 완화하는 데만 집중하지 말고 애도를 장기적인 안목으로 바라보아야 한다. 사별을 '극복'한다는 생각을 극복하고 사별은 물론 사별이 수반하는 모든 결과를 '함께' 짊어지고 살아간다는 생각을 받아들여야 한다. 외상 후에 이어지는 성장 과정을 주제로 한 연구에 따르면 트라우마적인 사건에서 살아남은 생존자 대다수는 고난을 통해 배운 점을 불과 몇 년 안에 적어도 하나 이상 발견했다. 예컨대 그들은 고난을 겪은 뒤 공감 능력을 키우거나 삶을 진심으로 소중히 여기거나 삶의 우선순위를 재정립하거나 강인한 내면을 가지는 데 성공했다. 이처럼 사별 후에도 자신의 경험에 의미를 부여할 줄 아는 사람들은 비교적 무난한 수준의 복합적 애도를 겪었으며 정신적으로나 신체적으로나 더 건강했다. 실제로 성인의 경우 삶의 트라우마적인 사건에 의미를 부여할 수 있는가 여부는 사건이 미치는 장기적인 영향을 예측하는 부분에서 가장 강력한 지표에 해당했다.

그렇다고 사랑하는 사람의 죽음을 긍정적으로만 받아들여야 한다는 뜻은 아니다. 절대 아니다. 분명 사별이 초래하는 참혹한 고통은 끔찍하다. 하지만 우리 사회가 사별에 따라오는 단기적인 고통을 줄이는 데만 초점을 맞춘다면 슬픔의 장기적인 가치를 간과할 수 있는 것도 사실이다.

열두 살에 절친한 친구를 떠나보낸 46세의 세이디는 이렇게 말한다. "사별한 사람에게 주어진 선택지는 사별의 아픔이 자신을 철저히 망가뜨리도록 내버려두거나 사별의 아픔을 감싸 안고 계속 나아갈 방법을 찾거나 둘 중 하나예요. 입 밖으로 꺼내기 아주 이상한 말이기는 하지만 저는 제가 어린 나이에 그 사실을 깨닫게 돼서 굉장히 운이 좋았다고 생각해요."

스물다섯에 부모를 모두 잃은 클레어 비드웰 스미스는 이렇게 설명한다. "저는 금방이라도 깊은 슬픔에 빠질 수 있어요. 상실의 기억이 뿌리를 깊이 내리고 있어서 언제라도 뿌리를 타고 그때로 되돌아갈 수 있죠. 하지만 상실은 제게 긍정적인 영향도 미쳤어요. 감수성이 매우 풍부한 사람이 되었거든요. 저는 늘 삶에 감사해요. 제가 여기까지 왔다는 사실이 몹시 놀랍고 고마워요. 물론 이렇게 되기까지는 시간이 필요했죠. 지난 20년 사이에 일종의 중간 지점을 넘었다고나 할까요. 바로 그 지점을 넘어서자 모든 것이 너무나 아름다워 눈물이 났어요. 그냥 제 아이들을 보니까, 화요일 아침이니까, 아이들이 잠옷을 입고 있으니까, 딸아이 머리가 떡이 져 있으니까, 뭔가 웃긴 일이 있으니까 좋아서 눈물이 난 거죠. 별일 아니지만 이런 일들이 일어난다는 사실 자체가 마법 같아요."

그라넥과 오루크의 《슬레이트》 설문조사에 참여한 사람들 다수도 역경에 감사하는 마음이 뒤얽히는 상태에 도달했다고 응답했다. 그라넥은 이렇게 말한다. "응답자들이 기록한 바에 따르면 애도는 그들의 자아를 확장시켰다. 또 그들은 애도를 경험하는 과정에서 자신의 일부를 잃기도 했지만 새롭게 얻기도 했다. 그들은 끔찍한 고통을 겪었으며 그로부터 소중한 삶의 교훈을 배웠다. 물론 10년이 지난 뒤에도 그들은 사별의 고통에서 완전히 자유로워지지 못했지만 동시에 애도하는 과정에서 더 나은 사람이 되기도 했다. 고통이 끝나기를 원했지만 동시에 자신이 경험한 애도를 조금도 후회하지 않았다."

우리는 이처럼 상충되어 보이는 여러 진실이 모순을 일으키는 게 아니라 공존할 수 있다고 생각해야 한다. 시간이 지나면 무거운 슬픔 옆에는 고난으로부터 배운 통찰에 감사하는 마음이 나란히 서 있을 것이다. 이걸 뭐라고 표현해야 할지 모르겠다. 이런 개념을 전달할 만한 적절한 영어 단어가 떠오르지 않는다. 그나마 가장 근접한 표현으로 포르투갈어 '사우다지saudade'가 생각난다. 사우다지는 사랑하는 사람, 장소, 사물을 잃어버리고 나서 느끼는 그리움을 뜻하는 말로, 여기에는 한때 사랑했다는 기쁨과 결국 잃어버렸다는 슬픔이 반반씩 섞여 있다. 슬픔에서 시작해 감사로 이어지는 스펙트럼의 중간 지점에는 바로 이

사우다지, 즉 '남아 있는 사랑'이 자리를 잡고 있다.

나는 부모님이 1960년에 결혼 선물로 받은 크리스털 꽃병에 매주 원추리꽃을 새로 꽂아 넣는다. 또 거실에서 부엌으로 갈 때면 항상 벽에 걸린 부모님 사진을 지나친다. 이제 두 분 다 떠나고 없지만 나는 매일, 정말로 매일 두 분을 생각한다. 엄마 아빠가 아직도 내 곁에 함께한다고 생각할 만한 이유가 많다. 나는 아빠가 아침에 종종 해주던, 아빠만의 요리 만드는 법을 내 딸들에게 가르쳐주었다. 딸들과 엄마표 애플파이를 같이 만들 때면 아직도 엄마가 보던 요리 잡지를 참고한다. 툭하면 창피할 만큼 크게 터져 나오는 울음은 아빠에게 물려받은 유산이다. 불의를 보면 참지 못하는 내 성격은 엄마와 판박이다. 이처럼 부모님은 나의 내면과 외면 모두에 너무도 생생하게 남아 있다. 때로는 두 분이 살아 계실 때보다 지금 더 두 분과 가까워졌다고 느낄 정도다.

아직도 그러냐고?

"네, 아직도 그래요. 앞으로도 그럴 거고요." 50여 년 전에 아버지를 잃은 매기의 말이다.

남은 애착, 포근함, 그리움, 사랑, 슬픔, 연민, 분노는 물론 현실에 적응하려 애쓰다 보니 얻게 된 조숙함까지, 이 모든 것은 나 자신과 별개로 존재하는 걸까? 아니면 내 성격과 역사와 정체성에 새겨져 있을까? 내 생각에는 이제 내 일부가 된 것 같다.

아버지를 열일곱 살에 여의었으며 현재 스물아홉 살인 시인 가브리엘 오헤다사게Gabriel Ojeda-Sagué는 이렇게 말한다. "저는 아버지의 죽음을 제게 일어난 사건이라기보다는 제 특성이라고 생각합니다. 저를 저로 만드는 요소 중 하나가 바로 아버지가 돌아기셨다는 사실인 셈이죠. 바로 그 사실 때문에 저는 열 살의 저와는 근본적으로 다른 사람이 되었습니다. 이처럼 아버지의 죽음이 저의 가치관, 인식, 양심을 완전히 바꾸어놓았다면 과연 제 삶에 아버지가 없다고 말할 수 있을까요? 제게는 오히려 아버지의 죽음이 전환점이었습니다. 물론 적응이 필요했지요. 아버지 없이 사는 법을 배워야 했습니다. 하지만 동시에 새로운 방식으로 새로운 틀 속에서 살아가기도 했지요."

이따금 나는 부모님의 죽음을 '극복'한다는 것이 어떤 일인지 생각해 보고는 한다. 내가 두 분 생각을 지금만큼 자주 하지 않게 된다는 뜻일까? 내가 부모님이 돌아가시기 전의 나로 돌아간다는 뜻일까? 냄비를 꺼내다 엄마가 쓰던 노란 냄비가 부글부글 끓는 모습이 떠올라 잠깐 슬픔이 치솟는 일이 더 이상 없다는 뜻일까? 지금의 나와 과거의 나 사이에 벽이 생긴다는 뜻일까? 그래서 TV를 보다가 야구 배트가 야구공을 '탁' 하고 친 뒤 관중이 환호하는 소리가 들릴 때마다 등 뒤에서 느껴지던 아빠의 기척이 더 이상 느껴지지 않는다는 뜻일까? 내가 걱정하는 사람은 그런 식으로 벽을 세우는 사람이지 주방 도구를 보고 잠깐 눈물을 터뜨리는 사람이 아니다.

열아홉 살에 부모를 모두 잃은, 로드아일랜드주 워릭에서 심리학자이자 사별 전문가로 활동하고 있는 테레즈 란도Therese Rando는 이렇게 말한다. "누군가 제게 '테레즈, 사랑하는 사람을 떠나보낸 뒤 건강한 방식으로 애도를 하려면 그 사람을 잊어야 해'라고 말한다면 저는 '그럼 나는 차라리 건강하지 못한 방식으로 애도하는 사람들과 함께할게'라고 답하겠어요. 왜냐하면 저는 이미 물리적인 세계에서 사랑하는 사람들을 잃어버린 거잖아요. 그들을 제 마음과 기억 속에서까지 잃어버리고 싶진 않아요."

사별의 아픔을 겪는 사람은 모두 슬픔과 그리움으로부터 의미와 목적을 찾는 여정을 떠나게 된다. 때로는 이런 일이 저절로 벌어진다. 때로는 다른 사람의 도움이 필요하다. 때로는 조각난 과거를 다시 이어 붙이기 위해 혼신의 노력을 부단히 쏟아야 할 수도 있다. 이 책을 쓰면서 비극적인 이야기를 얼마나 많이 들었는지 모른다. 하지만 동시에 성장과 희망의 이야기 또한 얼마나 많이 들었는지 모른다. 서른두 살의 첼시는 어머니, 아버지, 남자친구를 잃고 열일곱에 혼자가 되었지만 이제는 세 자녀를 둔 헌신적인 어머니가 되었다. 마흔여섯인 세이디는 어릴 적에 잃은 친구의 죽음을 바탕으로 소설을 쓸 수 있었다. 쉰세 살의 사업가 줄리안은 20대에 부모를 잃은 경험을 했기 때문에 과거에 역경을 겪은 직원들의 '망가진 마음'을 알아볼 수 있었으며 모두가 소속감을 느끼는 직장을 만들고자 노력했다.

사별의 아픔에 적응하는 일은 평생에 걸친 과정이다. 하지만 그렇다고 평생에 걸친 투쟁이 될 필요는 없다. 작가 이자크 디네센Isak Dinesen은 이렇게 말한다. "슬픔을 이야기에 집어넣는다면, 슬픔을 이야기로 풀어낸다면 우리는 어떤 슬픔도 견딜 수 있다." 내가 경험하기로, 이따금 불쑥 치솟는 사별의 아픔을 완화하는 가장 좋은 방법은 애도가 무엇인지 올바로 이해하고 고인과 맺고 있는 내적 관계를 강화하며 상실의 이야기와 상실에 부여한 의미를 되짚어볼 기회를 스스로에게 허락하는 것이다. 이렇게 할 때 우리의 이야기는 역경의 이야기인 동시에 성장의 이야기가 된다.

상실의 이야기는 언제든 변화할 가능성이 풍부한, 역동적이고도 발전적인 유기체와 같다. 희망하건대, 이 책이 당신 이야기의 일부가 되기를 바란다.

캘리포니아주 로스앤젤레스에서

호프 에덜먼

1장

애도 이야기

마트에 가기 위해 태평양 연안의 해안 도로를 타고 남쪽으로 가고 있었다. 라디오 너머로 익숙한 기타 코드가 흘러나왔다. 더 밴드The Band 의 곡 〈무게The Weight〉를 여는 기타 리프였다. 바로 뒤이어 레본 헬름 Levon Helm이 거친 중저음에 특유의 남부 억양으로 노래를 읊었다.

"나사렛에 도착했을 때 나는 거의 죽을 지경이었네." 노래를 따라 부르는데 눈앞에 차들이 두 줄로 늘어서 있었다. 왼쪽으로는 가파른 절벽이 하늘을 향해 뾰족 솟아 있었고 오른쪽으로는 태평양 바닷물이 출렁이고 있었다. "그는 씩 웃으며 악수를 건네더니 그저 '아뇨'라고 말했네."

그다음에는 피아노 코드 아홉 개가 빠르게 이어지면서 코러스로 넘어갔다.

아, 이 피아노 선율.

클래식 피아노를 배운 엄마는 팝송을 귀로만 듣고 연주할 수 있었다. 이제 거실 피아노 앞에 앉아 있는 엄마의 모습이 머릿속에 선명히 그려진다. 새빨간 매니큐어를 칠한 엄마의 손가락이 쇼팽의 에튀드와 배리 매닐로Barry Manilow의 곡을 연주하는 내내 건반 위를 유려하게 넘나든다. 햄릿이 말한 '마음의 눈'이라는 게 바로 이런 건가 보다. 엄마를 추억하느라 내 시야가 흐려졌다거나 운전에 집중하지 못했다는 뜻이 아니다. 과거와 현재의 이미지가 동시에 눈앞에 펼쳐졌다는 뜻이다. 다음으로는 갈비뼈 아래를 쥐어짜듯 익숙한 그리움이 솟구쳤다. 짙은 향수가, 우리 집으로 돌아간 것 같은 감정이 느껴졌다. "그녀는 말했죠. 자기는 가야 한다고. 대신 자기 친구가 함께해 줄 수 있다고." 그때 하얀 도요타가 내 앞을 가로막듯이 차선을 바꿨다. 나는 부드럽게 브레이크를 밟았다. 내 막내딸이 이렇게 말한 적 있다. "친구들이 그러는데 제 손이 피아노 치기 딱 좋은 손이래요." 나는 대답했다. "내 손처럼 말이지. 우리 손은 외할머니한테 물려받은 거란다." 그러고 나서 우리는 서로 손바닥을 맞대어 손가락 길이를 비교했다. 언젠가 나도 엄마와 피아노 의자에 앉아 똑같이 그런 적이 있다. 갈비뼈 아래 느껴지던 묵직한 감정이 잉크가 번지듯 퍼져나가 배와 가슴까지 가득 채웠다.

이것이 바로 요즘의 내가 애도 후의 애도를 느끼는 방식이다. 무언가를 보거나 듣거나 맡으면 수면 위로 옛 기억이 스멀스멀 올라오고 시간이 신나게 꿈틀대기 시작한다. 미래가 끌어당겨지고 과거가 한달음에 달려와 현재와 하나로 합쳐진다. 그때가 곧 지금이고 지금이 곧 그때다. 나중은 더 이상 존재하지 않는다. 여러 이미지가 눈이 부실 만큼 선명하게 떠오른다. 오늘 이런 일이 생길 줄 알았으면 더 나은 계획을 짰을 텐데. 최소한 혼자 2톤짜리 자동차를 몰며 차가 붐비는 해안

도로 위를 달리지는 않았으리라.

노래가 끝남과 동시에 마트 주차장에 도착해 시동을 껐다. 천천히 심호흡을 하면서 빠르게 자문해 봤다. 나, 괜찮은 거지? 사무치는 그리움이 사라질 때까지 차에서 기다려야 할까? 아냐. 괜찮아.

마트로 걸어 들어가는데 포근함과 슬픔과 그리움이 한데 뒤섞여 향긋한 캠프파이어 연기처럼 나를 휘감았다. 조금만 참으면 이 감정들은 제 갈 길을 찾아 떠나리라. 이제는 잘 알고 있다. 채소 판매대에서 롤에 말려 있는 비닐봉지를 잡아당길 즈음에는 정말로 감정이 거의 다 사라졌다.

한때는 이런 일이 가능하다는 사실을 이해하지 못했다. 여러 해 동안 나는 엄마의 이른 죽음이 내게 미치는 영향을 한껏 끌어안다가는 슬픔이 영영 끝나지 않을 줄로만 알았다. 그러면 어떡하나? 내가 제대로 살 수는 있을까? 내가 무너져내리면 누가 나를 일으켜 세워줄까? 게다가 무너져내리는 건 어린아이 혹은 감정적으로 약한 사람이나 겪는 일 아닌가?

1981년, 엄마의 장례식이었다. 물론 나를 위한 말인 건 알고 있지만 당시 주변 어른들은 내게 힘을 내서 앞으로 나아가야 한다고, 얼른 일상으로 돌아가야 한다고, 엄마도 내가 슬퍼하는 걸 원치 않으실 거라고 했다. 다시 말해 나는 슬픔을 느껴서는 안 됐다. 설령 슬프더라도 다른 사람들 앞에서 티를 내서는 안 됐다. 우리 집안을 지배하는 정서는 역경에도 굴하지 않는 엄숙한 극기 정신이었다. "용감한 군인이여, 기운을 내라!"라는 식이랄까.

나는 감정적으로 여전히 10대였지만 실질적으로는 성인으로서 책임을 다해야 하는 상황이었다. 어린 동생들은 물론 집안일을 돌보려면 아빠에게는 도움이 필요했다. 누군가는 냉장고에 음식을 채워 넣어야 했고 병원 예약을 잡아야 했으며 강아지들에게 밥을 줘야 했다. 그러니 바로 내가 어른처럼 행동해야 했다. 그리고 어른이 되려면 비극에 휘둘리지 말아야 했다. 인내해야 했다. 내가 주변에서 보고 들은 메시지는 모두 그런 식이었다. 결국 나는 그런 메시지를 받아들여 스스로에게 되뇌기 시작했다.

'과거는 과거에 묻어두자. 눈앞에 미래가 놓여 있잖아. 삶은 계속될 거야.'

놀랍게도 삶은 '정말로' 계속되었다. 장례식 일주일 후에 동생들은 다시 여름 캠프를 하러 돌아갔다. 가족 사업을 운영한 덕분에 장례 휴가를 낼 수 있었던 아빠는 한 달을 쉰 뒤 다시 평소처럼 맨해튼으로 출근했다. 나는 다시 동네의 해물 요리 식당에서 아르바이트를 했고 금요일이나 토요일 밤이면 자동차 극장에서 시간을 보냈다. 9월 초에 개학을 한 후에는 아침 일찍 학교에 나갔고 제때 과제를 제출했다. 매일 저녁에는 이제껏 항상 네 명의 자리만 준비해 온 것처럼 식탁을 차렸다. 머리카락을 자를 때가 되면 잘랐다. 빨래를 잘 분류해 세탁한 다음 가지런히 개서 정리했다. 아마 다른 사람들 눈에 우리 가족은 슬픔을 극복하고 있는 가족으로, 슬픔을 극복한 가족으로 보였을 것이다. 하지만 사실 우리는 관성이 우리를 새로운 평형 상태로 이끌어주기를 바라며 맹목적으로 비틀비틀 나아가고 있었다. 게다가 그러는 내내 집에는 침묵만이 감돌았다.

장례식 이후 몇 주 만에 우리는 엄마 얘기를 전혀 하지 않게 되었다.

바로 얼마 전까지도 우리 가족을 이루던 커다란 조각이 빠져나갔는데 우리는 아무 일도 없는 것처럼 각자의 일을 하는 데 온 시간을 쏟았다. 대체 왜 그랬던 걸까? 지금 와서 생각하면 의아하다. 물론 엄마가 암 투병 말기에 고통스럽게 죽어가던 그 끔찍한 모습을 여과 없이 떠올리고 싶지 않았다는 점에서는 이해가 된다. 하지만 그렇다고 엄마 이야기를 아예 하지 않는다고? 엄마는 돌아가시기 전까지 42년이라는 세월을 살았다. 그럼에도 엄마라는 사람이 우리 가족의 역사에서 완전히 지워져버린 것만 같았다. 남은 것이라고는 거실 벽에 걸린 가족사진 속 엄마 모습뿐이었다. 바로 그곳, 노란 탁자 위에서 엄마는 미소를 지으며 우리를 내려다보고 있었다. 부엌 향신료 선반 위에는 엄마가 꼼꼼히 이름표를 붙여놓은 향신료 병들이 여전히 줄지어 서 있었다. 어디로 전화를 하려면 엄마의 주소록을 참고해야만 했다. 그 수첩에는 엄마가 각진 필체로 세심하게 써놓은 친구나 친척의 이름과 전화번호가 담겨 있었다.

그때 기분을 완벽히 표현할 수는 없겠지만 '어안이 벙벙했다' 정도의 말이면 적당하지 않을까.

당시에는 몰랐지만 우리 가족은 1970년대와 1980년대 미국인들의 애도 풍조를 완벽히 체화하고 있었다. 레이건 시대의 사별 극복 방식을 홍보하는 광고에 나와도 될 정도였다. 당시 사랑하는 사람의 죽음에 대처하는 지배적인 이데올로기는 고인과 인연을 끊고 고인을 놓아주는 것이었다. 우리 가족도 그런 기조에 충실히 발맞춰 나아갔다. 침묵과 가식이 이상적인 전략은 아니었지만 어쨌든 전략은 전략이었다. 달리 방법이 없었기 때문에 결국 우리는 두 전략을 능숙히 다루게 되었다.

엄마가 돌아가신 바로 그해에 나는 침묵과 가식을 유지하면 품위 있어 보이며 심지어 칭찬까지 받을 수 있다는 사실을 깨달았다. "어휴, 정말 어른스럽구나. 엄마도 뿌듯해하실 거야." 솔직히 말하자면 그런 인정을 받고 싶었다. 인정을 갈구하기까지 했다. 온갖 일들이 잘못되어 가는 와중이었으므로 긍정적인 피드백이라도 받아야 그나마 내가 뭔가를(그게 무엇이 되었든) 제대로 해내고 있다고 느낄 수 있었다. 애도는 오직 사적인 공간, 문이 닫힌 침실 안에서나 이루어졌다.

사람들이 잘 지내냐고 물어보면 나는 "좋아요, 잘 지내요"라고 답했다. 그러면 사람들은 "참 씩씩하구나"라고 말했다. 하지만 사실 당시 내 눈에는 모든 것이 뒤죽박죽 혼란스러웠다. 그 무엇에도 확신을 가지지 못했고 의지할 수도 없었다.

마리아 슈라이버Maria Shriver는 이렇게 말했다. "사별의 슬픔은 당신을 거짓말쟁이로 만들 수 있습니다. 당신은 괜찮다고 말하죠. 당신 마음이 산산조각 나 있는데도 말이에요. 하지만 모두가 당신이 괜찮다고 말하기를 바라니까. 그래서 당신은 괜찮다고 말합니다."

진실은 어땠냐고? 엄마가 돌아가신 뒤 5년 동안 "오늘 밤에 부모님 두 분 다 오시니?"라든가 "어머니 결혼하시기 전에 성이 어떻게 되니?" 같은 악의 없는 지극히 평범한 질문만 들어도 심장이 팔딱팔딱 뛰었고 사지가 차갑게 식어 감각이 없어졌다. 눈물을 터뜨리지 않고서는 '엄마'라는 말을 꺼낼 수조차 없었다. 엄마의 웃음소리는커녕 엄마가 우리 자매를 깨우기 위해 방문 너머로 "우리 아가들, 잘 잤니?"라고 말하며 소곤거리는 목소리조차 떠올릴 수 없었다. 몇 년 동안 내가 떠올릴 수 있는 엄마에 대한 기억이라고는 돌아가시기 직전 황달에 걸려 끙끙 앓는 병원 침대 위의 엄마 모습뿐이었다. 때로는 그런 기억이 비교문학 세미나 중에, 혹은 수영장에서 수영하는 중에 경고도 없이 덜컥 들이닥쳐 하루를 망쳐놓고는 했다.

한참 후에야 나는 그런 일들이 정신적 외상을 제대로 돌보지 않아 생긴 증상임을 깨달았다. 당시에 내가 의지할 유일한 대처 기술이라고는 고통을 불러일으키는 매개를 회피하는 것뿐이었다. 그래서 가족사진을 보지 않았다. 매니큐어를 칠하지 않았다. 병원도 당연히 멀리했다. 엄마가 돌아가신 병원을 피하기 위해 일부러 다른 길로 간 적도 있다. 열일곱, 열여덟, 열아홉의 생각으로 나는 반드시 어른이 되어 어른답게 삶을 이어나가야 했기 때문이다. 사별의 아픔은 이미 오래전에 극복했어야 했기 때문이다.

그렇지 않나?

사실 그렇지 않다. 많은 사람들이 애도를 간단한 과정으로 포장하고 홍보하지만 애도란 절대 간단한 문제가 아니다. 아무 죄 없는 베개에 실컷 분풀이를 한 후에도, 100시간 가까이 상담 치료를 받은 후에도, 그래서 마침내 무너져내리지 않으면서도 엄마 얘기를 할 수 있게 된 후에도 나는 이따금 곤경을 맞닥뜨리고는 했다. 예컨대 어느 다 큰 딸이 어머니와 함께 쇼핑하는 모습을 보거나 치과에서 흘러나오는 〈맨디Mandy〉(배리 매닐로의 대표곡―옮긴이)의 반주를 들으면 나의 의지와 무관하게 목구멍이 조여오기 시작했다. 그럴 때면 나는 이 정도 감정도 통제하지 못하냐며 스스로를 나무랐다. '대체 뭐가 문제니? 왜 아직도 극복하지 못한 거야?' 나의 실제 경험이 내가 이제껏 들어온 정상적인 애도의 모습과 일치하지 않는다면 내가 실패한 깃이라 생각했다. '정상'의 정의가 틀렸을 수도 있다고는 생각지 못했다.

그때 이후로 나는 정상의 범주가 구조적이고 가변적이라는 사실을 배웠다. '정상'이란 특정한 시간과 공간에서 어떤 행동이 받아들여질 만한 행동인지 집단적으로 결정한 내용을 가리킨다. 인간 행동을 평가하는 실질적인 기준인 셈이다. 표준에서 벗어난 행동은 좋게는 변칙적이라고, 나쁘게는 일탈적 혹은 비정상적이라고 여겨진다. 이런 구분은 사람들의 의식에 스며들어 어떻게 행동하면 좋을지 결정할 때 참고할 만한 지침이 된다.

만약 100년 전이었다면 '받아들여질 만한' 애도의 모습이 굉장히 달랐을 것이다. 1000년 전이었다면 말할 것도 없다. 그때의 애도 방식은 오늘날 미국인의 눈에는 매우 낯설어 보일 것이다. 서양 인류 역사 내내 죽음과 사별을 둘러싼 의식은 당시 사회의 종교, 전통, 관습과 밀접히 엮여 있었다. 예를 들어 고대 그리스와 로마에서는 호화스러운 연회와 기념 경기가 이어지는 요란한 장례를 치렀다. 중세 유럽에서는 죽음을 모두가 공유하는 일상으로 인식했기 때문에 많은 이들이 지켜보는 가운데 죽음을 맞는 것을 가장 이상적으로 여겼다. 나이에 상관없이 가족, 친구, 이웃이 모두 침대맡에 모여 임종의 순간을 함께했다. 무려 19세기까지도 공동체 구성원 거의 모두가 장례 의식에 참여해 슬픔을 표현했다. 누군가가 죽으면 마을 사람들이 모두 제 가족을 잃은 것처럼 한자리에 모여 고인을 애도했다. 오늘날처럼 핵가족이 단출하게 애도하는 상황은 특이한 일로 여겨졌을 것이다.

1861년, 영국의 빅토리아 여왕은 사랑하는 남편 앨버트 공이 세상을 떠나자 오랜 애도 기간을 가졌다. 이를 계기로 이후 40년에 걸쳐 영국에는 정교한 애도 의식이 자리 잡게 되었고 이런 흐름이 미국에도 어느 정도 영향을 미쳤다. 빅토리아 시대의 장례식은 호화롭고 사치스러운 경향이 있었다. 묘비는 거대하고 화려하게 장식되었다. 빅토리아 시대의 정식 애도기(대략 1850~1890년)에 사람이 붐비는 거리를 걸으면 현관에 걸린 화환을 보고 어느 집이 상을 당했는지 구별할 수 있었다. 여성들의 의복 양식과 색을 통해서도 누가 정식 애도를 하고 누가 약식 애도를 하는지 알 수 있었다.

특히 중산층이나 상류층 여성은 친지가 사망하든 남편이 사망하든 타인 앞에서 엄격한 복장 규칙을 따라야만 했다. 빅토리아 시대 주부들은 고인과의 관계에 따라 달라지는 복잡한 규칙과 제약을 확인하기 위해 모든 예법이 정리된 두꺼운 책을 집에 구비해 두기도 했다. 애도 기간도 다양했다. 남편을 잃은 아내는 꼬박 2년을, 부모나 자식을 잃은 사람은 12개월을, 형제자매를 잃은 사람은 6개월을, 사촌을 잃은 사람은 4주를 애도했다.

이렇듯 19세기에 상을 당한 사람은 사회에서 특별한 지위를 부여받았다. 반면 오늘날 상을 당한 사람은 가능한 한 서둘러 일상으로 돌아가는 경향이 있다. 사회적 표준이 사별한 사람을 지원하는 쪽에서 사별의 아픔을 억제하는 쪽으로 변하자 침묵, 억압, 금욕과 같은 특성이 서양의 애도 방식을 특징짓는 요소로 자리 잡았다. 이런 변화를 대표적으로 보여주는 인물이 1963년 남편의 장례식에서 애도 표현을 극도로 자제한 재클린 케네디다. 수많은 미국인이 기다렸다는 듯 재클린의 침착한 태도를 용기의 모본으로 칭송했다. 재클린의 그 태연함이 바로

3일 전 남편이 암살당하는 모습을 지척에서 목격한 트라우마에 대응하기 위한 심리적 방어기제라거나 대중 앞에서 이미지를 관리하기 위해 착용한 가면이라는 생각은 아무도 하지 못했다. 그렇게 애도를 억누르는 분위기가 미국 사회에 문화적 통념으로 자리 잡게 되었다.

추도사는 개신교의 영향으로 오늘날 서양 사회에 남아 있는 장례 의식 중 하나다. 고인과의 관계를 이야기로 엮어 청중에게 들려주고 또 다른 사람의 이야기를 귀 기울여 듣는 행위는 고인이 생전에 보낸 시간에 의미를 부여하는 집단적인 의식이다. 우리는 코로나 시대의 간소화된 가상 장례식이 애도 문화에 어떤 영향을 미칠지 아직 알지 못한다. 메건 오루크가 지적한 대로 지금은 '슬픔을 헤쳐나가는 애도 방식'을 강조하는 경향이 널리 퍼져 있다. 하지만 이런 흐름이 팬데믹 시대의 대규모 상실에 대처하는 면에서, 그리고 고인을 추모하는 방식에 가해진 새로운 제약에 적응하는 면에서 긍정적인 결과를 가져올지 의문이 든다.

내가 아는 많은 사람들이 어린 시절 부모나 형제자매를 잃고 장례식 바로 다음 날, 심지어 사별을 겪은 바로 그날 학교에 가야만 했다. 당시 어른들이 가족의 일상을 지켜야 한다고 배워왔거나 그렇게 알고 있었기 때문이고 혹은 달리 무슨 일을 해야 할지 몰랐기 때문이다. 금방이라도 무너져 내릴 것처럼 슬픈데도 어떻게든 슬픔을 숨겨 보겠다고 무작정 담담하고 씩씩한 태도를 취한 유가족은 또 얼마나 많은지. 그들은 그저 그렇게 행동하는 것이 옳다고 믿었다. 학교나 직장에는 갑작스럽게 충격적인 사별을 겪은 학생이나 직원이 있어도 시간을 내서 아픔을 이해하려는 어른이 거의 없었다. 사별의 아픔을 어떻게 다

뭐야 하는지 혹은 감정적 지원을 어떻게 베풀어야 하는지 훈련을 받은 적이 전혀 없었기 때문이다.

매기는 1960년대에 아버지가 갑작스러운 심장마비로 돌아가셨을 때를 이렇게 회상한다. "감정을 다스리면서 일어난 일을 받아들이는 수밖에 없었어요. 응당 그래야 했거든요. 당시 선생님들은 그저 아버지가 돌아가셨다는 이유만으로 제 안에 뭔가 문제가 있는 것처럼 저를 대했어요. 다른 친구들 부모님은 다 살아 계셨으니까요. 친구들의 부모님 역시 친구들이 제 주위에 못 오게 했어요. 저를 가까이 했다가는 죽음이 자기네 집에도 찾아갈 것처럼 말이죠."

사별이라는 경험에 익숙하지 않은 매기의 또래 친구들도 어른들의 태도를 그대로 물려받았다. 매기는 이렇게 기억한다. "아버지가 돌아가시고 몇 주 뒤였어요. 쉬는 시간에 가장 친하게 지내던 친구들이 학교 안뜰로 나를 찾아오더니 이렇게 말했죠. '우리 이제 너랑 친구 안 할래. 너 너무 우울해 보여.' 그러고는 그냥 떠나갔어요. 저는 거기 멍하니 서 있었죠. 머릿속에는 '내가 이런 식으로 벌을 받는 걸 보니 뭔가 단단히 잘못했구나'라는 생각만 가득 찼죠."

그 이후로 우리 사회의 애도 문화가 180도 바뀌었다고 말할 수 있다면 좋겠다. 학계나 의학계의 문화가 바뀌기는 했다. 하지만 대중의 인식은 그다지 변하지 않았다. 2018년 플로리다의 마저리스톤먼더글러스고등학교에서 총기 난사 사건으로 17명의 학생과 교사가 사망했다. 사건 2주 뒤 한 생존자 학생이 글을 쓰는 데 집중하지 못하자 교사는 학생에게 슬픔을 '상자 속'에 묻어둔 채 글쓰기 과제를 마무리하고 다시 학업에 집중하라고 조언했다. 고작 '2주 후'에 말이다.

이 이야기에서 가장 가슴 아픈 부분은 교사 역시 진심으로 학생을 돕고 싶었을 것이라는 점이다. 2012년에 시행된 전국 규모 설문조사에 따르면 92퍼센트의 미국 교사가 어린 시절에 경험하는 사별이 더 많은 관심을 요하는 심각한 문제라고 인정했으며 69퍼센트가 자신의 학급에 사별을 경험한 학생이 있다고 답변했다. 그럼에도 사별한 학생을 지원하는 훈련을 받은 교사는 7퍼센트에 불과했다.

과거에는 그토록 정교한 애도 문화를 보유했던 우리 사회가 어쩌다 소리 죽여 간략히 애도를 치르는 사회로 변했을까? 그 답을 찾기 위해서는 지난 100년 동안의 역사를 돌아보아야 한다. 그래야만 개인적으로든 집단적으로든 우리가 되찾고 싶은 것이 무엇인지 의식적으로 판단할 수 있다. 현대 서양 문화는 사별한 사람에게 더 이상 도움이 되지 못하고 있다. 사실 도움이 된 적이 있었는지도 모르겠다.

백 년 동안의 죽음

18세기와 19세기 낭만주의 시대는 '상심의 애도기'로 불렸다. 좋은 의미였다. 낭만주의 시대 사람들은 인간 정신에 숨겨진 신비한 힘을 깊이 숭상하는 열정적이고 감정적인 사람들이었다. 모든 인연은 대체 불가능한 특별한 관계로 여겨졌으며 사랑하는 사람을 사별하고 난 후 서둘러 사별의 아픔을 '극복'하려는 태도는 무례한 행동으로 생각되었다. 실연의 아픔을 금방 털고 일어나면 감정적 깊이가 결여된 사람이라 평가받기도 했다.

이런 인식은 19세기 후반까지 어느 정도 이어졌다. 하지만 19세기 후반부터 몇 차례 극적인 변화를 맞았다.

먼저 영국의 중산층이 빅토리아 시대의 애도 문화가 지닌 과도한 규정을 거부하기 시작했다. 그 대신 좀 더 사적인 방식으로 애도를 표현하고자 했다. 이런 움직임을 주도한 주체는 집안을 대표해 사회적으로 요구되는 의식을 따라야 했던 여성들이었다. 영국과 미국에서 일어난 여성 해방 운동 덕분에 여성은 투표할 권리를 쟁취함과 동시에 공개적인 애도 의식을 비롯한 엄격한 예법으로부터 자유로워졌다.

1914년에 제1차 세계대전이 발발하자 대중은 전례 없는 규모의 살육을 가능케 하는 군사력과 기술력을 마주하게 되었다. 불과 4년 반 만에 전 세계적으로 약 1000만 명의 민간인이 사망했으며 미국에서 11만 6000명, 영국에서 90만 명, 프랑스에서 140만 명, 러시아에서 170만 명, 독일에서 180만 명 등 총 850만 명의 군인이 사망했다. 전쟁 중에 사망한 군인은 전장에 바로 묻혔기 때문에 고향에 남아 있는 가족과 친지는 시신을 매장하거나 무덤을 방문할 수도 없었다. 전사자의 가족은 수백 년간 지켜온 친숙한 망자 애도 의식을 실행에 옮길 수 없었다. 그들은 허울만 남은 전통을 따르거나 채워지지 않는 허전함에 익숙해져야만 했다.

전쟁만으로는 위기가 충분치 않았는지 1918년에는 스페인 독감이 전 세계를 강타했다. 스페인 독감의 강력한 전염력과 위력은 몇 시간 안에 온 가족을 몰살할 정도였다. 실제로 1918년은 20세기를 통틀어 미국의 인구 성장률이 유일하게 마이너스를 기록한 해다. 1919년 3차 대유행을 끝으로 스페인 독감이 물러갈 무렵 독감으로 인한 사망자 수는 전 세계적으로 5000만 명에 달했으며 미국에서만 약 67만 5000명이 사망했다. 치명적인 전염병이 이때만큼 파괴적으로 급속하게 확산된 경우는 그 이후로 1980년대의 에이즈 위기와 2020년의 코로나 사태밖에 없다.

스페인 독감이 너무나 빠른 속도로 사람들의 목숨을 앗아갔기 때문에 일부 도시에서는 집단 매장을 시도할 수밖에 없었다. 장례를 치르더라도 과거에 비해 작은 규모로 사적인 예식을 치러야만 했다. 2020년의 상황과 마찬가지로 장례식을 위해 공개적인 장소에 사람들이 모이는 것은 허락되지 않았다. 따라서 가톨릭 경야 의식이든 유대교 시바 의식(사별한 유대인이 지키는 일주일의 애도 기간—옮긴이)이든 지인이 유가족을 방문하는 일이든 모두 취소되거나 축소되었다. 애도 기간도 짧아졌다. 그러지 않았다면 몇몇 가족은 잠시도 쉬지 않고 애도만 해야 했을 것이다.

전쟁과 전염병이라는 위기가 20세기 서양의 애도 문화에 지대한 영향을 미쳤으리라는 점에는 의심의 여지가 없다. 전쟁이든 전염병이든 한쪽만 고려해도 그 여파는 파괴적이었을 것이다. 그런데 심지어 두 가지가 결합되어 서양 사회에는 거대한 상실의 해일이 어마어마한 속도로 밀어닥쳤다. 결과적으로 서양 사회는 애도 및 장례 의식을 수행할 역량을 잃어버리고 말았다. 빅토리아 시대의 의식을 이어나가기란 감정적으로도 실질적으로도 기능적으로도 불가능했다. 게다가 세속화로 종교 의식을 따르는 경우가 줄어들었고 도시화로 핵가족이 늘어났으며 의학 기술의 발전으로 병원에서 죽음을 맞는 사람이 많아졌다. 이 모든 요소가 한데 뒤엉켜 애도 문화를 완전히 바꿔놓았다. 결국 전 세계 6000만 명의 목숨을 앗아간 제2차 세계대전이 발발할 무렵에는 애도를 겉으로 표출하는 문화가 거의 사라졌으며 유가족은 홀로 조용히 사별의 아픔을 감내해야 하는 상황에 익숙해져 있었다.

역사는 때때로 기나긴 메아리를 남긴다. 죽음과 사별을 대하는 태도는 1910~1920년대에 급격히 변화해 오늘날까지 쭉 이어져 왔다. 서양 사회는 100년이 지난 사건들로부터 여전히 지대한 영향을 받고 있다. 그 영향이 얼마나 컸는지 사람들이 죽음을 대하는 방식은 물론 사별한 사람에게 기대하는 행동 역시 근본적으로 변화했다. 이 변화에는 오스트리아 신경학자 지크문트 프로이트도 영향을 미쳤다.

정상과 비정상

과연 우리의 선조가 사랑하는 사람을 잃은 후 자신이 올바른 방식으로 애도하고 있는지 자문해 보았을까? 아마 그러지 않았을 것이다. 당시의 다른 문화권 사람들처럼 자신의 고통을 분석하기보다는 망자의 영혼을 위로하는 데 집중했을 것이다. 애도 점검표를 만들고 자신이 제대로 애도하고 있는지 비교하거나 평가하지는 않았을 것이다. 애도를 개인의 내면에서 이루어지는 단기간의 행위로 인식하고 '정상적인' 애도와 '비정상적인' 애도를 구분한 것은 20세기에 들어서야 나타난 현상이다. 이는 그다지 좋은 변화가 아니었던 것 같다.

리아트 그라넥은 이렇게 설명한다. "'내가 올바른 애도를 하고 있지 않으니 내게 문제가 있는 것은 아닐까?'라는 질문은 사별을 겪은 사람에게 부담감과 수치심, 죄책감, 절망감을 가중시킵니다. 사실 애도라는 과정을 거치는 것만으로도 충분히 힘듭니다. 그런데 굳이 거기다 '내가 제대로 하고 있는 건가?'라는 자기비판적인 목소리를 더할 필요는 없습니다. 그런 태도는 인위적으로 만들어진 태도입니다. 새롭게 나타난 풍조이지 원래부터 그랬던 것은 아니죠."

토론토 요크대학교에서 보건학부 부교수로 재직 중인 그라넥은 지난 10여 년간 애도의 역사를 연구하며 글을 써왔다. 그라넥과 세 시간에 걸쳐 화상 전화를 하면서 우리는 두 차례의 세계대전, 학문으로서 심리학의 발전, 인간 행동을 수량화하고 범주화하려는 20세기의 노력이 애도 문화에 어떤 영향을 미쳤는지 깊이 파고들 수 있었다. 그라넥의 넓고 깊은 지식은 나 같은 역사광에게 소중한 보물과도 같았다.

그라넥에게 애도라는 주제는 지극히 개인적인 문제이기도 했다. 그라넥은 한창 심리학 박사 과정을 밟고 있던 스물다섯 살에 어머니를 유방암으로 잃었다. 그라넥은 어머니의 죽음을 '삶을 완전히 뒤바꾼 상실의 경험'이라고 정의 내렸다.

그라넥은 이렇게 말한다. "저는 엄마와 무척 가까웠어요. 그러니 엄마를 잃은 상실감으로 오래 슬퍼하는 것도, 어두컴컴한 구렁텅이에서 헤어 나오지 못하는 것도 납득이 되었죠. 그래도 괜찮았어요. 애도란 원래 그런 일이라고 믿었거든요. 그런데 가족과 친구, 주변 사람들 모두 제가 얼른 그 상실을 극복하기를 바랐다는 걸 알게 되었습니다. 굉장히 당황했죠. 슬픔에 푹 잠겨 있던 저는 우리 문화를 보면서 궁금해졌어요. '사람들은 왜 그렇게 느끼고 생각하는 걸까?'"

의문을 풀고 싶었던 그라넥은 이 주제로 학위논문을 집필하기로 마음먹었다. 그라넥은 이렇게 회상한다. "우리는 삶에서 애도를 평범하고 자연스러운 과정으로 받아들였습니다. 공동체, 가족, 관계 안에서 다뤄야 할 문제로 생각했죠. 그랬던 우리가 어쩌다 애도를 상담실에서 치료해야 하는 개인적이고도 심리적인 경험으로 인식하게 된 것인지 이해하고 싶었습니다. 우리는 왜 180도로 변하게 된 걸까요?"

그라넥은 연구를 진행하며 애도가 광기나 죽음의 근원이 될 수 있다고 생각한 17세기와 18세기의 문헌을 참조했다(런던 사람들을 죽음에 이르게 한 질병과 사고 목록을 기록한 어떤 문헌은 1632년에 11명의 사람이 '사별의 아픔' 때문에 사망했다고 서술하고 있다). 하지만 학계는 20세기가 되어서야 애도라는 주제를 본격적으로 주목하기 시작한다. 당시 프로이트를 비롯한 비엔나의 여러 정신분석학자는 인간의 정신이 어떤 식으로 상실과 트라우마에 대처하는지에 흥미를 가졌다.

'일'로서의 애도

프로이트는 1895년, 1909년, 1915년에 이미 애도에 관해 글을 쓴 바 있다. 하지만 프로이트가 1917년에 발표한 〈애도와 멜랑콜리아Mourning and Melancholia〉라는 제목의 짧은 논문이 분수령이 되었다. 이 글에서 프로이트는 애도와 멜랑콜리아(오늘날 우리가 우울증이라 부르는 상태)의 차이를 탐구하고자 했다. 애도와 멜랑콜리아는 겉으로 보기에는 비슷하지만 프로이트는 둘을 뚜렷이 구분할 수 있다고 생각했다.

프로이트에 따르면 애도는 인간이 사랑하는 사람, 사물, 이상을 잃

있을 때 드러내는 기본적인 반응이다. 무엇보다 애도는 외부의 개입을 필요로 하지 않는다. 오히려 프로이트는 누군가의 애도에 개입하는 것이 무익하며 때로는 해로울 수도 있다고 지적했다.

반면 멜랑콜리아는 애도 과정이 뒤틀린 결과로 나타나는 상태를 가리킨다. 프로이트는 애도가 내면으로 향해 자기비판과 죄의식으로 이어질 때 우울증이 발생된다고 보았다. 우울증은 자연스럽게 해결되는 경우가 거의 없는 반면 애도는 대부분 가만히 내버려두어도 '성공적'으로 완수될 수 있다.

애도에 '성공적'이라는 표현을 붙인 것은 분명 새로운 시도였다. 프로이트에 따르면 '성공적인 애도'는 애도를 겪은 당사자가 상실한 대상에 가졌던 감정적·심리적 애착을 완전히 포기하고 새로운 관계에 에너지를 투자하기 시작한 후에야 완수될 수 있다. 프로이트는 이런 단절과 재부착 과정을 '애도 작업'이라는 뜻의 독일어 '트라우어아르바이트trauerarbeit'라 불렀다. 이는 나중에 '애도 작업 가설'이나 '유대 파괴 이론'으로 더 유명해졌다.

프로이트는 〈애도와 멜랑콜리아〉를 1차 대전 중에 발표했다. 당시에는 낭만주의가 물러가고 진보적이고 효율적이며 개인주의적인 근대주의(모더니즘)가 모습을 드러내고 있었다. 애도 작업 이론은 두 사조를 연결하는 완벽한 다리 역할을 했다. 한편으로는 신비로운 내면 세계를 동경하는 낭만주의적 특징이, 다른 한편으로는 인간이 기능하는 방식을 기계적으로 바라보는 현대적인 생각이 여실히 드러났기 때문이다. 프로이트의 이론은 산업자본주의 경제 체제와도 잘 맞물렸다. 노동자가 애도에서 벗어나 빠르게 노동 현장으로 복귀하도록 인도함으로써 생산성 저하를 최소화했기 때문이다. 애도 작업 이론이 급속도로 인기를 끈 것도 전혀 놀랄 일이 아니다.

물론 무엇이든 장단이 있기 마련이다. 애도 작업 이론도 마찬가지였다. 이제껏 슬픔과 그리움은 사별에 따라오는 자연스러운 반응이었다. 하지만 새로운 기준에 따르면 정확히 어느 정도의 슬픔과 그리움이 마땅한지, 그런 상태가 얼마나 지속되어야 올바른지를 판단할 수 있게 되었다. 지나친 애도도, 충분하지 않은 애도도 문제로 여겨지게 된 것이다.

과거에는 얼마든지 받아들여질 만한 범위에 속하던 애도 행위들에 이제는 '병적인', '과도한', '만성적인', '지연된', '억압된', '유예된', '금지된', '부적응적인', '비정상적인', '건강하지 않은', '해결되지 않은'과 같은 수식어가 붙었다. 이로써 애도에 적당한 수준이 존재한다는 편향적인 생각이 출현했다. 지나치게 과하거나 약한, 지나치게 소란스럽거나 조용한 애도가 존재한다는 인식이 시작된 셈이다. 그러나 적당한 수준의 애도에 대한 합의는 제대로 이루어지지 않았다.

모든 이론은 특정한 문화와 특정한 시대에 존재하는 단일 정신의 산물이다. 이론가는 개인적인 경험이든 전문적인 정보이든 당시에 이용 가능한 수단을 바탕으로 이론을 세울 수밖에 없다. 애도를 바라보는 프로이트의 관점 역시 당시 서양 사람들의 애도에 관한 통념 속에서 발전했다. 그때는 과도하다고 할 수 있는 빅토리아 시대의 가시적이고 장기적인 애도 관행이 여전히 남아 있었다. 또한 프로이트의 애도 작업 이론은 그가 비엔나에서 20년에 걸쳐 진행해 온 정신분석 연구는 물론 그가 발전시킨 자아 이론과 나르시시즘 이론에도 기반을 두고 있었다. 당시의 문화적 가치관 역시 공동체 중심의 사고에서 개인 중심의 사고로 변하고 있었다.

사실상 애도 작업 이론은 프로이트가 1917년까지 일어난 사건들을 관찰하고 그로부터 결론을 이끌어낸 결과물이라고 할 수 있다.

그로부터 3년 후 프로이트의 개인적인 애도 경험 역시 프로이트의 사상에 영향을 미치기 시작했다. 1920년 1월, 프로이트의 다섯째 자녀인 소피 할버슈타트 프로이트가 스페인 독감 합병증으로 남편과 두 아들을 남겨둔 채 26세의 나이에 사망했다. 프로이트는 자신이 '무정한 숙명에 말없이 굴복'하는 수밖에 없었다고 말했다. 3년 후에는 소피의 막내아들인 하이넬레마저 결핵으로 세상을 떠났다. 연달아 절망에 빠진 프로이트는 다시 이전의 상태로 회복할 수 없었다. 어린 하이넬레의 죽음은 프로이트가 유일하게 눈물을 흘린 사건으로 알려져 있다.

소피가 살아 있었다면 서른여섯 살이 되었을 1929년에 프로이트는 어린 아들을 잃고 슬퍼하는 친구에게 위로의 편지를 보냈다. "물론 우리는 그런 상실을 겪고 난 다음 찾아오는 극심한 슬픔이 결국 가라앉으리란 걸 잘 알고 있지. 하지만 우리는 어떤 위로도 그 슬픔을 달랠 수 없으며 우리가 떠나보낸 이를 대체할 수단이 없다는 사실도 잘 알고 있어. 혹시 다른 무언가가 우리 마음에 생긴 구멍을 완전히 메우더라도 그건 다른 무언가일 뿐이야. 그리고 사실 그게 당연하지. 절대 포기하고 싶지 않은 사랑을 꼭 붙들고 있으려면 그러는 수밖에 없으니까."

프로이트는 사랑하는 사람을 두 차례나 직접 떠나보낸 뒤에야 보통 사람이 가까운 이에게 느끼는 감정적 애착이 얼마나 튼튼하고 끈질긴지 이해했다. 물론 프로이트는 자신의 이론을 수정하지 않았다. 수정했다 하더라도 달라지는 건 없었을 것이다. 1929년 즈음에는 이미 〈애도와 멜랑콜리아〉에 담긴 사상이 정신분석학계에서 스스로 생명력을 얻어 살아 움직이고 있었기 때문이다. 애도 작업 이론은 경험적으로나 과학적으로나 입증되지 않은 이론이었다. 그럼에도 이후 50여 년 동안 수많은 의사와 학자가 프로이트의 이론을 애도를 설명하는 주된 틀로 받아들였다. 뚜렷한 종결 지점에 다다를 때까지 내면의 노력을 통해 극복해야 하는 선형적인 과정으로 애도를 이해한 것이다. 이런 생각은 20세기 정신분석학계의 선두적인 이론가들에게도 영향을 미쳤다. 애도 병리학의 아버지로 불리는 정신의학자 에리히 린데만Erich Lindemann, 애착 이론을 발전시킨 존 볼비John Bowlby, 5단계 애도 이론으로 널리 알려진 중대한 죽음 연구를 남긴 엘리자베스 퀴블러로스Elisabeth Kübler-Ross 도 그 영향을 받았다.

프로이트가 1929년에 깨달은 사실을 전문가들이 다시 인식하기까지는 60년이 걸렸다. 그러는 동안 내 가족을 비롯해 사별을 겪은 수많은 가족은 걷잡을 수 없는 혼란을 경험해야만 했다.

애도의 다섯 단계

엄마가 돌아가시기 하루 전이었다. 병원의 사회복지사가 어디선가 다가와 나를 카펫이 깔린 4층 복도 구석으로 데려갔다. 그러고는 벽에 손을 짚으며 말했다.

"호프, 너희 어머니는 곧 돌아가실 거야."

내가 애써 진실을 부정하는 듯한 표정을 짓고 있었나 보다. 사회복지사는 똑같은 말을 한 번 더 반복했다. 이번에는 단어를 하나하나 또박또박 끊어 말했다. "어머니가 곧 돌아가실 거라고." 그러고는 원색으로 된 반질반질한 팸플릿 하나를 내 손에 꼭 쥐여주었다.

나는 그것을 내려다보았다. 〈애도의 다섯 단계The Five Stages of Grief〉라는 제목이 붙어 있었다.

분명 내게 도움을 주려고 그랬을 것이다. 단지 당시에 구할 수 있는 자료를 내게 공유하려는 의도였을 것이다. 그때는 1981년이었으니까 말이다. 내가 사는 지역에는 호스피스라든가 사별을 경험한 가족을 지원하는 기관이 존재하지 않았다. 아이든 어른이든 사별한 사람이 함께 모여 서로 기댈 수 있는 애도 모임도 없었다. 하지만 애도가 다섯 단계로 구성된다는 인식은 있었다. 당시에는 모두가 그렇게 생각했다. 5단계 애도 이론은 엘리자베스 퀴블러로스가 1969년에 발표한 혁신적인 책《죽음과 죽어감On Death and Dying》에 처음 소개되었다. 그 후 1980년대 초 즈음에는 모두의 마음에 자리 잡았다.

나는 팸플릿을 펼쳤다. "부인, 분노, 협상, 우울, 수용." 그 선형적이고도 순차적인 애도의 5중주란. 일렬로 늘어선 다섯 단계를 보고 있으니 마치 이 난장판을 벗어나게 해줄 고마운 지름길처럼 느껴졌다. 게다가 고작 다섯 단계뿐이라니. 어려워 봐야 얼마나 어렵겠는가?

'나도 해낼 수 있어.' 나는 생각했다. 게다가 성취욕이 강했던 열일곱의 나는 심지어 이렇게까지 생각했다. '다른 누구보다도 빨리 해낼 수 있어.'

실제로 다섯 단계를 완수하는 일은 쉬웠다. 장례식 이후에 팸플릿을 다시 펼쳐보니 이미 네 단계나 마친 상태였다.

부인? 나는 엄마가 죽었다는 사실을 잘 알고 있었다. 부인은 무슨. 바로 그날 오후에 엄마를 땅에 묻은걸. 엄마의 죽음을 부인하는 것은 망상이나 다름없었다. 임무 완료.

분노? 글쎄, 화를 내는 건 무의미해 보였다. 분노는 필요한 행동을 취하는 데 방해가 될 뿐이었다. 이제 와서 화를 낸다고 엄마가 돌아오는 것도 아니었다. 내 마음속 어디에도 분노가 들어설 자리 따위는 없었다. 역시 임무 완료.

협상? 엄마가 병원에 있는 동안 이미 해봤지만 달라지는 건 없었다. 그러니 임무 완료.

우울? 역시 아니었다. 물론 슬펐다. 엄청나게 슬펐다. 하지만 우울증이라 할 수는 없었다. 게다가 나는 내가 절대 우울해할 사람이 아니라고 생각했다. 이러나저러나 우울'증'은 나랑 거리가 멀었다. 그러니까 우울도 임무 완료. 이번 단계는 지나간 정도가 아니라 뛰어넘은 수준이었다.

그렇게 다음 단계인 수용에 다다랐다. 무난히 안착했다고 생각했다. 이걸로 끝.

(얼마나 허무맹랑한 소리였는지 지금은 잘 알고 있다.)

그로부터 11개월이 지났다. 나는 그런대로 잘… 지내고 있었다. 그렇다고 생각했다. 그때는 이별로 인한 본능적인 충격은 이미 지나간 상태였다. 밤이면 내 방 위에서 들리던 엄마의 발소리도 더 이상 들리지 않았다. 봄부터는 우편함에 두꺼운 흰색 봉투가 도착하기 시작했다. 이 대학 저 대학에서 새로운 미래를 약속하는 내용이 담긴 봉투였다. 정말 괜찮았다. 고등학교 졸업식이 나가왔다.

졸업식 날 아침 황금색 졸업 가운 차림으로 한 손에는 황금색 학사 모를, 한 손에는 녹색 장식용 술을 들고 화장실에 서 있는데 엄마 없이는 도저히 이 과정을 지날 수 없을 것 같았다. 거울에 비친 내 모습을 뚫어져라 바라보았다. 그 순간 엄마를 향한 그리움이 엄청난 힘으로 나를 짓눌렀다. 엄마가 돌아가신 날 아침만큼 강력한 힘이었다. 그다음 떠오른 생각이 내게 잔인한 일격을 날렸다. '딸이 고등학교를 졸업하는데 그 모습을 봐줄 엄마가 없다면 그게 다 무슨 소용이지?'

다음으로는 '대체 내가 왜 이러는 거야?'라는 생각이 들었다. 애도의 다섯 단계는 이미 작년에 끝마쳤는데. 그렇지 않은가?

나는 세면대 위에 양손을 올려놓고 거울로 내 눈을 노려보았다. 몇 분 후 눈에 눈물이 가득 고였다. 그제야 깨달았다. 팸플릿에 있던 다섯 단계를 무난하게 통과한 게 아니었구나. 통과 근처에도 못 갔구나. 그렇게 고등학교 졸업식 날 아침 탄생한 수치스러운 비밀은 이후 10여 년 동안 나와 함께했다. 내가 애도를 잘못 이해하고 있었다는 비밀 말이다.

한참 후에야 깨달았지만 진짜 비밀은 팸플릿에 설명된 다섯 단계가 나에게는 전혀 맞지 않는다는 점이었다. 사실 애초에 5단계 애도 이론은 사랑하는 사람을 잃고 애도하는 사람을 겨냥해 만들어진 것이 아니었다. 퀴블러로스 박사는 시카고의 한 병원에서 임종을 앞두고 있는 말기 질환 환자들을 관찰한 결과로 다섯 단계를 정리했다. 퀴블러로스 박사가 환자의 병상 곁에 앉아 그들이 어떤 경험을 하고 있는지 물어보기 전까지 미국의 말기 질환자들은 난해하고 복잡한 경험을 하고 있는 인간이라기보다는 병에서 구제해야 하는 사물로 여겨졌다. 퀴블러로스 박사는 죽어가는 개인이 자신만의 언어로 자신의 경험을 공유하도록 헌신적으로 도왔고 이를 계기로 사회 분위기가 완전히 바뀌었다. 일반 사람들에게 임종 과정의 인지적, 감정적, 사회적, 철학적 측면을 있는 그대로 전달함으로써 죽음을 터부시하던 수십 년 동안의 관행을 정면으로 돌파했다. 퀴블러로스 박사의 연구 이후 사람들이 말기 질환을 바라보고 경험하는 방식은 완전히 달라졌다.

퀴블러로스는 임종을 경험하는 사람들의 목소리에 힘이 실리면 죽음에 관한 담론이 훨씬 폭넓게 활성화될 것이라 생각했고, 또 그렇게 되기를 바랐다. 사별 이후에 남겨진 사람들에게까지 죽음의 다섯 단계를 적용할 생각은 전혀 없었다. 하지만 프로이트의 애도 작업 이론처럼 퀴블러로스의 5단계 이론 역시 얼마 지나지 않아 이론가의 손을 떠나 스스로 문화적 동력을 얻고 말았다. 애도 작업 이론과 마찬가지로 퀴블러로스의 이론 역시 경험적으로 입증되지 않았다. 하지만 그러든 말든 5단계 이론은 일반 대중 입장에서 논리적으로나 감정적으로나 그럴듯해 보였고 미디어에서도 논할 거리를 찾기가 쉬워 보였다. 그렇게 5단계 죽음 이론은 5단계 애도 이론으로 다시 자리매김했으며 5단계 애도 이론을 향한 대중의 집착도 시작되었다.

1970년대 이후로 퀴블러로스가 출연한 TV 방송을 보면 퀴블러로스가 점점 더 격분하는 모습을 확인할 수 있다. 시청자들에게 5단계 애도 이론이 '철 지난 이야기'이니 무시해도 좋다고 말한 뒤에도 사회자를 만날 때마다 애도의 다섯 단계를 듣기 좋게 정리해 달라는 요청을 받았기 때문이다.

주간 토크쇼 〈피플 아 토킹People Are Talking〉의 1974년도 방영분에서 젊은 오프라 윈프리는 퀴블러로스에게 이렇게 묻는다. "그러니까 사별을 겪은 사람이 그런 단계들을 밟아야 한다는 말씀이시죠?"

퀴블러로스는 이렇게 답한다. "그냥 자기 자신이 되세요! 소리를 지르고 싶으면 소리를 지르세요! 울고 싶으면 울어요! 교과서에 나와 있는 대로, 혹은 다른 사람이 시키는 대로 따르려고 하지 말아요. 자기 자신을, 자신만의 자연스러운 감정을 믿으세요."

애도란 지극히 개인적이고 고유한 경험이기 때문에 어떤 사람은 실제로 자신이 다섯 단계를 거친다고 느낄 수도 있다. 하지만 실제의 애도 경험을 고작 몇 가지 범주로 구분하거나 단일한 용어로 정의하는 것은 불가능에 가깝다. 감정은 독자적으로 발생하지 않는다. 인간의 가슴과 머리는 놀라울 만큼 복잡한 기관이다. 이들은 한 번에 하나 이상의 감정을 다룰 수 있다.

지금은 사별 전문가 대부분이 5단계 애도 이론이 실제 애도 경험을 설명하기에 지나치게 환원주의적이라고 지적한다. 테레즈 란도는 이렇게 회상한다. "바로 지난주였습니다. 사우스캐롤라이나에서 업무를 보고 있는데 누군가 퀴블러로스의 단계 이론을 언급하더라고요. 그래서 제가 말했죠. '이거 하나 말씀드릴게요. 그 이론은 경험적으로 입증된 적이 없어요. 게다가 이쪽 분야에서 신뢰할 만한 사람이라면 누구든 애도가 그런 식으로 이루어지지 않는다고 말할 거예요.'"

그럼에도 지난 50년 동안 애도가 다섯 단계로 이루어져 있다는 생각은 문화 전반에 널리 퍼져나갔다. 이것이 애도에 관한 공적 담론에 얼마나 큰 영향을 미쳤는지를 생각하면 놀라울 정도다. 실제로 우리는 누군가가 이혼 후에 분노하는 단계에 머물러 있다거나 실직 후에 현실을 부인하는 단계를 극복하지 못했다고 이야기하는 것을 매우 자주 목격한다.

왜 이런 일이 일어났는지 이해가 되지 않는 것은 아니다. 체계가 없이 뒤죽박죽인 채로 장기간 이어지는 사건에 잘 정리된 틀을 부여하면 혼란스러운 상황을 질서 있게 바로잡았다고 착각하게 된다. 애도를 명확히 구분되는 단계로 나누어놓으면 사별을 경험한 사람 입장에서는 통제할 수 없는 강렬한 감정에 휘둘리기보다는 주체성을 가지고 체계적으로 정해진 과정을 따르면 된다는 기대를 품을 수 있다. 애도가 고작 며칠간의 의식으로 축소된 문화에서는 5단계 지침이 그 나름의 애도 절차로 기능하는 셈이다. 사별을 겪은 사람은 그 다섯 단계를 표지판 삼아 자신이 결코 오르고 싶지 않았으며 빨리 끝나기만을 바라는 애도라는 여정을 얼마나 진행했는지 확인할 수 있다.

5단계 이론은 우리에게 익숙한 서사 구조에도 잘 들어맞는다. 고전 영웅 서사를 보면 주인공은 안전지대에서 쫓겨나 노력, 끈기, 용기를 통해서만 극복할 수 있는 역경을 맞닥뜨린다. 요셉, 모세, 오디세우스, 아탈란테, 피터 팬, 백설 공주, 헨젤과 그레텔 등 오늘날까지 전해내려오는 성서 이야기, 신화, 동화 속 주인공들을 떠올려보라. 평범한 예언자, 모험가, 부랑자, 고아였던 이들이 숲, 사막, 바다로 떠나 역경을 마주하고는 한참 후에 승리를 거두고 완전히 다른 사람이 되어 돌아온다. 가뭄이 끝난다. 마녀를 물리친다. 키스 한 번에 구원을 받는다. 끔찍한 고통을 겪은 사람 중 이런 이야기에 끌리지 않을 사람이 누가 있을까?

로버트 니마이어는 이렇게 설명한다. "단계 이론은 애도의 원질 신화(영웅 서사에서 주인공이 거치는 전형적인 여정—옮긴이)가 되었습니다. 마치 고전 서사 구조를 따르듯 사람들이 생각하는 애도는 불신, 환멸, 부인으로 시작됩니다. 그러다 충격적이고 까다로운 상황을 맞닥뜨리고 분노를 표출한 뒤 상황을 해결하기 위해 협상을 벌이죠. 그런 다음에는 내면의 우울을 경험합니다. 마침내 상황이 괜찮아지면 수용 단계에 이르죠."

이런 관점에서 볼 때 5단계 애도 이론은 사별을 겪은 사람으로 하여금 스스로를 자신만의 이야기 속 비극적인 영웅으로 이해하도록 돕는다. 하지만 여기에는 결코 작지 않은 문제가 하나 있다. 애도가 그처럼 뚜렷한 서사 구조를 따르는 경우가 거의 없다는 점이다. 애도란 수용 단계까지 가지런히 놓여 있는 징검다리를 폴짝폴짝 넘는 행위가 아니다. 그런 일은 교과서에서나 가능하다. 실제 애도는 예측할 수 없는 무질서한 난장판에 가깝다. 특정한 순서나 규칙을 따르지 않는다. 미술에 빗대자면 애도는 추상표현주의 작품이나 다름없다. 음악 장르로 말하자면 즉흥 재즈와 비슷하다.

단계 이론은 퀴블러로스가 바랐던 대로 죽음에 관한 문화적 담론을 확장시키는 데 기여했다. 하지만 단계 이론은 애도를 설명하는 부적합한 이론으로도 자리 잡고 말았다. 의도했든 의도하지 않았든 단계 이론은 사별을 경험한 사람들의 이야기가 자연스럽게 펼쳐지도록 허락하는 대신 그 이야기가 특정한 구조를 따르도록 강제했다. 결국 사람들은 애도라는 경험이 단일한 줄거리를 따른다고 기대하게 되었다. 그러면서 복잡한 진실이 들어설 자리는 사라지고 말았다. 애도가 장기간에 걸쳐 지속되고 그로 인해 오래도록 방황할 수도, 주기적으로 슬퍼할 수도 있다는 생각 역시 외면당했다.

무엇보다 단계 이론이 미친 가장 큰 악영향은 우리가 상실의 이야기를 어떤 식으로 마무리해야 하는지 확정했다는 점이다. 애도 이야기의 마지막 문장은 "그리고 공주/왕자는 마침내 수용의 땅에 도착했답니다"가 되어야 했다. 하지만 사랑하는 사람을 잃어본 사람이라면 누구나 알다시피 '수용'은 중간에 들르는 휴게소 같은 곳이지 최종 목적지가 아니다. 우리는 수용에 도착했다가 떠났다가 다시 도착했다가 떠나기를 반복한다.

어린 나이에 겪는 사별을 전문적으로 연구하는 뉴욕의 심리학자 제시카 코블렌츠Jessica Koblenz는 이렇게 말한다. "어떤 트라우마적인 사건을 경험하든 회복이란 반대편으로 달려가 '야호! 만세! 끝났다!' 하고 외친다고 해서 끝나는 일이 아닙니다. 회복은 무너져내린 대상에게 가졌던 애착을 유지하고 그 대상의 부재를 이해하기 위해 끊임없이 반복해서 고군분투하는 과정을 가리킵니다."

코블렌츠가 18세 이전에 부모 한쪽 혹은 양쪽을 잃은 성인 19명과 진행한 인터뷰에 따르면 이들은 남자든 여자든 나이를 먹어감에 따라 거듭해서 상실을 떠올렸으며 그때마다 그 상실을 새로운 방식으로 받아들였다. 이들이 사별에 적응하는 과정은 느리고 점진적이었으며 몇몇 사람은 수년이 걸리기도 했다.

이처럼 주기적으로 찾아오는 상실의 아픔은 사별을 겪은 사람들의 이야기에 등장하는 공통분모에 불과한 것이 아니었다. 반복되는 경험은 상실의 기억을 한데 모아 품고 살아가는 데 필수적인 과정이었다.

코블렌츠는 이렇게 설명한다. "바로 그 끊임없는 고투 속에서 사별을 겪은 사람이 상실에 부여하는 의미는 점점 더 분명해졌습니다. 사별한 사람이 할 수 있는 최선은 애도가 오래도록 힘들게 걸어야 하는 여정이라는 사실을 받아들이는 것이었습니다. 애도란 딱 한 번으로 끝낼 수 있는 무언가가 아니라 끊임없이 연속되는 무언가라는 사실을 말이지요." 사별한 사람은 시련에도 불구하고 성장하는 것이 아니라 시련 '덕분에' 성장하는 것이다.

엄마의 장례식을 치르고 침대 위에 앉아 팸플릿에 적힌 다섯 단계를 확인하던 내가 이 사실을 알았다면 얼마나 좋을까. 물론 그때 사별의 슬픔이 끊임없이 반복되리라는 이야기를 들었다면 나는 더욱 낙담했을 것이다. 누군가 열일곱의 나에게 평생토록 엄마의 죽음에서 의미를 찾을 준비를 해야 한다고 말했다면 나는 "아뇨, 저는 됐어요"라고 답했으리라. 하지만 결국에는 그 말을 기억했을 것이다. 그리고 언젠가는 그런 말을 들을 기회가 있었다는 사실에 감사했을 것이다. 애도가 순식간에 해치울 수 있는 무언가가 아니라 오랜 시간에 걸쳐 스스로를 굴복시켜야 하는 만만치 않은 과정임을 잠깐이라도 생각할 수 있도록 독려해 줄 사람이 있었다는 사실을 고맙게 여겼을 것이다.

2장

애도의 과거와
현재

밴쿠버의 키칠라노 구석에 자리한 카페에 가는 길이었다. 콘월 거리를 따라 늘어선 잔디가 아침 이슬을 머금고 반짝였다. 마주치는 사람마다 내게 활기차게 인사를 건넸다. 심지어 한 사람은 내 쪽으로 모자를 기울였다. 그럴 만도 하다. 여긴 캐나다니까. 하지만 캐나다치고도 유난히 활기찬 아침이었다. 토요일인 데다가 오전 9시도 되지 않았는데 거리에는 생기가 넘쳐흘렀다.

이런 날과는 어울리지 않을지 모르지만 나는 죽음을 논하기 위해 스티븐 매디건Stephen Madigan을 만나러 가고 있었다. 매디건은 심리치료사이자 밴쿠버 이야기 치료 학교의 교장이다. 이야기 치료 학교는 1980년대 초 호주의 사회복지 전문가 마이클 화이트Michael White와 뉴질랜드의 심리치료사 데이비드 엡스턴David Epston이 개발한 상담 치료법에 기반을 둔 학교다. 매디건은 내가 가장 좋아하는 심리치료사인 마이클 화이트 밑에서 수련했다. 그래서 매디건을 만나면 화이트 이야기를 꼭 듣고 싶었다. 하지만 나의 개인적인 바람은 잠시 미뤄야 했다. 우리는 서양인이 생각하는 죽음의 개념과 애도의 문화적 맥락을 논하기 위해 만났으니까. 이는 매우 중요한 주제였다.

지난 25년 동안 나는 사별한 사람들이 공통적으로 드러내는 감정과 생각, 행동이 무엇인지를 밝히는 데 집중해 왔다. 그들이 고립된 상태에서 벗어나 공통 경험을 중심으로 공동체를 형성하기를 바랐기 때문이다. 하지만 이날 매디건은 그런 공통 경험이 제한된 문화적 맥락 안에서 나타나는 경험임을 상기시켰다.

매디건의 설명에 따르면 오늘날 서양 문화권에서 당연하게 받아들이는 죽음과 애도에 관한 생각은 말 그대로 '생각'에 불과하다. 매디건은 이렇게 말한다. "그 생각은 세계에 보편적이지 않습니다. 진실도 아니고 사실도 아니죠. 그 생각은 특정한 맥락 안에서 죽음과 애도가 무엇인지 알아내려고 애쓴 결과 인위적으로 구성된 개념입니다. 그리고 우리는 그 개념을 물려받은 것이죠."

카페에서 만나길 다행이라고 생각했다. 머릿속이 팽팽 돌았기 때문이다. 나는 커피를 크게 한 모금 더 들이켰다.

매디건이 지적한 대로 지난 한 세기 동안 죽음과 애도에 관한 연구는 주로 서양 과학자의 주도 아래 서양인을 대상으로 진행되었다. 따라서 그 연구 데이터를 기반으로 해서는 애도가 시대나 장소와 관계없이 어떤 모습을 취하는지 확정적으로 정의할 수 없다. 맞는 말이다. 모든 사람이 동일한 지침과 기준에 따라 애도를 경험하리라고 기대하면 안 된다. 이는 굉장히 비현실적이고 근시안적인 태도다. 나는 조상과 소통하기 위해 집에 제단을 마련해 둔 일본계 미국인 친구들을 떠올렸다. 또 가을이 오면 가족과 함께 망자의 날을 기념하는 멕시코계 미국인 친구들도 떠올렸다. 그들이 프로이트의 애도 이론을 듣고 의아하다는 듯 눈썹을 치켜들거나 아예 어깨를 으쓱하더라도 전혀 이상한 일이 아니다.

매디건과 대화를 나누다 보니 '서양'이라는 말 자체도 그리 균일한 표현이 아니라는 생각이 들었다. 이민이나 국외 추방의 결과로 셀 수 없이 많은 사람들이 여러 문화가 혼재된 환경에서 살아가고 있다. 매디건이나 나나 둘 다 '서양인'으로 분류되겠지만 우리는 서로 다른 하위 범주에 속해 있다. 예컨대 한쪽은 캐나다인이지만 한쪽은 미국인이다. 한쪽에는 아일랜드인의 피가 흐르지만 한쪽에는 동부 유럽인의 피가 흐른다. 한쪽은 토론토 태생이지만 한쪽은 뉴욕 태생이다. 이에 따라 죽음이 무엇인지는 물론 어떻게 애도해야 하는가에 대한 인식 역시 미묘하게 달라진다.

사회가 허락하는 애도

사랑하는 사람을 잃은 뒤에 느끼는 슬픔, 분노, 공포는 어느 문화권에서나 보편적으로 나타난다. 하지만 애도를 어떤 방식으로 표출할 것인가, 즉 그런 감정을 언제, 어디서, 어떻게, 얼마나 오래 공개적으로 드러낼 것인가는 문화마다 크게 다를 수 있다. 각 문화권은 다음과 같은 사항을 놓고 규칙이나 제약을 정한다.

· 애도 기간은 얼마나 길어야 하며 어떻게 구성되어야 하는가

· 성별에 따라 어떤 역할과 책임을 맡아야 하는가
· 어떤 종류의 사회적 지원을 얼마나 제공해야 하는가
· 정신적 외상에 어떻게 대처해야 하는가
· 망자와는 어떤 관계를 유지해야 하는가
· 회복에 이르기까지 어떤 과정을 밟아야 하는가

애도 방식은 해당 문화권의 신념 체계로부터 영향을 받는다. 예를 들어 나바호족의 전통문화에서 사별한 사람은 사별 이후 나흘 동안 애도를 표할 수 있다. 그러는 동안 시신은 매장 준비를 거친다. 나흘째 되는 날 유가족은 슬픔을 씻어내듯 자신의 몸을 닦아 낸다. 그러고 나면 그들은 망자를 언급할 수 있지만 망자의 이름을 큰 소리로 말해서는 안 된다. 나바호족의 신념에 따르면 인간의 영혼은 사후에 내세로 떠나는데 그때 큰 소리로 그 사람의 이름을 부르면 그 여정을 가로막을 수 있기 때문이다.

한편 발리의 전통문화에서는 슬픔이나 두려움 같은 부정적인 감정은 건강을 해치고 긍정적인 감정은 영혼을 강하게 만든다고 가르친다. 그래서 사랑하는 가족이 세상을 떠나면 친지들은 웃음으로 그 슬픔을 감추고자 한다. 심지어 비극적인 죽음에 대해 이야기할 때도 그렇다. 발리 사람들은 사랑하는 사람을 잃은 뒤 개인적으로는 깊은 고통을 느낄지 모르나 공적으로는 그 아픔을 드러내서는 안 되는 셈이다.

집단주의적인 성향이 있는 비서구 문화권에서는 개인의 죽음을 공동체에 발생한 균열로 이해하는 경향이 있다. 그래서 그 균열을 치유하기 위해 사회적인 의식을 치른다. 이를테면 한 힌두교 카스트 문화권에서는 고인이 사망한 날부터 화장하는 날까지 12일 동안 애도 기간을 갖는다. 이때 고인이 집안의 남성 가장인 경우 남자 유가족들은 실질적인 장례식 준비를 하면서 슬픔을 풀어야 한다. 반면 여성들은 감정적으로 더 많은 슬픔을 표출하기를 기대받는다. 여성 이웃과 친지는 매일 오후 여성만을 위한 애도 공간으로 지정된 방에 모여 앉아 고인의 부인 및 딸들과 함께 시간을 보낸다. 경험이 많은 여성 연장자가 이들을 이끌어 의식을 치르게 하며 의식 중에 여성들은 눈물을 흘리거나 흐느끼거나 목 놓아 우는 등 슬픔을 겉으로 드러내야 한다. 이는 장례가 치러지는 12일 동안 여성이 감정적 고통을 충분히 쏟아냄으로써 그 이후에 거리낌 없이 고인에 대한 이야기를 나누고 고인 없는 삶에 적응할 수 있도록 돕기 위함이다. 물론 유가족에게 사회적으로 주어진 애도 기간이 끝난 뒤에도 흔히 사별의 아픔은 더 오래도록 지속되리라 기대받는다.

반면 미국이나 영국처럼 개신교의 영향을 받은 오늘날의 개인주의 사회에서는 장례식과 매장식을 제외하면 애도 과정에 사회적 차원의 개입이 거의 이루어지지 않는다. 소셜미디어를 기반으로 한 추모 의식은 사람들이 온라인으로 집단적인 애도를 표출할 공간을 제공하기는 하지만 분명 상호작용에 한계가 있다. 이 문제를 생각할 때면 종종 동명의 소설을 원작으로 한 2006년의 영화 〈이름 뒤에 숨은 사랑The Namesake〉이 떠오른다. 주인공 고골리는 막 성인이 된 젊은 인도계 미국인으로 대학 졸업 후 뉴욕으로 이사해 미국인 여성 맥스를 만난다. 아버지가 갑자기 돌아가시자 고골리는 맥스를 데리고 미시간으로 돌아간다. 이민자 2세인 고골리는 평생을 서양인으로 살아왔다. 그럼에도 고골리는 아버지의 장례식에서 힌두교 전통을 따라 머리를 밀고 하얀 도티(인도인 남자가 몸에 두르는 천—옮긴이)와 쿠르타(파키스탄 및 인도 사람들이 착용하는 튜닉 형태의 상의—옮긴이)를 입는다. 그리고 거기서 안락함과 동질감을 느낀다. 인도 음식과 인도어, 인도인 친구로 가득 찬 집에서 치러지는 인도식 장례는 중상류층 개신교 집안인 맥스의 가족이 따를 법한 간소한 의식과 현격한 대조를 이룬다. 고골리는 인도식 장례에 친숙함을 느낀다. 결국 고골리와 맥스는 여태껏 외면해 온 둘 사이의 문화적 격차를 인정하게 된다.

나의 아빠는 유대교 교리를 엄수하는 분이 아니었지만 엄마가 돌아가시자 우리 가족은 유대교 전통에 따라 장례식과 애도 의식을 치렀다. 우리는 기계적으로 움직일 수밖에 없었다. 단지 엄마의 가족을 존중하는 의미로 유대교 의식을 따른 것이기 때문이다. '시바'라 불리는 7일간의 애도 기간 동안 친척들과 친구들이 집에 찾아와 조의를 표했다. 유대교 전통에 따라 우리는 허영심 없이 고인에게 집중하겠다는 의미로 집에 있는 거울을 모두 가렸으며 죽음 앞의 겸허를 표하기 위해 낮은 상자 위에 앉았다. 열일곱 살이던 내게 이런 관습은 전부 구식인 데다가 지나치게 복잡하게 느껴졌다.

장례식이 끝난 뒤에는 마음을 추스르는 시간으로 일주일이 주어졌다. 우리 가족이 겪은 상실을 공식적으로 받아들이는 기간이었다. 그 이유만으로도 충분히 유용한 시간이었다. 사별한 유가족에게 사회적 지원을 베푸는 일은 매우 중요하다. 사회적 지원을 받지 못한 유가족은 단기적인 혹은 장기적인 신체적·정신적 고통을 겪을 가능성이 높다. 물론 10대 입장에서 꼬박 일주일을 집에 가만히 앉아 있기란 쉬운 일이 아니었다. 거실에서 할 수 있는 일이라고는 구운 닭을 끊임없이 집어삼키거나 침울한 표정의 이모할머니들과 오래도록 무릎을 맞대고 앉아 있는 일밖에 없었다. 그래서 나는 내 방에서 대부분의 시간을 보냈다. 방에는 어른들이 데려다준 친구들이 모여 있었다. 남자아이들은 침대 위에 뻣뻣하게 굳은 채 일렬로 앉아 있었고 여자아이들은 방바닥 여기저기에 책상다리를 한 채 앉아 있었다. 부모님을 잃은 경험이 있는 친구는 하나도 없었기 때문에 다들 무슨 말이나 행동을 해야 할지 몰라 우물쭈물했다. 그럼에도 같이 있어주는 것만으로 위안이 되었다. 우리는 주로 여름에 어떤 아르바이트를 할지 이야기하거나 당시의 메이저리그 야구 파업 사태에 대해 대화를 나눴다. 그렇게 하루하루가 이어졌다.

8일째 되는 날 아침, 우리는 자리에서 일어나 다시 일상으로 돌아갔다. 그 과정이 어찌나 갑작스러웠는지 7일간의 과도기를 빠져나오기가 들어갈 때만큼이나 불안하게 느껴졌다. 나는 아르바이트를 하던 곳으로 돌아갔다. 그동안 내가 어디에 있었는지는 상사들만 알고 있었다. 나로서는 당황스럽게도 친구들은 이전과 마찬가지로 똑같은 파티에 가고 똑같은 음악을 들었다. 모든 것이 유예된 경계 상황에서 일주일을 보냈는데 내게는 그 사실을 증명할 근거가 줄어든 체중밖에 없었다. 내가 없는 사이에 세상은 조금도 바뀌지 않았다. 하지만 동시에 모든 것이 달라졌다.

7일간의 애도 기간 동안 나를 위한 의식을 치를 수도 있었다는 걸 나중에야 알았다. 내가 그런 의식에 참여할 수 있었다면 좋았을 것이다. 나는 그 기간을 바깥세상으로 돌아가는 길을 가로막는 울타리라고만 생각했다. 유대교 전통에 따르면 사별한 첫해에는 주로 기도 형태로 통합 의식을 치른다. 하지만 우리 가족은 그런 의식을 따르지 않았다. 우리는 사람들에 둘러싸여 있었지만 동시에 끔찍할 만큼 외로웠다. 아마 이런 이유로 내가 부르키나파소 다가라 부족의 전통을 계속해서 떠올리는 게 아닐까 한다.

다가라 부족은 자신에게 도움이 되지 않는 집착을 내려놓고 떠나보낸 대상을 온전히 애도할 것을 강조한다. 충분히 표출되지 못한 애도는 비난, 수치, 죄책감, 우울, 정신적 가뭄, 신체적 고통의 근원이 된다고 믿는다. 주기적으로 슬픔에 굴복하고 애도를 표출해야만 건강한 정신, 육체, 영혼을 가질 수 있다고 생각한다.

다가라 부족의 영적 스승이었던 소본푸 소메Sobonfu Somé는 이렇게 말한다. "우리가 과거의 고통에 매달리면 매달릴수록 고통은 더욱 커져 창의성과 기쁨은 물론 다른 이들에게 공감할 수 있는 능력까지 억누릅니다. 심지어 죽음에 이를 수도 있습니다."

다가라 부족은 개인의 고통이 집단 안에서 발생하며 집단 안에서만 해소될 수 있다고 믿는다. 실제로 다가라 부족이 살고 있는 서아프리카 곳곳에서는 집단 애도 의식이 자주 열린다. 부족 구성원들은 사랑하는 사람의 죽음, 배우자와의 이혼, 절친한 친구와의 불화, 실직, 자연재해 등 어떤 종류의 상실을 경험하든 이런 의식을 치르며 마음의 짐을 내려놓는다. 상실을 겪은 사람은 모든 감정을 충분히 쏟아낼 때까지 공개적으로 슬픔을 표출해야 한다. 다가라 부족은 "아직도 잊지 못했니?"라는 질문 대신 "충분히 애도하는 시간을 가졌니?"라는 질문을 사용한다.

이런 사회에서 성장하면 자신이 언제, 어디서, 어떻게 애도해야 하는지에 대해 어떤 생각을 갖게 될까? 글래스고나 클리블랜드에서 자란 사람과는 완전히 다른 사고방식을 갖게 되지 않을까?

성인이 된 후 아프리카를 떠나 미국에서 유학한 소메는 이렇게 회상한다. "미국에 오기 전까지는 누구나 다가라 부족처럼 애도를 인식한다고 생각했어요. 미국에서 함께 지내던 친구 하나가 가족과 심한 갈등을 겪고 있었는데, 상황이 결코 만만치 않았죠. 그런데 어느 날 보니 그 친구가 화장실에서 혼자 울고 있는 거예요! 저는 닫힌 문에 대고 '괜찮아?'라고 물었죠. 친구는 '응, 괜찮아!'라고 답하더군요. 이 동네는 뭔가가 단단히 잘못됐다는 생각이 들었어요. 친구에게 버팀목이 되어주어야 할 사람들이 하나도 없었던 거죠."

이 대목을 읽을 때마다 서양에서 태어나고 자란 나는 소메가 정말 다정하다는 생각을 한다. 하지만 이런 유난한 다정함이 세계의 다른 지역에서는 일반적인 관습일 수 있다는 사실을 이내 깨닫는다. 컴퓨터를 끄고 2020년의 캘리포니아로 돌아가면 화장실에서 혼자 터뜨리는 울음이 여전히 21세기의 평범한 태도인 것이다.

바로 이런 이유로 '일반적인' 애도를 정의할 때는 특정 문화의 표준을 고려해야만 한다. 나바호족 사람들에게 일반적인 관습이 다가라 부족 사람들에게는 유해한 태도로 보일 수 있다. 마찬가지로 다가라 부족의 관습은 발리 원주민 입장에서 다소 기이하고 위험해 보일 수 있다. 게다가 이들이 치르는 의식 대부분이 서양 문화권에서는 용인되지 않을 것이다. 서양에서는 상실로 인한 슬픔을 공개적으로 드러내서는 안 되며 개인이 스스로 해결해야 할 문제라고 본다.

열두 살에 아버지를 심장마비로 잃고 바로 다섯 달 뒤에 어머니마저 유방암으로 떠나보낸 50세의 사샤는 이렇게 말한다. "우리 사회는 애도를 겉으로 드러내는 사람을 약한 사람으로 생각해요. 혼자 힘으로 일어나지 못하거나 신용카드를 들고 백화점에 쇼핑이라도 하러 가지 않으면 어딘가 문제가 있다고 생각하죠. '그래, 참 끔찍하네. 정말 지독해. 그럼 이제 그만 다음 단계로 넘어갈까?' 모두가 이렇게 말하는 것 같아요. 그럴 준비가 되지 않은 사람은 수치스러움에 가까운 무언가를 느껴야 하죠."

실제로 그렇다. 캐나다 온타리오의 한 대학에서 심리학 부교수로 재직하며 서양 사회의 애도 문화를 연구하고 있는 다시 해리스Darcy Harris는 사회적 표준에서 벗어난 개인이 사회 집단으로부터 쉽게 창피를 당한다고 지적한다. 이때 사별한 개인은 수치심을 내면화하게 되며 자신이 사회적 기대에 부응하지 못했다는 생각에 낙담하게 된다. 사회가 정한 애도의 표준을 따르는 것이 오히려 고통을 증가시키거나 연장시킴에도 결국 그는 사회적 표준에 순응해야 한다는 압박감에 굴복하고 만다.

상실을 '극복'하기 위해 따라야 하는 표준이 도리어 고통의 근원이 된다니, 참 아이러니하다. 프로이트의 유대 파괴 이론이 사회를 지배하던 시기에는 이런 문제가 만연했다. 당시 사별한 사람은 사랑했던 고인에게 가까이 고착해야 자신의 정체성과 추억을 지킬 수 있다는 걸 직관적으로 이해하고 있었지만 고인을 향한 애착을 포기해야만 치유에 이를 수 있다는 말을 들어야 했다.

이에 대해 스티븐 매디건은 이렇게 말한다. "바로 여기서 딜레마가 발생합니다. 작별 인사를 건네며 고인을 떠나보내려면, 그렇게 상실은 물론 그 사람과 함께한 경험을 잊으려면 자신이 지켜온 도덕 원리를 저버리는 수밖에 없어요. 그러면 고통이 따라올 수밖에 없죠."

41세의 다나 역시 홀로 자신을 키우던 어머니를 1991년에 유방암으로 잃었을 때 같은 딜레마에 빠졌다. 외동이었던 다나는 어머니와 매우 가까웠다고 한다. 사별을 겪은 후 다나는 500킬로미터 떨어진 곳에 있는 아버지 댁으로 가서 새어머니, 배다른 형제들과 함께 지내며 고등학교를 졸업했다. 익숙했던 모든 것으로부터 멀어진 다나는 딱히 어머니의 죽음을 슬퍼하지도 않고 새로운 구성원을 받아들일 준비도 되어 있지 않은 가족 안에서 겉도는 느낌을 받았다. 자신의 슬픔이 평화롭게 지내던 가정에 균열을 만든 것만 같았다.

다나는 이렇게 말한다. "집에서 제 이야기를 꺼내면 안 된다는 인상을 받았어요. 굳이 이야기를 해야겠다면 상담치료사를 붙여줄 테니 거기서 지난 15년간의 삶에 대해 쏟아낸 다음 새 집에서는 더 이상 그 얘기를 꺼내지 말라는 식이었죠. 하지만 이제 분명히 말할 수 있어요. 당시 저는 감정적으로나 이성적으로나 그것만으로는 충분하지 않다는 사실을 잘 알고 있었습니다."

집에서조차 애도를 드러내지 못하게 되자 다나는 누구와도 어머니 이야기를 나눌 수 없었다. 어머니와 함께한 기억이 점점 흐려지기 시작했다. 한때 다나를 지탱하는 힘이었던 친밀한 유대감 역시 느슨해지기 시작했다. 다나는 혼자서라도 어머니와의 유대감을 지켜내야겠다고 다짐했다.

성인이 된 후 아버지 집에서 나온 다나는 자신의 과거를 자유롭게 털어놓을 수 있는 친구들과 함께 서서히 연결망을 형성해 나갔다. 그리고 친구들과 대화를 나누며 주변에서 보내는 메시지에 반드시 순응할 필요가 없다는 사실을 깨달았다. 어떤 메시지에 귀를 기울이고 어떤 메시지를 흘려보낼지 스스로 선택할 수 있었다.

가장 먼저 잊어버려야 할 메시지는 '상실의 아픔을 빨리 극복하라'였다.

이제 두 딸의 엄마가 된 다나는 이렇게 말한다. "엄마는 제가 꾸준히 떠올리는 존재인걸요. 사실 '매일' 떠올린다고 할 수 있죠. 영적으로 말하자면 엄마가 항상 제 삶에 함께한다고 느껴요. 저는 엄마에 대한 기억을 끝까지 품고 가려면 어떻게 해야 하는지 잘 알고 있었죠. 앞으로도 계속 그렇게 할 거예요."

다나는 어머니의 생일과 같은 날 막내딸이 성찬식을 받게 함으로써 그날을 두 배로 중요한 날로 만들었다. 어머니가 돌아가신 지 25년째 되는 해에는 어머니와 살던 동네 인근에서 열리는 달리기 대회에 참가했다. 경기가 끝난 뒤에는 어머니의 친구들과 이전 직장 동료들을 초대해 함께 저녁 식사를 하면서 어머니 이야기를 나눴다.

다나는 이렇게 설명한다. "아직도 엄마와 관련된 몇몇 사실들, 엄마와 함께한 특별한 순간이 기억나요. 동시에 엄마가 어떤 어른이었는지 지금의 제 눈으로도 이해하려고 노력하죠."

1991년의 다나는 상실을 잊고 극복하라는 메시지를 거부함으로써 자신도 모르는 사이에 당시 움트고 있던 새로운 애도의 흐름에 참여한 셈이다. 1980년대 후반부터 1990년대까지 많은 학자와 의사가 유대 파괴 이론이 실제로 환자에게 도움이 되는지 아니면 도리어 해를 입히는

지 의문을 갖기 시작했다. 그리고 이를 계기로 우리 사회의 애도 문화에 큰 변화가 일었다. 애도 관계 이론과 유대 지속 이론이 새롭게 등장한 것이다.

새로운 안녕

1980년대 초 사회복지 전문가 마이클 화이트는 호주의 애들레이드에서 새로운 의뢰인을 상대하던 중 그들에게서 나타나는 특이한 양상을 발견했다. 다른 기관에서 지나치게 지연된 애도라든가 병리적 애도를 겪고 있다는 진단을 받은 그들은 절망과 괴로움에 빠진 채 화이트의 사무실을 방문했다. 그러나 화이트가 보기에 그들은 당시 유행하던 애도 작업 이론을 빠삭하게 이해하고 있었다. 삶을 지속해 나가려면 사랑했던 고인을 향한 애착을 버려야 한다는 사실을 잘 알고 있던 것이다. 그리고 그렇게 하기 위해 노력하고 또 노력했다. 하지만 반복된 노력에도 실패를 거듭하자 스스로가 무능하게 느껴졌다. 자기비판에 빠졌다. 허무하고 무가치하며 우울하다는 느낌을 받았다.

화이트는 그들이 사랑하는 사람을 잃었을 뿐만 아니라 자기 자신을 이루는 중요한 부분을 잃어버렸다고 생각했다. 고인과 거리를 두라고 계속 강요해 봐야 활력이나 위안을 줄 수 있을 것 같지 않았다. 오히려 고인에게 작별 인사를 너무 완벽히 건넨 탓에 고통을 느끼고 있는 것일지도 몰랐다.

어쩌면 그들에게 진정으로 필요한 것은 다시 "반가워"라고 말할 기회일지도 몰랐다.

화이트 역시 사별로 인해 미래를 향한 계획과 기대가 변할 수 있음을 이해하고 있었다. 그러나 화이트는 의뢰인들이 사랑했던 고인과 새로운 관계를 발전시킬 필요가 있다고도 생각했다. 그래서 고인과의 관계를 새롭게 구축할 수 있도록 몇 가지 질문을 던졌다.

"만약 사랑했던 고인의 눈으로 지금의 당신을 바라본다면 당신의 어떤 점을 눈여겨볼 건가요?"

"그분은 당신의 그런 특징을 어떻게 알게 되었나요?"

"자신에 대해 생각하고 나니 지금 기분이 어떻게 달라졌나요?"

의뢰인들이 스스로의 대답에 만족해하자 화이트는 다음 질문을 통해 새롭게 알게 된 자신에 대한 지식을 행동으로 이어나가도록 도왔다. "당신 자신에 대해 새롭게 알게 되었는데, 이제 이다음에는 어떤 단계를 밟게 될 것 같나요? 다음 단계를 밟는 동안 스스로에 대해 또 어떤 중요한 점들을 알게 될 것 같나요?"

스티븐 매디건은 이렇게 설명한다. "화이트는 고인이 남은 사람에 대해 어떻게 생각할지 그려보도록 했고, 그들이 공유한 기억과 그들이 소중히 여긴 대상이 무엇이며 그런 것들이 앞으로 어떤 의미를 지닐지 이야기했으며, 남은 사람이 어떻게 하면 일상 속에서 고인에 관한 대화를 이어나갈 수 있을지 고민했습니다."

매디건의 설명이 이어졌다. "결국 화이트가 이끌어내려고 한 것은 기억과 관계를 맺는 경험이었습니다. 그 기억은 고통의 기억이 아니었습니다. 사실 우리는 기억을 계속 짊어지고 갈 수 있어요. 그리고 그렇게 함으로써 고인과 함께 계속해서 살아갈 수 있지요. 우리는 고인에게 작별 인사를 하는 게 아니라 새로운 차원의 경험을 통해 다시 만나서 반갑다고 인사를 건네는 겁니다."

사별을 '작별 인사를 건넨 뒤 다시 새롭게 만남의 인사를 건네는 과정'으로 인식하는 순간 화이트의 의뢰인들은 즉각적으로 안도감을 느끼기 시작했다. 그들은 점점 희미해지던 연속성, 의미, 목적을 다시 찾아낼 수 있었다. 또한 스스로를 대할 때도 이전보다 적극적으로 친절과 연민을 베풀었다. 사별을 최근에 경험했든 오래전에 경험했든 결과는 동일했다.

화이트의 의뢰인들은 잃어버린 관계를 다시 현재의 삶에 통합시킴으로써 자신의 이야기를 새롭게 써나갔다. 사랑했던 고인을 잊는 대신 그 사람이 여전히 중요한 의미를 갖도록 하는 새로운 서사를 만들어나가기 시작했다.

앞장선 아이들

호주에서 마이클 화이트가 의뢰인들로 하여금 고인에게 새롭게 인사를 건네도록 돕는 동안 1만 킬로미터 떨어진 미국 보스턴 인근에서는 심리학자 필리스 실버만Phyllis Silverman과 J. 윌리엄 워든J. William Worden이 사별에 대한 연구를 진행하고 있었다. 정확히는 어린 시절 부모를 잃은 이들이 사별을 경험한 첫해 이후에 사별로부터 어떤 영향을 받는지에 관한 연구였다. 두 심리학자는 6~17세 아이들 125명과 그들의 보호자를 인터뷰했다. 4분의 3은 아버지를 여읜 사람이었고 나머지 4분의 1은 어머니를 잃은 사람이었다. 사망 원인은 만성 질환부터 갑작스러운 사고까지 다양했다. 두 연구자가 2년간 수집한 데이터는 1996년 하버드 사별 아동 연구 논문의 근간을 이뤘으며 이 연구는 지금까지도 아동이 겪는 사별의 아픔을 탐구하는 데 표준으로 기능하고 있다.

실버만과 워든은 아이와 그들의 남은 부모를 세 차례에 걸쳐 인터뷰했다. 처음에는 사별 4개월 후에, 그다음에는 각각 1년과 2년의 기간을 두고 인터뷰를 진행했다. 두 연구자는 아이들에게 어떤 행동을 통해 애도를 표출하고 있는지, 사별에 대해 그리고 돌아가신 부모님에 대해 어떻게 생각하는지 물었다. 또한 실버만은 문화 간 차이를 비교하기 위해 이스라엘 아이들을 대상으로도 비슷한 방식으로 연구를 병행했다.

인터뷰를 마친 실버만과 워든은 인터뷰 결과에서 흥미로운 패턴을 발견했다. 양국의 아이들이 모두 돌아가신 부모님과 여전히 관계를 유지하고 있다는 듯 대답한 것이다. 57퍼센트의 아이들이 여전히 돌아가신 어머니나 아버지에게 말을 건넨다고 대답했다. 절반 이상이 꿈속에서 살아 있는 부모님의 모습을 본다고 말했다. 77퍼센트가 부모님의 유품을 간직하고 있었다. 비록 돌아가신 부모님이 자신의 행동을 꾸짖을까 걱정하기는 했지만 81퍼센트가 부모님이 자신을 여전히 지켜보고 있다고 느꼈다.

아이들은 부모님이 아직 살아 있다거나 죽은 사람이 돌아올 수 있다는 환상을 품은 것이 아니었다. 그보다는 돌아가신 부모님과 맺고 있는 유대감을 이어나가기 위해 자기 나름의 기억, 감정, 행동을 발전시킨 쪽에 가까웠다. 실버만과 워든은 이런 현상을 가리켜 고인을 '구축'하는 과정이라 불렀다. 아버지를 여읜 12세 소녀는 자신의 경험을 이렇게 공유했다.

"저는 이제 제 방을 깨끗이 정리해요. 아빠가 무엇이든 깔끔한 걸 좋아하셨거든요. 전에는 물건을 땅바닥에 던져놓고는 했어요. 이제는 매일 아침 떨어진 물건을 주워요. 그러면 아빠도 기뻐하실 테니까요. 제가 학교에서 공부를 좀 못하더라도 아빠는 이해하실 거예요. 엄마는 엄청 화를 내시겠지만요. 그래서 이제 성적이 잘 안 나오면 아빠한테 성적 이야기를 꺼내요."

아이들은 부모님의 부재를 새로운 형태의 존재로 인식하는 행위로부터 위안을 얻고 있었다. 또한 이는 이별의 고통을 상쇄하는 데도 유용한 전략이 되었다. 연구에 따르면 성별이 같은 부모님을 여읜 아이들은 돌아가신 부모님과 유대감을 형성할 가능성이 더 높았으며 전반적으로는 아버지보다 어머니와 친밀감을 유지하는 경향을 보였다. 여자아이가 남자아이에 비해 돌아가신 부모님과 더 강한 유대감을 형성했으며 10대 아이들이 돌아가신 부모님과 관계를 유지하는 데 가장 소극적인 태도를 보였다.

남은 부모와 인터뷰를 진행한 결과 그들 역시 사망한 배우자와 비슷한 관계를 구축하고 있었다. 실버만과 워든은 아이들이 성장하면서 자신과 타인에 대한 인식이 변화함에 따라 사별한 부모님과 맺고 있는 관계 역시 변화한다는 사실도 관찰했다.

삶과 죽음의 경계가 얇고 투명하다고 여기는 문화권에서는 고인과 지속적으로 관계를 유지하려는 노력이 늘 존재했다. 하지만 1990년대 이전의 미국은 달랐다. 미국의 의학 및 심리학 교육 과정에서는 여전히 정신분석학에 뿌리를 둔 '애도 절차' 이론이 지배적이었다.

그러나 이별을 강조하는 패러다임은 실버만과 워든이 인터뷰한 아이들과 성인들에게 적용되지 않았다. 그들은 고인과 맺고 있는 감정적 결속을 끊어내기는커녕 유대감을 계속 이어나가기 위해 애쓰고 있었다. 미국인과 이스라엘인 모두 일관적으로 그렇게 응답했다는 사실 때문에 두 사람의 연구는 더욱 주목받았다.

실버만과 워든은 인터뷰를 통해 발견한 사실을 동료 학자들과 의사들에게도 공유했다. 그중에는 미주리에서 사별을 경험한 부모들을 지원하던 데니스 클라스Dennis Klass도 있었다. 클라스는 자녀를 잃은 부모가 내면의 표상을 형성하여 자녀를 계속 기억함으로써 상실에 적응한다는 사실을 발견했다. 이스라엘에서는 심리학자 사이먼 심슨 루빈Simon Shimson Rubin이 유아 돌연사 증후군으로 자녀를 잃은 어머니들을 10여 년 동안 추적 관찰했고 그 결과 클라스의 연구 내용과 동일한 현상을 발견했다. 매사추세츠의 브루클린에서는 정신의학자 스티븐 닉먼Steven Nickman이 입양아들에게서 유사한 내적 표상이 구축되는 현상을 관찰했다.

도대체 무슨 일이 벌어진 걸까?

20세기 후반부터 사람들이 갑자기 새로운 방식의 애도를 시작한 걸까? 그렇지는 않을 것이다. 과거에도, 다른 수많은 문화권에서도 사별을 경험한 사람들은 고인과 친밀한 관계를 유지하고자 했다.

그렇다면 심리치료사가 이제야 피상담자들에게 새로운 질문을 던져 다른 정보를 얻어낸 걸까? 가능성이 없진 않지만 조직적인 시도는 분명 아니었다. 그들 역시 갑작스럽게, 그리고 동시에 이런 양상을 관찰하기 시작했다.

아니면 애도에 대한 문화적 제약이 완화되면서 사별한 사람이 이전에는 밝히기를 꺼렸던 내면의 생각과 감정을 자유롭게 드러내게 된 것일까? 내 생각에는 이게 정답인 것 같다.

사랑했던 고인과 내적 관계를 유지하려는 노력은 결코 새롭게 나타난 현상이 아니다. 사별을 겪은 사람이라면 누구나 그렇게 해왔다. 단지 잘못된 애도를 하고 있다는 비판을 피하기 위해 조용히 개인적으로 그렇게 해왔을 뿐이다.

1996년에 실버만과 클라스, 닉먼은 《지속적인 유대: 애도를 이해하는 새로운 방식Continuing Bonds: New Understandings of Grief》을 출간했다. 심리학자, 교수, 간호사, 사회학자, 사회복지사 등 수많은 전문가가 사별한 부모, 배우자, 자녀, 형제자매와 유대를 지속하는 사람들의 경험을 공유했다. 이 책은 서양의 애도 이론 패러다임에 다시 한번 변화를 일으켰다.

이때 이후로 유대 지속 이론은 임상 현장에서 꾸준히 채택되고 적용되어 왔다. 유대 지속 이론은 또한 다른 애도 이론을 발전시키는 토대가 되기도 했다. 특히 널리 알려진 이론은 워든이 1991년에 발표하고 2009년에 수정한 '애도의 네 가지 과업 모형'이다. 워든은 사별을 경험한 사람이 다음과 같은 네 가지 과업을 목표로 수행하게 된다고 정리했다.

1. 상실의 현실을 받아들인다.
2. 사별의 고통을 헤쳐나간다.

3. 고인이 부재하는 환경에 적응한다.

4. 새로운 삶을 살아가는 한편 고인과 유대 관계를 지속할 방법을 찾는다.

워든이 제시한 네 번째 과업은 고인에게서 분리된 채 살아가는 게 아니라 고착한 채 살아가는 데 핵심적인 역할을 한다. 스티븐 매디건은 이렇게 설명한다. "그게 바로 끊임없이 변화하는 관계에서 나타나는 아름다움이지요. 사람을 잊고 인연을 끊고 혼자 고립되어야 한다는 생각은 터무니없을 뿐만 아니라 실제로 사람과 사람의 경험을 하찮게 만듭니다. 어떤 면에서는 더 많은 고통을 불러일으키죠."

불교의 가르침대로 고통은 피할 수 없지만 그 고통으로 아파할 것인가는 우리 자신의 몫이다.

고인과의 유대를 지속하고 고인을 기억하여 자신의 이야기에 결합시킬 때 관계는 더욱 확장된다. 나는 사랑하는 사람을 잃은 사람이 자주 받는 메시지 하나를 생각할 때면 이 사실을 다시금 되새기게 된다. 고인이 우리가 슬퍼하기를 바라지 않을 테니 행복을 찾아야 한다는, 부드러운 압력이 섞인 메시지 말이다. 물론 이 말에는 네가 지나치게 슬퍼하면 보는 나도 불편하니 슬픔을 억눌러 달라는 요구가 섞여 있을지 모른다. 하지만 동시에 진심으로 상대를 위하는 마음 역시 담겨 있을 수 있다.

언젠가 나에게 상담을 받으러 온 루비와도 이런 대화를 나누었다. 얼마 전 루비는 어머니의 스물한 번째 기일을 맞았다. 그날 루비는 어머니의 묘지에서 시간을 보냈다. 얼마 뒤 루비의 이모가 루비에게 이런 문자를 보냈다. "사랑하는 루비. 그렇게나 오래 마음 아파하다니 이모도 참 속상하구나. 네 엄마는 네가 그렇게 슬퍼하기를 원하지 않았을 거야. 그저 네가 행복하게 살면서 자기랑 보낸 특별한 시간들을 기억하기를 바랐겠지."

루비의 이모는 루비의 어머니와 루비가 오래도록 맺고 있는 유대 관계를 기리는 의미에서 이제 루비의 어머니에게는 불가능한 삶을 꼭 붙잡고 살아가라고 루비를 격려한 것일지도 모른다. 물론 서른 살에 어머니를 잃은 외동딸 루비가 어머니의 기일마다 슬픔을 느끼는 것은 그 자체로 두 사람이 공유했던 사랑을 기억하는 방식이다. 하지만 행복했던 시절만 생각하라는 이모의 말 역시 완전히 틀린 것은 아니다. 그래도 매년 어머니 기일이 되면 루비는 계속해서 자신이 잃은 것을 떠올리며 슬퍼하리라. 하지만 기일을 제외한 나머지 시간에는 어머니와 보낸 행복한 시간을 기억하며 감사히 살아갈 것이고, 루비가 간직해온 어머니와의 내적 관계 역시 튼튼하게 유지될 것이다.

고인을 추억하는 일은 제로섬 게임이 아니다. 고인과의 관계를 구축하기 위해 슬픈 기억과 행복한 기억 중 하나만을 선택하지 않아도 된다. 우리는 양쪽 기억을 모두 끌어안을 수 있다.

떠나간 사람과 다시 결합하기

사랑하는 사람과 사별할 때 우리는 죽음 이후에도 고인과의 유대 관계를 '유지'하기 위한 방법을 찾아야 한다. 하지만 오래전에 사별했고 고인과 맺었던 내적 관계가 이미 망가졌거나 가로막혔거나 억눌렸다면 어떻게 해야 할까? 고인과 다시 '결합'할 방법을 찾아야 한다. 사별을 경험한 사람들을 만나보면 대부분이 고인과 제대로 된 내적 관계를 구축하지 못한 채 고인의 부재를 계속해서 마주하며 고통받고 있었다. 그들은 삶에서 뭔가 중요한 것을 잃어버렸다고 느꼈지만 그것을 어떻게 다시 되찾을지 감을 잡지 못했다. 한때 고인과 나눴던 사랑을 어떻게 되찾아야 하는지, 되찾는다면 어디에 간직해야 하는지 전혀 알지 못했다. 그들이 느끼는 사별의 슬픔은 복잡하게 얽혀 있었고 그들은 그 슬픔을 어떻게 풀어내야 할지 몰랐다.

어머니와 사별한 여성들에게 어머니를 잊을 필요가 없으며 오히려 어머니와의 관계를 유지하는 게 좋다고 말하면 그들의 얼굴에는 안도감이 선명히 드러났다. 한번은 '엄마 없는 딸들' 모임에서 마이클 화이트가 말하는 다시 반갑게 인사하는 일과 유대를 지속하는 일의 중요성을 함께 이야기했다. 모임 마지막 날 아침, 9년 전 어머니를 잃은 브리아나는 '다시 반갑게 인사하기 순회 여행'을 떠날 계획을 세웠다고 했다. 차로 동부 해안을 다니면서 어머니의 친구들을 만나 어머니에 대한 이야기를 수집하며 '엄마와 딸'로서가 아니라 '여자와 여자'로서 다시 관계를 맺겠다는 계획이었다.

얼마 지나지 않아 브리아나는 사별한 지 오래되었다고 하더라도 사랑하는 고인과 내적 관계를 다시 형성하고 발전시킬 수 있다는 사실을 확인했다. 철학자 토머스 애티그Thomas Attig가 말하는 '부재중의 사랑'을 실천하기 위해 우리는 고인의 사진을 꺼내 보거나 고인에 관한 이야기를 나누거나 고인에 대한 새로운 정보를 알아보거나 고인에게 편지를 쓰거나 고인에게 큰 소리로 말을 건넬 수 있다.

결국 삶이 어떻게 끝났는가에 대한 이야기보다는 어떤 삶을 함께 공유했는가에 관한 이야기가 훨씬 풍성하고 정교한 법이다. 나의 엄마는 단순히 '죽은 사람'으로 설명될 수 없다. 엄마는 42년이라는 인생을 살았으며 그중 17년을 나와 함께 보냈다. 당연하게도 엄마가 살았던 42년이라는 시간은 엄마가 암 진단을 받고 돌아가시기까지 보낸 16개월이라는 시간보다 훨씬 더 중요하다.

샌버너디노캘리포니아주립대학의 사회복지학과 교수이자 이야기 상담치료사인 로레인 헤트케Lorraine Hedtke 역시 '다시 결합하기' 애도 모임을 시작할 때면 이 사실을 강조한다. 모임 첫 시간에 참가자들은 떠나간 고인에 대한 소개로 자기소개를 대신하도록 요청받는다. 이는 다분히 의도적인 요청이다. 이때 사별을 겪은 사람은 너무나도 자연스럽게 사랑하는 이의 죽음을 중심으로 이야기를 시작하려고 한다. 하지만 헤트케는 그것이 단일한 사건을 구체화한 이야기일 뿐이라며 이렇게 말한다. "그러면 삶의 아주 작은 부분에 불과한 순간을 마치 인생에서 가장 중요한 순간처럼 이야기하게 되죠. 이야기의 소재로 삼을 만한 다른 순간이 아주 많은데 말이죠. 특히 고인이 자살했거나 살해당한 경우 등 비극적이고 갑작스러운 죽음일수록 죽음에 대한 이야기를 가장 먼저 꺼내고는 합니다. 하지만 저는 죽음보다 삶의 이야기를 끌어내려고 노력하죠."

사별한 사람을 돕는 모임에 적용하기에는 일견 부적절한 방법으로 보일 수 있다. 고인과 함께했던 행복한 시간을 기억하도록 하는 행위가 오히려 고통을 가중시키지 않을까? 하지만 실제로는 전혀 그렇지 않다. 헤트케의 설명에 따르면 고인과 함께한 시간을 인정함으로써 유대감을 느낄 수 있으며 이 유대감을 통해 상실로 인한 고통을 완화할 수 있다. 오히려 고인과 함께한 기억을 차단하면 끊임없는 슬픔에 빠지게 된다.

의뢰인이 최근에 사별했든 오래전에 사별했든 헤트케의 상담은 항상 똑같은 지점에서 출발한다. "사랑하는 고인이 당신과 계속 함께 걸을 수 있도록 두 사람 사이에 다리를 놓는다면 어디에 놓으면 될까요?" 사소하고 일상적인 순간을 떠올릴수록 유대감이 강화될 가능성은 높아진다. 예컨대 헤트케가 모임에서 만난 한 사람은 프라이팬에 요리용 스프레이를 뿌릴 때마다 돌아가신 아버지가 떠오른다고 했다. 아버지도 같은 방식으로 프라이팬을 사용했기 때문이다.

헤트케는 "(고인이라면) 어떻게 했을 것 같나요?"라는 가정 표현을 사용해 피상담자가 가상의 현실 속에서 사랑하는 고인과 함께할 수 있도록 돕는다. 이를테면 피상담자가 이런 말들을 하도록 말이다. "저희 아빠라면 이렇게 하라고 말씀하셨을 거예요." "엄마가 살아 계셨다면 저를 위해 이렇게 하셨을 거예요." "그랬다면 아빠가 정말 행복해했을 거예요."

다음으로 헤트케는 그런 정보가 삶에 어떤 변화를 가져올지 그리고 그 정보를 통해 앞으로 어떤 식으로 행동할지 털어놓도록 독려함으로써 피상담자가 진술한 내용이 현실에 통합되도록 돕는다.

어린 나이에 사별을 경험해 고인과의 기억을 의식 속에 남기지 못한 이들에게도 같은 방법을 적용할 수 있다. 그들 역시 사진이나 편지, 노래, 남은 가족들이 들려주는 이야기, 유품, 요리법 등 자신의 정체성을 구성하는 여러 가지 이야기를 다양한 형태로 지닐 수 있다. 헤트케는 이렇게 설명한다. "그렇다면 우리가 해야 할 일은 '그런 지점을 발판 삼아 당신이 함께 짊어지고 갈 이야기를 만들어봅시다'라고 말하는 거죠." 헤트케는 피상담자가 잘 알고 있는 사실, 다른 사람에게 들은 사실, 추측할 수 있는 사실을 바탕으로 다음 질문에 대해 생각해 보도록 권한다. "사진이나 이야기, 다른 친지를 통해 고인에 대해 더 알게 되었죠. 이제 고인을 어떻게 설명할 건가요? 고인이 뭘 좋아했는지, 고인이 당신의 어떤 점을 자랑스러워했는지에 대해 어떻게 이야기할 건가요?

헤트케는 이렇게 말한다. "이런 과정을 통해 '나는 아직도 당신을 사랑해요. 그리고 여전히 저를 향한 당신의 사랑도 느낄 수 있어요'라고 말하는 거죠. 이는 동시에 '넌 슬픔을 극복해야만 해'라는 메시지에 개인적으로나 정치적으로나 저항하는 행위가 됩니다."

열일곱 살의 내게 들리던 목소리, 그러니까 고통을 억누르고 모든 게 괜찮은 척하면서 그저 굳건히 나아가야 한다고 명령하던 목소리는 내 목소리가 아니었다. 특정한 시대와 장소에 울려 퍼지던 목소리(말하자면 1980년대 초 미국 교외에 거주하는 중산층 백인이 내던 목소리)였다. 게다가 당시 어른들 역시 그 목소리가 자신의 목소리가 아닌 줄 몰랐기에 목소리의 크기를 키우는 데 기여하고 말았다. 20세기 초에 창의력이 풍부한 정신분석학자들과 정신의학자들이 발전시키고 대중의 인정과 답습에 의해 기어코 정설로 받아들여진 생각을 모두가 그대로 따르고 있었다.

내가 수년 동안 짊어졌던 비밀, 그러니까 내가 잘못된 방식으로 애도하고 있있다는 비밀은 또 어띤가? 맨쿠버에서 매디건이 지적한 대로 진실은 정반대였다. 나는 모든 걸 완벽하게 해냈다. 그리고 그게 문제였다. 나를 비롯한 수많은 사람들이 시대, 가족, 문화가 시키는 대로 애도를 마쳤다. 그럼에도 우리는 고립감과 수치심을 느낄 수밖에 없었다. 그렇다고 우리가 애도하는 사람으로서 실패했다는 뜻은 아니다. 그보다는 우리가 순응하려고 애썼던 표준이 잘못되었던 것이다.

3장

눈앞에 닥친 고통,
새로운 애도

1993년 뉴욕대학의 한 도서관이었다. 냉랭한 2월 아침답게 진눈깨비가 사선으로 쏟아지고 있었다. 오래전 일이지만 아직도 내 모습이 생생히 그려진다. 나는 창문 너머로 워싱턴스퀘어 공원이 보이는 6층 열람실의 긴 테이블에 앉아 있었다. 고개를 숙인 채 방한화를 신은 다리를 꼬고 앉은 나는 《오메가—죽음과 죽어감에 관한 논문집OMEGA—Journal of Death and Dying》을 뚫어져라 쳐다보았다. 첫 책을 쓰기 위해 이른 나이에 겪은 사별 문제를 다룬 논문을 찾고 있었다.

내가 세 들어 살고 있는 이스트 64번가의 아파트 거실에는 책과 논문, 녹취록이 엉망으로 널브러져 있었다. 나는 이 자료들이 열일곱에 경험한 상실의 아픔이 왜 지금까지 내게 강력한 영향을 미치고 있는지 설명해 주기를 바랐다. 이 자료들을 올바른 순서로 잘 배치하면 성공적인 해답이 '뚝딱' 튀어나와 나 자신을 고쳐줄 것만 같았다.

괜찮은 생각이었다. 잠깐 동안은.

《오메가》논문집을 휙휙 젖히면서 논문 제목을 하나하나 확인했다.

그러던 중에 〈오래된 고통 혹은 새로운 고통: 재발성 애도에 대한 사회 심리학적 접근Old Pain or New Pain: A Social Psychological Approach to Recurrent Grief〉이라는 제목이 눈에 들어왔다. '오래된 고통 혹은 새로운 고통'이라는 표현이 내 시선을 사로잡았다.

사우스웨스턴대학의 사회학 교수인 세라 브라반트Sarah Brabant가 몇 해 전 발표한 논문이었다. 당시 애도에 관한 논문은 대부분 정신분석학계의 애도 작업 이론을 기반으로 수련한 정신의학자나 심리학자가 집필했다. 하지만 애도 작업이 완수되는 데 시간이 얼마나 걸리는지를 두고는 논문마다 의견이 상이했다. 어떤 논문은 몇 주가, 또 다른 논문은 몇 달이 필요하다고 했다. 1년 혹은 그 이상이 걸린다고 주장하는 논문은 소수에 불과했다.

'기념일 반응'에 대해서도 의견이 모두 달랐다. 기념일 반응이란 사별을 겪은 후 수년 혹은 수십 년에 걸쳐 주기적으로 슬픔이 치솟는 현상이다. 이 반응은 보통 생일, 명절, 기일 등 사별을 겪은 사람에게 중요한 날에 일어난다. 졸업, 결혼, 출산이나 특정한 나이에 도달했을 때 등 일생에 큰 변화를 겪을 때도 나타날 수 있다. 기념일 반응은 고인의 사망 원인과 유사한 신체적 증상으로 표출될 수 있다. 이를테면 고인이 심장마비로 사망한 경우 가슴 통증을 느낀다든가 뇌종양으로 사망한 경우 두통을 느끼는 식이다.

기념일 반응은 매우 흔하게 나타나는 현상이지만(한 정신의학자는 사별한 사람 중 약 3분의 1이 기념일 반응을 경험한다고 추정했다) 오랫동안 많은 전문가가 이를 비정상적 반응 혹은 애도가 완수되지 않았다는 증거로 분석했다. 프로이트 계통의 정신분석가들은 기념일 반응을 해소되지 않은 과거의 감정에 익숙해지려는 무의식적인 시도가 반복되는 현상이라고 해석했다. 프로이트는 이를 '반복 강박'이라 불렀다. '당황스러운 인간 행동'이라거나 '시간과 관련된 질환'이라고 기술하는 의사도 있었다. 대놓고 질병으로 명명하는 전문가도 있었다. 1960~1970년대에는 기념을 반응을 경험하는 환자들이 주기적 형태의 조울증에 빠진 것이라는 오진을 받았다.

20세기 중반의 정신의학자들은 환자에게 나타나는 기념일 반응을 이해하고 치료하기 위해 오랜 시간을 투자했으며 수많은 논문을 집필했다. 당시의 사례 연구를 살펴보면 환자들은 기념일이 다가옴에 따라 우울증, 심장 질환, 류머티즘성 관절염, 피부 발진, 편두통, 요통, 궤양성 대장염, 공포증, 자살 충동 등 극심하고 난해한 신체적, 정신적 증상을 보였다. 게다가 대부분의 환자가 이 같은 증상과 과거 사건 간의 시간적 연관성을 알아차리지 못했다. 의사가 특정한 날짜와 계절, 기간을 지적하여 환자가 연관성을 의식하도록 돕는 경우 대개의 증상이 자연스럽게 해결되었다. 마치 환자의 신체가 정신적 억압을 그대로 드러내는 것 같았다.

나는 임의의 시점을 지나서까지 지속되는 슬픔이나 고통을 묘사할 때 사용하는 '해소되지 않은 애도'라는 표현이 지나치게 환원주의적이며 솔직히 말해 그다지 도움이 되지 않는다고 생각한다. 설령 이론적으로 사별한 사람의 슬픔이 완전히 해소될 수 있다고 해도 실제로 그럴 수 있는 사람은 거의 없다. 그럼에도 과거에는 기념일 반응을 특수한 병리 현상으로만 이해한 나머지 사별한 사람이라면 누구나 충분히 예측 가능한 범위에서 흔히 경험할 수 있는 반응이라는 사실을 받아들이지 못했다.

이런 상황에서 세라 브라반트의 논문은 신선한 관점을 제시했다. 브라반트는 사별을 겪은 지 여러 해가 지난 후에 찾아오는 슬픔은 완수되지 못한 애도와는 아무런 관련이 없을 수 있다고 주장했다. 브라반트는 오히려 그런 슬픔이 완전히 '새로운' 종류의 상실에 대응하는 반응이라고 확신했다. 이런 관점이라면 사별한 사람의 감정적 고통을 지연된 반응이 아니라 시기적절한 반응으로 이해할 수 있었다.

브라반트는 주장의 근거로 세 살에 어머니를 사별한 한 대학생의 사례를 언급한다. 브라반트의 설명에 따르면 해당 학생은 이른 나이에 겪은 상실로부터 '명백히 회복'했으며 최근에 결혼까지 했다. 하지만 결혼 직후 불면증과 식욕 부진을 겪었고 어머니의 빈소에서 시간을 보내고 싶다는 강렬한 욕구를 느꼈다. 브라반트는 그런 양상을 뒤늦게야 새롭게 나타나는 강렬한 애도로 보았다.

과연 이 학생은 어린 시절 완수하지 못한 애도를 다시 경험하고 있는 것일까? 브라반트는 그렇지 않다고 생각했다. 학생의 반응이 유아가 경험하는 고통의 양상과는 달랐기 때문이다. 오히려 학생의 반응은 성인이 된 딸이 삶의 중요한 순간에 어머니의 조언과 지지를 갈구하며 느끼는 슬픔과 분노에 가까웠다. 학생은 세 살 때 돌아가신 실제의 어머니를 애도하는 것이 아니었다. 곁에 있었다면 결혼 준비부터 결혼식까지 함께했을 '상상 속의' 어머니를 애도하는 것이었다.

다시 말해 이 학생은 오래전의 상실을 새로운 방식으로 마주했다.

나는《오메가》논문집을 살짝 옆으로 밀어낸 다음 창밖을 바라보았다. 거리 건너편의 워싱턴스퀘어 공원 모퉁이에 서 있는 단풍나무와

은행나무가 차디찬 바람에 벌거벗은 가지를 흔들고 있었다. 몇 달 전만 해도 저 나무들 아래를 거닐며 울긋불긋하게 물든 단풍을 올려다봤었다.

똑같은 나무이지만 계절이 변함에 따라 풍경이 달라졌다.

나는 생각했다. '그래. 애도도 이런 것일지 몰라.'

엄마가 돌아가신 직후 처음 몇 달은 끔찍했다. 이별의 고통과 그 이별이 영원할 것이라는 사실에 대한 두려움이 시시각각 나를 압도했다. 나는 불신, 무감각, 불면증, 체중 감소, 무력감, 불안감, 가식, 공포 등에 휩싸인 채 머릿속이 뿌예진 상태로 일상을 버텨나갔다. '어떻게 엄마가 돌아가실 수 있지? 엄마는 어디로 간 거야?'라고 생각했다. 오랜 시간이 지난 지금도 그 시기는 기억 속에 백지 상태로 남아 있다. 고등학교 친구들이 당시의 내가 어떻게 지냈는지 종종 이야기를 해주는데 정말 내 이야기가 맞나 의심이 들 정도다. 당시의 사진들이 내가 그 자리에 있었다는 사실을 증명해 주는데도 기억이 나질 않는다. 아마 적응하고 생존하는 데 모든 정신적 에너지를 쏟아서가 아닐까 한다. 아니면 정신적 외상 탓에 한동안 기억을 저장하는 데 어려움을 겪었던 걸지도 모른다.

내가 기억하기로는 대여섯 달이 지나니 머릿속에 가득하던 뿌연 안개와 갈비뼈 사이에 느껴지던 고통스러운 공허감이 사그라졌다. 하지만 엄마를 그리워하는 마음은 절대 사라지지 않았다. 그리움은 성인이 된 후로도 계속 이어졌으며 내가 예상하든 예상하지 못하든 곳곳에서 모습을 드러냈다. 매년 어버이날이 다가오면 엄마가 그리웠다. 엄마의 기일인 7월 12일이 되면 그리움이 사무쳤다. 식당에서 한 모녀가 2인

세트 메뉴를 함께 먹고 있는 모습을 보았을 때도 엄마가 그리웠다. 임신한 딸과 그 어머니가 함께 아기 옷을 쇼핑하는 모습을 지켜볼 때도 마찬가지였다. 친구가 어머니를 함부로 대하는 모습을 보았을 때도, 남자친구와 헤어지거나 가까운 누군가를 잃었을 때도 엄마가 절실히 보고 싶었다.

때때로 이런 애도 경험은 금방 사라진다. 그러나 어떤 때는 후유증이 오래 이어져 며칠을 멍한 상태로 지내기도 한다. 그때 느낌을 표현하자면 마치 '엄마를 처음부터 다시 잃어버리는 기분'이다. 하지만 그것은 사실이 아니다. 1981년에 나는 이미 엄마를 물리적으로 잃었다는 사실 때문에 슬퍼했다. 날 보고 함박웃음을 짓던 엄마, 우아한 손을 가진 엄마, 매일 아침 머스터드를 곁들인 햄 샌드위치를 점심 도시락으로 싸주고는 현관문을 뛰쳐나가는 나를 향해 "좋은 하루 보내렴!" 하고 외치던 엄마를 잃었다는 사실에 슬퍼했다. 하지만 그로부터 오랜 시간이 지난 뒤에도 내게 엄마라는 존재 자체가 없으며 앞으로도 없을 것이라는 고통스러운 자각에 가까운 슬픔이 나를 덮쳤다.

내가 인터뷰한 여성들 역시 어머니가 돌아가신 지 오랜 시간이 흐른 후에도 나와 마찬가지로 애도 아닌 애도를 경험했다고 밝혔다. 그들 또한 그 애도가 몇 분에서 며칠 정도로 짧게 지속되었다고 묘사했다. 갑작스럽게 재발하는 애도는 어린 시절의 억눌린 감정이라고 보기 어려웠다. 물론 억눌린 감정도 존재하겠지만 뒤늦게 나타나는 애도는 그런 감정과는 달랐다. 인터뷰한 여성 대부분은 이미 여러 해에 걸쳐 사별을 슬퍼한 경험이 있었다. 그와 달리 갑작스레 치미는 슬픔은 기존의 상실감이 새로운 방식으로 변화해 나타나는 것 같았다.

사람들은 '어떤 상실이든 결국은 상실'이라고 말한다. 이는 아마 몇 살에 누구를 어떤 식으로 사별하든 사별에는 고통이 따르며 그런 모든 고통이 정당하다는 의미일 것이다. 엘리자베스 퀴블러로스 역시 "고통에는 우위가 없다"라고 말했다.

하지만 분명 고통의 종류는 다양하다. 내가 뉴욕대학 도서관에서 이해하기 시작한 대로 우리가 애도라고 부르는 슬픔은 시간이 지남에 따라 여러 갈래로 가지를 뻗어나간다. 물을 쏟으면 물이 여러 갈래로 흩어져 흐르듯이 사별의 슬픔 역시 여러 갈래로 표출될 수 있다. 그중에는 사별한 사람 대다수에게 공통적으로 나타나는 애도 양상이 존재한다. 우리는 그런 양상을 '정상'이라 규정할 수는 없어도 일반적인 패턴이라 생각할 수는 있다.

애도는 주로 세 가지 형태로 표출된다. '새로운 애도'와 '묵은 애도', '새로워진 애도'이다. 나는 이들을 한데 묶어 '애도 트리오'라고 부르기로 했다. 우리는 이런 개념을 가지고 특정한 이론이나 진단명에 의지하지 않고 장기적인 애도 과정에 관해 생각하고 이야기할 수 있다.

지금 당장의 새로운 애도

'새로운 애도'는 말 그대로 이전에는 존재하지 않던 애도를 가리킨다. 생생하고 원초적이며 즉각적이다. 새로운 애도는 사랑하는 사람을 사별하는 순간 그 빈자리를 채우기 위해 물밀듯이 밀려든다.

현실 부정부터 충격, 멍함, 공황, 슬픔, 분노, 통곡, 무기력, 절망, 공포, 집착, 회피, 심박동 상승, 피부 발진, 불면증, 체중 감소, 두뇌 활동 저하, 혼란, 의욕 상실, 불안, 피로, 죄책감을 거쳐 안도와 해소까지. 새로운 애도는 전신에 가해지는 총체적인 경험이다.

약혼자 매트를 사별한 후 11년 만에 첫 책《슬픔의 위로It's OK That You're Not OK》를 출간한 상담가이자 작가 메건 더바인Megan Devine은 새로운 애도에 대해 이렇게 말한다. "시간이 멈춰버립니다. 그 무엇도 현실로 느껴지지 않죠. 다른 결과가 나올 수는 없었을까 머릿속으로 끊임없이 당시 사건을 곱씹습니다. 다른 사람이 아무 일도 없었다는 듯 살아가는 평범한 일상은 거칠고 잔인해 보이죠. 아무것도 먹을 수 없거나 무엇이든 먹어치워 버립니다. 잠을 이룰 수 없거나 하루 종일 잠만 잡니다. 일상에서 마주하는 모든 것이 자신이 살았던 삶, 자신이 살 수 있었던 삶을 상징하는 사물처럼 느껴집니다. 이렇게 상실은 삶의 모든 구석에 영향을 미칩니다."

새로운 애도를 경험할 때 느끼는 고통의 강도는 10점 만점에 14점 수준이다.

열다섯 살에 어머니를 심부전으로 갑작스럽게 잃은 51세의 산드라는 당시를 이렇게 회상한다. "저는 생각했죠. '이제 어떡하지? 모르겠어. 뭘 어떻게 해야 할지 하나도 모르겠어.' 존재론적 위기였죠. 엄마 없이 어떻게 살거나 기능해야 할지 감이 잡히지 않았으니까요. 내장이 다 뜯겨나가는 기분이었어요. 처음 몇 년 동안은 신경이 죄다 몸 밖으로 튀어나온 것처럼 온몸으로 고통을 느꼈죠."

1940년대에 처음으로 애도를 체계적으로 연구한 정신의학자 에리히 린데만은 '신체적 고통'을 수반하는 극심한 애도를 겪는 환자들을 관찰했다. 환자 대다수가 미국 역사상 최악의 나이트클럽 화재 사건으로 기록된 1942년 보스턴 코코넛그로브 나이트클럽 화재 사건의 생존자 혹은 희생자의 유가족이었다. 그들은 호흡 곤란, 무기력, 불안은 물론 '침입적 사고(스스로의 의지와 상관없이 떠오르는 원치 않는 생각—옮긴이)'라는 고통스러운 정신적 혼란을 경험했다. 이런 증상은 예기치 못한 갑작스러운 상실을 경험할 때 나타나는 주된 현상 중 하나인 '위기 애도' 상태를 야기했다.

16년 전 비행기 사고로 부모님과 사별한 42세의 피비는 당시 경험한 새로운 애도가 얼마나 극심했는지를 두고 이렇게 말한다. "슬픔이라는 새로운 껍질이 제 뇌를 뒤덮은 것 같았죠. 제가 자랑스럽게 여기던 제 장점을 그 껍질이 모조리 집어삼켜 버렸어요. 논리적이고 합리적이며 이성적으로 생각하는 능력에 문제가 생겼습니다. 슬픔은 바이러스처럼 제 삶의 모든 부분에 파고들었고 직장 생활부터 가족을 향한 태도에까지 영향을 미쳤죠."

새로운 애도는 좁지만 깊은 고통을 일으킨다. 특히 트라우마적인 사건이나 폭력에 의한 죽음일 경우 충격과 공포, 혼란의 정도가 한 사람의 몸과 마음이 감당할 수 있는 범위를 벗어나기도 한다. 바로 이때 우리는 사건 이후에 일어난 일들을 제대로 기억하지 못하게 되며 시간이 지난 후에도 이 시기의 기억을 떠올리지 못하게 된다.

8년 전 동생이 42세의 나이로 스스로 생을 마감한 샬린은 이렇게 말한다. "아빠가 대체 무슨 일이냐고 연락을 했어요. 하지만 제 기억에는 듬성듬성 빠진 부분이 많았죠. 주위 사람들은 그날 분명 저와 대화를 나눴다고 하는데 저는 전혀 기억이 나지 않아요. 뭐 때문이었는지 동생 집을 찾아가긴 한 것 같아요. 출장을 가 있던 남편이 집으로 돌아와서 저를 태우고 갔었나? 그랬던 것 같아요."

새로운 애도를 겪는 동안 우리의 시간관념은 당장 하루하루에 집중해 살아갈 수 있도록 좁아진다. 그럼에도 아주 사소한 일마저 지나친 부담으로 느낄 수 있다. 더 이상 그 무엇도 안전하게 느껴지지 않는다. 어디를 가든 잠재적인 비극이 몸을 웅크리고 숨어 있다가 우리를 덮칠 것만 같다.

이런 강렬한 감정을 매일 24시간 내내 견디기란 불가능하다. 태양을 맨눈으로 응시할 수 없는 것처럼.

결국 이런 생각이 들지도 모른다. '이 슬픔을 어떻게 극복해야 할지 모르겠어. 난 절대 해내지 못할 거야.'

하지만 우리는 해낼 수 있다. 아니, 해내게 된다. 우리에게는 타고난 대응 기제가 존재하기 때문이다.

어떤 사람은 이런 내면의 보호 장치를 '현실 부정'이라고 부른다. '현실 도피'라고 부르는 사람도 있다. 네덜란드의 심리학자 마거릿 슈트뢰베Margaret Strobe와 헹크 슈트Henk Schut는 이 장치를 가리켜 애도를 '정량 투여'하는 행위라고 설명했으며 이 같은 행위가 슬픔의 구렁텅이에 끝없이 빠져들지 않도록 도와준다고 주장했다.

네덜란드의 위트레흐트대학에서 배우자를 잃은 사람들을 대상으로 일련의 연구를 진행한 결과 슈트뢰베와 슈트는 사별한 개인이 애도 작업 이론의 예측대로 특정 상태에서 다음 단계로 척척 나아가는 대신 서로 다른 두 상태를 번갈아 옮겨 다닌다는 사실을 발견했다. 사별한 사람에게서 극심한 감정적 고통을 겪는 기간과 회복에 도움이 되는 실용적인 과업에 집중하는 기간이 번갈아 나타난 것이다. 슈트뢰베와 슈트는 이처럼 상반되는 두 가지 상태를 '상실 지향적인' 대응 기제와 '회복 지향적인' 대응 기제로 구분했다.

배우자를 사별한 사람들은 상실 지향적인 활동에 집중할 때면 울음을 터뜨리거나 죄책감, 후회, 절망을 느끼거나 오래된 사진을 들여다보거나 사별한 배우자 이야기를 하거나 재결합을 갈망하거나 자신의 운명이나 변화한 정체성에 대해 생각했다. 그러다 어느 정도 시간이 지나면(소요되는 시간은 사람이나 상황마다 다양했다) 그들은 다시 외부 세계에 적응해 살아가기 위해 회복 지향적인 활동에 집중했다. 재정 문제를 해결하거나 밀린 업무를 처리하거나 기댈 곳이 필요한 자녀들을 돌보거나 외로움을 이겨내기 위해 친구들과 시간을 보내는 등의 활동이었다. 회복 지향적인 활동에 집중할 때는 현실을 부인하거나 회피하는 경향을 보였다. 이는 상실 지향적인 기간에 느꼈던 고통을 완화하는 완충 장치 역할을 했다.

슈트뢰베와 슈트가 연구한 바에 따르면 배우자를 사별한 사람들은 상실의 축과 회복의 축을 불규칙적으로 오가다가 점진적으로 상실 지향적인 기간에도 슬픈 기억보다 행복한 기억을 더 많이 떠올리기 시작했다. 또한 회복 지향적인 기간에도 사별의 아픔을 회피하는 수단으로 해당 활동을 활용하는 대신 그 자체로 향유하기 시작했다. 이처럼 애도를 정량으로 분리해 투여하는 행위는 자연스러운 자기통제 행위와 닮아 있었다. 슈트뢰베와 슈트는 자연스럽게 번갈아 진행되는 이 같은 대응 과정을 사별에 대처하는 '이중 과정 모형'으로 명명했다.

모두를 위한 이론

◇◇◇◇◇◇◇◇◇◇◇◇◇◇◇◇◇◇◇◇

애도 작업 이론과 달리 이중 과정 모형은 다양한 문화, 기질, 성별에 따른 애도 양상을 모두 수용할 수 있다. 예를 들어 어떤 문화권에서는 상실 지향적인 활동을 길고 요란하게 수행하는 것을 허락하는 반면 다른 문화권에서는 사별한 사람이 가능한 한 빨리 회복 지향적인 활동에 매진하기를 독려할 수 있다. 또한 전통적으로 애도를 향한 '여성적인' 대응은 내면의 절차, 정서적 표현, 감정의 공유 등 상실 지향적인 측면을 강조하는 반면 애도 작업 모형에서 다루지 않는 '남성적인' 대응은 회복 지향적인 측면을 강조하는 경향이 있다.

메릴랜드의 게이더스버그에서 심리치료사로 일하며 남성의 사별 경험을 폭넓게 접해온 톰 골든Tom Golden의 설명에 따르면 사랑하는 사람을 사별한 남성의 약 80퍼센트는 행동, 문제 해결, 감정 억제를 우선시하는 회복 지향적인 활동에 집중하는 반면 여성의 80퍼센트는 감정 표출을 우선시하는 상실 지향적인 활동에서 위안을 찾는 경향이 있다. 게다가 서양 문화권에서 애도라고 하면 주로 의존적인 이미지를 떠올리기 때문에 남성은 애도 반응을 드러내는 데 어려움을 겪는다.

골든은 이렇게 말한다. "우리 문화권에서는 남성이 다른 대상에 의존하는 것을 금지하죠. 말 그대로 '금지'합니다. 어떤 대상에 의존하는 남성을 보면 '남자답지 못하다'고 합니다. 이런 상황은 남성을 딜레마로 몰아넣습니다. 자신이 의존적임을 인정했다가는 창피를 겪을 테고 인정하지 않았다가는 도움을 얻지 못할 테니까요."

저널리스트 닐 체틱Neil Chethik은 2001년에 출간한 《아버지, 그립습니다Fatherloss》를 집필하기 위해 70명의 남성을 대상으로 심층 인터뷰를 진행했고 이를 통해 남성의 애도 반응을 폭넓게 이해할 수 있었다. 체틱은 이렇게 회상한다. "남성들에게 '아버지가 돌아가셨을 때 슬퍼하셨나요?'라고 물으면 그들은 그 말을 '그때 우셨나요?'라는 질문으로 해석하고는 '아뇨, 저는 슬퍼하지 않았는데요'라고 답했죠. 그러면 저는 '그럼 그때 뭘 하셨나요?'라고 되물었습니다. 그들은 '아버지가 수집한 음반을 전부 집으로 가져와서 밤마다 들었습니다'라든가 '아버지를 기리는 재단을 세워서 50만 달러를 모았습니다'라는 등의 이야기를 길게 늘어놓았죠. 그러면 저는 '그게 바로 슬퍼한 겁니다'라고 답했고요. 그게 애도가 아니라면 대체 애도란 무엇일까요? 애도란 기분을 풀기 위해, 그리고 소망과 현실 사이의 긴장을 해소하기 위해 할 수 있는 일을 하는 행위입니다. 말하자면 고통에 말을 거는 일이죠."

고등학교에서 24년간 저널리즘을 가르쳐 온 친구 세실이 들려준 이야기가 떠오른다. 세실은 오랜 시간 교단에서 일하며 많은 학생들이 자동차 사고 등으로 예기치 않게 사망하는 것을 목격했다. 본인도 사랑하는 사람을 사별한 경험이 두 차례나 있었기 때문에 세실은 다른 학생들이 받는 충격과 혼란을 깊이 이해할 수 있었다. 세실은 첫 아기를 출산 직후에 잃었고 그로부터 3년 후에는 사고로 남동생을 잃었다. 물론 학교 측에서도 동급생을 잃은 학생들에게 지원을 제공했지만 교내에는 세실이 상실에 대해 대화를 나누기 좋은 선생님이라는 소문이 돌았다. 그래서 친구를 잃은 많은 학생들이 세실을 만나기 위해 교내 신문 편집실을 찾았다.

어느 해에는 한 여학생이 남자친구가 운전하는 차를 타고 가다가 사고를 당해 사망했다. 며칠 뒤 학교에서 추모식이 열렸을 때 사고에서 살아남은 남자친구는 감정을 주체하지 못하고 세실의 품에 안겼다. 이후 며칠 동안 그 남학생은 수업을 피했고 친구들을 멀리했으며 교내 상담실에도 가지 않았다. 친구들과 선생님들은 그 학생이 상실의 현실을 회피하는 게 아닐까 염려했다. 하지만 그 학생은 세실의 신문 편집실에 틀어박혀 말없이 다음 교내 신문에 실을 여자친구의 사진을 정리하고 있었다.

결국 이 학생도 새로운 애도가 불러일으킨 어마어마한 슬픔을 자기 방식대로 처리하고 있었던 것이다. 그 방식이 주위 사람들의 예상과는 달랐을 뿐이다.

남성과 여성의 애도 반응에 차이가 있다면 이는 유전적 결과일까 아니면 사회적 조건화의 결과일까? 골든은 둘 다일 것이라고 말한다. 유전적 요인과 행동 사이의 상관관계를 증명하기란 극도로 어려운 일이지만 남성이 감정 표출을 하지 못하도록 가로막는 사회적 제약은 전 세계적으로 잘 정리되어 있다.

특정 애도 반응이 다른 애도 반응에 비해 더 도움이 될 수 있을까? 꼭 그렇지는 않다. 그보다는 양쪽 균형을 잘 맞출 때 긍정적 효과가 나타나는 것 같다. 슈트뢰베와 슈트가 배우자를 잃은 남성과 여성으로 하여금 그들과 다른 성별의 대응 기술을 받아들이도록 독려한 결과 양측 모두 고통이 경감되었다. 특히 아내를 잃은 남편에게 상실 지향적인 시간을 보내도록 권유하고 남편을 잃은 아내에게 활동 지향적인 시간을 보내도록 권했을 때 결과가 가장 좋았다.

상실 지향적인 활동과 회복 지향적인 활동에 투자하는 시간의 비율 역시 저마다 다양했다. 기질이나 나이 등 다양한 요인이 영향을 미쳤다. 우리 가족의 경우 엄마가 돌아가신 뒤로 아빠는 출퇴근하는 차 안에서만 눈물을 흘렸다. 세 자녀를 홀로 키우게 된 아빠 입장에서는 출퇴근 시간만이 홀로 있을 수 있는 시간이었기 때문이다. 이 사실을 처음 알았을 때 매일 두 번씩 차 안에서 혼자 흐느꼈을 아빠 모습을 떠올리니 속이 텅 비는 것 같았다. 솔직히 말하자면 지금도 그렇다. 하지만 이제는 아빠가 자기 나름대로 애도할 시간을 가진 것임을 이해하며 아빠가 그럴 수 있었다는 사실에 감사하다.

사별을 겪고 애도의 균형을 잡는 데 실패한 사람들, 즉 오로지 상실의 고통에만 집중하거나 지나치게 빨리 일상 활동에 매진하는 사람들은 대개 상실에 적응하기까지 훨씬 힘든 시간을 보낸다. 서른다섯 살의 패트릭이 딱 그랬다. 패트릭은 13년 전 수술 합병증으로 어머니를 잃었다.

그전까지 패트릭은 홀어머니와 연로하신 외할머니, 외할아버지와 함께 살면서 일과 학업을 병행하고 있었다. 그런데 어머니가 척추에 문제가 생겨 간단한 수술을 받기 위해 병원에 입원하게 되었다. 하지만 안타깝게도 어머니는 수술 후 의식을 되찾지 못했고 결국 3일 뒤에 숨을 거두었다.

걱정 없는 스물두 살의 청년이었던 패트릭은 불과 며칠 사이에 어머니를 사별한 아들이자 거동이 불편한 조부모님을 부양해야 하는 가장이 되고 말았다. 당장 일상에 복귀해야 했던 패트릭에게 새로운 애도를 맞을 시간은 많지 않았다. 최대한 빨리 많은 일들을 처리해야 했다. 하지만 상실 지향적인 활동을 억압당한 스트레스는 패트릭의 몸을 괴롭히기 시작했다.

패트릭은 이렇게 기억한다. "발에서부터 발진이 올라오더니 다리를 지나 온몸에 퍼졌습니다. 온몸의 피부가 뒤집어졌죠. 피부과에 갔는데 외부 감염은 아니라고 하더군요. 그저 제 몸이 스트레스에 반응했던 거예요. 사별의 슬픔에 잘 대처하지 못한 셈이죠."

34세의 시몬 역시 부모님을 여의고 슬픔을 느끼기까지 오랜 시간이 걸렸다고 한다. 시몬은 열두 살에 5년간 심장근육병증으로 투병해 온 아버지를 잃었으며 스무 살에 어머니를 신장암으로 잃었다. 외동이었던 시몬은 곧장 학업에 열중했고 (현재 남편이 된) 남자친구와 교제하면서 가정을 꾸릴 계획을 세우는 데 에너지를 쏟았다. 한편으로는 병에 걸린 가족 때문에 여러 해에 걸쳐 견뎌야 했던 제약이 사라졌다는 사실에 안도하기도 했다.

시몬은 이렇게 회상한다. "스무 살 때부터 거의 최근까지 저는 앞으로 나아가는 데만 집중했어요. 꽤 자유롭다는 생각이 들었죠. 해방감도 느꼈어요. 당시에는 진심으로 그렇게 느꼈습니다. 하지만 그때 제가 충분히 애도하지 못했다는 사실을 이제는 알고 있죠. 저는 정말 뒤늦게야 슬픔을 마주했습니다. 아마 첫째 아이가 태어나고 나서야 애도를 경험하기 시작했을 거예요. 그러니까 이제 3년 된 셈이죠."

상실 지향적인 활동과 회복 지향적인 활동을 번갈아 수행하고 두 활동 사이에 발생하는 마찰을 조정하는 과정은 사별한 사람이 정신적·감정적 안정을 되찾도록 도와준다. 이런 단기적인 노력 없이는 장기적으로 사별에 적응하는 데 훨씬 큰 어려움을 겪을 것이다.

새로운 애도의 특징들

◇◇◇◇◇◇◇◇◇◇◇◇◇◇◇◇◇◇◇◇◇◇◇◇

새로운 애도는 관계 특정적이다. 다시 말해 '특정한' 사람과 사별할 때 발생한다. 따라서 원인과 결과 사이에 분명한 선을 그을 수 있다. 사랑하는 사람의 죽음이 원인이고 새로운 애도가 결과다.

"그 사람 없이 뭘 해야 할지 모르겠어.""그 사람이 죽도록 그리울 거야.""신께서는 왜 그 사람을 데려가셨을까?" 주로 이런 진술이 새로운 애도를 특징짓는다.

서른넷의 베로니카는 열일곱 살에 오빠 제임스와 사별했다. 베로니카보다 두 살 많은 제임스는 영어와 음악 과목을 좋아하고 미식축구와 라크로스를 즐기던 자유로운 영혼이었다. 베로니카는 이렇게 떠올린다."저는 오빠를 선망했어요. 말 그대로 어디를 가든 따라다녔죠. 오빠랑 놀았고 오빠 친구들과 어울렸으며 오빠 친구와 데이트하기도 했어요. 듬직한 오빠였죠. 달이라도 따다줄 수 있는 사람이었어요."

베로니카가 열일곱이 되던 어느 여름날 밤 제임스는 친구와 차를 타고 나갔다. 돌아오는 길에 차는 전복 사고를 당했고 제임스는 그 자리에서 생을 달리했다.

베로니카는 이렇게 말한다."온 세상이 무너져내렸어요. 오빠를 되찾고 싶었죠. 그럴 수 없다면 그날이든 다음 주든 몇 달 뒤든 오빠를 따라 죽고 싶었어요. 도저히 그 상황을 견딜 자신이 없었어요. 가족도 완전히 쳐냈죠. 혼자만의 세상에 틀어박히거나 오빠 친구들만 만났어요. 슬프지 않은 날이 없었죠. 마음에서 슬픔이라는 조각을 어떻게 떼어내야 할지 몰랐어요. 스페인어 수업을 듣다가도 제멋대로 눈물이 나오고는 했죠. 한번 울음이 터지면 도저히 울음을 멈출 수가 없었어요."

베로니카는 이야기를 계속해 나갔다. "과거에 할머니, 할아버지를 떠나보낸 경험도 있어요. 하지만 이번에는 완전히 달랐죠. 아빠는 현실에 분노했고 엄마는 완전히 무너져 내렸어요. 막내 여동생은 제대로 관심을 받지 못했어요. 그나마 우리 가족이 지금 같은 관계를 유지하는 건 엄마가 우리를 뭉치게 한 덕분이에요. 당시에는 가족과 연결되어 있다는 느낌을 전혀 받지 못했어요. 아빠와 대학교 견학을 다녔는데 뭘 했는지 기억이 나질 않아요. 그냥 몸만 거기 있었죠. 부모님은 저를 사려 깊게 돌봐주었지만 집에서 다시 웃음소리가 들리기까지 몇 달간 집안은 풍비박산 상태였어요. 그렇게 세 달을 보냈습니다. 그쯤 되니 더 이상 슬퍼할 힘도 남아 있지 않더군요."

새로운 애도는 되풀이된다. 다시 말해 한 번 겪고 해치울 수 있는 무언가가 아니다. 우리는 가까운 사람이 죽을 때마다 새로운 애도를 반복해서 경험할 것이다. 우리는 대개 평생 몇 차례 새로운 애도를 마주한다. 안타깝게도 몇몇 사람들은 여러 차례 경험하기도 한다.

우리 주위에는 다른 사람에 비해 부당할 만큼 지나치게 무거운 슬픔을 짊어지는 사람이 있다. '슬픔의 셰르파'라고 할 수 있는 이들은 치명적인 유전 질환을 가진 집안에서 태어났거나 폭력과 중독으로 물든 환경에서 살아가거나 쉴 틈 없이 비극에 비극을 마주할 운명을 타고난 것처럼 보인다.

스물한 살이 될 때까지 열다섯 번의 친지와 친구 장례식에 참석해야 했던 앤 마리는 서른여섯이 된 지금 과거를 이렇게 회상한다. "점점 당연한 일처럼 여겨지더군요. 사람을 잃는 일에 익숙해졌습니다. 하지만 절대 쉬워지지는 않았죠. 매번 사람을 잃을 때마다 다양한 이유로 힘들었어요."

새로운 애도는 누적된다. 수많은 목숨을 앗아가는 전쟁이나 사고를 겪을 때처럼 짧은 시간에 연달아 사별을 경험하거나 한 번에 많은 상실을 경험하는 경우 일종의 '사별 과부하'가 발생할 수 있다. 예컨대 1980~1990년대의 남성 동성애자들은 에이즈 위기가 발생한 짧은 기간에 수많은 친구와 연인을 잃었다. 코로나 사태 역시 가정이나 공동체에 수많은 사상자를 연달아 혹은 동시에 발생시킴으로써 비슷한 비극을 초래했다. 게다가 이별과 이혼, 실직, 건강 문제 등 죽음 이외의 요인에 의한 상실감까지 더해졌다.

엄마는 비가 왔다 하면 억수로 쏟아진다고 한탄하고는 했다. 그렇게 불행이 겹치는 경우 상실을 제대로 받아들이기도 전에 새로운 상실이 발생한다. 이제 막 슬픔을 짊어질 힘이 생겼다고 느끼거나 어느 정도 성장한 것 같다고 느끼는 순간 새로운 이별이 찾아온다. 열다섯 살이 되기까지 사랑하는 사람을 세 차례나 잃은 55세의 오스카는 자신의 어린 시절을 이렇게 묘사한다. "저는 서로 다른 세 가지 방식으로 슬퍼했어요. 세 줄기의 슬픔이 하나의 거대한 호수가 되었죠."

이렇게 상실감이 누적되면 각각의 이별을 따로따로 애도할 수 없어진다. 온 정신이 상실 지향적인 활동에만 쏠려 지극히 사소한 일상생활도 수행하기 힘들어하거나 의식적으로든 무의식적으로든 미루게 될 수 있다. 힘을 내기가 너무나 고통스러워 어떤 행동도 취할 수 없게 된다. 이 상황에서 할 수 있는 일이라고는 하루하루를 버티는 것밖에 없을지 모른다. 사실 그것만으로 충분하다. 때때로 고통과 충격의 크기는 한 사람이 감당할 수 있는 수준을 넘어선다.

16년 전 비행기 사고로 부모님을 모두 잃은 피비 역시 비슷한 경험을 했다. 어느 날 아침 피비의 부모님은 작은 경비행기를 타고 주말여행을 떠났다. 하지만 몇 시간 뒤 피비와 세 동생은 비행기가 추락했다는 소식을 듣게 된다. 생존자는 없었다.

몇 주 후 피비는 직장을 옮겨 고향으로 돌아와야 했다. 막 변호사 생활을 시작했던 피비는 장녀로서 부모님의 부동산을 정리해야 했다. 얼마 지나지 않아 피비는 변호사, 회계사, 정부 조사관으로부터 끊임없는 연락을 받았다. 그때마다 질문에 답해야 했고 법률 서류를 읽고 서명해야 했으며 부모님의 사망 과정에 대해 끔찍한 세부 내용까지 모두 진술해야 했다.

정신없이 수많은 일을 처리하는 와중에 새 직장 업무까지 더해졌고 피비는 자신의 감정을 처리할 여유를 거의 갖지 못했다. 그저 눈앞에 닥친 문제를 처리하는 데 집중해야만 했다. 긴장을 늦출 수 있는 시간은 밤밖에 없었다. 눈을 감으면 부모님이 돌아가시는 끔찍한 장면이 꿈에서 나타나 제대로 잠을 이루지도 못했다. 불타오르는 추락 현장이 선명하게 떠올랐다. 부모님을 찾아 옥수수밭을 필사적으로 헤집으며 기어 다니는 꿈이 반복되었다. 뜨거운 모래폭풍에 갇혀 멀리 떠나가는 어머니를 향해 뒤를 돌아보라고 소리치는 꿈을 꾸기도 했다. 기진맥진한 채 잠에서 깨면 또 하루가 시작되었다.

피비는 이렇게 회상한다. "제 자신이 조잡하게 만들어진 봉제인형 같았어요. 시간이 지날수록 얼기설기 꿰매진 실이 팽팽해졌죠. 모든 감정을 안에 욱여넣으려고 무진장 애를 썼어요. 그때의 제게 슬픔이나 눈물은 사치였거든요. 그럴 여력이 없었죠. 하지만 죽음을 무시할 수는 없어요. 사별에 제대로 대처하지 않는다면 그 슬픔은 결국 우리를 집어삼키고 말 거예요. 실제로 그런 일이 저한테 벌어졌죠."

부모님과 사별한 지 5개월 만에 피비는 심각한 우울감에 빠졌다. 심리치료사의 권유로 피비는 직장에 병가를 내고 사별로 인한 슬픔을 돌보기 시작했다. 우선 심리치료사의 도움을 받아 갑작스럽고 잔혹하게 부모님을 잃어버린 트라우마를 안정시켰다. 그런 다음 심리치료사는 피비가 슬픔과 분노, 그리움 등 상실 지향적인 활동에 집중했다 나오기를 반복할 수 있도록 도왔다. 피비는 이런 활동으로 균형을 잡은 뒤에야 악몽으로부터 서서히 벗어날 수 있었다.

새로운 애도는 저마다 고유한 특성을 갖는다. 즉 사별을 겪을 때마다 새로운 애도는 다른 형태로 나타날 수 있다. 누구를 어떻게 잃었는지, 고인과 어떤 관계였는지, 사별 이후 충분한 지원을 받았는지, 사별을 겪을 당시의 생활이 어땠는지 등 다양한 요인에 영향을 받는다.

예를 들어 내가 엄마를 잃었을 때 겪은 새로운 애도와 아빠를 잃었을 때 겪은 새로운 애도는 다양한 이유로 크게 달랐다. 엄마와는 친밀한 관계를 맺고 있었지만 아빠와는 감정적으로 다소 멀었기 때문에, 또 엄마는 차가운 병원에서 돌아가신 반면 아빠는 호스피스 전문가와 가족들이 지켜보는 가운데 돌아가셨기 때문에, 엄마가 돌아가실 때 내 나이는 열일곱이었고 아빠가 돌아가실 때는 마흔이었기 때문에 두 차례의 새로운 애도는 달라질 수밖에 없었다. 게다가 내게 요구되는 태노도 그게 달랐고 각각의 상황에서 내가 직면한 스트레스 요인도 완전히 달랐다. 사별 전후로 내가 얻을 수 있는 정보나 지원의 양에도 차이가 있었다.

마흔네 살의 캣은 10년 동안 가까운 가족을 세 명이나 잃었다. 캣은 그때마다 전혀 다른 경험을 했다고 증언한다. 아버지가 심·신부전으로 돌아가실 때 캣은 열두 살이었고 세 자녀 중 막내였다. 캣의 아버지는 말수가 없고 내향적인 성격이었다. 그래서 캣은 아버지와 항상 함께하기는 했지만 아버지가 어떤 분인지는 정확히 알 수 없었다고 한다. 아버지를 여읜 후에는 남은 가족들과 슬픔을 공유했다. 캣은 이렇게 말한다. "아빠는 꽤 오래 병을 앓았어요. 그래서 아빠가 돌아가실 수도 있다는 걸 알고 있었죠. 물론 무척 마음 아팠지만 엄마를 비롯한 다른 가족과 친구에게서 위로를 받을 수 있었습니다. 저를 도와줄 거대한 시스템이 있었던 셈이죠."

하지만 2년 후 어머니를 심장마비로 잃었을 때는 더 이상 그런 지원을 바랄 수 없었다. 어머니가 그 시스템의 중심이었기 때문이다. 캣은 이렇게 회상한다. "아빠 때랑은 완전히 달랐습니다. 아직도 그때 생각을 하면 울컥해요. 저는 가까이 살던 언니네 집으로 들어갔어요. 물론 언니도 최선을 다했죠. 하지만 언니는 서른셋이었고 애가 둘이었어요. 게다가 형부는 언니와 있어주지도 않았고 언니를 감정적으로 돌봐주지도 않았죠. 언니는 결혼생활을 지키고 자식들을 돌보기에도 바빴던 거예요. 거의 한 달이 지나고 나서야 언니가 '좀 어때?' 하고 묻더군요. 그런 다음에는 '그래, 그만하면 됐어. 이제 네 삶을 살아야지. 그만 잊고 나아갈 때야'라는 식의 대화가 오갔습니다. 그 뒤로는 엄마에 대해 거의 이야기를 나누지 않았어요. 엄마의 유일한 남매인 외삼촌 부부도 제게 이렇게 말했죠. '그만 잊어. 이제 끝났어. 다시 그때로 돌아갈 수는 없는 거야. 약한 사람이나 감정을 드러내는 거지.' 저는 창피했어요. 슬픔을 간직하고 있는 제가 문제인 줄 알았죠."

캣은 부모님 없이 어떻게 미래를 맞아야 할지 혼란스러웠다. '난 절대로 혼자 살아가지 못할 거야'라고 생각하며 체념에 가까운 태도를 발전시켰다. 캣은 이렇게 말한다. "오빠한테 정말 화가 났어요. 오빠의 술버릇 때문에 엄마의 심장병이 악화된 것만 같았거든요. 오빠 때문에 엄마가 돌아가셨다고 생각해서 5년 동안 오빠랑은 말도 하지 않았어요. 분노를 풀지 못해 오빠를 괜한 희생양으로 삼은 거죠."

캣과 열다섯 살 차이가 나는 오빠 데이비드는 캣이 유년 시절을 보내는 동안 좋은 오빠일 때도 있었고 나쁜 오빠일 때도 있었다. 술을 마시지 않을 때는 사려 깊고 사랑 넘치는 오빠였고 좋아하는 음악이나 TV 프로그램을 캣에게 권하기도 했다. 하지만 술만 마시면 완전히 다른 사람이 되어 공격적인 모습을 보였다. 캣은 그런 오빠를 '멘토와 불량배를 섞어 놓은 사람'으로 묘사했다.

하지만 그렇잖아도 가족이 줄어든 마당에 계속 척을 지고 살 수는 없었다. 남매는 둘 사이의 균열을 치유하기 위해 노력했다. 캣이 20대 초반이 되었을 무렵에는 오빠와 가끔 연락하고 지내는 관계로 회복할 수 있었다. 캣은 고향 집에 살면서 직장 생활을 했고 오빠는 그 근처에 집을 얻어 살고 있었다. 그러던 어느 날 서로 얼굴을 본 지 1년쯤 지났을 무렵 데이비드가 캣에게 마당 일을 도와달라며 음성 메시지를 남겼다. 캣은 이튿날 연락해 오빠 집에 방문할 계획을 세우려고 했다. 하지만 그럴 기회를 갖기도 전에 인니가 울음을 터뜨리며 캣의 집 현관문을 두드렸다. 오빠가 몇 시간 전 잠든 채로 숨을 거뒀다는 소식이었다. 사인은 밝혀지지 않았다. 서른일곱의 창창한 나이에 갑자기 세상을 떠난 것이다.

아버지를 잃었을 때는 슬펐지만 지원을 받는다는 느낌이 들었고 어머니를 여의고서는 오래도록 고립감과 분노를 느꼈다. 그러나 이번에는 후회와 죄책감이 캣을 덮쳤다. '그렇게 했다면 어땠을까?'라는 생각이 캣을 괴롭혔다. '오빠와 더 많은 시간을 보냈다면 얼마나 좋았을까? 오빠가 죽기 전에 얼굴이라도 한 번 더 봤다면 얼마나 좋았을까? 오빠한테 바로 연락했다면 어땠을까?' 이미 우울증으로 힘들어하던 캣에게 오빠의 죽음으로 인한 고통이 더해진 것이다. 압도적인 슬픔이 캣을 짓눌렀다.

남자친구와 남은 가족, 가까운 친구들의 도움을 받았지만 결과적으로 캣은 어머니를 잃었을 때와 같은 메시지를 들었다. 하지만 이번에는 그 메시지에 저항하기로 마음먹었다. 캣은 이렇게 말한다. "어릴 때는 '그래. 저 말이 맞아. 어른들이 잘 알겠지'라고 생각했죠. '글쎄요, 저는 생각이 다른데요. 정말 그럴까요? 그 생각은 잘못된 것 같은데요'라고 말하지 못했어요." 하지만 20대가 된 캣은 달라졌다. 어릴 때와 달리 상담이라는 방법도 활용할 수 있게 되었다. 캣은 현재 상담 치료와 봉사활동, 기도로 자기애를 상당 부분 회복했다.

새로운 애도는 많은 경우 변화를 가져온다. 엘리자베스 퀴블러로스는 사별 후 가장 고통스러운 시간이 지난 후에 어떤 일이 일어나는지에 대해 이렇게 설명한다. "새로운 자신, 달라진 자신, 다시는 이전으로 돌아갈 수 없으며 이전과는 전혀 다른 방식으로 세상을 바라보는 자신이 남는다. 안타깝게도 순수함은 사라지고 그 자리를 취약함과 슬픔이 채운다. 그런 일이 얼마든지 일어날 수 있으며 실제로 일어났다는 새로운 현실 인식이 자리를 잡는다." 사별 이전에 세운 가정이 모조리 무너진다. 세계관이 철저히 뒤바뀐다. 심지어 정체성, 즉 자기인식 역시 바뀔 수 있다.

서른둘의 로라는 열네 살에 가장 친한 친구이자 첫사랑인 남자친구를 잃었다. 자살이었다. "제 삶은 2000년 2월 15일을 기준으로 나뉩니다. 만약 그 일이 없었다면 저는 지금의 저와는 완전히 다른 사람이 되었을 거예요. 사고방식 자체가 달라졌어요. 세상을 달리 보게 되었죠. 원래도 느긋하다거나 순진한 편은 아니었지만 그 일 이후로는 세상이 지겨워졌어요. 삶에 더 감사하는 마음을 갖게 된 반면 예전처럼 사람들과 가깝게 지내거나 사람들에게 마음을 내보이지는 않게 되었죠. 그 일이 없었다면 그렇게까지 관계를 경계하지는 않았을지도 모르죠."

서양 문화권에서는 '역경 덕분에 성장했다'는 식의 서사를 칭송하는 경향이 있다. 그래서인지 사별한 사람 역시 얼른 성장해야 한다는 압박을 느낀다. 그러나 메건 더바인이 지적하듯 우리는 변화를 균형 잡힌 시각으로 바라보아야 한다. 성장은 여러 가능성 중 하나에 불과하다. 기대하거나 요구할 일이 아니다. 사별의 슬픔을 겪으며 변화하지 못한다고 해서 애도를 잘못하고 있는 것은 아닌지 스스로를 탓하거나 질책하지 않아도 된다.

더바인은 이렇게 설명한다. "반드시 삶을 변화시키는 상실을 경험해야만 하는 것은 아닙니다. 인생은 부름과 그 부름에 응답하는 과정입니다. 우리 앞에 놓인 것은 통합의 길이지 개선의 길이 아니에요."

새로운 애도는 독립적이다. 즉 분명한 경계가 있다. 새로운 애도는 이전의 상실에서 비롯한 고통과 복잡하게 뒤얽히지 않는다. 새로운 애도를 겪는 동안 반드시 이전의 사별을 다시 떠올리거나 다시 애도해야 하는 것도 아니다. 가까운 사람을 잃고 '언니가 죽었을 때도 지금처럼 무기력해졌었지'라는 생각이 든다면 이는 새로운 애도를 이전의 애도와 비교하고 있는 것이다. 하지만 만약 '언니를 다시 잃어버리는 느낌이야'라는 생각이 든다면 새로운 애도 이상의 무언가가 벌어지고 있는 것이다.

나는 이 사실을 2년 전 절친한 친구 스카이를 잃었을 때 몸소 깨달았다. 스카이는 세상을 떠나기 16년 전에 교모세포종 진단을 받았다(교모세포종에 대해 아는 사람이라면 이게 얼마나 놀라운 일인지 이해할 것이다). 종양을 발견했을 당시에 스카이는 갓 태어난 딸아이가 걷는 모습도 보기 힘들 것이라는 말을 들었다. 하지만 스카이는 딸이 운전하는 모습까지 볼 수 있었다. 16년의 투병 생활 동안 뇌종양이 두 차례 재발하여 수술을 두 번 더 받았고 아무나 감당하지 못할 수준의 화학 요법과 방사선 치료까지 이겨냈다. 스카이는 불가능을 그저 극복한 정도가 아니라 불가능을 때려눕혀 발밑에 놓았다. 의사와 주위 사람 모두가 기적이라고들 했다. 16년 동안은 정말 그랬다. 하지만 뇌종양이 또다시 재발했다. 이번에는 치료의 가능성이 거의 없었다.

임종이 다가오는 동안 스카이는 딸을 남겨두고 떠나는 게 얼마나 슬픈지, 한편으로는 의사가 예측한 것보다 훨씬 오래 살았다는 사실에 얼마나 감사한지 내게 말해주고는 했다. 상태가 괜찮은 날이면 우리는 내세의 존재에 대해 대화를 나눴다. 스카이는 내세가 존재한다고 확신했다. 나도 낙관적인 편이지만 증거가 필요하다고 생각했다. 스카이의 상태가 나빠지면 나도 스카이 옆에 누워 천장을 바라보면서 최대한 크게 욕을 내뱉고는 했다.

임종이 얼마 남지 않았을 때였다. 스카이는 더 이상 말조차 할 수 없었다. 그 대신 나를 보고 눈물을 흘렸다. 나는 손가락으로 그 눈물을 찍어다 내 입에 넣었다. 그러고는 말했다. "이제 네 DNA가 내 속에 있는 거야. 내가 평생 네 일부분을 짊어지고 다닌다는 뜻이지." 나는 소변도 절대 보지 않겠다고 약속했다. 평소의 나라면 하지 않을 말이었기 때문에 스카이가 웃음을 터뜨렸다. 스카이가 내 손을 꼭 붙잡고 자기 입술에 가져다 댔다. 우리는 서로의 눈을 들여다보았다. 둘 다 알고 있었다. 이번이 우리가 의식이 있는 채로 마주하는 마지막 순간일 것이다. 나는 집으로 오는 길에 차 안에서 앞이 보이지 않을 정도로 펑펑 울었다. 차를 세우고 다시 눈앞이 선명해질 때까지 기다려야 할 정도였다.

내 부모님 두 분도 말기 암으로 돌아가셨다. 그래서인지 스카이를 만나러 갈 때면 이따금 부모님이 돌아가시기 직전의 기억이 슬금슬금 고개를 내밀고는 했다. 그 기억은 '이게 어떤 단계인지 기억하지? 원래 이런 식이야'라고 속삭였다. 하지만 그런 생각은 감정의 자극 없이 이내 사라졌다. 스카이의 투병과 죽음을 목격한다고 해서 과거의 트라우마가 다시 살아난다거나 열일곱에 겪은 슬픔과 분노를 다시 경험할 필요는 없었다. 내가 느끼는 슬픔은 '스카이'가 겪는 고통과 스카이의 가족이 곧 겪을 상실과 스카이가 죽으면 더 이상 볼 수 없을 스카이의 활기차고 재치 넘치는 모습 때문임이 명확했다. 아, 스카이가 어찌나 그립던지.

다른 누군가가 아니라 '스카이'가 너무나 그리웠다.

그랬기 때문에 내가 새로운 애도를 경험하고 있다는 사실을 알 수 있었다.

1년 뒤, 5년 뒤, 10년 뒤에도 내가 스카이를 그리워할까? 애도 반응이 다시 되살아날까? 분명 그럴 것이다. 스카이의 딸이 고등학교를 졸업할 때가 되면 스카이가 얼마나 그 자리에 함께하고 싶었을지 생각하며 분명 다시 슬퍼할 것이다. 그날 내가 느낄 슬픔은 고통스럽고 혼란스러우며 생생할 것이다. 하지만 그것은 더 이상 새로운 애도는 아닐 것이다.

유년 시절의 애도: 지연된 슬픔

정신의학자 존 볼비가 유년 시절의 이별과 상실을 연구하기 전까지 아이는 어른처럼 애도할 수 없다는 생각이 팽배했다. 사람들은 어린아이가 애도를 경험한다 할지라도 그런 애도는 오래 지속되지 않는다고 믿었다. 하지만 볼비의 연구에 따르면 진실은 정반대다. 아동의 행동을 직접 관찰한 최초의 정신의학자인 볼비는 어린아이가 어머니로부터 떨어졌을 때 보이는 반응을 연구했다. 연구 결과 볼비는 어린아이의 반응이 비교적 나이가 많은 아동이나 성인이 사랑하는 사람을 사별했을 때 보이는 반응과 '사실상 동일'하다고 결론 내렸다.

볼비는 자신이 진행한 실험은 물론 2차 대전 중 고아가 된 유대인 아이들을 관찰한 안나 프로이트Anna Freud의 연구와 병원 및 보육원의 아이들을 관찰한 기존의 연구를 바탕으로 생후 6개월의 유아도 일련의 애도 과정을 거친다는 사실을 밝혀냈다. 어머니와 분리된 아이는 먼저 반항기에 돌입한다. 이때 아이들은 정신없이 울음을 터뜨리며 어머니를 찾고 어머니가 돌아오기를 간절히 기다렸다. 이 시기가 일주일 이상 지속되었다. 그럼에도 어머니를 찾지 못하는 경우 그리움을 호소하는 단계에 접어들었으며 어머니를 다시 만날 수 있다는 희망이 사라짐에 따라 절망감을 내비쳤다. 어머니와 분리된 상태가 지속되는 경우 많은 아이가 적대적인 반응을 보이거나 현실을 회피하거나 스스로를 고립시켰다. 볼비는 이를 감정적 고통에 대응하기 위해 자연적인 방어기제가 작동한 것으로 해석했다. 어머니가 다시 돌아오는 경우에도 처음에는 어머니를 거부하는 아이가 많았으며 나중에는 어머니가 다시 떠나지 못하도록 막기라도 하듯 어머니에게 딱 달라붙었다.

만약 어머니가 다시는 돌아오지 않는다면 어떻게 될까? 다행히도 실험 환경에서 영구적인 이별을 조성할 수는 없었다. 이별이 지속되는 경우 아이들의 저항, 절망, 회피 반응이 어떻게 변화할지 볼비는 추측하는 수밖에 없었다. 볼비의 추정에 따르면 사랑하는 사람을 되찾고자 하는 아이들의 열망은 몇 달에서 몇 년까지 지속될 수 있다.

사랑하는 사람이 죽은 뒤에도 삶이 이어진다는 사실을 이해하기에는 시간관념이나 경험이 부족한 탓에 아이들은 슬픔을 겪는 와중에도 삶이 계속된다고 상상하지 못한다. 사랑하는 사람 없이도 삶이 지속된다는 사실은 한순간에 발견되기보다 조금씩 점진적으로 인식된다. 매일 아침 일어나 하루하루를 버텨야하지만 아이들은 현실에 적응하는 법을 배울 수 있다.

아이들은 친숙한 환경에서도 다른 어른의 위로나 도움 없이는 새로운 애도의 고통을 오래 견디지 못한다. 그렇기 때문에 아이들은 상실 지향적인 활동에 잠시 발을 담갔다가도 금세 다른 활동으로 주의를 돌린다. 아이들은 상실 지향적인 활동과 회복 지향적인 활동 사이를 빠르게 넘나든다. 어릴수록 이런 경향이 더 강하다. 어린아이들은 아주 잠깐 슬퍼하다가도 금세 몇 시간이고 놀이에 집중한다. 그러다가도 별다른 자극 없이 갑자기 눈물을 터뜨린다. 아버지의 장례식이 끝나자마자 밖에서 뛰어노는 아이를 보거나 10대 아이가 형제자매의 경야를 치르고서 곧장 친구들과 함께 어울려 노는 모습을 본 주위 어른들은 '애들은 정말 금방 털고 일어나는구나. 참 회복이 빨라!'라거나 '쟤는 신경을 쓰기는 할까?'라고 생각할지도 모른다. 하지만 그 아이는 사별의 고통을 조금밖에 감당하지 못하거나 놀이를 통해 감정을 처리하는 중일 수 있다.

아이들이 상실과 회복 사이에서 균형을 잡기 위해서는 크게 두 가지 요소가 필요하다. 첫째로 아이들에게는 누군가 자신이 감정을 견뎌낼 수 있도록 도와주리라는 확신이 있어야 한다. 이런 면에서 아이들은 놀라울 만큼 영리하다. 아이들은 감정적으로 기댈 수 있는 어른이 곁에 있다는 사실을 확인하기 전까지는 스스로를 내려놓는 과정을 회피한다. 한쪽 부모나 형제자매를 사별한 아이 중 일부는 남은 부모가 슬픔에 잘 대처하기까지 1년 혹은 그 이상 애도를 미루기도 한다.

여기에 성별과 나이도 영향을 미친다. 남자아이라면 보통 감정을 억누르고 '남자답게' 행동하라는 압력을 받는다. 또한 10대는 주위의 관심을 끌거나 친구들 사이에서 튀기 싫어하기 때문에 대개 고통을 숨기려고 한다. 일반적으로 남자아이는 부모의 죽음에 더 영향을 받고 여자아이는 형제자매의 죽음에 더 영향을 받는 경향이 있다. 하버드 사별 아동 연구를 공동으로 진행한 J. 윌리엄 워든이 조사한 바에 따르면 부모나 형제자매와 사별한 지 1년 후 약 25퍼센트의 아동이 심각한 감정 및 행동 장애를 겪었다. 나머지 75퍼센트의 아동은 특별한 일 없이 적응하거나 슬픔을 그런대로 견뎌냈다.

둘째로 아이들, 특히 10대 아이들은 감정적 고통에 빠져드는 상태와 벗어나는 상태를 넘나들 수 있어야 한다. 이런 식의 자기통제는 학습을 통해 배울 수 있다. 이 때문에 아이들 주변에는 그 방법을 몸소 보여 줄 수 있는 어른이 있어야 한다. 보호자가 자신의 슬픔에 압도당해 정상적인 생활을 하지 못하거나 자신의 고통을 억제 혹은 외면하고 있다면 아이는 가정 안에서 자기통제 방법을 관찰하지 못할 수 있다. 이 경우에는 다른 성인이 보호자 역할을 대신함으로써 아이에게 도움을 줄 수 있다. 아이가 신뢰할 수 있는 어른이라면 누구나 그 역할을 할 수 있다. 때로는 선생님, 멘토, 코치, 가족과 가깝게 지내는 어른 등 가족이 아닌 사람이 오히려 더 일관적이고 객관적인 지원을 베풀기도 한다.

필라델피아의 사별아동희망센터 책임자로 일하고 있는 41세의 다시 크라우스Darcy Krause는 열다섯 살에 어머니를 잃었다. 그는 이렇게 회상한다. "아빠는 마음의 문을 닫아버렸어요. 저를 어떻게 도와주어야 할지 전혀 몰랐죠. 가깝게 지내던 외할머니와 외할아버지가 저를 도와

주었지만 멀리 떨어져 있었어요. 게다가 두 분도 두 번째로 자식을 떠나보냈으니 마음이 좋지 않았죠. 주변에서 저와 비슷한 사례를 찾기도 어려웠고요. 그때 학교가 큰 도움이 되었어요. 상담 선생님이 저를 잘 돌봐주었죠. 대리모처럼 제 삶에 들어와 평생의 멘토이자 친구가 되어준 선생님도 있었고요. 늘 이런 일이 일어나는 건 아니지만 제가 애도를 경험하는 동안에는 이런 일들이 뚜렷하게 나타났어요. 덕분에 슬픔에 잘 대처할 수 있었습니다."

52세의 알리사는 이웃 루시가 그런 역할을 해주었다. 알리사의 아버지는 대장암으로 오래 투병한 끝에 알리사가 여섯 살 때 돌아가셨다. 알리사의 말에 따르면 가족은 곧바로 '비상사태'에 돌입했다. 어머니는 알리사의 유년 시절 내내 심한 우울증에 시달렸다. 아버지의 죽음과 동시에 어머니의 일부도 사라진 것만 같았다.

뉴욕에서 심리치료사로 일하는 조지 해그먼George Hagman의 설명에 따르면 한쪽 부모가 사망하는 경우 남은 부모 역시 기능적으로나 감정적으로 장애를 겪기 때문에 자녀는 사실상 양쪽 부모를 모두 상실하는 경험을 하게 된다. 남은 부모가 우울이나 중독에 빠져 자녀 곁을 이탈한다면 자녀는 더 심각한 어려움을 겪는다. 기존 상실의 아픔에 부차적인 상실까지 더해져 일종의 '이중 위기'를 경험하기 때문이다. 아동이 장기간에 걸쳐 상황에 적응하는 데 부모의 꾸준한 돌봄이 필수적이라는 점을 감안하면 이는 매우 심각한 상황으로 이어질 수 있다.

해그먼은 이렇게 설명한다. "잠재적 혹은 실질적 가정의 붕괴라는 비상사태에 적응하다 보면 애도와 정상적인 성장 모두 중단될 수 있다." 부모의 관심이나 지원이 결여된 상황에서 아이가 차선책으로 택한 대응 전략은 아이가 독립한 후에도 오래도록 지속될 수 있다.

남은 부모가 어린 자녀를 오랜 시간 제대로 돌보지 못하면 자녀의 고통은 가중된다. 남은 부모가 제 역할을 하지 못하는 경우 아이는 단기적으로 고립, 불안, 우울, 건강 문제, 수면 장애, 사회성 저하, 절망감을 경험할 수 있으며 사망한 부모와 유대감을 유지하는 데에도 어려움을 겪을 수 있다. 장기간 이런 환경에 노출되면 아이의 자신감과 자존감도 떨어질 수 있다.

알리사는 어머니의 관심을 제대로 받지 못했을 때 느꼈던 두려움과 절망감을 이렇게 회상한다. "그때는 이렇게 말하고 싶은 기분이었어요. '엄마, 저 아직 여기 있어요! 아빠가 돌아가셔서 무척 슬프다는 건 잘 알아요. 끔찍한 일이라는 것도 알고요. 하지만 전 어린아이이고 싶어요. 엄마에게는 아직도 가족이 있잖아요. 우리로는 만족할 수 없는 건가요?' 아빠의 죽음으로 엄마 마음에는 누구도 채울 수 없는 구멍이 생긴 것 같았어요. 다른 사람이 아무리 노력해도 그 구멍을 메울 수 없었죠. 엄마가 행복 자체를 잃었으니까요. 엄마는 아빠를 잃었다는 생각에만 매달렸어요. 적어도 제가 보기에는 그랬죠."

알리사는 열네 살이 되었을 때 동네 이웃집에서 보모 일을 했다. 그때 그 집의 어머니인 루시가 알리사로 하여금 감정을 드러낼 수 있도록 도왔다. 특히 집에서는 결코 꺼낼 수 없었던 아버지 이야기를 말할 수 있게 되었다.

알리사는 이렇게 기억한다. "루시 아주머니는 제게 '그때 마음이 어땠어?' 같은 질문을 해주었어요. 그렇게 묻고 대답을 들어줄 사람이 있다는 게 얼마나 중요한지 그때 깨달았어요. 집에서는 늘 울지 말라는 말만 늘었는데 아주머니는 제가 실컷 울 수 있도록 해준 거죠. 그렇다고 저를 불쌍하게 여긴 건 아니었어요. 그저 제 반응을 가만히 보면서 '괜찮아, 원래 그런 거야'라고 해주었어요. 그럴 사람이 있다는 게 얼마나 중요한지 말로 다할 수가 없어요."

상담가로 일하다 보면 어릴 때 부모나 형제자매를 잃고도 제대로 애도해 본 적이 없다고 말하는 사람들을 자주 만난다. 어른이 된 그들은 이제 와서 슬픔이 가득 찬 상자를 열기가 망설여진다며 이렇게 말한다. "한번 울기 시작하면 절대 멈출 수 없을 것 같아서 무서워요."

나도 그 마음을 잘 안다. 나 역시 한때 그랬으니까. 자제력을 잃고 감정을 마구 드러내다가 스스로를 통제하지 못하면 어떻게 하나 불안할 수 있다.

이런 두려움은 논리나 이성으로는 설명할 수 없다. 감정이란 본디 일시적인 상태이기 때문이다. 평균적으로 남자의 울음은 2~3분가량, 여자의 울음은 약 6분 지속된다. 아주 극단적인 상황이라도 기껏해야 한 시간 정도 눈물이 멈추지 않을 뿐이다. 사실 영원히 멈추지 않는 울음이란 생리적으로 불가능하다. 신경학적으로 타고난 울보라 하더라도 오랜 시간 동안 울음을 지속하기란 현실적으로 매우 어렵다.

물론 사람들이 '울음이 멈추지 않을까 봐' 두렵다고 말할 때 그런 뜻이 아니라는 건 알고 있다. 그 두려움은 스스로를 통제하지 못하는 데 대한 두려움일 것이다. 고통을 처리할 수 있도록 도와줄 사람이 부재하는 가운데 느껴야 할 고통이 두렵다는 뜻이리라. 아이들이 바로 이런 두려움을 느낀다. 그러나 어른이라고 해서 이런 두려움을 느끼지 않는 것은 아니다.

울음을 터뜨려도 곁에서 위로해 줄 사람도 없고, 혼자 힘으로 극심한 고통을 견디기에는 아직 미성숙하거나 내면이 강인하지 못한 어린 시절을 보냈을 수 있다. 새로운 애도를 짧은 시간 마주하는 일조차 너무나 버거워서 스스로를 보호하기 위해 그런 감정에서 잠시 거리를 두었을 수 있다.

다행히 어릴 때 제대로 애도할 기회를 얻지 못했더라도 성인이 된 후 다시 그런 기회를 가질 수 있다. 내가 운영하는 이야기 치료 모임에는 항상 중년이 될 때까지 돌아가신 어머니의 삶과 죽음에 대해 한 번도 이야기하지 못했던 딸들이 등장한다. 모임 첫날에는 2016년 클레어 비드웰 스미스와 내가 개발한 '이야기 바라보기' 활동을 진행한다. 그때 약 25명의 여성들이 돌아가며 자신이 하고 싶은 이야기를 한다. 이야기는 다른 사람의 개입 없이 5분가량 계속된다. 우리는 보통 "이 이야기를 하기까지 정말 오래 기다렸어요"라는 말로 이야기를 시작하도록 독려한다.

한 사람이 자신의 이야기만 계속하기에 5분은 매우 긴 시간이다. 그 덕분에 몇몇 여성은 생애 처음으로 동정과 조바심이 아니라 호기심과 공감 속에서 자신의 이야기를 털어놓을 기회를 갖는다. 또 어떤 여성들은 처음으로 과거의 일에 대해 자유롭게 말할 기회를 얻는다. 이 시간 동안 여성들은 거의 실시간으로 새로운 정체성을 만들어나간다. 이들은 더 이상 자신이 겪은 상실을 비밀로 숨겨야만 하는 딸이 아니다. 이들은 정다운 사람들로 가득 찬 방 안에서 자신이 경험한 상실의 이야기를 공유하는 여성으로 성장한다. 이때 대부분의 여성이 자신의 이야기와 닮아 있는, 다른 수많은 이야기를 처음으로 접한다. 한 사람 한 사람이 털어놓는 이야기에 모두가 조용히 귀를 기울인다. 이따금 휴지로 눈물과 콧물을 닦는 소리만 들린다.

나는 이런 모임을 열두 차례 진행한 뒤에야 이야기 바라보기 활동이 제대로 애도할 기회를 제공한다는 사실을 깨달았다. 모임 참가자들은 많은 사람들의 존중을 받으며 애도에 빠지더라도 슬픔이 영원히 지속되지는 않는다는 사실을 확인한다. 영원한 슬픔은 없다. 그런 일은 결코 일어나지 않는다. 5분이 지나고 알람이 울리면 여성들은 실제로 자신의 감정을 다시 추스른다. 5분 동안 완전히 무너졌다가도 식사 시간이 되면 다들 웃음을 터뜨리면서 직장 얘기, 자녀 얘기, 최근에 읽은 책 얘기 등을 즐겁게 나눈다. 자신의 감정을 완벽히 통제하는 것이다. 그들에게는 그저 자신의 통제력을 실험할 만한 안전한 환경, 공감력 있는 사람들의 사회적 지원, 직접 애도할 기회, 애도가 가능하다는 사실을 확인한 뒤 얻게 되는 자신감이 필요했을 뿐이다.

4장

반복해서 찾아오는
묵은 애도

새로운 애도로 인한 고통에 사로잡힌 나머지 이 고통이 영원히 계속되지는 않을까, 고통에서 빠져나갈 길을 영영 찾지 못하는 건 아닐까 걱정이 들 수도 있다. 그러나 그런 일은 거의 일어나지 않는다. 사별의 아픔이 끝없이 이어지는 사례는 매우 드물다. 물론 사별의 아픔이 완전히 사라지지 않을 수는 있다. 애도는 오랜 기간 잠복하는 경향이 있다. 그리하여 평범한 일상이 이어지는 가운데 이따금 예기치 못한 슬픔이나 그리움이 불쑥 치솟기도 한다.

이렇게 불쑥 치솟는 슬픔이나 그리움이 바로 '묵은 애도'이다.

새로운 애도는 최근에 경험한 상실이 실시간으로 불러일으키는 반응이다. 묵은 애도는 그와는 완전히 다르다. 묵은 애도는 과거의 상실이 현재의 나에게 불러일으키는 반응이다. 묵은 애도는 반복적이며 예측하기 어렵고 사별 이후 수십 년이 지난 후에도 나타날 수 있다.

그러면 이런 생각이 든다.

'대체 무슨 일이 벌어지는 거지?'

'다 지난 일인데 왜 이제 와서?'

'이미 다 끝났다고 생각했는데.'

'또 시작이구나.'

묵은 애도는 정체를 분명히 드러낼 때도 있지만 때로는 정체를 숨기기도 한다. 예컨대 묵은 애도를 경험하면서 무슨 일이 왜 벌어지고 있는 것인지 정확하게 이해하는 사람도 있다. 이런 사례를 '현실 유형 반응'이라 부른다. 반대로 과거에 경험한 상실과의 연관성을 누군가가 알려주지 않으면 대체 무슨 일이 벌어지고 있는지 알아차리지 못하는 사람도 있다. 이 경우를 '무의식적 시간관념에 대한 반응'이라 부른다.

어느 쪽이든 과거의 신체적 반응, 인식, 감정, 행동에 다시 휘말릴 수 있으며 사별 이후 몇 개월 혹은 몇 년에 걸쳐 꾸준히 현실에 적응해 온 사람도 고인을 재차 그리워하거나 상실을 다시 슬퍼할 수 있다. 단단한 바닥을 간신히 붙들고 일어났는데 다시 구슬로 뒤덮인 바닥을 딛고 걸어야 하는 기분이 들이닥치는 것이다.

묵은 애도 반응은 '일시적 애도 급증STUG: Sudden Temporary Upsurges of Grief' 현상으로도 알려져 있다. 테레즈 란도가 고안한 용어인 STUG 반응은 사랑하는 사람의 죽음과 관련된 슬픔이 짧은 기간에 급성으로 치솟는 현상을 가리킨다. STUG는 현재 환경에 존재하는 자극이 상실과 관련된 생각, 감정, 신체 증상, 사회적 행동을 다시 활성화시킬 때 나타난다. STUG를 경험하는 사람은 과거로 회귀하려는 충동을 억제하지 못한다는 생각에 혼란이나 수치심을 느낄 수 있다. 동요와 분노, 불안, 공포를 느낄 수도 있다. 슬픔과 그리움도 다시 밀려든다.

묵은 애도는 대개 어버이날 같은 기념일이나 생일, 기일처럼 의미가 있는 날에 반복된다. 묵은 애도의 한 종류인 '명절 증후군'은 흔히 추수감사절과 새해 첫날 사이에 나타난다. 가족을 결속시켜 주던 연결 고리를 잃었기 때문에 가족 모임을 향한 기대가 도리어 고립감과 절망, 짜증, 우울, 향수, 통증은 물론 퇴행적 행동까지 유발하는 것이다.

묵은 애도는 새로운 애도에 편승해 나타날 수도 있다. 새로운 사별을 경험하는 순간 과거의 기억이 떠올라 당시 제대로 돌보지 못한 사별의 아픔을 재차 느끼고 평가하게 되는 것이다. 때때로 묵은 애도는 평범한 일상을 보내는 와중에 별다른 예고나 이유도 없이 찾아와 우리를 당혹시키기도 한다.

다행히 묵은 애도는 비교적 짧게 끝난다. 단기로 임대한 집이랄까. 지내기 불편하더라도 결국에는 끝이 온다. 그 슬픔이 끊이지 않고 지속된다면 묵은 애도 이상의 복잡한 문제가 얽혀 있다는 뜻이며 전문적인 도움을 받아야 한다. 하지만 대부분의 경우 묵은 애도는 반드시 사라진다. 그러다 다시 찾아오고 또 떠나간다.

나는 묵은 애도를 '순환형 애도'와 '기습형 애도', '소생형 애도' 세 가지 유형으로 분류해 살펴보려고 한다.

순환형 애도

대니얼은 10월 8일에 세상을 떠났어요. 그 뒤로 수십 년간 10월 첫째 주가 되면 저는 과거를 다시 살아야 했죠. '오늘은 내가 진통을 느끼기 시작했던 날이네. 오늘 대니얼이 태어났었지. 오늘은 대니얼이 죽은 날이구나. 오늘은 대니얼이 죽은 다음 날이고.' 이런 생각이 그 주 내내 머릿속을 떠나지 않았죠. 올해가 돼서야 이런 생각에 깊이 빠지지 않게 되었어요. 이틀 전이 대니얼의 기일이었는데, 그 사실을 떠올렸을 때는 이미 8일이 다 지날 무렵이었죠.

_45년 전에 아들 대니얼을 낳자마자 떠나보냈던 73세의 세실

앤드류 오빠를 잃은 후 첫해에는 마음을 닫고 슬픔을 외면했어요. 엄마의 애도 철학이 '바쁘게 지내면서 아예 생각을 하지 말자'였거든요. 엄마는 대학원 연구에 몰두했고 저는 졸업 후 첫 직장 제의를 바로 받아들였어요.

그해 3월, 오빠 첫 기일 즈음이었어요. 회사에서 일을 하는데 갑자기 이유도 정체도 알 수 없는 감정이 밀려들었어요. 처음에는 어딘가 탈이 난 줄 알고 정신과에서 항불안제를 처방받았죠. 의사는 제 증상의 원인이 오빠의 죽음이라는 것을 짚어주지 않았어요. 심지어 오빠의 심리치료사도 연결 고리를 짚어내지 못했죠.

이듬해 3월에는 발에 이상이 생기는 것 같더니 점점 몸이 아프기 시작했어요. 몸에 대한 걱정은 편집증과 불안으로 이어졌고 결국 휴가를 내고 6주간 입원까지 하게 되었죠. 그때도 여러 전문가를 만났는데 아무도 원인을 짚어내지 못했어요. "오빠를 잃었다는 사실 때문에 극심한 애도 반응을 겪고 있는 겁니다"라고 말해주는 사람이 없었어요. 혼자 힘으로 그 사실을 깨달아야 했죠.

_스물한 살에 교통사고로 오빠를 잃은 54세의 린다

언니는 기념일을 모두 챙겨요. 엄마의 기일이라든가 엄마의 생
일이 되면 꼭 어떻게든 그날을 기념하고 사당에 가서 뭔가를 하더
라고요. 저는 그러지 않아요. 어버이날이 되면 가끔 신경이 쓰이
죠. 전주부터 기분이 우울해지는 식으로요. 하지만 유난을 떨고 싶
지는 않아요. 제 태도가 아이들에게 나쁜 영향을 미칠까 걱정이 되
네요. 그런데 엄마의 죽음을 의미 있게 추모하려면 어떻게 해야 할
지 정말 모르겠어요.

_초등학교 2학년 때 엄마를 유방암으로 잃은 48세의 프리야

　세실과 린다, 프리야는 서로 다른 종류의 상실을 경험했으며 주기
적으로 돌아오는 슬픔에 각기 다른 방식으로 반응했다. 세실은 오랜
세월에 걸쳐 의식적으로, 예측 가능한 방식으로 아들의 죽음을 기억했
다. 린다는 자신에게 나타나는 증상이 오빠의 죽음과 관련되어 있다는
사실을 깨닫기 전까지 두 차례에 걸쳐 무의식적인 애도 반응을 겪었
다. 프리야는 어머니의 삶과 죽음에 관련된 기념일을 어떻게 추모할지
여전히 고민하고 있다.
　'순환형 애도'는 정신분석학이 태동할 무렵부터 많은 학문적 관심
을 받았다. 프로이트는 1895년에 《히스테리 연구Studies on Hysteria》에서
주기적으로 찾아오는 애도에 관해 언급한다. 프로이트의 사례연구에
는 엘리자베스 폰 R.이라는 여성이 등장한다. 엘리자베스는 당시의 많
은 여성들처럼 임종을 앞둔 집안 식구를 여럿 돌봤다. 그리고 새로 사
별을 겪을 때마다 사랑하는 사람들의 마지막 순간을 시간 순서대로 반

복해 떠올리면서 슬퍼한 후 스스로를 위로했다. 이처럼 과거를 회상하는 데 이어 엘리자베스는 '연례 추모 행사를 기념'했으며 그럴 때면 날짜에 정확히 맞춰 '생생한 시각적 재현과 감정적 표출'을 실행했다.

66년 후 C. S. 루이스C. S. Lewis는 아내 조이 데이비드먼을 암으로 떠나보낸 경험을 담은 회고록《헤아려 본 슬픔A Grief Observed》을 통해 순환형 애도를 유려하게 묘사한다. "슬픔이 닥치면 모든 것이 제자리를 잃는다. 계속해서 슬픔에서 벗어나지만 슬픔은 늘 다시 찾아온다. 그렇게 슬픔은 돌고 돈다. 모든 것이 반복된다."

슬픔이 주기적으로 돌아올 때마다 그 영향은 누적된다. 예컨대 1년이 지났다는 건 고인이 생일을 한 번 더 놓쳤다는 뜻이다. 연락하거나 찾아갈 아버지 없이 어버이날을 한 번 더 보냈다는 뜻이다. 가족이 다 모이지 못한 추수감사절을 한 번 더 지냈다는 뜻이다. 이런 사례는 죽음이라는 객관적 사실을 인식하는 방식이 변화할 수 있음을 시사한다. 시간이 지날수록 사별한 사람이 짊어져야 하는 무게는 더 무거워진다. 실제로 나는 "아빠는 20년 전에 돌아가셨어요. 20년이 지나니 10년 전보다는 훨씬 편해지더군요"라고 말하는 사람을 거의 본 적이 없다. 오히려 사람들은 이렇게 말한다. "아빠는 20년 전에 돌아가셨어요. 그런데도 매년 어버이날만 되면 아빠가 더욱더 그리워져요."

사랑하는 사람의 기일은 특히 중요한 의미를 지닌다. 고인이 물리적으로 부재한 지 1년이 또 지났다는 뜻이기 때문이다. 기일에는 사랑하는 사람의 마지막 순간이 떠오르기도 한다. 예상치 못한 소식을 들었을 때의 충격, 산소호흡기를 떼어내거나 작별 인사를 건넬 때의 고통, 임종 전에 병원에 도착하기 위해 먼 거리에서 헐레벌떡 달려갔던 기억 등 온갖 기억이 몰아칠 수 있다. 특히 날씨나 자연경관 등 계절적인 자극이 사별 당시와 맞물린다면 기억은 더 생생해진다.

게다가 사별을 경험하고 오랜 시간이 지난 후에는 대개 혼자 힘으로 기일을 기념하고 감내해야 한다. 사별 직후 몇 주나 몇 달 동안은 주변 사람들의 도움을 충분히 받을 수 있지만 1년이 지나 기일이 돌아올 즈음에는 그런 도움이 줄어들기 마련이다. 그래서 사별을 겪은 성인은 보통 첫 기일에 뚜렷한 기능 저하를 경험한다. 그런 다음 다시 1년 동안 점진적으로 꾸준히 회복하다가 두 번째 기일에 또다시 하향 곡선을 그리는 식이다. 마음에 상실감이 다시 찾아오는데 그때쯤에는 그 상실감을 오롯이 혼자 견뎌내야 한다. 특히 형제자매의 죽음은 대개 부모가 경험하는 상실로 여겨지기 때문에 형제자매의 기일에는 슬픔을 느끼더라도 주변으로부터 관심을 받지 못하거나 슬퍼할 권리를 박탈당할 수 있다.

첫 기일은 말 그대로 처음 맞는 새로운 경험이다. 반면 두 번째 기일에는 사랑하는 사람의 부재가 끝없이 이어지리라는 비가역적인 현실을 마주하게 된다. 이런 현실 인식은 슬픔을 가중시키는 것은 물론 절망을 불러일으킬 수도 있다. 테레즈 란도는 이렇게 설명한다. "게다가 사람들은 보통 시간이 지났으니 애도 반응의 강도도 줄어들 거라 기대하죠. 하지만 전혀 그렇지 않다는 사실을 깨닫고 충격을 받습니다. 결국 감정적 고통은 더 심해지고 상실감에 결코 적응하지 못할 거라는 두려움이 자라나며 이전에 확신해 온 가정이 하나 더 무너지는 경험을 하게 됩니다."

서양 문화권에서는 결혼기념일을 복잡한 방식으로 기념하는 경향이 있다. 이를테면 1주년에는 종이를, 5주년에는 나무를, 20주년에는 도자기를 선물하는 식이다. 하지만 기일과 관련해서는 아직 이렇다 할 의식 절차가 없다. 물론 조금씩 변화가 일고 있기는 하다. 최근 한 온·오프라인 커뮤니티에서는 기일에 '사별 기념일'이라는 이름을 붙였다. '엄마 없는 딸들'이나 '기념식을 찾는 사람들' 같은 모임은 어머니를 사별한 사람들이 매년 어머니의 기일을 추모하는 의식을 치를 수 있도록 돕고 있다. 개인적으로 의미 있는 기념식이나 추모식을 계획하고 실행하는 사람들도 있다.

스물둘에 어머니를 유방암으로 잃은 42세의 사비나는 이렇게 말한다. "저는 엄마 기일이 되면 엄마를 추모할 수 있는 일을 하거나 엄마가 살아 있었다면 제가 제 자신을 위해 하기를 바랐을 만한 일을 하려고 노력해요. 스무 번째 기일에는 엄마를 기리는 웹페이지를 만들었어요. 불우한 아동을 돕기 위해 온라인 모금 행사를 열기도 했고요. 엄마는 생전에 사회복지사로 일했고 위험에 처한 사람들을 돕고 싶어 했으니까요."

순환형 애도가 특정한 날짜에만 딱 맞춰 돌아오는 것은 아니다. 특정 시간이나 요일, 계절에 맞춰 나타나기도 한다. 예컨대 미국에서는 새 학기가 시작되는 8월이나 9월이 되면 자녀를 사별한 부모가 특히 어려움을 겪는다. 새 학기를 시작해야 하는 형제자매 역시 사별한 형제자매를 그리워할 수 있다. 만물이 소생하는 봄이라든가 해가 짧아지며 쇠락의 분위기를 풍기는 가을에도 슬픔이 불쑥 치솟을 수 있다.

린다처럼 순환형 애도가 몇 차례 반복되고 난 뒤에야 슬픔의 원인을 의식하는 경우도 있다. 최근 나의 여동생도 자신이 밤마다 불안을 느꼈던 이유를 30년이 지나서야 깨달았다고 털어놓았다. 1981년 엄마가 돌아가시던 날 새벽 3시에 "다 끝났어"라는 아빠의 말을 듣고 잠에서 깬 경험이 있기 때문이다. 이제 어른이 된 동생은 밤에 그런 소식을 다시 듣게 될 가능성이 희박하다는 사실을 알고 있지만 어릴 때는 언제 또 그런 일이 생길지 모른다는 두려움에 사로잡혀 해가 지기만 하면 바짝 경계 태세를 갖췄다고 한다.

이렇듯 정체를 숨기고 불쑥 나타나는 경향이 있다 보니 순환형 애도는 오랫동안 전문가들의 호기심을 끌었다. 정신의학자 바니 들린 Barney Dlin에 따르면 인간의 무의식에는 일종의 달력이 내장되어 있어서 슬픔이 의식에서 사라진 지 오래더라도 그 일정이 자기도 모르게 기록으로 남게 된다. 들린은 사건 당시에 처리하지 못한 트라우마가 '체내 시한폭탄'처럼 몸에 잠복해 있다가 주기가 돌아올 때마다 터져 나온다고 생각했다. 실제로 트라우마(본인의 능력만으로는 대처하지 못하는 상황으로 무력감과 정신적·감정적 마비를 유발하는 갑작스러운 혼란)는 기념일 반응을 유발하는 요인 중 가장 두드러진 요인으로 알려져 있다. 부모님 혹은 형제자매가 투병하거나 사망하는 모습을 지켜보거나 가족으로부터 성적·신체적 학대를 당하거나 우발적인 혹은 고의적인 폭력을 목격하거나 직접 경험하는 경우 어린 시절부터 트라우마가 생길 수 있으며 이는 주기적으로 반복될 수 있다.

과거에는 사별의 원인이 폭력인 경우에만 그 죽음이 트라우마로 남는다고 생각하는 경향이 있었다. 하지만 이제는 많은 심리학자가 예기치 못한 갑작스러운 사별이라면 죽음의 원인이 무엇이든 트라우마를 남길 수 있다고 말한다. 심지어 어린 시절에 경험하는 모든 사별이 트라우마적인 경험이 될 수 있다고 말하는 사람도 있다.

순환형 애도가 찾아와 트라우마적인 기억이 떠오르는 경우 사별을 겪은 사람은 사별 당시에 경험한 것과 유사한 감정적, 심리적, 행동적, 신체적 반응을 경험할 수 있다. 이 반응은 '그 사람을 다시 떠나보내는 기분이야'라는 생각과 함께 시작될 수 있다. 하지만 테레즈 란도가 지적했듯 사별한 사람이 순환형 애도를 힘들어하는 주된 이유는 슬픔이 또다시 돌아올 것이라는 자각 때문이다. '이런 일이 또 벌어질 거야. 저번에도 그랬으니까. 그렇다고 내가 할 수 있는 일이 있는 것도 아니고'라는 생각은 실제로 슬픔이 찾아오기도 전에 사별한 사람을 무력감과 절망감의 소용돌이 속에 빠뜨릴 수 있다.

하지만 우리는 대개 실제보다 나쁜 상황을 예측하는 경향이 있다. 왜곡된 미래상을 그리는 것이다. 이를테면 나는 매년 11월 초가 되면 다가오는 추수감사절이 어린 시절 경험했던 모임과 달리 작고 슬프고 쓸쓸한 모임이 되리라고 예상한다. 이런 이유로 한 해 명절 중에서도 추수감사절을 가장 싫어한다. 친구들이 부모님 댁이나 형제자매의 집으로 가서 시간을 보내니 비교도 된다. 이렇듯 매년 주기적으로 찾아오는 슬픔은 추수감사절 2~3주 전부터 나를 사로잡기 시작해 추수감사절 이튿날 금요일 아침까지 이어진다.

돌이켜 보면 우리 가족만 집에 모여 소소하게 보낸 추수감사절이 나빴던 적은 한 번도 없었다. 함께 모일 대가족이 없다고 명절 전부터 슬퍼하고 한탄하며 시간을 보내지 않았더라면 더 좋았을 텐데.

열아홉 살 아들을 자살로 떠나보낸 후 자살 생존자 모임을 이끌고 있는 낸시는 두려운 그날이 오기 전에 미리 구체적인 계획을 세워놓을 것을 권한다. 자신이 현실적으로 어떤 일을 할 수 있는지 명확한 미래상을 그리고 그것을 실현하기 위해 구체적인 단계를 밟아나갈 때 우리는 주체성을 가지고 결과를 만들어갈 수 있다. 나아가 스스로가 즐길 만한 일들로 그날을 채울 수 있을지도 모른다.

낸시는 이렇게 설명한다. "저는 제가 준비만 되어 있다면 슬픔이 파도처럼 밀려든다 하더라도 그리 오래 쓰러져 있지 않을 수 있다는 사실을 깨달았어요. 슬픔을 있는 그대로 받아들이고 잠시 엎어져 있다가 헤엄을 쳐서 뭍으로 나올 수 있죠. 저는 사람들에게 고인의 생일이든 명절이든 그 시간을 어떻게 보낼지 미리 계획을 세우라고 합니다. 막상 그날이 되었는데 계획이 마음에 들지 않으면 지체 없이 계획을 창밖으로 던져버리라고도 말하죠. 계획을 세워두면 자신의 능력 이상으로 감정을 잘 통제하고 있다는 느낌을 받을 수 있어요. 그 느낌을 통해 위안을 얻게 되고요."

사별한 청소년들에게 상담을 제공하는 뉴욕의 심리치료사 앨리슨 워너린Allison Werner-Lin은 그렇게 미리 준비하지 않으면 다가올 고통을 걱정하면서 스스로를 짓누르게 된다고 경고한다. 워너린은 자신을 찾는 10대 피상담자들이 새 학년을 시작할 때마다 자전적 글쓰기 과제를 미리 준비할 수 있도록 독려한다. 머릿속에 이야기의 구조를 미리 설계하고 어떤 내용을 포함시킬지 생각해 두면 실제 과제가 닥쳤을 때 느끼는 감정적 부담이 줄어들 수 있다.

낸시는 이렇게 회상한다. "저는 먼저 계획을 타이핑했어요. '11시에서 11시 반까지 울기' 같은 내용이었죠. 정말로요. 그러고는 그날이 되면 실제로 미친 듯이 악을 쓰면서 목 놓아 울었어요. 그러다 11시 반이 되면 이렇게 말했죠. '됐다. 이제 뭐 하면 되지? 아, 그랜트랑 리사 만나서 같이 점심 먹기로 했지. 좋아. 그럼 이제 씻자.' 이런 식으로 하루를 넘길 수 있었어요. 지금은 예전만큼 구체적으로 계획을 짜지는 않아요. 이제는 할 일을 세 가지 정도 적어놓죠. 결국 이런 계획도 하루를 무사히 보내기 위한 거예요."

낸시는 사회적 지원망을 미리 준비해 두는 것도 도움이 될 수 있다고 조언한다. 직접 말하지 않는 이상 친구나 가족은 내가 슬픔을 앞두고 있다는 사실을 알 수 없다. 그러니 모든 비밀을 털어놓을 수 있는 믿을 만한 사람, 슬픔을 '극복'하라고 눈치를 주거나 그러지 못한다고 해서 비난하지 않을 만한 사람을 몇 명 골라 내게 슬픔이 찾아오는 주기를 그들에게 알리고 그때쯤에 나를 한번 들여다봐 달라고 부탁하자.

낸시는 이렇게 말한다. "그런 식으로 '나 대화할 사람이 필요해'라는 마음을 전달할 수 있죠. 제 친구 한 명은 매년 제 아들의 생일이 다가올 때마다 일주일 전에 전화를 해서 '올해는 어떤 식으로 기념하면서 보낼까?'라고 물어봐 줍니다." 덕분에 낸시는 아들의 생일을 혼자 기념하지 않아도 된다.

아들의 생일은 낸시에게 특히 중요하다. 낸시가 그날을 아들을 기억하는 연례 기념일로 정했기 때문이다. 낸시는 이렇게 설명한다. "아들의 기일은 이제 생각하지 않으려고 해요. 교회에서 뭐라고 하든 죽음에는 기념할 만한 부분이 없다고 생각하거든요. 예전에는 기일이 되면 아들의 장례 때 심은 나무에 꽃을 가져다놓고는 했어요. 요즘에는 아들의 생일에 그렇게 하고 있죠. 제 아들에게는 죽음 이상의 삶이 있었으니까요. 또 저는 아들이 정말 좋아하던 명절이 되면 아들과 관련된 일을 하면서 시간을 보냅니다. 아들 생일에는 아들이 생전에 좋아했던 사람이나 좋아했을 만한 사람에게 케이크를 보내요. 독립기념일 주간에 해변에 갈 일이 있으면 바다를 바라보면서 물장구를 치며 신나게 놀던 아들의 모습을 떠올려보죠. 그렇게 추억을 잠깐 떠올려보는 게 다예요. 그것만으로도 충분히 즐거워요. 고통이 완전히 사라지지는 않더라도 둥글고 물렁하게 변하죠."

모든 기념일을 다 챙길 필요는 없다. 며칠 빼먹는다고 해서 고인을 향한 관심이 줄었다는 뜻은 아니다. 오히려 그렇게 하는 것이 스스로를 위해 더 나을 수 있다. 독창성도 중요하다. 사별을 겪은 사람은 장기적인 슬픔에 대처하는 '자기만의' 방법을 찾아야 하며 그 방법을 스스로 선택해야 한다.

슬픔에 대처하는 방법을 고민할 때 나는 '그런 법이 어디 있어?' 테스트를 자주 활용한다. 예를 들면 이런 식이다. 어버이날에 돌아가신 어머니를 기리면 안 된다는 법이 어디 있어? 기일을 꼭 침울하게 보내야 한다는 법이 어디 있어? 매년 꼬박꼬박 그날을 지켜야 한다는 법이 어디 있어? 추수감사절을 꼭 목요일에 기념해야 한다는 법은 또 어디 있어?(미국의 추수감사절은 11월 네 번째 목요일이다―옮긴이)

내가 지독한 슬픔에 빠진 채 여러 번의 11월을 보낸 뒤에야 깨달은 사실이 하나 있다. 친구들이 추수감사절 당일에 가족과 시간을 보내느라 바쁘다면 우리 집에서는 추수감사절을 금요일에 쇠면 그만이라는 것이다. 실제로 우리 가족은 11월 네 번째 목요일에는 가족 혹은 친구 몇 명과 조촐하게 저녁을 먹고 대신 금요일 밤에는 친구들을 모두 집으로 초대한다. 많을 때는 60명 가까이가 집에 모일 때도 있다. 가족들과 시간을 보내느라 지친 친구들은 전날 먹고 남은 추수감사절 음식을 싸들고 와서 친구들과 함께 즐거운 시간을 보낸다. 웃음소리가 집을 가득 채우고 맛있는 음식이 곳곳에 쌓인다. 우리는 롤링스톤스 노래를 틀어놓고 밤늦게까지 부엌에서 어울려 논다. 이제는 추수감사절이 기다려질 정도다.

이를 통해 내가 깨달은 것은 한 해 한 해가 쌓여 오랜 시간이 지남에 따라 내가 일종의 탄력성을 갖게 되었다는 사실이다. 사별의 슬픔뿐만 아니라 슬픔에 대처하는 나의 역량 역시 누적된다. 해가 거듭될수록 내 머릿속에는 자신감에 가득 찬 목소리가 더 크게 울려 퍼진다. '호프, 할 수 있어. 저번에도 해봤잖아. 이번에도 할 수 있을 거야.' 그러면 시간은 진정으로 약이 된다. 시간에 행동이 더해져야 한다. 주어진 시간을 활용해 무엇을 하는가가 중요하다.

기습형 애도

1974년 9월 11일 아침, 이스턴항공 212편 비행기가 샬럿더글러스 국제공항에 접근하던 도중 사고를 일으켜 82명의 승객 중 72명이 목숨을 잃었다. 비행기에는 TV 쇼 진행자 스티븐 콜베어Stephen Colbert의 아버지와 두 형도 타고 있었다. 당시 콜베어는 열 살이었다.

비극적인 사고 이후 46년이 흘렀다. 그럼에도 콜베어는 그해 여름이 남긴 구체적인 기억의 파편들이 아직까지 머릿속을 불쑥 꿰뚫는다고 말한다. 2019년 CNN과의 인터뷰에서는 진행자 앤더슨 쿠퍼Anderson

Cooper에게 이렇게 말하기도 했다. "그해 여름에 잘나가던 노래가 〈밴드 온 더 런Band on the Run〉이었죠. 그러니까 제 앞에서 그 노래는 절대 틀지 마세요."

이 이야기를 듣자마자 나는 제임스 테일러James Taylor의 노래 〈파이어 앤드 레인Fire and Rain〉을 떠올렸다.

1981년 7월 4일이었다. 나는 뉴욕 엘몬트에 있는 벨몬트 공원 경마장에 있었다. 제임스 테일러의 콘서트를 보기 위해 오후부터 친구 셋을 차에 태우고 공원으로 갔다. 비가 억수같이 왔다. 날씨와 상관없이 콘서트는 열린다고 했다. 테일러가 기타로 〈파이어 앤드 레인〉 도입부를 연주하기 시작하자 관중은 곧바로 무슨 곡인지 알아채고는 하나가 되어 환호했다. 끊임없이 쏟아지는 비에 흠뻑 젖든 말든 우리는 다 같이 노래를 따라 불렀다.

그날 밤 집으로 돌아왔는데 엄마의 상태가 심각하게 악화되었다는 사실을 한눈에 알 수 있었다. '훨씬' 악화되었다. 고작 여덟아홉 시간 자리를 비웠을 뿐인데 엄마의 배가 임신 6개월 차 임신부의 배처럼 부풀어 있었다. 당시에는 몰랐지만 간 기능에 문제가 생겼다는 전형적인 신호였다. 엄마는 8일 후에 돌아가셨다. 우리는 엄마의 가족묘가 있는 뉴욕 엘몬트의 한 공동묘지에서 장례식을 치렀다. 얼마 전 테일러의 공연을 본 경마장과는 3킬로미터 남짓 떨어진 곳이었다. 심지어 장례 행렬을 하면서 경마장 정문을 지나치기도 했다. 경마장은 보란 듯이 그곳에 있었다.

그 후로 만 10년 동안 나는 〈파이어 앤드 레인〉을 제정신으로 들을 수 없었다. 게다가 가사는 또 어떻고? "어제 아침, 사람들이 당신이 떠났다고 말해줬어요. … 하지만 저는 늘 생각했죠. 당신을 다시 볼 수 있을 거라고." 노랫말이 들릴 때면 나는 얼른 라디오를 꺼버리거나 황급히 자리를 피했다.

가엾은 제임스 테일러. 그 노래가 내게 10년 동안이나 애도 반응을 일으키는 방아쇠가 됐다고 한들 테일러에게 무슨 잘못이 있겠나? 사실 엄마가 가장 좋아하던 노래인 코모도스Commodores의 〈스리 타임스 어 레이디Three Times a Lady〉를 듣거나 엄마가 유일하게 즐겨 먹던 아이스크림인 구운 아몬드 맛 하겐다즈를 보거나, 길을 걷는 행인에게서 샤넬 혹은 찰리 향수 냄새를 맡을 때면 역시 똑같은 반응이 나타났다. 인정하기 싫지만 나는 꽤 오랫동안 백화점에 갈 때마다 샤넬 매장을 피해 다녔다.

이처럼 찌르는 듯한 '격통'을 일으키는 '기습형 애도'는 음악이나 냄새, 장소, 음식, 물건, 닮은 사람 등을 접한 뒤 떠오르는 연관된 기억으로 인해 발생하는 슬픔이다. 사별 연구에 동력을 불어넣은 중요한 논문인 〈사별Bereavement〉(1985)에서 영국의 정신의학자 콜린 머레이 파크스Colin Murray Parkes는 이렇게 설명한다. "사별을 경험한 사람들은 과거를 잊지 않는다. 오히려 새로운 상황에서 어떤 가정이 여전히 유효하며 삶을 풍성하게 하는지, 어떤 가정을 포기해야 하는지 점진적으로 판단한다. 하지만 그들이 이전에 구축한 가정적 세계는 계속 정신에 남는다. 무언가가 고인을 떠올리게 하는 순간 연상의 네트워크가 작동하는 셈이다."

기습형 애도는 바로 그 연상의 네트워크를 우리 생각보다도 훨씬 빠르게 활성화시킨다. 그러면 기억이 칼날처럼 뼈를 파고들어 골수가 드러나는 것만 같은 고통을 느낀다. 시간은 반으로 접혀 한데 포개지고, 우리가 과거로 내던져진 것인지 아니면 사랑하는 고인이 갑자기 현재로 끌려온 것인지 분간이 되지 않는다.

기습형 애도는 말 그대로 기습적이다. 그렇기 때문에 사람을 미치게 한다. 기습형 애도는 예측할 수 없으며 통제 범위를 벗어난다. 엘리베이터를 타고 올라가는데 6층부터 18층까지 배경음악으로 무슨 노래가 흘러나올지 어떻게 예측한단 말인가? 스포츠 경기를 보러 경기장에 갔는데 세 줄 앞에 앉은 남자가 아빠가 가장 좋아하던 모자를 쓰고 있을 줄 누가 예상이나 하겠는가? 레스토랑에 갔는데 죽은 여동생을 꼭 닮은 종업원이 서빙을 하러 올 줄은 또 어떻게 알겠는가?

지극히 무해해 보이는 일상조차 숨겨진 뇌관을 건드릴 수 있다. 순환형 애도와 달리 기습형 애도는 미리 예측하고 계획을 세울 수가 없다. 슬픔이 찾아오는 순간 즉각적으로 대응해야만 한다.

소설가 한나 거슨Hannah Gersen은 2016년에 발표한 에세이 〈어머니의 죽음 없이 읽고 쓰고 애도하기No More Dead Mothers: Reading, Writing, and Grieving〉에서 이렇게 회상한다. "퇴근 후에 버스를 타고 집으로 가는 길이었다. 날이 정말 좋았다. 덩달아 나도 기분이 좋았고 편안했다. 내릴 때가 돼서 옆에 앉은 승객에게 눈치를 주려고 옆을 힐끗 보았다. 그때 옆 사람이 들고 있는 소설책 바깥으로 삐져나온 해야 할 일 메모가 눈에 들어왔다. 목록 첫 줄에 '엄마한테 전화하기'가 적혀 있었다. 별안간 뜨거운 화살 하나가 심장을 꿰뚫는 느낌이었다. 버스에서 내려 집으로 돌아가는 길에 스스로에게 물었다. 대체 왜? 어째서 이런 고통이 난데없이 찾아오는 거지? 이 열기는 또 뭐고? 돌아가신 엄마의 기척을 느낀 것은 분명 아니었다. 엄마를 향한 그리움은 아니었다. 몇 블록을 지나고 나서야 내가 그리워한 대상이 세상에서 나를 가장 사랑하는 사람에게 꼭 연락해야겠다고 되뇌는 소녀였다는 걸 깨달았다. 엄마가 돌아가시지 않았다면 내가 바로 그 소녀였을 것이다."

상실의 트라우마를 제대로 치유하지 못하면 기습형 애도도 기념일 반응과 마찬가지로 깊은 고통을 초래할 수 있다. 갑작스러운 감각적 자극이 중추신경계 깊숙이 저장되어 있는 트라우마적 반응을 다시 활성화시키는 것이다. 이때 우리의 신경계는 마치 사별 당시의 상황을 재차 경험하는 것처럼 반응한다.

누군가와의 관계를 규정하는 가장 뚜렷한 기억이 폭력, 상실, 감정적 고통, 부재를 내포하는 경우 기습적인 연상 작용이 특히 고통스러울 수 있다. 사별의 기억은 이 중 셋을 내포하며 죽음의 원인이 폭력인 경우 네 요소가 전부 포함된다. 내가 20대에 심리치료를 받기 전까지 누가 지나가는 말로 엄마에 대해 묻기만 해도 아드레날린이 서늘하게 차오르고 심장이 빠르게 뛰었던 것도 아마 이 때문이었으리라. 엄마가 병실 침대에서 임종을 맞는 장면은 내가 그전까지 17년 동안 쌓아온 엄마에 대한 기억을 오래도록 대체하고 말았다. 이전 기억을 떠올리기까지 많은 노력을 쏟아야 했다. 엄마의 죽음이 내게 남긴 트라우마에서 벗어나 엄마와 새롭게 내적 관계를 정립한 후에야 다시 과거의 기억을 떠올릴 수 있었다.

기습형 애도가 불러일으키는 고통을 완화하려면 먼저 처리하지 못한 트라우마를 안정시켜야 한다. 여기에는 사별 트라우마를 전문적으로 다루는 훈련을 받은 심리치료사의 도움이 필수적이다. 심리치료 과정을 거치지 않는 이상 사별을 겪은 사람은 씁쓸한 애도의 감정에 접근하려고 애쓸 때마다 트라우마라는 벽에 가로막히게 된다. 심리치료사는 사별한 사람이 고인과 유대감을 쌓았던 기억이나 경험을 떠올리게 함으로써 고인과의 관계에서 긍정적인 측면에 집중하도록 돕는다. 그렇게 할 때 애착의 기억이 트라우마나 폭력의 이미지를 서서히 몰아낼 수 있다.

시애틀의 버지니아메이슨의료센터에서 '이별-상실 지원 프로그램'을 창설한 정신의학자 에드워드 리니어슨Edward Rynearson은 사랑하는 사람을 끔찍한 방식으로 떠나보낸 환자를 돕기 위해 먼저 그들이 느끼는 신체적·정신적 안정감을 진단했다. 환자 중 약 10~15퍼센트가 사별로 인한 고통은 물론 트라우마적인 애도를 경험하고 있었다. 리니어슨은 이들이 마음을 진정시키는 법을 터득하고 고인과 행복하게 지냈던 기억을 공유하도록 인도함으로써 내적 회복탄력성을 갖추도록 도왔다. 그러지 못한 상태에서 고인의 죽음에 대해 자세히 이야기하는 것은 환자의 트라우마를 심화시킬 뿐이었다. 이때 환자들은 가슴이 두근거리고 호흡이 불안정해지며 공황과 불안을 경험하고 감정적으로 무너질까 극도로 두려워하는 등 다양한 면에서 신체적·정신적 고통을 호소했다. 내적 회복탄력성을 충분히 갖춘 환자들은 리니어슨이 개발한 '회복의 이야기 다시 쓰기' 과정을 거쳤다. 이를 통해 환자들은 자신이 감당할 수 있는 방식으로 사별의 이야기를 새롭게 고쳐 쓸 수 있었으며 끔찍한 이미지를 최대한 배제한 채 고인과 긍정적인 관계를 맺을 수 있었다.

트라우마는 종종 상실을 겪은 사람이 자신의 일부를 분리하도록 만든다. 그대로 남겨두기에 너무 고통스럽기 때문에 아예 떼어버리는 것이다. 트라우마 전문 심리치료사는 그렇게 분리된 조각을 다시 현재로 불러내도록 돕는다.

테레즈 란도는 이렇게 설명한다. "'제 일부가 과거에 갇혀 있는 것 같아요'라고 말하는 사람들이 있죠. 말 그대로 자신의 일부가 과거에 갇혀 있는 거예요. 그러면 저는 그들과 함께 다시 과거로 돌아가 아버지가 사망할 당시 그를 떠나보내야 했던 어린 꼬마를 찾아냅니다. 그런 다음 과거의 기억을 심리적으로 처리하고 그들이 계속 앞으로 나아갈 수 있도록 돕죠."

사람들이 기습형 애도로부터 자신을 보호하기 위해 가장 흔히 사용하는 방법은 기억을 촉발하는 자극을 회피하는 것이다. 하지만 이는 불가능에 가깝다. 한나 거슨은 앞으로 버스를 탈 때마다 다른 여자 옆에 앉는 걸 영원히 피해야 할까? 물론 그렇지 않다. 내가 '네'와 '어머니'라는 단어를 의도치 않게 붙여 말하는 사람을 피할 수 없는 것과 마찬가지다. 그러려면 사실상 모든 사람을 피해야 할 테니까.

설령 고인을 떠올리게 하는 사물을 제거하거나 특정 가족이나 친구를 피하거나 고인을 생각나게 하는 장소에서 멀리 떨어지는 것이 '가능'하다 할지라도 이는 또 다른 문제로 이어질 수 있다. 미네소타대학의 심리학과 교수 폴 로젠블래트Paul Rosenblatt는 이렇게 말한다. "그러면 슬픔을 어느 정도 회피할 수 있을지도 모른다. 하지만 일반적으로 슬픔을 피하고자 하는 노력은 추가적인 슬픔(없애버린 물건을 그리워하는 슬픔, 떠나온 고향 집을 그리워하는 슬픔, 연락을 끊은 사람을 그리워하는 슬픔 등)을 초래할 뿐이다. 게다가 애도를 무한정 미룰 수 있는 것도 아니다. 당장 상실을 떠올리게 하는 특정한 자극을 피하더라도 감정적인 기억이나 기대를 촉발하는 또 다른 자극이 존재하기 때문에 나중에 슬픔은 다시 찾아올 것이다."

꼭 트라우마가 아니더라도 강렬한 고통을 불러일으키는 기억이 존재할 수 있다. 시간이 필요하기는 하지만 이런 기억 역시 그 영향력을 어느 정도 줄일 수 있다. 그러려면 해당 기억을 떠올린 다음 그 기억과 함께 새로운 대상을 연상할 수 있어야 한다. 예컨대 나는 테네시에 살 때 가끔 샤넬 향수를 뿌리는 친구를 사귀었다. 처음 그 향기를 맡았을 때는 내 몸이 경기를 일으키다시피 했다. 극심한 공포가 밀려드는 것이 생생하게 느껴졌다. 나는 반사적으로 스스로에게 되뇌었다. '그때는 그때고 지금은 지금이야. 그때 나는 어린아이였고 지금은 어른이야.' 얼마 뒤 나는 샤넬 향수를 이 친구와도 연관시키게 되었다. 이제는 옷장에 샤넬 향수 한 병을 넣어뒀다가 이따금 공중에 뿌려 엄마를 떠올림과 동시에 녹스빌에서 친구들과 보낸 밤을 떠올리기도 한다. 심지어 이 향수를 내가 직접 쓸 때도 있다.

1장 도입부의 내 이야기처럼 기습형 애도는 대개 단시간에 왔다가 사라진다. 만약 그보다 오래 지속된다면 전문적인 도움이 필요하다는 신호일 수 있다. 기습형 애도를 걱정하는 사람이라면 다음 항목을 체크해 보자.

· 슬픔을 촉발하는 사건에 비해 애도 반응이 지나치게 강렬하게 나타나는가?
· 애도 반응이 견딜 수 있는 시간 이상으로 길게 지속되는가?

· 애도 반응 때문에 일상생활을 유지하기 힘든가?
· 기습형 애도가 자신이나 주변 사람에게 부정적인 영향을 미치는 대응 기제를 다시 불러일으키는가?

하나 이상의 질문에 '그렇다'라는 대답이 나온다면 일대일 심리치료를 받거나 최근에 사별한 사람들의 모임에 합류하거나 오래전 사별한 사람들을 지원하는 프로그램에 참여하는 것이 좋다.

또 하나 기억해야 할 점은 기습형 애도가 반드시 부정적인 것만은 아니라는 사실이다. 물론 기습형 애도는 우리가 상실한 대상과 상실 자체를 상기시킨다. 그러나 기습형 애도는 우리가 한때 고인과 나눴던 사랑과 유대를 되새기게 한다. 달콤하면서도 씁쓸한 슬픔을 불러일으키는 것이다.

몇 년 전 테레즈 란도는 카페에 앉아 있다가 한 여자가 연로한 어머니를 모시고 카페에 들어오는 모습을 보았다. 란도는 이렇게 말한다. "엄마 없이 보낸 46년 동안 당연히 많은 장소에서 모녀가 들어오는 모습을 수없이 봤죠. 그런데 그날은 뭔가 달랐어요. 그날 누군가 저를 봤다면 바로 어제 엄마를 잃은 사람인 줄 알았을 거예요. 무슨 난리법석을 부린 건 아니었지만 슬픔이 가득했죠. 이 이야기를 하는 지금도 눈에 눈물이 고이네요."

란도의 설명이 이어졌다. "46년이 지났는데도 계속 이런 상태에 머물러 있다면 제가 건강하지 못한 걸까요? 물론 그렇겠지요. 하지만 그 감정은 정말 몇 년 만이었어요. 가끔 뭘 보고 읽거나 아이들이 뭐라고 말할 때 목구멍이 조여오는 것 같은 약한 슬픔을 경험한 적은 있죠. 하지만 이 정도는 아니었어요. 그렇지만 저는 그런 반응을 아예 겪지 못하는 지점까지 나아가고 싶지는 않아요. 물론 24시간 내내 슬퍼하고 싶지도 않죠. 그런 일을 자주 경험하고 싶다는 뜻도 아니고요. 하지만 그렇다고 그 무엇에도 마음이 움직이지 않을 정도로 심드렁해지고 싶지는 않아요."

어쩌면 가슴을 깊이 꿰뚫는 그리움의 고통은 우리가 없애거나 고쳐야 할 무언가가 아닐지도 모른다. 우리는 그리움의 고통에서 빠져나오려고 애쓰는 대신 그런 고통을 우리가 강렬한 열정으로 사랑할 능력이 있다는 증거로 받아들여야 할지 모른다. 바로 그런 고통을 느낄 줄 알기 때문에 우리가 인간다워지는 것일지도 모른다. 만약 그렇다면 사별의 아픔을 외면해야 할 이유가 무엇이겠는가?

폴 로젠블래트는 에세이 〈끝나지 않는 슬픔 Grief That Does Not End〉에서 이렇게 주장한다.

사별의 슬픔이 나쁘다고만 생각하는 것은 오해다. 사람들은 종종 사별로 인한 아픔의 재발을 환영할지도 모른다. 거기에는 슬프고 쓰라린 측면도 있지만 달콤하고 긍정적이고 소중한 측면도 있기 때문이다. 고인이 자신에게 얼마나 소중한 사람이었는지에 대한 기억이라든가 고인과 함께 기쁘고 의미 깊은 시간을 보낸 기억 등은 애도의 긍정적 요인이다. 배우자를 잃은 사람은 고인을 뜨겁게 사랑했던 기억과 함께 청춘을 보냈던 기억, 서로를 쓰다듬고 서로에게 다정한 말을 건네던 기억을 떠올릴 것이다. 자식을 잃은 부모는 아이의 웃음소리와 아이를 껴안았을 때의 부드러운 감촉,

아이가 지지른 기상천외한 장난 등을 떠올리리라. 사별의 슬픔이 다시 찾아온다고 해서 병이 재발한 것이 아니다. 오히려 사별의 슬픔은 인생 최고의 순간을 떠올리게 하는 연결 고리이자 우리가 삶의 밝음과 즐거움을 긍정한다는 증거다. 반복되는 슬픔이 힘들지 않다는 뜻이 아니다. 애도에 슬픔 이상의 무언가가 있다는 말이다.

소생형 애도

지난여름 우리 집 고양이 티미가 복부 종양 때문에 열세 살의 나이로 세상을 떠났다. 초음파 검사를 했을 때는 이미 종양이 생긴 지 한참 지난 후였다. 수의사는 바로 그날 안락사를 제안했다. 티미를 데려온 큰딸은 안 된다고 대답했다. 짜증이 많고 카리스마가 넘치면서도 우리에게 늘 웃음을 준 티미는 13년 동안 우리 가족의 일원이었다. 모두에게 작별 인사를 할 시간이 필요했다. 큰딸은 티미를 집으로 데려왔고 우리는 티미의 여생을 함께 지켜보았다.

티미가 죽어가는 동안 심리치료사가 내게 부모님의 죽음과 관련해 떠오르는 것이 없냐고 물었다. 나는 곧바로 "네? 설마요. 티미는 고양이일 뿐인데요"라고 답했다. 당시에는 정말 이상한 질문이라고 생각했다. 하지만 솔직히 말하면 나는 티미가 뒤늦게 병을 진단받은 일에 대해 약간의 죄책감을 느끼고 있었다. 티미가 아픈 지는 좀 됐다. 살도 빠졌고 식사량도 줄었다. 처음 동물병원에서 혈액 검사를 받았을 때는 결과가 정상으로 나왔다. 당시 회사 일과 집안일로 정신이 없었던 나는 티미도 다른 나이 든 고양이들처럼 기력이 떨어지나 보다 생각하고 말았다. 그때 초음파 검사를 더 해달라고 요청했다면. 다른 동물병원에라도 데리고 갔더라면. 돌이켜 보면 늘 이런 식이다. 늘 뭔가를 더 할 수 있었다고, 다른 무언가를 할 수 있었다고 후회하게 된다.

나는 마지막 순간까지 내가 할 수 있는 최선을 다하기 위해 내 방에 티미의 호스피스 병실을 꾸렸다. 평일에도 침대에서 일을 하다가 티미에게 가서 목을 축일 수 있도록 물그릇을 받쳐주거나 볼일을 볼 수 있도록 화장실에 데리고 갔다. 하지만 그것도 결국 티미가 삶을 간신히 유지하도록 돕는 정도였다. 나는 티미 옆에 누워 이제 때가 되었다고 말해주었다. 티미는 아무 말이 없었다. 나는 티미에게 미안하다고 했다. 티미가 나를 용서했다고 생각하고 싶었다. 하지만 죄책감은 이미 마음속 깊이 자리 잡은 상태였다. 만약 내가 과거의 사별이 남긴 죄책감을 여전히 지니고 있다면 심리치료사의 질문이 그렇게 이상한 것은 아니었을지도 모르겠다.

우리가 지금 경험하는 새로운 상실은 과거에 경험한 상실에 담긴 특정한 요소를 소생시키는 능력을 가지고 있다. 이것이 바로 '소생형 애도'의 특징이다.

폴 로젠블래트는 이에 대해 이렇게 설명한다. "이전의 상실을 떠올리게 하는 가장 큰 자극 중 하나는 새로운 상실이다. 따라서 새로운 상실로 인한 슬픔은 다른 상실로 인한 슬픔과 복잡하게 뒤엉킬 수 있으며 특정한 상실이 슬픔을 불러일으킬 때마다 다른 상실로 인한 슬픔 역시 촉발될 수 있다."

때때로 새로운 상실은 과거에 경험한 상실과 몇 가지 유사점을 지닐 수 있다. 예컨대 사랑하는 사람이 과거에 사망한 사람과 비슷한 방식으로 병을 앓다가 죽거나 남아 있는 부모나 형제자매가 사망할 수 있다. 이때 찾아오는 미래를 향한 불안감과 막막함이 과거에 느꼈던 감정과 너무나 비슷하기 때문에 무엇이 과거의 감정이고 무엇이 지금의 감정인지 모호해진다.

하지만 그런 모호함 덕분에 오히려 과거에는 감당할 수 없었던 상실의 아픔을 파헤쳐 다시금 처리할 기회를 갖게 될 수도 있다. 3년 전 이혼과 동시에 오빠의 죽음을 연달아 경험한 50대의 사샤가 바로 그런 사례다.

사샤는 다섯 남매 중 막내로 열두 살에 아버지를 심장마비로 잃었다. 그로부터 다섯 달 후에 어머니마저 유방암 합병증으로 세상을 떠났다. 세 언니는 이미 독립한 상태였다. 당시 열여섯이던 오빠 마커스는 미국 중서부의 친척 집으로, 사샤는 동부 해안의 친척 집으로 갔다. 이후로 다섯 남매는 한 번도 한집에 산 적이 없다. 그렇게 서로 멀리 떨어진 채 연락도 없이 30년이 지났고 유대감도 그만큼 약해졌다.

마커스가 쉰 살에 심장병으로 사망했을 때 사샤는 막 이혼한 싱글맘이었다. 사샤는 이렇게 회상한다. "오빠가 세상을 떠났을 때 정말 큰 충격을 받았어요. 하지만 그 덕분에 제가 이전에 잘 처리했다고 착각했던 슬픔을 다시 마주하게 되었죠. 저는 친구 부부에게 잠시 제 딸을 맡기고 오빠의 장례식을 치르기 위해 중서부까지 운전해서 갔어요. 40대 후반이었는데도 혼자 그렇게 다녀본 건 처음이었죠. 그 거리를 혼자 어떻게 가야 하나 막막했어요. 계속 눈물을 흘렸죠. 꼴이 말이 아니었어요. 완전히 혼자라는 기분이 들었어요. 그러다 보니 수면 아래 잠겨 있던 수많은 아픔이 다시 떠오르더군요."

이처럼 독특한 고통을 안기는 외로움은 사샤에게 익숙했다. 부모님이 돌아가셨을 때는 물론 이혼했을 때도 같은 감정을 느꼈기 때문이다. 어릴 때 사샤는 특히 밤이 되면 극도의 불안감을 느꼈다. 하지만 어른이 되고 나서는 가만히 앉아 그런 불안감을 견딜 수 있었으며 심지어 불안감을 찬찬히 들여다볼 수도 있었다. 사샤는 이렇게 설명한다. "시간이 흐르고 나서야 제 마음 깊은 곳에 어린 시절의 소망이 자리 잡고 있었다는 사실을 깨달았어요. 어떤 식으로든 우리 남매가 다시 교류하며 지내기를 바랐던 거죠. 그런데 오빠가 죽고 나니까 '이런, 이제 그 소망이 절대 이루어질 수 없겠구나' 하는 마음이 들었던 거고요."

사샤의 유년 시절에서 비롯한 슬픔의 파편은 오빠가 세상을 떠나자 되살아났다. 게다가 사샤는 다섯 남매가 다시 가족으로 뭉칠 가능성이 사라졌다는 부차적인 상실까지 경험했다. 오빠가 죽기 전까지는 그런 열망이 존재하는 줄도 몰랐다. 지난 세월 내내 친밀한 남매 관계를 잃었다는 상실감과 그런 관계를 되찾고 싶다는 열망이 가슴 깊이 파묻혀 있었던 셈이다.

《아버지, 그립습니다》의 작가 닐 체틱은 아버지를 사별한 남성이 슬픔을 대충 덮어둔 채 살아가다가 점차 무언가가 잘못됐다는 인식을 갖게 되는 경우가 많다는 사실을 발견했다. 그들은 결혼생활을 안정적으로 유지하지 못했으며 계속해서 직장에서 해고당했고 자녀와 경직된 관계를 형성했다. 체틱이 책을 쓰면서 인터뷰한 남성 중 다수는 그처럼 다른 상실을 경험하고 나서야 오래전 돌아가신 아버지에 관한 이야기를 처음으로 털어놓았다.

체틱은 이렇게 설명한다. "추측건대 남성들은 감성 지능을 훈련할 기회가 비교적 적기 때문에 자신에게 심리적 문제가 있을 수 있다는 사실을 고려하지 않는 것 같다. 그들은 그저 난관을 억지로 헤치고 나아가 반대편으로 가서 '내일이면 괜찮아지겠지'라고 생각하고 만다. 알코올중독이나 이혼 같은 문제가 닥치고 나서야 그들은 자신이 경험한 어려움 이면에 무엇이 도사리고 있었는지 깨닫는다."

특히 과거의 상실을 제대로 처리하지 않았거나 억누른 경우 슬픔의 파편들은 새로운 상실을 경험하기 전까지 수년 혹은 수십 년 동안 잠복해 있을 수 있다. 다음번 혹은 그다음 번 상실을 경험할 때 마침내 소생형 애도 역시 나타나게 된다.

론다는 1969년 봄에 어머니를 유방암으로 잃었다. 그때가 열다섯 살이었다. 론다는 이렇게 기억한다. "종교는 있었지만 지원은 없었어요. 호스피스도 없었고 상담 제도도 없었죠. 그저 이를 악물고 참으면서 스스로를 고립시키는 수밖에 없었어요. 저희 집안은 굉장히 엄격한 천주교 집안이었어요. 그러다 보니 항상 '다 신의 뜻이란다'라는 말만 들었죠."

론다는 고등학교를 졸업한 직후에 결혼했다가 몇 년 후 이혼했다. 다시 재혼을 한 다음 두 아이를 성인이 될 때까지 길렀다. 6년 전에는 아들과 아들의 여자친구로부터 두 번째 손자를 보게 되었다. 하지만 아기 엄마는 마취제 중독 증세를 심하게 앓고 있었고 결국 아기가 태어난 지 7주 반쯤 됐을 때 아기를 품에 안은 채 침대에서 정신을 잃었다. 안타깝게도 아기는 엄마가 잠든 사이에 질식사하고 말았다.

그 소식을 접한 뒤 론다가 받은 충격과 공포는 고통스러울 만큼 익숙했다. 즉시 43년 전의 감정을 그대로 느꼈다. 론다는 이렇게 말한다. "손자가 죽던 날 밤 마당에서 구역질을 하려고 하는데 잘되지가 않았어요. '이런, 다시 1969년으로 돌아갔구나. 그때만큼 고통스러울 거야'라는 생각이 들었죠. 하지만 분명 그때와는 대처 방식이 달라졌어요. 이제 열네 살이 아니라 쉰일곱 살이었으니까요."

론다의 경우와 마찬가지로 과거의 상실과 지금의 상실 사이에 어떤 교훈을 배웠고 어떤 경험을 쌓았는지에 따라 소생형 애도를 다루는 방식 역시 달라질 수 있다. 과거의 기억이 우리에게 사별의 슬픔을 견디기 힘들 것이라고 경고하더라도, 이번 슬픔도 지난 슬픔처럼 끔찍할 것이라는 두려움이 솟구치더라도 우리는 10년, 20년, 혹은 론다의 경우처럼 43년 전의 자신과는 다른 사람이 되었다는 사실을 받아들일 수 있다. '그때만큼 고통스러울 거야'라는 두려움은 어린 시절의 내가 느끼던 두려움이지 어른인 내가 느끼는 두려움이 아니다. 열네 살의 론다는 그런 걱정을 했지만 쉰일곱의 론다는 슬픔에 적극적으로 개입해 통제력을 발휘했다.

론다는 이렇게 설명한다. "이번에는 하느님을 원망하지 않았어요. 오히려 하느님께 기댔습니다. 그러지 않았더라면 손자를 잃은 상실감을 무사히 넘기지 못했을 거예요. 43년이라는 세월이 얼마나 놀라운 일을 해낼 수 있는지 깨달았죠."

'이런, 다시 1969년으로 돌아갔구나. 그때만큼 고통스러울 거야. 그 사람을 다시 잃는 것만 같아.' 소생형 애도는 이런 전형적인 생각들과 함께 찾아온다. 이 생각들은 마음 깊이 파묻혀 있는 무력감, 두려움, 외로움, 분노, 혼란, 죄책감, 공포, 트라우마로부터 생겨난다. 이런 감정을 사별을 경험할 당시에 혹은 충분한 시간 내에 처리하지 못하면 인생 경험이 겹겹이 쌓임에 따라 감정 역시 두꺼운 층 아래에 조용히 잠들게 된다. 그러다 새로운 상실을 경험하고 나서야 다시 깨어난다. 그러면 정말 과거의 상실을 다시 경험하는 것만 같은 느낌을 받을 수 있다.

꼭 다른 누군가를 잃을 때만 소생형 애도가 나타나는 것은 아니다. 이별하거나 이혼하거나 자녀를 대학 혹은 군대에 보내거나 독립시키거나 직장을 잃거나 정체성을 잃거나 이상을 잃을 때처럼 인생에서 큰 변화나 상실을 마주할 때에도 소생형 애도가 나타날 수 있다. 코로나 바이러스가 온 지구를 휩쓸면서 많은 사람들이 경험하고 있듯 누군가를 잃을 수 있다는 위협 자체도 과거의 슬픔을 다시 불러일으킨다. 실제로 수천 명의 사람들이 호흡기 질환으로 사망하고 있다거나 수많은 환자가 병실에서 홀로 죽어가고 있다는 이야기는 폐 관련 질환으로 사랑하는 사람을 잃었거나 임종을 지키지 못한 사람들 사이에 소생형 애도의 물결을 일으켰다.

2020년 4월 여성인권운동가 미셸 귀도Michelle Guido는 자신의 트위터에 이런 글을 남겼다.

사랑하는 사람을 홀로 떠나보내는 일을 생각하면 고통스러운 기억이 마구 떠오른다. 열여섯의 나는 병원 면회 시간이 끝났다는 이유로 할머니 품에서 끌려 나와야 했다. 할머니는 나를 길러주신 분이다. 내게는 할머니가 부모님이자 세상의 전부였다. 할머니에 대한 내 마지막 기억은 자기를 혼자 내버려두지 말라고 간절히 부탁하는 모습이다. 나는 병원 밖까지 이끌려 나왔다. 우리는 할머니가 그날 밤을 넘기지 못할 것임을 알고 있었다. 그래서 나도 고집을 피웠던 것 같다. 몇 시간 후 우리는 전화 한 통을 받았다. 할머니가 떠났다는 소식이었다. 그 후로 나는 할머니가 홀로 돌아가셨다는 충격과 죄책감에 시달려왔다. 물론 내 잘못이 아님을 안다. 그럼에도 그 사실 때문에 공황에 빠지거나 밤에 잠을 이루지 못한 게 몇 번인지 셀 수 없을 정도다. 지금의 바이러스 사태도 마찬가지다. 누구도 제대로 작별 인사를 할 수 없다니. 사랑하는 사람이 죽어가는데 곁에서 위로해 줄 수 없다니. 이 사실은 매우 심하게 나를 자극한다. 최근 몇 주 동안 고통스러운 기억을 정말 많이 떠올렸다.

공포, 무력감, 혼란, 급변하는 상황, 외로움, 미래를 향한 두려움 등이 느껴질 때마다 과거에 경험한 상실 역시 다시 활성화될 수 있다. 이때 우리는 과거와 현재를 애도하는 것은 물론 현재 '속'의 과거도 애도할 수 있다.

외할아버지와 외할머니를 임종까지 보살폈던 다시 크라우스는 이렇게 말한다. "새로운 상실을 겪을 때마다 온갖 느낌과 감정이 다시 살아나죠. 이때 당신의 관점이 변화합니다. 당신이 상실을 다시, 또다시 경험함에 따라 당신의 관점도 발전합니다. 결코 부정적인 변화가 아니에요. 발전하고 성장하고 진정한 자신이 되어감에 따라 겪는 당연한 변화죠."

나는 2005년에 경험한 아빠의 죽음이 1981년에 경험한 엄마의 죽음을 그토록 상세하게 떠올리게 할 줄은 전혀 예상하지 못했다. 아빠는 간에서부터 암이 시작되었고 엄마는 유방에서부터 시작되었지만 어쨌든 두 분 다 암이 간에 퍼진 탓에 돌아가셨다. 임종이 다가오면서 아빠의 몸이 하나둘 기능을 상실하는데 엄마가 돌아가실 적 모습을 그대로 따르는 것 같아 소름이 끼쳤다. 동생들과 나는 두 분의 죽음이 닮아 있다는 사실을 알아차리지 못할 수가 없었다.

하지만 두 분이 돌아가실 때의 사회 및 의료 환경은 매우 달랐다. 엄마는 작고 삭막한 병실에서 의료 전문가들이 무덤덤하게 지켜보는 가운데 돌아가셨다. 나머지 가족은 대기실 의자에 앉아 잠을 청해야 했다. 너저분하고 정신없고 혼란스러운 나날이었다. 선택은 대부분 우리가 잘 알지도 못하는 의사들과 간호사들에게 맡겨졌다. 엄마는 의식을 잃어버리기 직전까지 자신의 상태에 대해 자세한 내용을 듣지 못했다.

반면 아빠는 병이 어떻게 진행될지 충분히 인지한 가운데 삶을 어떻게 마무리할지 직접 결정했다. 아빠는 집에서 돌아가셨다. 호스피스 전문가가 하루 종일 아빠를 돌봤다. 자식들과 손주들이 매일 침대 곁으로 찾아갔고 밤이면 아빠 집 소파에서 잠을 잤다. 고통 속에 죽어가는 부모님께 작별 인사를 하는 건 끔찍한 일이지만 특히 아빠를 떠나보내면서 경험한 트라우마가 있다면 그건 엄마를 다시 떠나보내는 기분이 생생히 되살아났다는 것이다. 그러나 아빠의 임종을 엄마 때와는 전혀 다른 방식으로 도왔다는 사실은 엄마의 죽음에 대한 트라우마를 일정 부분 치유해 주기도 했다. 평화로운 분위기에서 사랑을 가득 담아 아빠를 보내드린 덕분에 엄마에게 그렇게 해주지 못했다는 분노와 후회를 덜 수 있었다.

유년 시절의 애도 : 발달 과정에 따른 슬픔

멜라니는 어릴 적 가족과 함께 차를 타고 가다 반대편 차선에서 부주의한 운전자가 낸 사고로 부모님과 오빠, 여동생을 모두 잃었다.

안타깝게도 당시 세 살이던 멜라니가 유일한 생존자였다.

멜라니는 이렇게 말한다. "엄청 눈이 부셨던 기억이 나요. 울음을 터뜨렸죠. 몸을 마음대로 움직일 수가 없었는데 어떻게든 빠져나가려고 했던 것 같아요. 누군가를 향해 양팔을 뻗었죠. 나중에 신문을 보고 알게 된 사실인데 한 여자분이 저를 발견하고는 차 문을 열어 저를 꺼내주려고 했더군요. 그래서 제가 양팔을 뻗은 거고요. 사실 아직도 이게 만들어진 기억인지 진짜 기억인지 모르겠어요. 알 수가 없죠."

고작 세 살이던 멜라니는 인지 능력과 감정적 대처 능력이 완전히 발달하지 못한 상태에서 갑작스럽고 충격적인 상실을 경험했다. 심지어 '죽음'이 어떤 의미인지조차 제대로 이해하지 못했을 것이다. 추상적인 사고를 하거나 복잡한 감정을 느끼기에는 너무 어렸기 때문에 멜라니는 가족 없이 살아야 할 미래가 어떤 모습일지 상상하지도 못했고 가족이 없다는 사실이 어떤 의미인지 추측하지도 못했다. 그런 생각은 나중에야 나타날 것이었다. 당시로서는 가족이 사라졌고 가족을 찾을 수 없다는 사실밖에 이해할 수 없었다.

사고 직후 멜라니의 외삼촌 부부가 멜라니를 입양했다. 외삼촌 부부는 멜라니가 무수한 언론 보도와 재판에서 대중의 구경거리가 되지 않도록 보호했으며 멜라니가 스스로를 피해자가 아니라 생존자로 인식할 수 있도록 도왔다.

이제 두 자녀의 엄마가 된 멜라니는 이렇게 회상한다. "정말 훌륭한 분들이죠. 사실상 두 분이 제 엄마이자 아빠였고 사촌은 친자매나 다름없었어요. 저희는 정말 끈끈했죠. 외삼촌 가족이 도와주지 않았다면 그 시련을 이겨내지 못했을 거예요."

외삼촌 부부는 멜라니가 겪은 사고를 비밀로 감추지 않았다. 오히려 멜라니가 친부모님과 유대 관계를 유지할 수 있도록 도왔다. 집에는 늘 친부모님 사진이 놓여 있었다. 하지만 멜라니는 사고 이야기를 꺼내기를 주저했으며 굳이 슬픔의 근원을 건드리고 싶지도 않았다. 자신이 학교 친구들과 다르다는 느낌을 받아들이기 힘들었다. 하지만 온 가족을 잃는 비극을 겪었다는 사실은 멜라니를 주변 사람들과 다른 존재로 만들었다. 무엇보다 멜라니는 괜히 친부모님 이야기를 꺼내서 양부모님에게 상처를 주고 싶지 않았다. 친부모님 이야기를 꺼내면 양부모님이 자신을 잘 돌보지 못했다는 뜻으로 받아들일까 봐 두려웠던 것이다.

이는 세 살배기 아이의 걱정이 아니라 10대 청소년의 걱정이었다. 신체적 성장과 함께 인지적·감정적 능력 역시 꾸준히 발달한 것이다. 결과적으로 멜라니는 자신이 겪은 상실이 얼마나 엄청난 일인지 깨달았다. 그런 깨달음과 함께 자신이 가족과 유년 시절을 통째로 잃었다는 데 대한 슬픔 역시 처음으로 밀려들었다.

열 살까지도 사고로 가족을 잃었다는 사실은 이해하기 힘든 추상적인 개념이었다. 하지만 열네 살 즈음에는 그 사실이 어린아이였던 자신에게 어떤 의미였는지 더 깊이 이해했으며 결과적으로 꼬마 소녀의 입장에서 애도를 경험하기 시작했다. 실제로 그해에 멜라니는 심한 우울증을 앓았다. 멜라니는 당시의 경험을 이렇게 설명한다. "제 10대 시절은 어릴 적 잃어버려서 제대로 알지도 못하는 가족을 애도하는 기간이었습니다. 사고 당시에는 너무 어려서 제 감정을 이해하지도 처리하지도 못했죠. 상담을 받으면서 알게 된 것인데 그런 감정이 시간 속에 얼어붙은 채 갇혀 있을 수 있다더군요. 나이를 먹고 성장한 뒤에야 그런 감정을 마주하고 또 처리할 수 있게 된 거고요."

세 살의 멜라니가 제대로 된 애도를 하지 못했다는 뜻이 아니다. 세 살의 멜라니는 다른 세 살 아이와 마찬가지로, 10대의 멜라니는 다른 10대 청소년과 마찬가지로, 서른넷의 멜라니는 다른 서른네 살 성인과 마찬가지로 충분히 슬퍼했고 또 슬퍼하고 있다. 지적, 감정적, 도덕적, 언어적 역량이 발달함에 따라 아이들은 죽음과 부재가 어떤 의미인지 더 잘 이해하게 되며 강렬한 감정 역시 더 잘 견디게 된다.

다시 말해 아이들은 시간이 흐름에 따라 사랑하는 고인의 삶과 죽음에 대해 계속해서 새로운 점들을 이해하고 또 궁금해한다. 그래서 유년 시절의 애도는 장기간에 걸쳐 시작과 중단을 반복하면서 조금씩 조각조각 이루어진다. 유년 시절의 애도를 이 같은 '충격과 여파' 모형으로 바라보는 입장에 따르면 아이들은 연속적인 발달 과정에 따라 부모의 죽음을 재방문하고 재가공하며 재해석한다. 그러나 상실의 경험이 오래될수록 아이가 과거의 상실에 대한 애도 반응을 보이는 것인지 파악하기 어려워질 수 있다.

청소년기 사별 문제를 전문으로 연구해 온 심리학자 낸시 비앙크 Nancee Biank와 앨리슨 워너린의 설명에 따르면 아이들의 발달 과정 안에서 슬픔은 계속해서 재조정될 뿐 절대 해소되지는 않는다. 두 사람은 이렇게 말한다. "아이들은 각각의 발달 단계마다 특정한 애도 과업을 적절히 수행할지도 모른다. 하지만 아이들이 성장하면서 삶의 중요한 변화를 맞이함에 따라 그들은 더욱 발전된 도구를 가지고 동일한 애도 과업을 재차 수행할 수 있다. (중략) 일련의 발달 단계를 거치면서 애도 과업을 다시 마주할 때마다 아이들은 죽음 자체를 새롭게 이해할 뿐만 아니라 자신들이 이전 발달 단계에서 확립한 죽음에 대한 설명과 부모가 살아 있다면 자신의 삶이 어떤 모습일지에 대한 믿음 역시 재가공한다."

흔히 6~7세 시기부터 발달 과정에 따른 애도가 나타난다. 이때는 죽음에 대한 이해가 점차 발달하기 시작한다. 청소년기에 접어들었을 때에는 추상적인 사고가 가능해지면서 자신이 경험한 상실이 지금 당장의 일상을 넘어 미래에까지 어떤 영향을 미칠지 생생하게 그려보기 시작한다. 특히 동성의 부모를 잃은 경우에는 20대 중반에 슬픔이 되살아날 수 있다. 또래 친구들이 어머니나 아버지와 성인 대 성인으로 관계를 발전시키는 모습을 보면서 자신은 그럴 수 없다는 사실에 고통을 느끼기 때문이다. 이때 잊지 말아야 할 것은 이런 슬픔이 순환형 애도나 기습형 애도는 물론 다른 잠재적인 상실과 동시에 일어날 수 있다는 사실이다.

하버드 사별 아동 연구에 주요 연구원으로 참여한 필리스 실버만은 저서 《죽음을 이해하기에 너무 어린 나이는 없다 Never Too Young to Know》에서 이렇게 설명한다. "더 이상 진을 빼놓을 만큼 강렬하지는 않더라도 슬픔은 언제나 존재한다. 아이들은 앞으로 살날이 훨씬 많이 남아 있다. 따라서 아이들은 어른들보다 훨씬 오랫동안 사별이라는 경험의 의미를 짊어진 채 살아간다."

너무 어려서 죽은 가족에 대한 기억을 남길 수조차 없었던 멜라니 같은 아이들은 가족을 어떻게 애도할지, 가족을 애도하는 것이 가능하기는 한지 혼란스러울 수 있다. 기억하지도 못하는 부모님을, 혹은 거의 알지도 못하는 형제자매를 어떻게 애도할 수 있다는 걸까? 아마도 그런 아이들은 발달 과정에 따라 가족의 존재를 잃었다는 사실 대신 가족의 부재 자체를 슬퍼할 것이다. 그들은 자신이 잃었다고 생각하는 무언가에 대해 슬퍼할 뿐 아니라 그 결과 부차적으로 발생하는 상실(면도하는 법을 가르쳐줄 아버지가 존재하지 않는다거나 야한 농담을 주고받을 자매가 없다는 사실)에 대해서도 슬퍼할 수 있다.

현재 멜라니는 서른네 살이며 두 아이의 엄마다. 엄마로서의 삶, 특히 어린 딸을 양육하는 삶은 멜라니가 어린 시절 경험했던 상실을 다시 수면 위로 끄집어냈다. 멜라니는 이렇게 기억한다. "좀 더 어릴 적에는 제가 겪은 상실을 가볍게 생각하고는 했죠. 아는 것도 거의 없었거니와 어쨌든 부모님에 관한 기억조차 없었으니까요. 제가 어떻게 그분들을 그리워할 수 있겠어요? 제게 부모님이란 액자 속 사진에 불과했어요. 하지만 딸이 세 살이 되고 아들이 태어나고 나니 제가 경험한 상실의 무게가 느껴지더군요. 제 딸은 자신감과 매력이 넘치는 독립적인 세 살 아이예요. 그리고 이 아이에게는 엄마 아빠가 삶의 전부죠. 동생이 생긴 아이가 대개 그렇듯이 제 딸도 제 관심을 필사적으로 얻으려는 시기가 있었어요. 둘째에게 젖을 물리고 있으면 딸도 제 위에 올라타곤 했어요. 그렇게나 가까이 붙어 있고 싶었던 거예요. 저는 그제야 유년 시절의 천진난만함을 잃어버린 게 얼마나 슬픈 일인지 깨달았죠. 세 살 때의 저를 돌아보는데 그 꼬마가 얼마나 많은 걸 잃어버렸는지 정말 가엾더군요. 과거로 돌아가 그 꼬마 아이를 품에 꼭 안은 채 전부 다 괜찮아질 거라고 말해주고 싶었어요."

결국 돌고 돌아 뉴욕대학 도서관에서 본 세라 브라반트의 논문이 다시 떠오른다. 이제 오래전의 상실을 완전히 새로운 방식으로 경험하는 특이하면서도 흔한 현상에 대해 알아보려고 한다.

5장

단 한 번 찾아오는
새로워진 애도

60년 역사를 자랑하는 로스앤젤레스의 웨딩숍 릴리 브라이덜스의 문을 열었다. 마치 아이싱 공장에 들어서는 것 같았다. 하얀색과 크림색의 회오리 패턴이 쇼룸 바닥을 뒤덮고 있었고 눈길이 닿는 곳마다 정교한 레이스 장식과 시폰 원단이 가득했다.

잿빛 콧수염을 기른, 깔끔한 맞춤 정장 차림의 점원이 나를 맞이했다. "무엇을 도와드릴까요?"

남자라니. 예상치 못했다. 지난 주말, 룸메이트인 수지의 차를 타고 샌퍼난도밸리 서부의 웨딩숍이라는 웨딩숍은 죄다 헤집고 다녔는데 가는 곳마다 점원은 늘 어머니뻘의 중년 여성이었다. 점원들은 나를 무척 다정하게 대해주었다. 일행이 달랑 한 명뿐인 내가 안쓰러워 어떻게든 분위기를 띄워보려는 건가 싶었다. 수지에게 고맙긴 했지만 엄마와 친구, 이모까지 줄줄이 거느린 다른 손님을 쳐다보지 않을 수가 없었다. 예비 신부가 드레스를 입고 피팅룸에서 나올 때마다 그들은 관중처럼 탄성을 내뱉었다. 그러면 나도 모르게 남들과 나를 비교하면서 절망에 빠져들있다. '뉴욕으로 가서 이모와 사촌을 데리고 쇼핑했다면… 엄마가 살아 있어서 이번 쇼핑에 함께해 주었다면….'

하지만 현실을 직시해야 했다. 내가 결혼할 곳은 캘리포니아였다. 엄마가 돌아가시지 않았더라도 엄마는 쭉 뉴욕에 살았을 것이다. 다른 곳으로 갔다 한들 친구들을 따라 플로리다로 갔을 것이다. 나는 분명 엄마에게 전화를 걸어 드레스 이야기를 했을 것이고 잡지 같은 데서 마음에 드는 드레스 사진을 찾아 보내면서 뭐가 더 괜찮으냐고 물었을 것이다. 이것도 엄마와의 사이가 그 정도는 되었을 것이라 가정했을 때의 얘기다. 엄마가 돌아가시지 않았다면 무슨 일이 있었을지 누가 알겠나? 내가 결혼을 다른 곳에서 다른 때에 했을지도, 어쩌면 아예 안 했을지도 모르는 일이다. 이미 다른 누군가와 결혼한 지 몇 년이 지난 상태였을지도.

생각이 여기에 이르자 머릿속의 폭주 기관차가 끼익 소리를 내며 멈췄다. 지금의 약혼자를 만나기까지 얼마를 기다렸는데 다른 남자와의 결혼이라니 상상도 해서는 안 될 일이었다. 내가 가진 건 이게 다였고 난 지금의 상황에 만족했다.

어쨌든 나는 목요일 대낮에 릴리 브라이덜스에 서 있었다. 순전히 충동적인 방문이었다. 아침에 산부인과 예약에 늦어서(임신 10주 차였다) 벤투라 대로를 따라 동쪽으로 운전해서 가고 있는데 한 번화가 모퉁이에 있는 웨딩숍이 눈에 들어왔다. 그래서 집으로 돌아가는 길에 주차장에 차를 세웠다. 한번 둘러본다고 큰일 나는 것도 아닐 테니까. 나는 이제 막 약혼한 상태였고 결혼식까지는 9주밖에 남지 않았다. 예산도 시간도 쪼들리는 상황이었기 때문에 결혼식 준비를 서둘러야 할

타이밍이었다.

대낮에 손님은 나뿐이었다. 쇼룸을 쭉 훑어보았다. 유리 진열장에는 반짝이는 보석과 화려한 웨딩가터가 일렬로 진열되어 있었다. 삼면 거울 앞에는 으레 그렇듯 낮은 발판이 놓여 있어서 예비 신부가 그 위로 올라가 자신의 모습을 다각도로 살필 수 있었다. 무대 같은 그 공간 주변에는 천을 씌운 의자와 소파가 예닐곱 개 모여 있었다. 분명 공짜 커피와 차를 마실 수 있는 공간도 있을 것이다.

점원에게 말했다. "기성 제품을 찾고 있는데요. 제가 원래 8사이즈를 입는데 두 달 뒤 결혼식에서는 적어도 10사이즈는 입어야 할 것 같아요. 무슨 말인지 아시죠?"

점원이 고개를 끄덕였다. 입꼬리가 살짝 올라가는 게 보였다. 임신한 30대 손님이 이번 주에 내가 처음은 아니었으리라. 어쩌면 오늘만 하더라도 누가 또 있었을지 모른다.

점원이 말했다. "물론이죠. 이쪽으로 오세요."

점원을 따라 좌측에 있는 작은 방으로 들어갔다. 안에는 세일 상품이 진열되어 있었다. 바닥까지 내려오는 웨딩드레스가 벽을 따라 쭉 이어졌다. 점원이 물었다. "특별히 찾으시는 스타일이 있으신가요?" 나는 없다고 답했다. 옷걸이를 하나하나 넘기며 꼼꼼히 들여다보는데 내가 어떤 스타일을 싫어하는지는 알 것 같았다. 어쩌면 거기서부터 시작하면 될지도. 끈 없는 드레스 탈락. 임신한 신부에게는 제격이라고 하지만 엠파이어 라인(가슴 바로 아래부터 치마폭이 펼쳐져 복부를 가리기 좋은 드레스 형태—옮긴이) 드레스 탈락. 칼라가 높이 올라오는 드레스 탈락. 보석 장식이 과한 드레스 탈락.

지난 3주 동안 내 마음에 쏙 드는 드레스는 딱 하나였다. 광택이 있는 새틴 드레스였는데 목 부분에 우아하게 주름이 잡혀 있고 팔꿈치까지 올라오는 장갑과 세트로 입는 제품이었다. 구석구석 아름답지 않은 곳이 없었다. 가격만 빼고. 그 드레스는 내가 책정한 예산의 두 배인 1200달러였다. 점원은 베라 왕(여러 할리우드 스타의 웨딩드레스를 제작한 미국의 유명 패션 디자이너─옮긴이) 드레스에 비하면 아무것도 아니라고 했지만 예산은 지키라고 있는 거니까. 그래서 나는 여전히 드레스를 찾는 중이었다.

두 번째 진열대로 넘어가 드레스를 휙휙 넘겼다. 바로 그때.

'이거다.'

앞으로는 목 부분이 둥글면서도 완만하게 파여 있고 소매는 캡 슬리브(어깨 끝에 캡을 씌운 것 같은 짧은 소매─옮긴이)였으며 말끔한 가슴판 위로 그물망 무늬의 레이스가 덧대어 있었다. 등이 브이자 형태로 가파르게 파여 있었고 라인이 만나는 지점에는 아름다운 꽃 장식 세 개가 모여 있었다. 치맛자락은 지나치게 거추장스럽거나 어수선하지 않고 적당히 무난했다. 보석 장식도 최소한으로만 되어 있었다. 전반적으로 우아하면서도 수수한 드레스였다. 속으로 '와!' 감탄이 나왔다. 완벽했다.

내가 말했다. "이거 한번 입어볼게요."

점원이 꼬리표를 뒤집었다. 10사이즈에다가 할인된 가격도 575달러로 감당할 수 있는 범위였다.

10분 뒤 나는 바로 그 발판 위에 서 있었다. 중년 여자 점원이 와서 (아하, 그럴 줄 알았지!) 등 뒤의 지퍼를 잠가주었다. 그녀가 뒤에서 옷감을 1인치 정도 꼭 집어주자 드레스가 딱 맞았다. 아직은 배가 거의 나오지 않았으니 여유가 있지만 8주 뒤면 사이즈를 조정할 필요가 전혀 없을 것이다.

여자 점원이 말했다. "어머, 손님. 손님 입으라고 만든 드레스 같아."

오른쪽 골반을 틀어 중앙 거울에 비춰보았다. 다음으로는 왼쪽 골반. 점원 말이 맞았다. 누가 내 치수를 재다가 거기에 딱 맞춰 만든 드레스 같았다. 남자 점원이 면사포 두 개를 양손 위에 하나씩 살포시 얹고 들어왔다.

그러는 와중에 피팅룸에서는 다른 손님이 드레스를 입어보고 있었다. 일행 네 명은 천을 씌운 의자에 앉아 중국식 찻잔에 차를 마시며 예비 신부가 나오기를 기다리고 있었다.

예비 신부의 자매로 보이는 여자가 내게 말했다. "드레스 너무 잘 어울리네요."

엄마로 보이는 여자가 고개를 끄덕이며 맞장구쳤다. "곱다 고와."

여자 점원이 말했다. "봤죠? 만장일치네."

나는 여자 점원이 내 머리 위에 면사포를 얹을 수 있도록 발판에서 내려왔다. 그녀는 면사포에 달린 플라스틱 빗핀을 내 머리칼 사이로 조심스럽게 꽂아 넣었다. 그다음 나는 남자 점원이 가져온 하얀 구두에 발을 집어넣었다. 이제 완성된 모습을 확인할 준비가 끝났다. 나는 발판으로 올라가 거울을 향해 섰다.

거울 속 내 모습은 나 같으면서도 나 같지 않았다. 분명 내 얼굴에 내 몸인데 웬 신부 하나가 서 있었다. 그제야 나는 확실히 깨달았다. 내가 곧 아내가 될 거라는 사실을. 그리고 일곱 달 뒤에는 엄마가 될 거라는 사실을.

그 순간 공포가 몸을 타고 물밀듯 치솟더니 목구멍에서 턱 하고 걸렸다. 엄마 없이 내가 어떻게 이 일을 해낼 수 있을까? 어째서 엄마는 내가 아내가 되고 엄마가 되는 모습을 지켜볼 수 없을까? 엄마의 죽음이 부당하다는 분노를 느낀 지는 꽤 오래된 상태였다. 하지만 머릿속에 다시 '이건 공평하지 않아'라는 말이 네온사인처럼 선명하게 번쩍였다. 나에게도 엄마에게도 공평하지 않았다.

"아이고, 어떡해." 내 뺨 위로 눈물이 흐르는 걸 보고는 여자 점원이 말했다. "아이고, 제가 티슈 갖다드릴게요."

나는 누가 보기 전에 얼른 손바닥으로 눈물을 훔쳤다. 이목을 끌고 싶지는 않았다. 그리고 최선을 다해 되뇌었다. '이제 난 어른이야. 통제할 수 있어. 할 수 있어.'

나는 스스로를 꾸짖었다. 왜 이런 상황에 전혀 준비가 안 돼 있는 걸까? 어린 시절 엄마를 잃은 슬픔에 대해 이야기해 온 지가 벌써 4년이나 된 시점이었다. 사별이 우리에게 어떤 장기적인 영향을 미칠 수 있는지 전 세계를 다니며 이야기했다. 어떤 요인들이 나를 자극할 수 있는지도 잘 알고 있었다. 그러니 최선의 방어를 위해서는 준비가 돼 있어야 했다. 하지만 이성적으로 아무리 준비를 하고 있어 봐야 하나도 소용이 없다는 사실이 드러났다. 발판 위에 홀로 서서 거울 속 내 모습을 바라보는 순간 차오르는 감정적 충격으로부터 나를 보호할 수 있는 건 아무것도 없었다.

옆에서는 다른 예비 신부가 겹겹이 쌓인 시폰 드레스를 입은 채 피팅룸에서 나왔다. 함께 온 가족들이 말을 보탰다. 여자 점원이 내게 반으로 접힌 티슈를 건네주기에 "감사합니다. 이제 괜찮아요" 하고 말했다. 그리고 드레스를 사겠다고 말했다. 물론 드레스는 사야지. 다시 피팅룸으로 들어가면서 "정말 괜찮아요" 하고 한 번 더 말했다.

계속 '괜찮아. 괜찮아. 괜찮아'라고 되뇌기. 나로서는 가장 익숙하고 믿을 만한 대처 방법이었다. 여러 번 반복해 말하고 나면 정말 괜찮다고 믿을 수 있을지도 모른다.

아이들이 자신이 도달한 발달 단계 안에서 주어진 능력으로 최선을 다해 애도할 수밖에 없는 것처럼 성인 역시 살면서 쌓은 경험에 따라 애도할 수밖에 없다. 언니와 사별한 고등학생 소녀가 앞으로 4년간 없을 졸업식에 참석하지 못하는 언니를 제대로 애도한다거나 아버지와 사별한 스물여섯 살 청년이 30년 뒤면 쉰일곱에 돌아가신 아버지의 나이가 된다는 사실을 제대로 마주할 수 있다고 기대하는 것은 비현실적이고 비합리적이다.

이성적으로는 삶의 이정표와 같은 그런 순간들을 머릿속에 그려볼 수 있다. 심지어는 곧 겪게 될 부차적인 상실을 상상하면서 미리 슬퍼할 수도 있다. 예를 들어 아버지를 사별하고 장례를 치른 젊은 여성은 묘비 앞에 앉아 자신이 치르게 될 미래의 결혼식을 상상하며 이제 누가 자신의 손을 잡고 결혼식장을 걸어줄지 걱정할지도 모른다. 한 열여섯 살 소년은 형이 죽은 나이라는 이유로 자신의 스무 살 생일을 기념하지 않을지도 모른다.

하지만 신부 입장 때 아버지의 팔 대신 삼촌의 팔을 붙잡고 들어가거나 혼자 들어가는 기분이 어떨지, 생일날 아침에 눈을 떠서 스무 살의 눈으로 세상을 바라보는 기분이 어떨지는 실제로 경험하지 않고서는 절대 알 수 없다. 무슨 수로 그런 경험을 미리 해볼 수 있겠는가? 불가능한 일이다.

다른 임신부들은 엄마에게 어떤 식으로 산후조리 도움을 받을지 이야기하는데 나는 홀로 집에서 산통을 견뎌야 한다고 생각하니 외로움이 치밀었다. 하지만 그런 외로움을 미리 슬퍼할 방법은 없다. 내가 어머니를 사별한 나이인 열일곱 살을 넘긴 딸을 계속해서 기를 것이라고 생각하니 처절한 무력감이 느껴졌다. 하지만 그런 무력감을 미리 슬퍼할 방법도 없다. 인생에 한 번뿐인 중요한 변화는 그 변화가 발생할 때 실시간으로 경험하는 수밖에 없다. 그렇게 우리는 지나간 상실을 새롭게 마주한다.

어떤 애도는 실제로 슬픔이 찾아오기 전까지 결코 경험할 수 없다. 이번 장에서는 바로 그런 애도에 대해 이야기할 것이다.

인생의 변화: 성장에 따른 애도

졸업을 하고 결혼식을 올리고 첫 직장에 취직하고 승진을 하고 새로운 관계를 맺고 이별하고 자녀를 기르고 직장을 잃고 이혼하고 은퇴하고 손자를 보는 등 우리 삶에는 중요한 사건들이 수없이 존재한다. 학생이었다가 졸업을 하고 혼자였다가 배우자가 생기고 결혼했다가 이혼을 하고 자녀가 없다가 생기고 직장을 다니다 실직을 하는 등 삶의 다양한 문턱을 넘을 때마다 우리는 사랑하는 사람이 살아 있었다면 해주었을 위안과 격려, 조언, 지원, 칭찬, 축하, 애정을 간절히 갈구하게 될지도 모른다. 따라서 사별을 겪은 사람에게 인생의 중요한 사건들은 기쁜 일인 동시에 슬픈 일이기도 하다. 자신에게 소중한 것이 무엇인지는 물론 자신이 잃어버린 것이 무엇인지를 되새길 수밖에 없기 때문이다.

53세인 케빈은 어머니의 유산으로 유일한 남동생인 티모시를 잃었다. 당시 케빈은 일곱 살이었다. 케빈에게는 여동생이 둘 있었다. 몇 년 후에 태어난 세 번째 동생 역시 여동생이었다.

케빈은 이렇게 말한다. "티모시의 죽음이 어른이 된 지금까지 제 머릿속을 어지럽히는 이유는 티모시가 제 유일한 형제였기 때문입니다. 여동생들은 인생의 중요한 순간을 자매들과 함께 겪어낼 수 있죠. 여동생들은 아내가 되는 경험, 엄마가 되는 경험, 여자라면 겪는 온갖 경험을 서로 공유합니다. 그러다 보니 저는 삶의 중요한 순간을 맞을 때마다 이렇게 생각할 수밖에 없었죠. '내게도 이 순간을 함께 공유하고 이야기를 나눌 형제가 있었다면 어땠을까?'"

사랑하는 사람이 세상을 떠나서 그 역할을 해주지 못할 때 상실감이 가파르게 치솟을 수 있다. 가장 친한 친구가 세상을 떠나서 내가 힘들 때 이야기를 듣고 위로해 줄 수 없다면, 하나뿐인 형제나 자매가 세상을 떠나서 내가 결혼할 때 들러리를 서주지 못한다면, 할아버지 할머니가 전부 돌아가셔서 손자가 태어나거나 세례를 받을 때 곁에서 아낌없는 사랑과 선물을 베풀어줄 수 없다면 그럴 수 있다. 게다가 주위 친구들이나 친지들이 중요한 순간마다 내가 누리지 못하는 관계를 누리는 모습을 보면 상실감은 배가된다.

열두 살에 아버지를 심장마비로 잃고 그로부터 다섯 달 뒤에 어머니까지 암으로 잃은 사샤는 고등학교 졸업식을 외롭고 쓸쓸한 날로 기억한다. 당시 사샤는 고모 부부 집에서 살고 있었지만 두 분 다 졸업식에 참석하지 않았다. 친구들은 가족이 졸업식에 참석해 인생의 중요한 순간을 함께 지켜봐 주고 있는데 사샤 곁에는 졸업장을 받는 모습을 지켜봐 줄 가족이 아무도 없었다. 사샤가 연단에 올라가는 동안 사샤만을 위해 청중석에 앉아 있는 사람은 존재하지 않았다.

사샤는 이렇게 말한다. "부모님을 잃는다는 건 부모님처럼 생각해 줄 사람이 곁에 없다는 뜻이에요. '꼭 졸업식에 가서 내가 언제나 응원하고 있다는 사실을 보여줘야지'라고 생각해 줄 사람이 없다는 뜻이죠. 사별의 슬픔은 바로 그런 식으로 우리 곁에 계속 머무는 것 같아요. 삶의 이정표 같은 순간을 맞이하는데도 다른 사람에게는 당연한 지지와 격려가 존재하지 않는 거죠."

사샤의 아버지는 목사였기 때문에 사샤는 어릴 적부터 자신의 결혼식에 아버지가 주례이자 신부 측 혼주로 참석하는 모습을 상상하고는 했다. 아버지가 돌아가신 지 10여 년이 지난 뒤 20대의 사샤는 결혼식을 준비하면서 크나큰 감정적 충격을 받았다.

사샤는 이렇게 말한다. "갑자기 우울감이 파도처럼 밀려들었어요. 제 인생에서 가장 행복한 순간에 엄마가 함께하지 못할 거라는 생각 때문이었죠. 신부 입장을 어떤 식으로 해야 할지 고민하는 일 역시 견디기 힘들 정도로 끔찍했어요. '어떻게 해야 하지? 누가 아빠 대신 내 곁에 설 수 있을까?' 걱정이 됐죠. 그럴 만한 사람을 떠올릴 수 없었어요. 곰곰이 생각해 보니 제 마음이 미래를 가리키고 있더군요. 그래서 조카 둘을 데리고 입장하기로 결정했어요. 그때 조카들은 아홉 살, 열 살이었죠."

인생에 한 번뿐인 변화를 맞이할 때 창의성을 발휘하면 부재를 존재로 바꿀 수 있다. 이런 식으로 사랑하는 사람을 기리는 데 성공했다는 이야기를 많이 들었다. 학사모 위에 고인의 사진을 붙이고 졸업식에 참석했다는 사람도 있었고 아버지의 손목시계를 차거나 어머니의 반지를 낀 채 결혼식을 치렀다는 사람도 있었으며 갓 태어난 아기에게 어릴 적 부모님이 들려주었던 노래를 불러주었다는 사람도 있었다. 이는 모두 중요한 날에 사랑하는 고인과 마음속으로나마 함께하는 방법이자 사별 이후에 지속되는 내적 관계를 기념하는 방법이다. 그저 "당신은 제게 소중한 사람이었어요"라고 말하는 대신 "당신은 아직도 제게 소중한 사람이에요. 그러니 지금 이 순간을 함께해요. 제 특별한 날에 함께해 주세요"라고 말하는 방법이다.

순환형 애도와 마찬가지로 성숙에 따른 애도 역시 의식적인 차원은 물론 무의식적인 차원에서도 나타날 수 있다. 웨딩숍에서 거울에 비친 내 모습을 봤을 때 나는 내가 어떤 감정을 어떤 이유로 느끼는지 알고 있었다. 하지만 사별 이후에 가족이 침묵을 고수한 탓에 슬픔을 억압당한 경우 '새로워진 애도'는 의식 밖에서 갑자기 등장할 수 있다. 그런 경우 기습형 애도와 비슷하게 느껴질지도 모른다.

론다가 스물다섯 살에 새로워진 애도를 경험했을 때도 유사한 일이 일어났다. 외동인 론다는 어머니가 돌아가실 때 열다섯 살이었다. 무력감과 슬픔에 대처하기 위해 론다는 아버지를 돌보는 역할을 도맡았다. 요리를 하거나 이삿짐을 싸는 등 집안일을 하면서 자신감을 회복하려 했다. 아버지는 아내를 잃은 상실감으로 완전히 무너진 상태였으며 가족에게 닥친 일에 대해 딸과 한 번도 대화를 나눈 적이 없었다. 론다의 말을 빌리자면 아버지의 대응 방식은 "생각하지 말자. 그러면 사라질 거야"였다. 그러다 보니 론다는 고등학교를 졸업하고 성인이 될 때까지 가까운 친구와도 돌아가신 어머니에 관한 이야기를 단 한 번도 나눈 적이 없었다.

스물다섯의 론다는 안정적인 직장을 갖고 있었고 오랜 연인 관계를 유지하고 있었으며 연인과 동거도 하고 있었다. 겉으로 보기에는 유년 시절의 상실감을 뒤로한 채 성공적으로 어른이 된 사람 같았다.

바로 그때였다.

론다는 이렇게 말한다. "여러 해 동안 감정을 마주하지 않은 결과, 마음의 문을 열어보지 않은 결과, 엄마에게 무슨 일이 일어난 건지 생각해 보지 않은 결과가 터져나온 순간이 언제인지 정확히 기억나요." 어머니가 돌아가신 지 10년 하고도 사흘이 지난 때였다.

론다는 이렇게 설명한다. "지금 제 남편이 된 남자친구와 저는 제 배 속에 아이가 생겼다는 사실을 알게 되었어요. 물론 정말 기뻤죠. 저희는 아침을 먹으러 나갔다가 이제 집에 오래 붙어 있을 것 같다는 생각에 TV를 한 대 샀어요. 집에 돌아와서 위층으로 올라가 침대를 정리하는데 뭔가가 저를 덮쳤어요. 해일처럼 감정이 밀려들었죠. 멈출 수가 없었어요. '엄마를 보고 싶어. 엄마를 보고 싶어. 지금 당장 엄마가 필요해'라는 생각이 들었죠. 처음에는 눈물만 흐르다 점점 꺽꺽 소리를 내면서 흐느꼈죠. 잠이 들 때까지 울었어요."

론다는 설명을 이어나갔다. "몇 시간은 울었던 것 같아요. 가슴속에 간혀 있던 찌꺼기가 결국 쏟아져 나온 기분이었죠. 그 이후로 '엄마가 곁에 있으면 좋겠다'라거나 '엄마가 살아 있었다면 내 삶이 얼마나 달랐을까'라고 생각하면서 좀 더 편하게 엄마를 떠올렸어요. 그런 이야기를 하지 않는 게 얼마나 어리석은 일인지 깨달았죠. 그래서 엄마 이야기를 하기로 마음먹었어요. 물론 만나는 사람마다 '나한테 이런 일이 있었어!'라고 불쑥 말하는 건 아니지만 관련된 화제가 나오면 '맞아. 나한테도 이런 일이 있었어'라고 털어놓을 정도는 됐죠."

론다는 자신이 아이를 가졌다는 사실을 깨달은 순간 10년 동안 피해왔던 사별의 슬픔을 마침내 마주하게 되었다. 임신이라는 거대한 사건 덕분에 한때 자신이 누렸던 어머니의 사랑을 다시 그리워하게 된 것이다. 어린 시절 사별을 겪은 많은 어른들이 내게 비슷한 이야기를 들려주었다. 그들은 의도치 않은 카타르시스적인 경험을 통해 억눌린 슬픔을 모두 쏟아내고 나서야 자신이 세운 방어벽을 뚫고 들어가 고인을 향한 그리움과 애정에 다시 다가갈 수 있었으며 지난 기억을 짊어진 채 삶을 이어나갈 수 있었다.

엄마가 될 준비를 하는 동안 론다는 부모님을 자신의 성장을 목격하고 증명해 줄 존재로서 그리워하기도 했다. 이렇듯 손위 형제자매나 부모나 조부모를 사별한다는 것은 그 사람에게 자신의 성장을 인정받을 기회를 잃는다는 뜻이기도 하다. 이런 2차적인 상실은 우리에게 강력한 영향을 미친다. 예컨대 고등학교 졸업식 날 나는 거울을 보면서 이렇게 생각했다. '딸이 고등학교를 졸업하는데 엄마가 그 자리에 없다면 그걸 정말 졸업이라고 할 수 있을까?' 그때 내가 정말 궁금했던 건 '엄마 없는 졸업식에서 내가 정말 고등학교를 졸업했다고 느낄 수 있을까?'였다.

사별은 또한 자신을 예뻐해 주고 자랑스럽게 여겨줄 사람의 따뜻한 마음을 느낄 기회를 잃는다는 뜻이기도 하다. 현재 48세인 프리야는 고등학생 시절 대입 원서를 준비하면서 에세이를 작성했다. 인생의 중요한 기로에서 첫 단추를 꿰는 일이었다. 에세이 주제는 '산 사람이든 죽은 사람이든 누군가와 한나절을 보낼 수 있다면 누구와 함께할 것이며 그 이유는 무엇인가?'였다. 프리야는 자신이 2학년 때 유방암으로 돌아가신 엄마에 관한 글을 썼다.

프리야는 그때를 떠올리며 이렇게 말한다. "몇 단락을 쓰고 나니까 마음속이 완전히 엉망이 됐어요. 의식의 흐름에 따라 글을 쓰는 내내 '엄마가 살아 있었다면 어떤 모습이었을까?'라든가 '엄마는 나를 자랑스러워할까?' 같은 생각이 튀어나오는 바람에 속으로 울부짖다시피 하면서 글을 썼죠. 엄마가 저를 어떻게 생각할지 확신이 들지 않았어요. 그런 확신이 없다는 걸 깨닫고 큰 충격을 받았죠. 결혼식 날도 잊을 수 없어요. 그때도 감정적으로 완전히 엉망이 됐죠."

열다섯에 아버지를 심장마비로 잃고 현재 76세가 된 잭 역시 삶의 중요한 순간마다 아버지의 축복과 조언을 얼마나 갈망했는지 모른다며 이렇게 말한다. "여자친구가 생길 때면 아버지에게 말하고 싶었죠. 졸업식 파티에 누구와 함께 갈지 고민할 때도 아버지 조언을 얻고 싶었어요. 첫째가 태어났을 때에는 '아빠, 이것 봐요. 제가 무슨 일을 해냈는지 봐요. 참 잘했죠?' 하고 묻고 싶었고요. 하지만 아버지는 곁에 없었죠."

인생의 중요한 갈림길에서 인도자가 되어주거나 어른이 된 것을 환영해 줄 연장자가 곁에 없으면 어른이 되는 과정이 그저 역할극 놀이처럼 느껴질 수 있다. 그러면 일종의 '가면 증후군(자신이 이룬 업적을 스스로 받아들이지 못하는 현상—옮긴이)'을 경험할 수도 있다.

열아홉 살에 부모를 모두 잃은 테레즈 란도는 이렇게 회상한다. "40대에 접어들었을 때 제 마음속에는, 실제로 입 밖으로 소리 내서 말한 적은 없지만, 제가 그저 덩치만 큰 꼬마 아이에 불과하다는 믿음이 자리 잡고 있었어요. 물론 성인으로서 해야 할 책무를 다하고 있기는 했지만요. 전 세계를 다니면서 강연도 하고 책도 여러 권 쓰고 자식도 둘이나 있었으니까요. 하지만 마음속으로는 여전히 제가 그저 어른 흉내를 내는 덩치 큰 아이에 불과하다고 생각했어요. 다른 사람들처럼 자연스럽게 성인기에 들어선 게 아니었죠. 지금 생각해 보면 부모님에게 어른이 되었다는 인정을 받은 적이 없었기 때문인 것 같아요."

34세인 시몬 역시 스무 살에 어머니를 떠나보낸 경험에 대해 이렇게 말한다. "엄마가 돌아가시자 앞으로는 성장할 기회를 결코 허락받지 못할 것 같았어요. 말하자면 시간에 갇힌 셈이었죠. 물론 그 후로 다양한 일을 겪으며 성장하긴 했지만, 여전히 스스로를 미숙하다고 느껴요. 스무 살의 저에게서 벗어나지 못했고 앞으로도 벗어나지 못할 것만 같거든요."

다시 말해 자아상이 어린 시절에 머물러 있는 것이다. 트라우마가 발달을 가로막을 때 나타나는 현상과 유사하다. 어릴 때부터 나를 알아온 어른으로부터 내가 마침내 어른이 되었다는 외부적인 확증을 받지 않는 이상 우리는 스스로를 어른으로 인식하는 데 어려움을 겪을 수 있다.

대리 애도

◇◇◇◇◇◇◇◇◇◇◇◇

20대가 지나니 사별을 느끼는 방식에 미묘한 변화가 생겼다. 엄마를 잃은 어린 딸이기만 했던 내가 나이를 먹으면서 젊은 나이에 목숨을 잃은 엄마가 삶에서 놓친 것들이 얼마나 많은지 차차 깨달았기 때문이다. 사랑하는 이가 '때 이른 죽음'을 맞았다는 건 그의 삶이 그만큼 짧았다는 의미이며 그가 평범하게 나이 들었다면 당연히 경험했을 삶의 중요한 순간들을 놓쳤다는 뜻이다.

고등학교 졸업 전에 세상을 떠난 형제, 결혼하지 못한 채 떠난 자매, 은퇴 시기 전에 돌아가신 부모님 등 특정한 사건이 일어날 시점이 됐는데 당사자가 세상에 존재하지 않는 경우 특별한 종류의 새로워진 애도가 나타날 수 있다. 내 입장에서가 아니라 떠나간 사람 입장에서 상실을 슬퍼하는 일종의 '대리 애도'를 경험하게 되는 것이다.

열여덟 살에 위암으로 아버지를 잃은 스티브는 2년 후 뉴욕 마라톤 대회를 완주하겠다는 큰 목표를 이뤘다. 10월의 어느 아침, 마라톤 완주에 성공한 스티브는 복합적인 감정을 느꼈다. 결승선을 넘었다는 성취감과 그 광경을 지켜볼 아버지가 자리에 없다는 슬픔이 동시에 밀려들었다. 스티브는 이렇게 회상한다. "완주하고 나서 울음을 터뜨렸어요. 아빠가 제 모습을 지켜봤다면 얼마나 자랑스러워할지 상상이 됐거든요." 스티브가 느낀 슬픔은 아버지가 없는 스무 살 청년의 슬픔 이상의 슬픔이었다. 스무 살 아들이 그런 대단한 목표를 달성하는 광경을 보지 못하는 아버지의 슬픔이 더해진 슬픔이었다.

어린 자녀를 잃어 그의 성장 과정을 지켜볼 수 없는 부모의 대리 애도는 특히 사무치는 아픔을 불러일으킨다. 낸시는 아들 리가 어릴 때부터 아들의 미래를 그려보곤 했다. 어떤 남편, 어떤 아빠가 될지 말이다. 그것이 낸시가 구축한 미래 세계였다. 하지만 리가 열아홉에 스스로 목숨을 끊으면서 그 세계는 산산조각이 났다.

하지만 그런 기대가 이루어지기를 바라는 낸시의 열망(즉 리가 삶의 큰 변화들을 경험하기를 바라는 마음)은 결코 사라지지 않았다. 리가 세상을 떠난 지 15년 뒤에 낸시는 대리 애도를 경험했다. 리의 가장 친한 친구가 결혼했다는 소식을 들었고 곧 아빠가 될 것이라는 소식까지 접했기 때문이다. 두 차례 모두 낸시는 새로운 방식으로 리의 죽음을 경험했다. 남편으로서의 리, 아버지로서의 리를 상실했다는 느낌을 받은 것이다.

새로워진 애도는 우리가 이중 혹은 삼중으로 애도를 경험하도록 만든다. 우리는 자신이 잃어버린 것과 사랑하는 고인이 잃어버린 것은 물론 다음 세대가 잃어버린 것까지 슬퍼할 수 있다. 예컨대 갓 엄마가 된 나는 육아에 대한 조언을 하거나 나를 낳고 나서 어땠는지 이야기를 들려줄 엄마가 없다는 사실을 깨닫고 새로워진 애도를 경험했다. 동시에 나는 엄마가 내 딸의 할머니로서 존재할 수 없으며 딸이 할머니의 온화하고 자상한 마음을 모른 채 자랄 것이라는 사실에도 슬픔을 느꼈다. 정작 내 딸은 이런 상실감을 느끼지 못할 것이다. 애초에 할머니가 존재한 적이 없으니까. 딸에게 있어 할머니의 죽음은 친구들이 할머니나 할아버지와 함께 주말을 보내면서 사랑을 듬뿍 받는 모습을 볼 때 느끼는 부재 혹은 공허함에 가까울 것이다.

내가 느끼는 슬픔은 또 있다. 엄마가 살아 있었다면 정말 좋은 할머

니가 됐을 거라는 안타까움이다. 엄마는 아기를 정말 좋아했고 잘 봐
주었다. 분명 손녀인 내 딸도 자상하고 참을성 있게 돌봐주었을 것이
다. 지금도 가끔 엄마가 그런 관계를 경험할 기회를 갖지 못했다는 사
실에 화가 난다.

사별을 겪은 후 내가 수용할 수 있는 것과 없는 것 사이에는 어마어
마한 간극이 있다는 걸 알게 되었다. 이를테면 나는 엄마의 죽음을 받
아들일 수 있다. 엄마는 이 세상에 존재하지 않는다. 엄마는 떠났다. 하
지만 엄마가 죽음을 맞았던 환경과 시기만큼은 도저히 받아들일 수 없
다. 자식이 어른으로 성장하는 모습을 보기도 전에, 손주를 보기도 전
에 마흔둘이라는 이른 나이에 돌아가셨다는 사실은 용납이 안 된다.
그래서 나는 엄마 입장에서 애도를 느낀다. 내 삶의 중대한 순간에 관
해서라면 엄마 없이 헤쳐나가는 법을 어떻게든 배웠다. 하지만 엄마가
엄마 삶의 중요한 순간들을 놓쳤다는 사실은 견디기가 힘들다.

연령 일치에 따른 애도

알렉산드라는 고등학교 2학년 때 어머니를 심장마비로 떠나보냈
다. 10개월 후에는 아버지마저 전립선암으로 돌아가셨다. 알렉산드라
는 고모의 집으로 들어가 살면서 고등학교를 마쳤다. 고모와는 돈독하
고 애정 넘치는 관계를 쌓았다. 하지만 성인이 되자 알렉산드라는 돌
아가신 부모님과 동질감을 느끼고 유대감을 형성할 방법을 찾기 시작
했다. 그렇게 알렉산드라는 돌아가신 어머니가 인생의 특정 시기마다

내렸던 결정을 그 나이에 맞춰 그대로 따라 하기 시작했다. '인생 패턴 동조 현상'을 경험한 것이다.

알렉산드라는 이렇게 설명한다. "아이를 가질 때가 되자 엄마가 저를 낳았을 때와 똑같은 나이에 첫째를 가져야겠다는 생각이 들었어요. 서른 즈음이 되자 임신을 해야겠다는 압박감을 강하게 느꼈죠. 실제로 엄마가 저를 임신했을 때와 똑같은 나이에 임신을 했고요. 엄마가 밟았던 삶의 궤적을 그대로 따르고 싶다는 욕구, 엄마와 똑같은 경험을 하면서 동질감을 느끼고 싶다는 욕구가 얼마나 큰지 저 스스로도 깜짝 놀랐습니다."

서른 살에 출산을 한 뒤 알렉산드라는 10대 시절에 사별한 어머니와 긍정적인 동질감을 느꼈다. 공교롭게도 알렉산드라 역시 어머니와 마찬가지로 딸을 낳았다. 더 많은 동조 현상이 나타날 가능성이 생긴 것이다.

알렉산드라는 이렇게 말한다. "지금 제 딸이 열세 살이에요. 서른에 딸아이를 낳고서야 깨달았는데 제가 엄마가 돌아가실 적 나이가 되면 제 딸도 그때의 저와 같은 나이가 되는 거더라고요. 게다가 그때는 부모님의 서른 번째 기일이기도 해요." 알렉산드라는 이 상황에 '삼중고'라는 이름을 붙였다.

알렉산드라와 그의 딸이 각각 마흔다섯과 열다섯 살이 되면 알렉산드라는 '연령 일치에 따른 애도'를 동시에 두 가지나 겪게 된다. 이 특수한 유형의 슬픔은 사별한 사람이나 사별한 사람의 가까운 친지(배우자나 자녀)가 고인의 작고 나이에 도달하는 경우 발생한다.

연령 일치에 따른 애도 반응의 주된 특징 하나는 특정 나이에 도달했을 때 딱 한 번 일어난다는 점이다. 물론 해당 나이에 가까워짐에 따라 일찍부터 애도 반응이 나타날 수도 있으며 한번 나타난 애도 반응이 한 해 내내 지속될 수도 있다. 또한 알렉산드라의 경우처럼 한 사람이 특정 나이에 상응하는 애도 반응을 동시에 두 가지 이상 경험할 수도 있다.

사별을 겪은 사람의 입장에서 고인이 사망한 나이(혹은 중병을 진단받은 나이)가 된다는 것은 인생에서 중요한 변곡점에 도달했다는 의미다. 내가 주최하는 '엄마 없는 딸들' 모임에서도 자신이 어머니가 돌아가실 적 나이가 되어 모임에 오게 되었다거나 자녀가 자신이 어머니를 잃을 적 나이가 되어 찾아왔다는 여성들을 자주 만났다. 그들은 갑자기 밀려드는 두려움과 불안, 슬픔 때문에 고통스러워했다. 왜 이제 와서 그런 일이 벌어지는지 이해하지도 못했다.

우리가 미래를 상상할 때면 의미 있는 특정 나이는 유난히 더 밝게 빛나는 것 같다. 마치 네온사인처럼 말이다. 사별을 겪은 사람들은 자신의 인생 패턴이 고인의 인생 패턴을 그대로 따를까 봐 무서워하면서도 그 나이가 되기를 기다린다. 그 나이를 무사히 넘기면 머릿속에 그렸던 가상의 한계선을 넘었다는 사실에 안도하면서 승리감을 느낄지도 모른다.

현재 58세인 섀런은 열 살에 비행기 사고로 부모님을 모두 잃었다. 의사였던 아버지가 어머니와 함께 경비행기를 몰고 의학 세미나에 다녀오는 길에 사고가 난 것이다. 섀런은 이렇게 말한다. "엄마가 저를 집에 남겨두고 아빠와 여행을 떠난 건 그때가 처음이었어요. 그래서인지 엄마와 비슷한 나이가 되면 비슷한 일이 벌어질지도 모른다는 미신이 생겨났어요. 한번은 남편이 크루즈 표를 얻어 왔는데 제가 절대 배에 타지 않을 거라고 고집을 부렸죠. 그때 제 나이가 엄마가 돌아가시던 때의 나이와 똑같았거든요. 어찌나 겁이 나던지요."

어린 시절 부모나 형제자매를 사별한 경우 성인이 되어서 자신의 미래가 얼마 남지 않았을까 봐 두려워하는 사람이 적지 않다. 이들은 고인과 동일한 나이에 병을 진단받을까 봐 혹은 동일한 나이에 비슷한 방식으로 사망할까 봐 두려워한다. 심지어 고인의 사망 원인이 유전과는 아무런 관련이 없거나 같은 일이 다시 일어날 가능성이 희박하더라도 두려움을 느낄 수 있다. 우리가 부모나 손위 형제자매에게 느끼는 동질감은 특히 동성인 경우 그처럼 강할 수 있다.

현재 44세인 셰리는 이렇게 말한다. "오랫동안 마흔세 살이라는 나이를 두려워했어요. 그 나이에 엄마가 돌아가셨거든요." 셰리는 열여덟에 화재 사고로 어머니를 잃었다. 다발성 경화증으로 휠체어 생활을 하던 어머니가 잠결에 담뱃불을 떨어트리는 바람에 화재가 났다.

셰리는 이야기를 계속했다. "물론 엄마와 같은 나이에 같은 방식으로 내가 죽을 일은 없다는 걸 이성적으로는 알고 있죠. 제가 다발성 경화증을 앓는 것도 아니고 담배를 피우지도 않으니까요. 그런데도 늘 머릿속에는 '엄마가 마흔셋에 돌아가셨지. 나도 곧 마흔셋에 가까워지는구나'라는 생각이 맴돌았어요. 그렇게 마흔셋이 됐죠. 기분은 그냥… 괜찮았어요. '좋아, 해냈구나' 싶었죠. 그해를 무사히 넘긴 거예요. 일단 마흔셋을 넘기고 나니까 어깨가 한결 가벼워졌어요. 하지만 그 나이에 가까워지는 동안에는 정말 불안했어요."

물론 동일한 사건이 다시 일어날 가능성이 아주 없는 건 아니다. 엘

비스 프레슬리는 어머니가 돌아가신 나이인 마흔두 살에 생을 마쳤다. 윈스턴 처칠 역시 아버지의 기일에 사망한 것으로 널리 알려져 있다. 하지만 이는 지극히 예외적인 상황이다. 결코 만고불변의 법칙이 될 수 없다.

고인과 동일한 나이에 동일한 원인으로 사망할 확률은 통계적으로 매우 낮다. 하지만 그 수치를 확인한다고 해서 안심이 되지는 않는다. 연령 일치에 따른 불안은 이성이 아니라 감정의 영역이기 때문이다. 예컨대 마흔두 살을 넘기기 전의 나에게 누군가 30대에 유방암에 걸릴 가능성은 매우 낮다거나 설령 걸리더라도 조기에 발견만 하면 얼마든지 완치할 수 있다고 온종일 말했다고 가정해 보자. 나는 미소를 지으며 고개를 끄덕이고는 그 말을 믿으려고 애썼을 것이다. 하지만 마음속으로는 여전히 엄마의 운명이 내게도 반드시 찾아오리라는 믿음을 떨쳐내지 못했을 것이다. 실제로 나는 내가 큰 사고 없이 마흔두 살을 넘겼다는 사실에 진심으로 놀랐다.

몇몇 사람들은 자신도 이른 죽음을 맞으리라는 두려움 때문에 미래에 대한 기대를 완전히 접어버리기도 한다. 특히 동성의 부모 혹은 형제자매를 잃었을 경우 두려움이 더욱 커진다. 실제로 고인이 병을 진단받거나 사망한 나이를 넘기기 전까지 삶의 중요한 결정을 미루는 사람들이 많다. 이들은 그 나이를 넘기고 나서야 마침내 두려움과 감정적 부담을 내려놓는다. 이 책을 위해 수없이 인터뷰를 하면서도 고인이 사망하던 때의 나이를 연, 월, 일 단위로 계산하며 그 나이를 하루라도 넘기고 나서야 안도의 한숨을 내쉴 수 있었다고 말하는 사람을 여럿 만났다.

반면 특정한 나이와 날짜를 생각하며 성취동기를 부여받는 사람도 있다. 여덟 살에 아버지를 심장마비로 잃은 45세의 크리스토퍼는 탐험광이 되어 30대 중반에 이미 수십 곳의 나라를 여행했다. 프랑스에서 여러 해 거주하기도 했다.

크리스토퍼는 그 이유를 이렇게 설명한다. "제게 시간이 얼마 없을지도 모른다는 생각 덕분이었습니다. 저는 다양한 경험을 해보고 싶었고 여행도 많이 다니고 싶었어요. '내게 남은 시간이 많지 않을지 모르니 지금 당장 하고 싶은 일을 하자'라고 생각했고 그건 나쁜 선택이 아니었죠."

물론 그렇게 30대에 '죽을 수도' 있다는 생각으로 다양한 경험을 쌓는 데 집중하느라 안정적인 삶을 구축하는 데는 소홀할 수밖에 없었다. 크리스토퍼는 이렇게 말한다. "30대 후반이 되자 제가 생각보다 오래 살 것 같은 거예요. 그때부터는 나이를 더 먹으면 뭘 하고 살아야 할지 고민해야 했죠. 그러자 '내가 뒤처진 건가? 뭘 하고 살았지? 시간을 다 낭비한 걸까?'라는 생각에 아득해졌어요."

주기적으로 돌아오는 기념일 반응과 마찬가지로 연령 일치에 따른 애도 반응 역시 의식적인 차원은 물론 무의식적인 차원에서도 일어날 수 있다. 심지어 고인이 보였던 증상과 유사한 신체 반응이 나타날 수도 있다. 이 경우에도 고통의 근원(즉 나이와 관련된 사건)을 직접적으로 밝히면 대개 증상은 해결된다.

강력한 신체적 동조 현상을 경험한 대표적인 사례를 프랑스 정신분석가 마리 보나파르트Marie Bonaparte의 자전적인 기록에서 찾을 수 있다. 보나파르트는 생후 1개월 만에 어머니를 잃었다. 정신의학자 조지 폴록George Pollock은 1989년 자신의 서서《애도와 해방의 과정*The Mourning Liberation Process*》에서 보나파르트가 겪은 연령 일치에 따른 애도 반응을 이렇게 요약한다.

죽은 어머니의 이름을 그대로 물려받은 마리는 어머니의 희생으로 자신이 태어났다는 말을 반복해서 들었다. 유년 시절 내내 마리는 죽은 어머니를 실제로 봤다는 상상에 빠져 지냈다. 열일곱부터는 자신이 어머니처럼 결핵을 앓고 있으며 주변에서 이 사실을 숨기고 있다는 믿음을 키우기 시작했다. 어머니가 스물두 살에 사망했기 때문에 마리 역시 자신이 스물두 살에 결핵으로 죽을 것이라고 예상했다. 실제로 마리는 결핵 환자의 증상을 경험하기 시작했다. 식욕이 사라졌고 몸무게가 줄었으며 호흡기 감염이 자주 일어났다. (중략) 어머니가 스물두 살에 세상을 떠났기 때문에 마리는 자신도 그 나이를 지나야 계속 살 수 있을지 없을지 알 수 있을 것이라 생각했다. 이 때문에 마리는 결혼도 피하려고 했다. 결혼하지 않으면 임신할 일도 없을 것이고 어머니의 운명을 따르지 않아도 되기 때문이었다. 결국 마리가 스물두 살이 된 후에야 마리의 아버지는 이제 남편을 찾아 상상 속 병을 잊어버리자고 마리를 설득할 수 있었다. (중략) 그때 이후로 마리의 증상은 점차 사라지기 시작했다.

사별을 경험한 대부분의 사람들이 사망한 부모님이나 형제자매보다 더 오래 산다. 하지만 사랑하는 가족이 이른 나이에 죽음을 맞은 경우 주변의 또래 친구들과 달리 중년 혹은 그 이전부터 고인이 사망한 나이를 넘기는 경험을 하게 된다. 그 나이에 가까워지고 마침내 그 나이에 도달함에 따라 언제나 자신보다 나이가 많았던 부모님이나 형제자매와 동갑이 된다. 그 이후로는 심지어 나이나 경험 면에서 고인을 앞서가게 된다. 그러나 고인과 맺은 내적 관계는 변하지 않고 어릴 적 그대로 유지될 수 있다.

열일곱에 교통사고로 오빠 제임스를 잃은 베로니카는 이렇게 회상한다. "열아홉이 되는 건 정말 슬픈 일이었어요. 제 나이가 오빠와 같아진다는 뜻이니까요. 오빠는 사고를 당했을 때 고작 열아홉이었고 저는 이제 서른넷이지만 아직도 오빠는 저보다 나이 많은 사람 같아요. 가끔은 제 상상 속 오빠를 끄집어내서 오빠라면 이런 상황에서 어떻게 했을까 고민하고는 해요. 남자친구를 사귈 때면 오빠가 이 사람을 어떻게 생각할까 상상해 보기도 하고요. 물론 열아홉 살의 오빠가 더 이상 제게 조언해 줄 말이 없어질 때가 오긴 올 거예요."

나 역시 돌아가신 엄마의 나이가 되자 무척 혼란스러웠다. 무엇보다 엄마가 얼마나 이른 나이에 죽음을 맞은 것인지 확 와닿았다. 물론 엄마는 대학을 졸업했고 결혼을 했으며 직장을 다녔고 세 아이를 낳았으며 자녀 인생에 놓인 중요한 과업들을 부지런히 수행하고 있었다. 열일곱 자녀의 눈에는 그런 일들을 해치운 마흔두 살이 어마어마한 나이처럼 보였다. 그런데 내가 그 나이가 된 것이다.

마흔두 살이 되어보니 또래 친구들은 요가를 하고 아기를 낳고 새로운 경력을 쌓고 있었다. 돌연 마흔두 살이라는 나이가 안타까울 만큼 젊게 느껴졌다.

엄마가 열여덟의 나에게 어떤 조언을 할지에 대해서는 생생한 기억에 기초해 상상할 수 있었다. 하지만 엄마의 나이를 한참 넘어선 지금의 내게 엄마가 어떤 조언을 할지는 상상하기 훨씬 어렵다. 그러려면 내 머릿속에서 엄마를 성장시켜야 하니까. 엄마가 돌아가시지 않았다면 어떻게 변해서 어떤 모습이 됐을지, 주변 일들이 엄마에게 어떤 영향을 미쳤을지를 상상해야 한다. 때로는 그럴듯한 모습이 떠오르기도 했고 때로는 완전히 빗나간 것 같기도 했다. 현실적으로 생각하면 나는 지금 엄마의 언니도 될 수 있다. 바라건대 언젠가는 내가 엄마의 엄마뻘이 될 수 있다면 좋겠다. 물론 실제로 그렇게 되면 기분은 더 이상하겠지만.

이제 내 두 딸은 엄마가 돌아가시던 때의 나보다 더 나이 들었다. 딸들을 그 나이 이상으로 키워낸 것은 내 인생의 최대 업적 중 하나다. 아이들을 기르다 보면 이따금 시간여행을 하게 된다. 자녀가 삶의 특정한 과정을 통과하는 모습을 지켜보면서 자신은 과거에 어땠는지를 떠올려보게 되는 것이다. 엄마가 돌아가실 때 동생들의 나이가 각각 열네 살과 아홉 살이었기 때문에 나는 내 딸들이 그 나이가 되었을 때를 더 유심히 지켜보았다. 딸들을 보면서 그때 동생들은 정말 어렸구나 하는 생각이 들었다. 만약 당시 동생들이 나마저 잃었다면 어떻게 버텼을지 생각하니 마음이 아팠고 그렇게 계속 상상을 하다 보니 현재가 과거로 뒤바뀌고 그때 동생들은 엄마의 죽음을 어떻게 견뎌냈는지 다시 궁금해졌다. 지금이 곧 그때가 되고 그때가 다시 지금이 되는 경험이었다.

당시의 나는 또 어땠나. 열일곱이라니! 그때 나는 내가 충분히 성숙했고 더 이상 엄마가 필요하지 않다고 스스로를 설득해야 했다. 하지만 열일곱 살이 된 큰딸을 보면서 열일곱의 내가 스스로를 설득하기 위해 얼마나 갖은 애를 썼을지 재차 실감했다. 물론 독립을 앞두고 있었지만 열일곱 큰딸에게는 여전히 엄마가 절실히 필요했다. 내 작은 딸이 열일곱 번째 생일을 맞이했을 때는 엄마로서의 내 역할이 끝난 것 같은 이상한 느낌이 들었다. 당연히 그건 사실이 아니었다. 그럼에도 내가 그 나이에 혼자 힘으로 꾸역꾸역 살아갔다는 사실 때문에 내 딸 역시 그럴 수 있어야 한다고 기대했다. 딸이 실제로 그렇게 할 것인지는 중요하지 않았다. 굳이 그럴 필요도 없었다. 핵심은 '나는' 과거에 그랬다는 점이다.

동성인 자녀가 내가 사별을 경험한 나이가 되면 동일시 과정을 삼중으로 겪을 수 있다. 자녀, 어린 시절의 자신, 고인을 동시에 떠올리고 셋과 자신을 동일시하는 것이다. 열일곱이 된 내 딸을 보면서 나는 다시 열일곱의 나로 돌아간 기분이었고 다른 한편으로는 딸과도 동질감을 느꼈다. 동시에 이렇게 어린 자녀를 두고 세상을 떠나야 했을 엄마의 마음에도 깊이 공감했다.

내 자녀가 나와 비슷하게 사별을 경험하면 얼마나 고생할지를 상상하다 보면 덩달아 실제로 사별을 겪은 내가 얼마나 고생했는지를 실감하게 되고, 그때 억눌렸던 슬픔이 처음으로 수면 위로 떠오르게 된다. 그러면 어린 시절의 자신을 향한 동정심과 호기심도 그와 동시에 터져 나온다.

열세 살에 어머니를 암으로 잃은 BBC 라디오 진행자 토니 리브시 Tony Livesey 역시 이 같은 방식으로 새로워진 애도를 경험했다. 2010년의

《인디펜던트*The Independent*》에 실린 〈엄마를 잃은 후의 삶Life after Mother〉
이라는 기사에서 리브시는 이렇게 말했다. "지금 내가 마흔여섯이니
까 엄마가 돌아가신 뒤로 무려 30년 이상이 지났다. 그럼에도 지금까
지 엄마 생각을 많이 한다. 내 자녀들이 내가 엄마를 잃은 나이쯤이 되
니 예상치 못한 감정들이 마구 솟구친다. 동시에 엄마의 죽음이 내 삶
에 미친 영향도 새로운 관점으로 바라보게 되었다. 열여섯 살인 내 딸
은 어느 모로 보나 꽤 성숙한 편이다. 하지만 아들은 아직 열네 살에 얼
마나 어수룩한지 모른다. 딱 그 나이답다. 그때 내 모습을 보는 것만 같
다. 만약 내 아들이 작년이나 재작년에 부모 중 누군가를 잃었다면 어
떻게 버텼을지 상상이 되지 않았다. 그러면서 내가 엄마의 죽음을 잘
버텨냈다는 생각에도 의문이 생기기 시작했다."

내가 사별을 겪은 나이가 된 자녀를 지켜보면서 스스로 그때 무엇
을 잃었는지에 더해 고인과 다른 가족 구성원이 당시 어떤 경험을 했
을지를 상상하게 된다. 실제로 나 역시 엄마를 떠나보낸 아빠의 나이
가 되자 비로소 세 자녀를 부양하기 위해 일하며 세 아이를 홀로 돌봐
야 했던 아빠의 고단함을 진정으로 이해하게 되었다. 마흔 살은 물론
이고 심지어 마흔아홉에도 그 마음을 제대로 이해하지 못했던 것 같
다. 똑같은 상황에 놓인 내 모습을 온전히 상상하려면 반드시 쉰한 살
이라는 나이에 도달해야 했다.

현재 46세인 애비는 어머니가 아버지를 떠나보낸 나이인 스물여덟
이 되었을 때를 이렇게 회상한다. "그전까지는 늘 '아빠를 잃은 불쌍한
소녀인 나'만 생각했어요. 제 정체성을 정리하는 데만 집중한 거죠. 그
런데 스물여덟 살이 되자 '이 나이에 엄마는 아빠를 잃고 홀로 네 살짜

리 아이를 키워야 했구나'라는 생각이 들었습니다. 저는 고작 아르바이트 자리를 구하지 못했다고 슬퍼하고 있었는데 말이죠. 그제야 저는 '애비, 너 자신은 그만 잊어버려'라고 스스로를 다독일 수 있었어요. 이 제껏 저 자신만 생각했는데 '이 나이에 엄마는 무슨 일을 겪어야 했는지 생각해 봐'라는 마음을 먹게 된 거죠."

사별과 관련된 나이를 지날 때 치르는 특별한 의식이 있는 것도 아니고 그 순간을 기념하는 사회적인 분위기가 존재하는 것도 아니다. 그렇다고 그 순간의 중요성을 간과해서는 안 된다. 우리 삶에 큰 영향을 미치는 전환점이기 때문이다. 정해진 의식이 없다면 개별적으로 의식을 만듦으로써 그 순간을 성공적으로 기념할 수 있다. 두려움 대신 연민과 감사를 느끼면서 사랑하는 고인이 미처 맞이하지 못한 미지의 해들을 향해 나아갈 수 있다.

우리 사회는 나이 드는 일의 가치를 깎아내리는 경향이 있지만 나이 듦도 일종의 특권임을 똑똑히 기억해야 한다. 누군가는 충분히 나이 들지 못한 채 세상을 떠난다. 50대에 접어든 나 역시 시간이 지날수록 나이 듦을 특권으로 여겨야겠다는 생각을 더 자주 한다. 종종 방금 찍은 내 사진을 보면서 '내가 정말 이 정도로 나이 들었다고?' 하는 생각이 들기도 하지만 이내 그 사실에 감사한다. 덕분에 나는 두 딸이 고등학교를 졸업하는 모습을 두 차례 모두 지켜볼 수 있었고 큰딸의 대학 졸업식에도 갈 수 있었다. 그리고 이 모든 것들을 떠올리고 나면 세상을 더 나은 관점으로 바라보게 된다.

캘리포니아 남부 기준으로도 날씨가 끝내주게 화창한 오후였다. 하늘은 구름 한 점 없이 평온했고 한낮의 태양이 순수하고 밝게 타올랐다. 나는 남편과 막내딸 이든, 여동생 미셸과 함께 관람석에 일렬로 앉아 있었다. 자리에서 일어나는데 미식축구 경기장 구석에 달려 있는 확성기에서 〈위풍당당 행진곡〉 도입부가 요란하게 흘러나왔다. 음악이 어찌나 친숙하던지 내가 고등학교를 졸업하던 1980년대, 그리고 그로부터 3년 뒤 여동생이 같은 잔디밭 위를 행진하던 때 흘러나왔던 바로 그 음악이 그대로 다시 재생되는 것만 같았다.

나는 여동생에게 물었다. "기억나?" 물론 물어볼 필요도 없었다. 당연히 기억했기 때문이다.

검은색과 청록색이 섞인 졸업식 가운을 입은 졸업생 170명이 행진하기 시작했다. 우리는 "마야! 마야!" 하고 소리쳤다. 들리지는 않았겠지만 상관없었다. 우리는 목이 쉴 때까지 소리를 질러댔다. 그 자리에 오지 못한 사람들을 위해, 특히 우리의 졸업식에 참석해 소리를 지를 기회를 갖지 못한 사람들을 위해 목청을 높였다.

학생들은 여러 줄로 늘어선 접이식 의자 사이를 옮겨 다니며 자리를 잡았다. 몇몇은 잠깐 자리에 멈춰 서서 청중을 향해 양손으로 엄지손가락을 치켜들었다. 관중석에 앉은 가족들은 졸업생들을 향해 열정적으로 손을 흔들었다. 휴대용 확성기를 들고 온 사람도 있었다. 모두가 휴대폰을 치켜들고 졸업식 광경을 영상으로 담았다. 학생들이 모두 자리에 앉을 때쯤 음악 소리가 서서히 잦아들었다. 관중석에 서 있던 사람들도 자리에 앉았다.

바로 그 순간 미셸과 나는 눈물을 흘리고 말았다.

물론 고등학교 졸업식에서 눈물을 보이는 사람은 어렵지 않게 볼 수 있다. 고등학교 졸업식은 청소년에서 성인으로 넘어가는 문턱답게 시작과 끝을 동시에 상징한다. 학생에게나 부모에게나 가슴 저미는 통과의례인 것이다. 그날도 많은 사람들이 손에 휴대용 티슈를 꼭 쥐고 있었다.

남편이 내 등을 부드럽게 문지르며 나를 위로했다. 나와 18년을 함께한 남편은 이런 상황에 익숙했다. 나는 유치원 학예회를 보러 가든 초등학생들의 공연을 보러 가든 언제나 교실 구석에 서서 웃음을 터뜨리는 동시에 눈물을 흘리는 엄마였다. 행복, 슬픔, 그리움, 감사, 경이 등 온갖 감정이 동시에 제멋대로 밀려들었다. 청승맞게 눈물을 흘려서 딸들을 창피하게 만든 전력이 어찌나 많은지 이제 행사가 있을 때면 맨 뒷줄에 서 있거나 아예 참석하지 않겠다고 딸들에게 약속을 해야 할 정도였다.

하지만 그런 내 기준으로도 이번 졸업식이 불러일으키는 감정은 어마어마했다. 여동생까지 옆에 있으니 감정도 두 배가 됐다. 교장선생님이 축사를 반쯤 마쳤을 즈음에는 나와 여동생 둘 다 온몸으로 흐느끼고 있었다.

나는 손을 뻗어 여동생의 손을 꼭 쥐었다. "우리가 해냈네."

여동생도 내 손을 맞잡으며 말했다. "해냈고말고."

우리 부모님에게 이 졸업식은 머나먼 얘기였다. 아빠는 11년 전 간암으로 돌아가셨다. 엄마는 첫째인 내가 고등학교를 졸업하기도 전에 놀아가셨다. 남은 우리 가족은 졸업식 날 오후가 되면 우리가 사별의 슬픔으로 무너져 다시 일어서지 못했다는 사실을 고스란히 실감해야 했다.

마야의 졸업식 날 관람석에 앉은 동생과 나는 말하자면 '다음 세대를 통한 회복 치유' 과정을 경험했다. 자녀나 조카, 제자, 멘티 등 다음 세대를 위해 특정한 활동을 수행함으로써 과거의 중요한 순간에 우리 자신이 직접 누릴 수 없었던 무언가를 대신 경험한 것이다.

결혼식 준비를 도와주거나 결혼식에 참석할 부모님이 계시지 않아서 제대로 준비도 하지 못한 채 서둘러 결혼해야 했던 사람이라면 친척 동생이나 조카의 결혼식 준비를 도울 수 있다. 도움을 청할 가족 없이 홀로 아기를 돌보며 고생한 사람이라면 육아 경험이 없는 다른 부모가 아이를 가졌을 때 도움을 줄 수 있다. 이렇듯 다음 세대에 도움을 제공함으로써 현재 자신의 신념과 가치관을 반영하는 건설적인 방식으로 상실감에 대처할 수 있으며 우리가 과거에 경험한 결핍을 현재에 소급하여 치유할 수 있다. 단지 자신을 치유하기 위해서만이 아니라 다른 사람에게 도움을 주기 위해 행동을 취할 때 모두에게 유익이 돌아간다.

내 졸업식은 나 혼자만의 행사였다. 나는 세 번의 졸업식을 모두 쓸쓸하게 보내야 했다. 고등학교 졸업식은 엄마가 돌아가신 지 얼마 되지 않은 시점에 치러야 했고 대학교 졸업식 때도 가족이 참석하지 못했다. 아빠가 동생 둘을 모두 데리고 시카고까지 비행기를 타기에는 경제적 사정이 여의치 않았고 그렇다고 동생들을 두고 주말 내내 집을 비울 수도 없었기 때문이다. 대학원 졸업도 비슷했다. 심지어 대학원 졸업식이 열리기도 전에 이사를 해버려서 졸업장을 우편으로 받았다. 뉴욕의 한 사서함에서 꺼낸 커다란 봉투를 뜯고는 '뭐, 이제 석사가 됐네' 하고 심드렁하게 생각했던 기억이 난다.

그러다 보니 내 아이들이 졸업할 때면 나는 매번 든든한 일행을 데리고 반드시 졸업식에 참석한다. 특히 큰 행사가 있는 주간에는 온갖 방식으로 축하를 하며 주말을 보낸다. 너무 유난스럽지 않느냐고? 그럴지도 모른다. 하지만 아이들은 진심으로 즐거워한다. 내 아이들에게 그런 기회를 줄 수 있다니 정말 영광이다.

그 자리에 함께할 수 있다는 것 자체가 영광이다.

오래도록 내 마음 한구석에는 내가 엄마처럼 마흔두 살에 죽을 것이라는 믿음이 굳게 자리 잡고 있었다. 동생인 미셸 역시 마찬가지였다. 하지만 우리 둘 다 마흔둘을 한참 지나 이렇게 마야의 졸업식에 참석했다. 직업적 성공, 내 집 마련, 퇴직 연금, 휴가 등 다른 모든 것들은 있으면 좋지만 없어도 괜찮다. 이런 것이 중요해 봤자 얼마나 중요하겠나? 그저 내가 있어야 할 자리에 '존재'할 수 있다는 사실 자체가 기적처럼 느껴졌다. 지난 36년 동안 동생과 나는 이것을 결코 당연하게 여기지 않았다.

관람석에 앉은 사람들이 슬슬 우리를 쳐다보기 시작했다. 대체 왜 저러나 싶었을 것이다. 하지만 미셸과 내가 울음을 터뜨린 이유를 이해하는 사람들도 분명 있었을 것이다. 단지 슬프기 때문만이 아니었다. 그렇게 간단한 문제가 아니었다. 어린 나이에 마주한 죽음은 고통과 두려움과 괴로움과 아름다움과 신비로움과 지혜는 물론 삶이 얼마나 소중한지를 깨닫게 해주었다. 그리고 그 모든 감정과 가르침을 캘리포니아의 태양이 뜨겁게 내리쬐는 그 자리에서 다시 한번 강렬하게 느꼈다. 우리는 바로 이런 이유로 눈물을 흘렸다.

아, '삶'이란 정말 대단한 것이다. 하지만 그 사실을 깨닫고 오래도록 기억하기 위해서 사랑하는 누군가가 죽어야만 했다.

삶이 때때로 짐처럼 느껴졌다. 때로는 엄청난 책임처럼 느껴지기도 했다. 하지만 요즘은 선물처럼 느껴진다. 물론 지금에 이르는 과정이 쉬울 것이라 말한 사람은 없었다. 하지만 마침내 도약에 성공했을 때 그 결과가 얼마나 풍성하고 값질지 이야기해 준 사람도 없었다.

6장

애도의 고리들

귀를 기울여보자.

소리가 들리는가? 멀리서 천둥소리가 낮게 깔리고 세찬 바람이 꾸준히 몰아친다. 우르릉거리는 소리가 점점 커지더니 번개가 맹렬하게 내리친다. 비가 억수같이 쏟아진다.

폭풍이 이렇게 오래 지속될 수 있을까 싶을 만큼 음울한 날씨가 계속된다.

그러다 평원 위에 듬성듬성 웅덩이를 남긴 채 폭풍이 서서히 물러난다. 햇살이 구름 사이를 찔끔 뚫고 나오자 폭풍이 한바탕 휩쓸고 간 흔적이 한눈에 들어온다. 새들이 노래하기 시작한다. 귀뚜라미도 덩달아 노래를 부른다. 푸른 새싹이 하나둘 고개를 내민다. 새싹이 자라는 모습을 지켜본다. 그때 부드럽던 바람이 다시 거세지고 먹구름이 다시 하늘을 뒤덮기 시작한다.

이번에도 멀리서 천둥이 우르릉거리는 소리가 희미하게 들려온다. 또 시작이다.

장기적인 애도도 이와 같다.

다행히 애도에 고정된 단계가 존재한다는 이론은 이제 힘을 잃었다. 내가 '제3의 애도 이론'이라 이름 붙인 최신 애도 모형은 장기적으로 반복되는 애도의 특성을 설명하기 위해 애도를 계절에 빗대거나 나선형이나 원형 등 다층적인 도형으로 표현하고는 한다.

21세기 들어 매우 다양한 애도 모형이 제안되었다. 이번 장에서는 그 애도 모형을 몇 가지 소개하려 한다.

애도 모형

40년 이상 심리치료사이자 교육자로 일하며 사별을 전문적으로 연구해온 테레즈 란도는 애도를 '낙하 활동'을 수반하는 다층적인 경험으로 설명한다.

란도는 수평으로 층이 나뉘어 있는 원통형의 장난감을 예로 들면서 이렇게 말한다. "기본적으로 각각의 층은 하나의 구멍이 있는 얇은 바닥으로 이루어져 있습니다. 우리의 목표는 구슬을 구멍 사이로 통과시켜 다음 층으로 낙하시키는 거죠. 애도하는 과정도 이와 유사합니다. 우리는 특정한 시점에 자신이 할 수 있는 최선을 다해 문제를 해결하려고 이리저리 맴돕니다. 그러다 '쿵' 하고 다음 단계로 내려가죠. 그렇게 또 몇 주 혹은 몇 달 혹은 몇 년을 그 단계에서 계속 맴돕니다. 그러다 또 '쿵' 하고 다음 단계로 내려가고요."

뒤이어 이렇게 덧붙였다. "이것은 결코 선형적인 과정이 아닙니다.

특히 사랑하는 사람을 일찍 잃은 사람일수록 문제를 마주하는 연령만 다를 뿐 같은 문제를 다시 반복해서 만날 수 있습니다." 우리는 상실을 계속 새로운 시각으로 이해하고 처리함으로써 통찰의 깊이를 끊임없이 키워나갈 수 있다.

2017년 즈음 애도를 '상자 안의 공'으로 비유하는 설명이 인터넷에 돌아다닌 적이 있다. 나는 캐나다 여성 로런 허셜Lauren Herschel의 트위터 게시물을 통해 이 설명을 처음 접했다. 당시 허셜은 어머니를 막 사별한 상태였다. 허셜의 주치의는 어린 시절에 겪은 사별로 인한 슬픔이 끊임없이 복잡하게 변화한다는 사실을 알려주기 위해 허셜에게 상자 안의 공 설명을 해주었다고 한다.

허셜은 이렇게 썼다. "안에 공이 든 상자 하나가 있다. 상자 안에는 '고통' 버튼도 설치되어 있다. (중략) 처음에는 공이 엄청 크다. 그래서 상자를 움직이면 공이 '고통' 버튼을 누를 수밖에 없다. 공은 상자 안에서 제멋대로 달그락거리면서 버튼을 끊임없이 누른다. 당신은 어쩔 도리가 없다. 계속 고통과 아픔을 느낄 뿐이다. 때로는 그 고통이 영원할 것만 같다."

"하지만 시간이 지나면서 공이 점점 작아진다. 이제 공은 버튼을 덜 누르기는 하지만 버튼이 눌릴 때 느껴지는 고통은 여전히 같다. 일상생활을 더 수월하게 할 수 있어서 낫기는 하지만 문제는 공이 예상치 못한 순간에 멋대로 버튼에 부딪힌다는 점이다."

"공이 사라지는 일은 거의 없다. 공이 거대할 때에 비해 버튼에 부딪히는 횟수가 점점 줄어들고 그만큼 도중에 회복할 시간이 많아질 뿐이다. 여태까지 들어본 설명 중 이만큼 애도를 잘 묘사하는 설명이 없었던 것 같다."

"나는 양아버지에게 상자 안의 공 설명을 전했다. (중략) 아버지는 이제 이 비유를 사용해 본인 감정이 어떤지 설명한다. '오늘은 공이 정말 크구나. 버튼에서 떨어질 생각을 안 하네. 얼른 공이 좀 작아졌으면 좋겠구나'라는 식이다."

"시간이 걸리겠지만 공은 분명 작아진다."

허셜의 트위터 게시물에 '좋아요'를 누른 1만 7600명의 사람들 다수가 '상자 안의 공'으로부터 도움을 얻었다. 한 사람은 이렇게 답했다. "상자 안의 공을 소개해줘서 정말 고마워요. 7월에 제 딸이 죽은 뒤로 우리 가족은 바뀐 삶에 적응하고 있는 중이에요. 사람마다 사별의 슬픔을 처리하는 방식이 다를 텐데 당신 덕분에 그 사실을 가족에게 비유적으로 설명할 수 있게 되었어요. 지금 우리는 서로 다른 크기의 공을 가지고 있는 거죠."

다른 사람은 이렇게 답했다. "정말 정확한 설명이네요. 제 아빠는 1978년에 돌아가셨고 엄마는 2013년에 돌아가셨는데 제 아들이 대학에 입학하고 그 사실을 말할 부모님이 없다고 생각하니까 난데없이 공이 버튼을 누르더군요. 상실을 '극복'할 수는 없어요. 부재를 안고 살아가는 법을 배울 뿐이죠."

반면 상반되는 반응을 보이는 사람도 있었다. "공은 절대, 절대 작아지지 않을 거예요. 상자를 우리 삶이라고 한다면 사별을 겪는 순간 공이 상자를 가득 채우죠. 시간이 지남에 따라 삶이 성장하고 변화하고 폭넓어지면서 공이 상대적으로 작아 보일 수는 있습니다. 하지만 공은 언제나 그 자리에 똑같은 크기로 남아 있을 거예요." 이 사람은 공이 줄어든다고 이해하는 대신 상자가 커진다고 이해한 셈이다.

이것이 다양한 모형을 인정할 때 얻을 수 있는 장점이다. 나에게 잘 들어맞는 모형이 있는가 하면 내 경우와는 완전히 다른 모형도 있는 것이다. 내 경험과 너무나 정확하게 들어맞아 누군가 내 마음을 들여 다본 건 아닐까 싶은 모형도 있다.

상자와 공 비유와 비슷한 개념이 2018년의 BBC 프로그램 〈사별의 슬픔은 시간에 따라 어떻게 변화할까?How Does Grief Change Over Time?〉에도 등장한다. 8분 30초 길이의 영상에서 사별 전문 심리치료사 케이트는 커다란 종이 한가운데 멜론만 한 원을 그린다.

그러고는 이렇게 말한다. "이게 당신이라고 합시다. 당신 인생의 모든 것이 이 원 안에 담겨 있습니다." 케이트의 설명에 따르면 사랑하는 사람을 잃는 순간 우리 인생의 모든 영역이 슬픔에 영향을 받는다. 이를 설명하기 위해 케이트는 검은색 펜으로 원 안을 마구 칠한다.

과거에는 시간이 지나면 원 안의 낙서가 점점 줄어들다가 마침내 사라질 것이라고 기대했다. 하지만 케이트는 이렇게 말한다. "요즘에는 낙서가 그대로 남아 있다고들 생각합니다." 그러고는 원 주위로 더 큰 원을 하나 더 그리면서 이렇게 말한다. "대신 우리 삶이 점점 자라 나죠." 사별의 슬픔은 낙서처럼 우리 삶의 한가운데 그대로 남는다. 하지만 비율상으로는 주변부에 비해 크기가 점점 작아진다. 그러다 기일 이나 생일 등 특별한 사건이 닥치면 우리는 다시 그 어지러운 중심 속으로 빠져든다.

애도를 두 단계로 나누어 생각하는 사람들도 많다. 마음이 아주 힘든 단계와 비교적 괜찮은 단계로 구분하는 것이다. 이 같은 두 단계 과정 모형은 1970년 영국의 저명한 정신의학자 콜린 머레이 파크스가 익히 소개한 바 있다. 당시 파크스는 '비복합적 애도'가 고통과 기능 장애로 시작해 회복 단계로 나아간다고 주장했다.

지금까지 소개한 모형 모두 독창적이고 단순하면서도 신뢰할 만하다. 사별을 겪은 사람은 특정한 틀에 자신의 경험을 억지로 끼워 맞춰야 하는 모형 대신 자신의 상황에 잘 들어맞는 모형을 선택하면 된다. 하지만 대부분의 모형이 사별한 사람은 먼저 강렬한 애도 반응을 겪고 그 이후 슬픔이 가라앉는다는 것을 전제로 한다. 공이 고통 버튼을 누르는 횟수가 줄어든다는 것도, 삶이 확장되어 상대적으로 슬픔의 크기가 작아 보인다는 것도 모두 같은 의미다.

하지만 애도 후의 애도는 사별한 사람이 최적의 상태로 기능을 회복한 후에도 계속 이어질 수 있다. 많은 경우 사별의 아픔은 훨씬 광범위한 인식으로 이어진다. 그리고 바로 이때 우리는 상실로부터 의미와 목적을 찾을 수 있다.

나는 애도 반응의 다양성과 장기적인 애도의 지속성을 모두 포괄할 수 있는 모형이 없을지 고민했다. 사별을 겪은 사람들의 실제 경험과 인식에 바탕을 둔 모형이어야 했다. 사회과학 분야에서는 이런 식으로 모형을 도출하는 방법론을 가리켜 '근거 이론'이라고 부른다. 연구자들이 데이터(이 경우에는 인터뷰와 이야기)를 체계적으로 수집하고 분석해 그 안에서 패턴과 변칙을 뽑아내는 방식이다. 보통의 과학적 방법론은 가설을 먼저 세운 뒤 체계적인 조사를 통해 그 가설을 입증하거나 반박한다. 반면 근거 이론은 데이터를 먼저 수집한 뒤 귀납적인 추리를 통해 결론을 도출한다.

이런 방법으로 낸시 호건Nancy Hogan, 재니스 모스Janice Morse, 마리차 세르다스 타손Maritza Cerdas Táson이 1996년 '경험적 사별 이론'을 발전시켰다. 그들은 자녀나 부모, 형제자매를 사별한 성인 34명(남성 8명과 여성 26명)을 대상으로 인터뷰를 진행했다. 17명은 만성 질환으로 가족을 잃었으며 나머지 17명은 갑작스러운 사고로 가족을 잃었다. 사별을 경험한 나이는 최소 6개월부터 최대 37살까지 다양했다. 모든 인터뷰는 "무슨 일이 있었는지 말해주세요"라는 요청으로 시작되었다. 대답에는 형식의 제약이 없었고 인터뷰 대상자들은 자신의 이야기를 자유롭게 풀어나갔다.

연구진은 34인의 인터뷰 자료를 바탕으로 '죽음을 견디는 과정'을 일곱 단계로 정리했다.

1. 소식 접하기. 가족의 병을 알게 되는 일, 충격에 대처하는 일, 생존 가능성을 계산하는 일, 치료 지침을 결정하는 일, 치료 방법을 협상하는 일, 스트레스를 견디는 일, 희망을 유지하는 일, 가족이 쇠약해지는 모습을 지켜보는 일, 고통을 끝내기로 결정하는 일이 포함된다. 이 단계는 질병으로 인한 사망에만 적용된다.

2. 죽음 확인하기. 가족의 부고를 접한 뒤 이에 대응하는 과정이다. 이 단계는 사랑하는 사람 없이 살아가는 법을 배우기 시작하는 출발선이다. 갑작스러운 죽음으로 사별을 경험하는 경우 첫 단계에 해당하기도 한다.

3. 현실 직면하기. 사별을 겪은 사람은 주위 사람에게 부고를 전하고 장례식을 준비하며 고인의 부재를 상기시키는 요인들을 마주

하면서 혼란 및 마비 상태에 빠지는데, 이 상태를 견디는 과정을 가리킨다. 사랑하는 사람이 세상을 떠났다는 이성적인 인식과 새로운 상황을 쉽게 받아들이지 못하는 감정적인 반응이 충돌하는 단계다.

4. 고통에 잠식당하기. 애도 과정 중에서도 시뻘겋게 타오르는 중심부에 해당한다. 이때의 당황과 충격은 그리움, 무력감, 죄책감, 분노, 신체적 고통, 두려움, 불안, 절망으로 이어진다. 사랑하는 사람이 앞으로도 계속 함께하리라고 생각했던 기대와 가정을 하나둘 내려놓기 시작한다. 기습형 애도가 빈번하게 발생한다. 하루하루를 버티는 데 집중하는 한편 무슨 일이 일어난 것인지 이해하려 애쓴다.

5. 고통에서 벗어나기. 철학자 토머스 애티그의 말을 빌리자면 '세상을 살아가는 법을 다시 배우는' 전환기에 해당한다. 나쁜 날보다 좋은 날이 더 많아지고 과거보다는 미래에 더 많은 에너지를 쏟기 시작한다. 많은 경우 사랑하는 고인의 존재를 새롭고 편안한 방식으로 느끼게 된다.

6. 삶을 이어나가기. 유머, 웃음, 희망이 되살아난다. 고인 없이도 앞으로 나아갈 수 있겠다는 자신감이 자라나며 미래의 행복을 찾겠다는 다짐이 생겨난다. 이따금 찾아오는 힘든 날을 정면으로 마주할 용기를 찾음으로써 내적 회복탄력성을 형성한다. 고인을 여전히 그리워하지만 슬픔 곁에 행복이 나란히 함께할 수 있다는 사실을 받아들인다.

7. 개인적인 성장을 경험하기. 호건, 모스, 타손 역시 다른 연구자들

과 마찬가지로 상실로부터 긍정적인 변화를 이끌어내기 위해서는 격렬한 사별의 고통을 마주하고 그 고통에서 벗어나기 위해 노력하는 과정이 필요하다는 사실을 발견했다. 사별의 경험으로 얻을 수 있는 이점이 있다면 바로 이 단계에서 발견할 수 있다. 연구 결과에 따르면 사별을 겪은 사람들은 비관적인 성향이 옅어진 반면 배려, 인내, 연민은 커졌다고 응답했다. 또한 죽음이 언제나 누구에게든 닥칠 수 있다는 생생한 인식 덕분에 삶을 더 의식적으로 살아가게 되었다고 답했다.

각 항목에 번호가 붙어 있기는 하지만 이 과정들이 단일한 방향으로, 순서대로 진행되지는 않는다. 또한 연구진은 각 과정이 얼마나 오래 진행되는지 예측하거나 명시하지도 않았다. 오히려 경험적 사별 이론은 장기적인 애도의 순환적이고 반복적인 특성을 강조한다. 그럼에도 경험적 사별 이론만 가지고는 사별을 겪은 사람들의 이야기에 전형적으로 등장하는 반복적이고 변덕스러운 애도의 특성을 시각화하기에 무리가 있다. 경험적 사별 이론이 훌륭한 분석이기는 하지만 나는 애도 후의 애도를 나타낼 만한 모형을 계속해서 찾아나갔다.

그러던 중 우연한 기회로 알맞은 모형을 하나 발견했다. 정확히 말하자면 나와 인터뷰를 진행한 대상자들이 내게 모형 하나를 만들어주었다. 나 역시 앞서 언급한 연구에서처럼 인터뷰 상대가 형식에 구애받지 않고 말할 수 있도록 인터뷰를 시작할 때마다 "어디서부터 시작해도 좋으니 원하는 대로 이야기를 시작하세요"라는 말로 대화의 물꼬를 텄다.

그러고는 상대가 털어놓는 솔직하고 여과 없는 상실의 이야기를 가만히 들었다. 상대가 일정한 구조나 틀에 맞춰 경험을 구성하지 않도록 정말 듣기만 했다. 그러자 장기적인 애도를 설명하는 유기적이고 공통적인 모형이 서서히 드러나기 시작했다. 규범적인 과정이나 단계를 나열한 목록처럼 보이지는 않았다. 오히려 천천히 뛰는 심장처럼 평생에 걸쳐 수축과 팽창을 반복하는 형태로 나타났다.

81명 전부가 그런 식으로 이야기했다. 사별을 네 살에 겪었든 서른네 살에 겪었든, 사별이 갑작스러운 사고 때문이었든 말기 질환 때문이었든, 부모님을 잃었든 절친한 친구를 잃었든 모든 상실의 이야기가 똑같이 흘러갔다. 처음에 슬픔이 강력하게 몰아쳤다가 한동안 수그러들고, 몇 달 뒤 혹은 몇 년 뒤에 슬픔이 다시 몰아쳤다가 또 한동안 잠잠해지기를 끊임없이 반복하는 식이었다.

인터뷰 대상자 중 약 90퍼센트가 사랑하는 사람이 어떻게 세상을 떠났는지 세세히 묘사하는 것으로 이야기를 시작했다. 그들은 깊은 슬픔의 구렁텅이에서 빠져나와 정상 상태를 향해 나아가던 과정을 되짚어보면서 고인이 병을 진단받던 순간, 고인이 죽음을 맞던 순간, 격렬한 상실감이 느껴지던 기간이 어땠는지 자세히 풀어냈다. 그중 상당수의 이야기는 본인이 상실을 어떻게 이해하게 되었는지, 상실로부터 어떤 의미를 이끌어냈는지 자세히 묘사하는 방향으로 이어졌다.

거의 모든 이야기에 묵은 애도와 새로워진 애도를 경험한 내용이 등장했다. 애도하고 살아가고 성장하고, 다시 애도하고 살아가고 성장하고, 새로운 방식으로 애도하고 살아가고 성장하고를 반복하는 식이었다. 사별 이후 시간이 흐르면 흐를수록 사람들이 경험하는 애도 역시 훨씬 역동적으로 나타났다.

나는 이런 이야기들을 바탕으로 시간에 따른 애도의 흐름을 동심원 형태의 여러 고리 사이에서 벌어지는 움직임으로 시각화했다. 중첩된 원 세 개로 구성된 과녁판과 비슷하다. 그리고 나는 이 모형을 '애도의 고리들'이라고 부르기로 했다.

애도의 고리들

중앙부터 시작해 보자.

과녁의 정중앙에는 '활동적 애도'가 자리한다. 우리는 사랑하는 사람을 사별한 직후에 이 영역에 들어선다. 그리고 이때 가장 격렬하고 고통스러운 애도 반응을 경험한다.

활동적 애도 반응은 어떤 양상으로 나타날까? 말로 설명하기 불가능할 정도다. 슬픔을 밖으로 표출하는 사람이 있는가 하면 마음에 묻어두는 사람도 있다. 도움을 얻을 대규모 네트워크를 지닌 사람도 있고 홀로 슬픔을 견뎌야 하는 사람도 있다. 문화가 다양한 만큼 슬픔을 표현하는 방식에 관한 규율이나 제약 역시 다양하다.

활동적 애도는 개인별로 다르게 나타난다. 나의 애도 반응은 당신의 애도 반응과 다를 것이고 당신의 애도 반응은 다른 어떤 사람의 애도 반응과도 다를 것이다. 누구에게나 동일하게 적용되는 규칙 같은 것은 존재하지 않는다. 다른 사람과 완전히 똑같은 애도 반응을 경험하는 사람은 없다.

활동적 애도는 원초적인 과정이다. 내면을 둘러싸고 있던 껍데기가 모두 벗겨지고 가장 취약한 감정들이 가감 없이 드러난다. 내가 애도를 '단계'로 구분하기보다는 여러 '요소'로 이루어져 있다고 보는 것도 바로 이 때문이다. 애도의 구성 요소에는 사별 후에 경험할 수 있는 온갖 감정적·인지적·행동적 반응이 전부 포함된다. 당혹감과 분노, 안도가 모두 포함될 수 있는 것이다. 사별을 겪은 사람은 여러 요소를 다양하게 경험할 수도 있고 일부만 경험할 수도 있다. 어떤 애도 반응은 갑자기 확 타올랐다가 사그라지고 그러다 나중에 다시 확 타오르고는 한다. 반면 다른 애도 반응은 상실 직후에는 모습을 드러내지 않다가 미래에 또 다른 상실을 경험할 때에야 전면에 모습을 드러내기도 한다. 상실을 겪을 때마다 상실을 특징짓는 요소 역시 크게 달라질 수 있다. 그래도 괜찮다. 모든 상실이 각기 다른 것처럼 애도 반응 역시 모두가 다를 수밖에 없다.

경험하는 애도 반응의 가짓수가 많다고 해서 다른 사람보다 더 큰 고통을 느끼고 있다거나 그 상실이 더 끔찍하다는 뜻은 아니다. 그저 타인에 비해 슬픔을 더 다차원적으로 경험하는 것이거나 감정을 식별하는 능력이 더 뛰어난 것일 수 있다.

전부를 나열할 수는 없겠지만 애도를 구성하는 요소에는 다음과 같은 반응이 포함된다.

두려움, 비난, 슬픔, 불안, 수치, 비애, 분노, 후회, 좌절, 격노, 창피, 짜증, 당혹감, 죄책감, 무력감, 회피, 자책, 공포, 외로움, 불신, 흉포함, 절망, 그리움, 저항, 주술적 사고, 충격, 불안, 해방감, 도피,

단념, 불면, 동요, 고립, 우울, 고독, 포기, 공황, 비현실감, 초현실
감, 놀람, 격분, 숙고, 향수, 통제력 상실, 자기성찰, 자기비난, 후련
함, 안도감, 쓰라림, 민감함, 취약함, 부당함, 불공평함, 투지, 경악,
두통, 부정, 유머, 거절, 복수, 침잠, 초조함, 과민, 반항, 기피, 부인,
이탈, 괴로움, 혼란

이런 요소에 직면하면 마치 상처 입은 짐승이 제 상처를 살피기 위
해 구석으로 숨어드는 것처럼 자신의 몸을 웅크려 안전한 내면으로 파
고들게 된다. 고치 안으로 들어가 형태를 잃고 흐물흐물해지는 애벌레
를 본 적 있는가? 활동적 애도를 경험하는 사람이 딱 그와 같은 모습을
보인다.

하지만 그 혼란에도 구조와 패턴은 있다. 사별을 겪은 사람은 과도
한 감정적 고통에서 자신을 보호하기 위해 상실 지향적인 활동과 회복
지향적인 활동을 번갈아가며 반복한다.

활동적 애도를 경험하는 첫해는 거의 지뢰밭과 같다. 사랑하는 사
람 없이 보내는 첫 행사를 연달아 경험하기 때문이다. 첫 명절, 첫 생
일, 첫 봄, 첫 여름을 지나 첫 기일까지. 물론 이 기간은 외부의 도움이
가장 많이 쏟아지는 해이기도 하다. 열아홉 살 아들 리를 자살로 떠나
보낸 낸시는 이 12개월을 '충격을 헤쳐나가는 해'라고 불렀다.

낸시는 이렇게 말한다. "사실상 첫해는 가면의 해라고 할 수 있어
요. '괜찮은 척하면 직장 일에도 지장이 생기지 않고 친구들과 가족들
도 나를 걱정하지 않을 거야'라는 생각을 하게 되죠. 그래서 가면을 씁
니다. 그렇게 2년째가 되면 당신이 정말로 괜찮다고 착각한 주변 사람

들이 뒤로 조금씩 물러납니다. 다들 제가 예상보다 훨씬 잘 지낸다고 생각하죠. 가면을 쓰고자 했던 사람에게는 잘된 일입니다. 별다른 노력을 하지 않고도 사람들을 속일 수 있으니까요. 이제 사람들이 더 이상 곁을 맴돌지 않습니다. 그때부터는 같이 사는 가족끼리만 앞으로의 일을 헤쳐나가야 합니다. 실제로 저도 두 번째 해에는 리를 위해 크리스마스 양말을 걸고 막내아들에게 물었죠. '이번 연휴에는 다 같이 형을 기억하는 게 어떻겠니?' 막내는 이렇게 답했습니다. '좋아요, 엄마. 형을 위한 양말도 걸어야죠. 하지만 만약 엄마가 크리스마스트리 아래 '산타할아버지가 사랑을 담아 리에게'라는 편지와 함께 선물을 놓는다면 조금 걱정이 될 것 같아요.' 우리 가족은 그렇게 답을 찾았습니다. 트리 아래에 선물은 놓지 않겠지만 대신 양말을 걸기로 했죠. 그런 식으로 생일도 기념할 수 있어요."

중간 고리: 일상생활

활동적 애도를 겪으며 얼마의 시간(소요되는 시간은 개인마다 다르다)을 보낸 후에는 대개 '일상생활'이라는 중간 고리로 서서히 이동해 대부분의 시간을 보내게 된다. 바로 이 영역에서 우리는 학교나 직장에 나가고 가족을 돌보고 빨래를 개고 보드게임을 하고 휴가를 떠나고 친구들과 바비큐 파티를 열고 넷플릭스 시리즈를 몰아 보고 지난주 슈퍼마켓 주차장에서 생긴 재미난 일을 이야기하고 다가올 여름을 위해 계획을 세운다. 이 모든 일을 슬픔에 짓눌리지 않은 채 해낸다. 바깥세상을 살아가는 일에 다시 활력을 쏟고 사랑하는 사람이 부재한 가운데 결정을 내리고 행동하는 일에 점차 익숙해진다. 물론 여전히 고인을 잊지 못하고 때로는 깊이 그리워한다. 그러나 고인이 살아 있을 때 따르던 행동 방식은 일부(어쩌면 다수) 변화를 맞는다. 그 새로운 방식에 최대한 적응한다. 이상적으로는 기쁨과 웃음을 되찾는다.

활동적 애도에서 일상생활로 넘어가는 문턱에서 독특한 사건을 경험하기도 한다. 예컨대 어느 날 아침 잠에서 깼는데 갑자기 하루가 무척 반가울 수 있다. 돌연 "세상아, 안녕. 내가 다시 돌아왔어"라는 부드러운 속삭임이 들린다. 폐활량이 늘어난 것처럼 몸에 약간의 팽창감이 느껴진다. 변화가 워낙 서서히 찾아오다 보니 변화가 완료되기 전까지는 눈치채지 못할 수 있다. 그래도 상관없다. 일상생활의 고리로 넘어가는 순간 결국 알아차리게 될 것이다.

교통사고로 어머니를 잃은 에린은 꼬박 3년이 지나고 나서야 행복을 되찾을 수 있었다. 이후 10년 동안 에린은 아버지와 돈독한 관계를 발전시켰다. 그러나 에린이 서른 살이 되었을 무렵 아버지마저 암 합병증으로 떠나고 말았다. 에린은 이렇게 회상한다. "'또다시 3년이라는 시간을 허비할 수는 없어'라는 생각을 했어요. 하지만 어쨌든 첫해가 끔찍한 거라는 사실은 잘 알고 있었어요. 실제로 그랬죠. 어른이 되었는데도 고아가 되었다는 사실을 받아들이는 건 정말 힘이 들더군요. 끔찍하게 슬펐어요. 1년 내내 매일같이 울었죠. 그런데 1년 반쯤 지났을까요. 어느 날 아침 눈을 떴는데 '어라, 나 자신으로 돌아온 것 같아'라는 생각이 떠올랐어요. 그 순간을 똑똑히 기억해요. 행복에는 타고난 설정 값이 있다고들 하잖아요? 저 역시 결국에는 그 설정 값을 되찾게 된 것 같아요."

물론 일상생활에서도 좋을 때가 있고 나쁠 때가 있다. 하지만 전반적으로는 감정적 평형이 유지되며 슬픈 날보다는 기쁜 날이나 평범한 날이 더 많다. 믿기지 않겠지만 바로 이 영역에 들어서면서 우리의 삶은 계속된다.

바깥 고리 : 외상 후 성장

20세기 전반에 걸쳐 의사들과 심리학자들은 트라우마적 사건의 결과를 다룰 때 정신의학적인 도움이 필요한 심각한 결과에 주로 초점을 맞췄다. 따라서 당시 애도 치료는 사람들이 활동적 애도의 상태에서 벗어나 일상생활에서 제 기능을 할 수 있도록 돕는 데 주안점을 두었다. '회복'이란 곧 중간 고리에서의 삶을 되찾는 일이었다.

하지만 1990년대에 들어서면서 노스캐롤라이나대학의 심리학자 리처드 테데스키Richard Tedeschi와 로런스 캘훈Lawrence Calhoun은 역경을 경험한 후 장기적으로 긍정적인 결과를 얻었다고 증언한 사람의 수가 정신의학적인 도움을 필요로 하는 사람의 수보다 더 많다는 사실을 발견했다. 사별을 겪은 사람 상당수는 상실감을 견뎌내고 안정적인 일상으로 돌아가는 데 그치지 않았다. 그들은 역경을 발판 삼아 개인적인 성장을 이루었다. 일부는 심지어 이전보다 더 높은 수준의 역량을 발전시켰다.

테데스키와 캘훈의 연구를 계기로 '외상 후 성장'이라는 주제에 대한 방대한 연구가 시작되었다. 연구 결과에 따르면 높은 스트레스를 유발하는 사건을 마주했을 때 별다른 손상을 입지 않고 압박감을 견디는 능력인 '회복탄력성'과 달리 '외상 후 성장'에는 개인적인 변화가 수반된다. 스트레스를 유발하는 상황에 적응하기 위해 노력하는 과정에서 이전의 능력과 통찰을 능가하는 새로운 역량을 발전시키게 되는 것이다.

고난이 변화를 불러일으킬 수 있다는 생각은 새로운 개념이 아니다. 이 같은 발상은 오래전 성경을 비롯한 초창기 종교 문헌에서 시작해 수천 년에 걸쳐 여러 이야기와 문학 작품에서 모습을 드러내 왔다. 낭만주의 시대 시인들 역시 사랑하는 사람의 죽음 이후 내적 강인함을 키우고 삶을 이어나가고자 하는 의지를 불태우는 일에 관해 자주 논하곤 했다.

전쟁이나 대량 학살에 관한 이야기에서도 작가가 존재론적 문제나 삶의 의미를 놓고 고민하는 모습을 확인할 수 있다. 예컨대 2차 대전 직후인 1946년 정신의학자 빅터 프랭클은 나치 수용소에 수감되었던 경험을 토대로 쓴《죽음의 수용소에서*Man's Search for Meaning*》라는 혁신적인 책을 발표한다. 이 책에서 프랭클은 '의미 요법' 개념을 소개한다. 인간은 극도로 비참한 삶의 조건에서도 의미와 목적을 지니고 살아가려는 의지를 가진다는 것이다.

그로부터 9년 후 '욕구 계층 이론'을 정립한 저명한 심리학자 에이브러햄 매슬로Abraham Maslow는 이른바 '결핍 욕구'와 '성장 욕구'를 연구한 뒤 이렇게 결론 내린다. "피험자들의 응답에 따르면 삶에서 가장 중요한 학습 경험은 비극, 죽음, 트라우마적 사건과 같은 단일한 인생 경험이었다. (중략) 이런 경험은 삶을 바라보는 관점을 뒤바꿨으며 결과적으로 모든 행동에 영향을 미쳤다."

외상 후 성장에 관한 테데스키와 캘훈의 연구는 여러 가지 면에서 주목할 만하다. 우선 둘은 관찰자의 증언에 의존하는 대신 상실을 겪은 당사자의 진술을 우선순위에 두었다. 상실을 겪은 사람들은 상실 이후 자신의 생각, 행동, 가치관, 세계관에 긍정적인 변화가 일어났다고 답했다. 다음으로 테데스키와 캘훈은 상실을 겪은 사람이 성장을 경험한다고 해서 고통이 사라지거나 대체되지 않는다는 사실도 발견했다. 역경은 계속해서 고통을 유발했지만 동시에 개인적인 성장도 이루어졌다. 실제로 삶에 위기가 닥쳤을 때 긍정적인 결과와 부정적인 결과를 모두 인식할 줄 아는 사람들이 가장 큰 성장을 성취했다.

긍정적인 변화는 내면의 갈등에서 비롯하는 것으로 보인다. '세상은 안전한 곳'이라거나 '부모님이 나를 영원히 지켜주실 것'이라는 기존의 세계관이 무너지고 나면 우리의 정신은 그 세계관을 대체할 다른 세계관을 구축해야만 한다. 바로 이때 새롭고 유용한 사고 체계가 형성된다. 이런 이유로 외상 후 성장은 세계관을 충분히 발달시키지 못했거나 사고의 유연성이 떨어지는 아이들보다는 이미 세계관을 정립했거나 변화에 열린 마음을 가진 어른들에게서 더 흔하게 나타난다.

물론 최근에 사별을 겪고 활동적 애도 중에 있는 사람도 긍정적인 변화를 경험할 수 있다. 하지만 트라우마와 상실의 고리 정중앙에서 바깥 고리인 '성장'의 고리로 직행할 수 있는 통로는 존재하지 않는다. 새로운 실존 양식에 적응하고 새로운 가정적 세계를 구축하려고 애쓰는 과정은 주로 일상생활의 고리에서 이루어진다. 바로 이 영역에서 우리는 사랑하는 사람이 더 이상 존재하지 않는다는 현실에 직면하고 새로운 일상의 규칙을 시험하며 과거에 벌어진 사건을 다시 점검하고 상실 이후의 환경에 맞춰 기대와 소망을 수정한다. 이런 과정을 거치면서 자연스럽게 '성장'이라는 바깥 고리에 도달한다. 그리고 바로 여기에서 우리의 세계관은 과거에 이해하던 것에 비해 인생이 훨씬 복잡하고 당황스러우며 고통스럽고 동시에 훨씬 놀랍고 뜻깊다는 사실을 받아들이는 방향으로 진화한다.

테데스키와 캘훈을 비롯한 여러 연구자가 밝혀낸 바에 따르면 외상 후 성장 과정에는 크게 여덟 가지 변화가 수반된다.

1. 전반적으로 삶이 소중하다는 인식이 증가함
2. 중요하다고 생각하는 가치가 변화함
3. 우선순위가 급격히 뒤바뀜
4. 타인과 더욱 친밀하고 뜻깊은 관계를 형성함
5. 타인의 고통에 민감하게 공감하고 연민과 관용을 잘 베풀게 됨
6. 자신의 약점을 이해하는 데 더해 자신의 강점을 발전시킴
7. 정신적인 문제나 존재론적인 문제에 깊은 관심을 가짐
8. 죽음을 수용할 수 있는 새로운 인생 서사를 구축함으로써 정체성 변화를 경험함

극심한 혹은 갑작스러운 충격 때문에 세상이 무너지는 것 같은 경험을 한 사람일수록 외상 후 성장을 겪지 못할 가능성이 높아진다. 테데스키와 캘훈도 이렇게 지적한다. "우리는 트라우마적인 사건을 경

험한 후 그 경험으로부터 의미를 발견하거나 유익을 얻으려고 시도하지 않는 사람도 많다는 점을 이해해야 한다. 그들은 그저 살아남기 위해 애쓰거나 계속 살아가는 것이 가치가 있는지 판단하는 중일 수 있다." 활동적 애도를 거쳐 일상생활에 도달하는 데만도 상당히 많은 노력이 요구되기 때문에 중간 고리에서 더 이상 나아가지 않기로 선택할 수도 있는 것이다.

또한 우리는 일상생활의 영역이나 외상 후 성장 영역이 영구적으로 지속되는 경우가 거의 없다는 사실을 기억해야 한다. 길고도 다채로운 인생을 살아가는 동안 우리는 언제라도 또 다른 상실을 경험하거나 이전의 상실을 떠올리게 하는 고통스러운 사건을 마주할 수 있다. 이때 우리는 생각보다 더 빠르게 활동적 애도의 영역으로 되돌아가게 된다. 이를테면 우리가 떠나보낸 사람의 생일이나 기념일이 우리를 다시 슬픔으로 던져 넣을 수 있다. 명절이 되거나 라디오에서 노래가 흘러나오거나 익숙한 꽃향기가 코에 닿을 때도 다시 활동적 애도를 겪을 수 있다. 이로부터 다시 일상생활의 영역이나 성장 영역에 도달하기까지는 또 어느 정도 시간이 소요된다. 이런 식으로 활동적 애도의 영역은 우리가 상주하는 곳이라기보다는 우리가 잠깐씩 들르는 곳으로 변해 간다.

물론 과녁의 정중앙에 있는 활동적 애도의 영역이 편안한 곳은 아니다. 하지만 아주 중요한 곳이다. 우리가 이곳에서 경험하는 사별의 아픔은 바깥 고리에서 외상 후 성장을 이루는 데 필수적이다. 장기적으로는 바로 이런 방법으로 상실에서 유익을 발견할 수 있으며 상황이 맞아떨어진다면 결국에는 성장에 이를 수 있다.

7장

이야기의 힘

처음에는 상실의 이야기가 존재한다. 상실의 이야기는 목소리를 내고 싶어 한다.

사랑하는 사람이 중병을 진단받았다는 소식이 난데없이 들려온다. 새벽의 어둠을 뚫고 전화 한 통이 걸려온다. 현관문을 여니 파란 제복을 입은 경찰관이 눈에 들어온다. 아이들이 거실로 불려 나온다. 두 블록 밖에서 구급차의 요란스러운 불빛이 비치기 시작한다. 의사 말이 틀렸다. 혹은 의사 말이 맞았다. 이렇듯 상실의 이야기는 '그다음 무슨 일이 있었나?'와 '그 일이 내게 어떤 의미를 지니는가?'에 관한 이야기를 정립하기 전에 나타나는 '이전에 무슨 일이 있었니?'에 관한 이야기다.

내 상실의 이야기도 이 같은 모습을 하고 있었다.

우리 가족은 뉴욕의 평범한 교외 지역에 있는 복층 주택에 살았다. 아빠는 평일 아침마다 차를 타고 맨해튼으로 출근을 했다가 오후 6시 즈음 집으로 돌아와 저녁 식사를 했다. 피아노를 전공한 엄마는 초등학교 음악 선생님으로 일하다 나를 임신하고는 일을 그만두었다. 엄마는 내게 피아노를 가르쳐주었고 내가 플루트를 연습할 때면 반주를 넣어주었다. 여동생은 피아노와 클라리넷을 다룰 줄 알았고 야구도 좋아했다. 막내인 남동생은 막 색소폰을 배우기 시작했다. 남동생은 학교를 마치면 항상 친한 친구와 근처 골목에서 자전거를 타고 놀았다. 우리 집에는 강아지 캔디와 고양이 피제이도 함께 살았다. 아빠는 〈올 인 더 패밀리All in the Family〉라는 TV 시트콤을 가장 좋아했고 엄마는 시트콤 〈소프Soap〉를 즐겨 보았다. 화요일 밤이면 우리 가족은 다 같이 모여 〈해피 데이즈Happy Days〉와 〈래번과 셜리Laverne and Shirley〉를 보고는 했다.

이보다 평범할 수 있을까 싶을 만큼 평범한 가족이었다.

내가 열네 살이 되던 해 엄마가 산부인과에서 정기검진을 받다가 왼쪽 유방에 혹이 있다는 사실을 발견했다. 엄마는 "그냥 물혹이야. 의사도 걱정할 필요 없대"라고 내게 말했다. 우리 가족은 어떻게 의사가 정밀 검사도 하지 않고 그렇게 확신한 것인지 의문을 가지지 않았다. 가족 모두가 의사의 말이라고 그대로 믿어버린 것이다. 그렇게 만 1년이 지났다. 알레르기 전문 병원을 찾은 엄마의 부풀어 오른 겨드랑이를 본 의사가 검사를 권했다. 엄마는 유방 조영촬영을 하고 생체 검사를 받았다. 검사 결과는 가족 모두가 결코 듣고 싶지 않았던 소식으로 이어졌다. 당장 조처가 필요했다. 엄마는 유방 절제술을 받았다. 화학요법과 추가 정밀 검사가 뒤따랐다.

가족 모두 참을성을 가지고 꾸준히 치료를 받으면 다시 일상으로 돌아갈 수 있으리라 기대하면서 삶을 이어나갔다. 그해 봄에 나는 첫 연애를 시작했다. 6월에는 열여섯 번째 생일 파티를 즐겼다. 엄마는 검사 결과가 음성이라고 말했다. 그날 밤 우리는 하겐다즈 아이스크림을 먹으면서 검사 결과를 기념했다. 바닐라 스위스 아몬드 맛이었다. 엄마는 화학 요법을 줄여나갔다. 여동생은 열세 살, 남동생은 아홉 살이 되었다. 로널드 레이건이 대통령으로 당선되었다. 존 레넌이 암살당했다. 내 친구들은 존 레넌의 죽음을 추모하기 위해 뉴욕까지 가서 그가 살던 다코타 빌딩 앞 거리에 꽃을 놓았다. 나는 엄마를 데리고 암 병동으로 갔다. 엄마가 피를 뽑고 주사를 맞는 동안 나는 대기실에서 《피플 *People*》 잡지를 읽으며 기다렸다. 엄마는 귀갓길 조수석에 올라타면서 백혈구 수치가 괜찮게 나왔다고 말했다. 그다음 시티 촬영 결과도 깔끔했다. 이번에는 검사 결과를 따로 기념하지 않았다. 이제 좋은 소식에 익숙해졌기 때문이다. 중요한 건 엄마가 회복되고 있다는 사실이었다. 약물 치료도 그에 맞춰 조정했다. 달력이 1981년으로 넘어갔다. 이란 인질 사태가 마무리되었다. 대통령 암살 시도가 있었다. 교황 암살 시도도 있었다. 나는 97점의 영어 성적과 84점의 수학 성적으로 학기를 마무리했다. 6월 말에는 여동생의 여름 캠프에 맞춰 가족끼리 파란색 올즈모빌 차를 몰고 코네티컷에 다녀왔다. 바로 그다음 주 7월 4일에 나는 친구 세 명을 데리고 빗속을 뚫고 제임스 테일러 야외 공연을 보러 갔다.

그날 저녁 집으로 돌아왔는데 엄마의 상태가 안 좋았다. 심하게 안 좋았다. 갑자기 엄마의 배가 크게 부풀어 있었다. 엄마는 안락의자에서 몸을 일으키지도 못했다.

아빠는 부엌에 가서 의사에게 전화를 걸었다. 얼마 뒤 엄마에게 침실에 있는 전화기로 전화를 받으라고 했다. 엄마는 전화에 대고 "이게 대체 무슨 일일까요? 그렇군요. 알겠어요"라고 말했다.

엄마의 봄은 급속도로 기능을 잃어갔다. 음식을 삼키지 못했다. 혼자 힘으로 걸을 수 없었다. 탈수 증세가 왔다. 나는 대체 무슨 일이 벌어지는 건지, 왜 이렇게 빨리 진행되는 건지 알지 못했다. 다섯째 날에는 아빠가 내게 랍비를 만나러 다녀올 테니 몇 시간만 집을 지키고 있으라고 말했다. 보통 상황이 아닌 게 분명했다. 아빠는 신앙심이 깊은 사람이 아니다. 절대 랍비를 만나러 갈 사람이 아니었다. 여섯째 날에는 엄마가 시꺼먼 담즙을 토했다. 아빠는 구급차를 불렀다.

구급차를 기다리는 동안 아빠는 나를 거실에 앉혀 놓고 말했다. "엄마는 이제 병원에 들어갈 거야. 그리고 집으로 다시 돌아오지 못할 거란다." 그러더니 이렇게 덧붙였다. "사실 오래전부터 알고 있었어."

잠깐만요. 알고 있었다니요?

"작년 봄에 수술하고 나서부터 이렇게 될 줄 알고 있었어."

그게 무슨 말이에요? 검사 결과는 뭐고요?

"사실 검사 결과가 좋지 않았어. 전혀 좋지 않았지. 사진을 찍을 때마다 크리스마스트리처럼 곳곳에 병변이 밝게 나타났어."

하지만 수술 결과가 좋다고 축하도 했잖아요?

"네가 무슨 생각하는지 알아. 정말이야. 나도 모두 사실대로 말해야 하나 계속 생각해 왔으니까. 하지만 내가 네 엄마한테, 또 너희들한테 어떻게 말할 수 있었겠니? 의사가 암을 완전히 제거하지 못했다고 하는데…."

그때 구급차가 진입로에 멈춰 섰다. 이 새로운 정보를 처리할 여유 따위는 없었다. 이웃들이 하나둘 집 밖으로 나왔다. 이제 모두가 무슨 일인지 알게 되었다. 적어도 추측할 수는 있었다. 구급대원이 엄마를 들어 옮기려는데 엄마가 "가발! 내 가발 좀 줘요!" 하고 울부짖었다.

구급차가 출발하는 동안 아빠가 뒤도 돌아보지 않고 소리쳤다. "엄마 잠옷이랑 가발 좀 챙겨 오거라!"

나는 엄마 차를 몰고 정신없이 병원을 향해 질주했다. 응급실에서 한참을 기다렸다. 그다음에는 여름 캠프에 간 여동생을 데려오기 위해 코네티컷까지 또 정신없이 질주했다. 엄마에게 작별 인사를 건네기 위해 곳곳에서 친척들이 찾아왔다. 다음 날 아침에는 엄마가 혼수상태에 빠졌다. 그로부터 이틀 뒤 한밤중이었다. 아빠가 병원 대기실 의자에 누워 잠깐 졸고 있던 나를 깨웠다.

"다 끝났어." 아빠가 말했다. 끝났다는 말이 유난히 마음을 울렸다.

나는 아빠에게 엄마가 홀로 죽음을 맞도록 내버려두지 않겠다는 약속을 받아냈었다. 아빠는 마지막 순간까지 엄마 손을 잡고 엄마의 곁을 지켰다고 말했다. 하지만 내 신뢰는 이미 바닥난 상태였다. 나는 증거를 요구했다. 물론 그런 건 없었다.

엄마의 시신 옆에 앉아 작별 인사를 하는 동안 나는 울지 않았다. 간호사가 엄마의 잠옷, 가발, 속옷, 슬리퍼가 담긴 작은 비닐봉지를 건네면서 말했다. "이거 챙겨 가야지." 그래도 눈물이 나지 않았다. 동이 트기 직전 어두컴컴한 병원 주차장을 가로지르는데 막 깎은 잔디 냄새가 코를 찔렀다. 얼마 전까지만 해도 생생하게 살아 있던 것이 인정사정없이 잘려나가다니, 너무도 부당하다는 생각이 나를 덮쳤다.

이모 말로는 엄마가 아빠에게 남긴 마지막 말이 "우리 아이들을 잘 부탁해요"였다고 한다. 마지막 소망에 담긴 그 사랑을 생각하니 어떻게 반응해야 할지 알 수 없었다. 누군가를 그토록 강렬히 사랑할 수 있다니 나로서는 상상도 못 할 일이었다. 앞으로 누구도 나를 그처럼 사랑해 주지는 못할 거라는 확신이 들었다.

몇 시간 뒤, 넷이 된 우리 가족은 햇볕이 비스듬히 내리쬐는 식탁에 둘러앉아 서로를 가만히 바라보았다. 우리 앞에 놓인 새로운 이야기가 어떻게 펼쳐질지 아무도 알지 못했다. 우리 뒤에 놓인 이야기는 더 이상 이어지지 않았다. 앞으로 벌어질 일은 미지의 영역이었다. 바로 그날, 1981년 7월 12일은 내 삶을 가르는 경계선이 되었다. 인생의 전반부가 막을 내리고 후반부가 시작된 것이다.

이야기의 형태 만들기

여기까지가 엄마가 돌아가신 직후 내 머릿속에 형성되기 시작한 이야기의 원형이다. 마흔 살에 아빠를 떠나보내고 그 밖의 크고 작은 상실을 경험하면서 다른 이야기들도 생겨났다. 하지만 첫 상실의 이야기만큼 내 삶에 큰 의미를 지닌 이야기는 없다. 일단 엄마를 부축해 화장실을 오가고 창백하게 식은 엄마의 이마에 작별의 입맞춤을 하고 나면 다시 이전으로 돌아갈 수 없다. 인간의 삶에 시간이라는 제약이 있으며 어떤 사람들에게는 그 시간마저 짧다는 사실을 깨닫고 나면 다시 그 사실을 모르던 때로 돌아갈 방법은 없다.

엄마의 이른 죽음은 이후 내 세계관에 큰 영향을 미쳤을 뿐만 아니라 고난의 시기에 다른 사람들에게 어떤 태도를 기대해야 하는지도 깨우쳐 주었다. 더 나아가 엄마의 죽음에 관한 이야기는 이후 여러 해 동안 내가 가장 자주 떠올리고 되짚어 보는 이야기가 되었다. 바로 이 첫 사별의 경험을 통해 나는 상실의 이야기가 어떤 식으로 형성되고 변화 하는지 깨달았다.

물론 내가 엄마를 떠나보낸 뒤 가만히 앉아 '이제 이야기를 만들어 야지' 하고 생각했던 건 아니다. 상실의 이야기가 형성되는 과정은 그 보다는 훨씬 자연적으로 이루어진다. 인간의 정신은 이야기가 가져다 주는 친숙한 편안함에 자연스럽게 끌리는 법이다. 결국 이야기란 우리 가 생각하고 상상하고 관계를 맺고 경험을 이해하고 정체성을 구축하 는 수단이기 때문이다. 철학자 롤랑 바르트도 이렇게 말했다. "이야기 는 어느 연령대에나, 어느 장소에나, 어느 사회에나 존재한다. 인류 역 사가 시작되는 순간 이야기 역시 탄생했으며 세계 어디에도 이야기가 없는 민족은 존재하지 않는다."

인간은 매일 하루 종일 이야기를 갈구하면서 "오늘 하루는 어땠어 요?" "학교에서 무슨 일 없었니?" "언제 어떤 증상이 있었나요?" "무슨 일이 있었기에 차가 이렇게 된 거야?"라고 묻는다. 출생 이야기, 전쟁 이야기, 관계 이야기는 물론 좌절 이야기, 성공 이야기, 승리 이야기, 충격 이야기, 상실 이야기 등 온갖 이야기가 존재한다. 인간은 늘 이야 기에 둘러싸여 있다.

특정한 경험을 마치자마자, 때로는 특정한 경험을 하는 와중에도 인간의 정신은 사실, 기억, 사건을 선별해 시간 순서대로 나열함으로 써 뚜렷한 시작과 중간과 끝이 존재하는 이야기를 만들어낸다. 우리 는 뒤를 쭉 돌아보면서 사건과 사건 사이에 어떤 인과관계가 존재하는 지 찾아내기 위해, '그때'로부터 '지금'에 이르기까지 어떤 길을 밟아왔는지 논리적으로 추적하기 위해 노력한다. "그런 일이 있었고 또 저런 일이 있었지. 그 결과 이런 일이 일어났고 나는 이런 감정을 느꼈어. 그 덕분에 이제 나는 이런 사실을 깨달았고"라는 식이다.

우리는 사별을 경험한 후에 논리적인 이야기를 구축함으로써 일종의 통제력을 얻게 된다. 이야기로 조직하지 않는다면 온갖 사건은 도저히 감당할 수 없는 일처럼 느껴질 것이다. 4년 전에 가장 친한 친구가 스스로 목숨을 끊은 에비는 이렇게 말한다. "저는 정보를 모으려고 애썼어요. 저한테는 정말 중요한 일이었죠. 그러지 않으면 스스로가 무력하게 느껴졌거든요. 무슨 일이 왜 벌어진 것인지 퍼즐을 맞추고 싶었어요. '아무도 몰랐던 걸까? 왜 다들 가만히 있었던 걸까? 우리가 죽음을 막을 수는 없었을까?'라고 생각했죠."

특히 예상치 못한 때에 충격적인 방식으로 사별을 경험한 사람들은 머릿속에 남아 있는 기억과 정보를 마구 헤집어 혹시 누가 중간에 개입해 사건의 흐름을 바꿀 수는 없었을까 고민한다. 누군가가 다른 선택을 해서 다른 결과를 낼 수 있었던 중요한 순간이 언제였을지 찾아내려는 것이다. 그처럼 대안적인 이야기를 상상하는 데 성공하는 경우 실제 이야기는 합리적인 논리를 갖추게 된다. '이런 선택을 할 수도 있었는데 그러지 못했지. 그리고 그러지 못했기 때문에 우리가 이런 상황에 처하게 된 거야'라고 생각하는 것이다.

우리는 무질서하게 펼쳐진 생각들을 질서 있게 정리하여 논리적이고 통제 가능한 이야기를 창조함으로써 우리에게 닥친 위기를 이해하고 위기에 나름의 의미를 부여한다. 심리학자 스티븐 조지프Stephen Joseph는 이렇게 설명한다. "의미는 외부로부터 우리에게 주어지는 것이 아니다. 의미란 우리가 우리 자신에게 부여하는 것이다." 이야기를 통해 의미를 발견하는 과정은 인간에게 너무나도 중요하고 본능적이고 필수적이기 때문에 일부 사별 전문가들은 '호모 사피엔스Homo sapiens(지혜로운 사람)'라는 종을 '호모 나랜스Homo narrans(이야기하는 사람)'로 분류해도 된다고 말하기도 한다.

하지만 갑작스러운 사별이 주는 충격과 당혹감은 논리적인 이야기를 구축하는 능력을 단기적으로 저해할 수 있다. 사별 직후에는 감정을 자극하는 기억과 사실이 형태나 질서 없이 머릿속에서 마구 소용돌이친다. 새로운 정보가 일부 떠오르더라도 무차별적으로 난잡하게 떠오른다. 따라서 특정한 이미지를 충분히 오래 생각해서 다른 이미지에 논리적으로 연결시키기가 어려워진다. 설령 연결하는 데 성공하더라도 그 순간에만 잠깐 안도감이 들 뿐 곧바로 혼란에 빠진다.

이야기를 구축하는 데 어려움을 겪는 사람의 머릿속에는 '이해가 안 돼. 제대로 이해를 할 수가 없어. 말이 안 돼'라는 생각이 가득 찬다.

작가 리베카 솔닛Rebecca Solnit도 이렇게 설명한다. "이야기란 나침반이자 건축술과 같다. 우리는 이야기를 통해 삶을 헤쳐나가고 이야기를 통해 안식처와 감옥을 만든다. 이야기가 없다면 우리는 북극의 툰드라나 빙하 지대처럼 사방으로 끝없이 뻗어나가는 광활한 세계에서 길을 잃고 말 것이다." 나 역시 엄마가 돌아가신 후 처음 몇 주 동안은 이야기가 제대로 형성되지 않은 불확실하고 당황스러운 상태에 놓이고 말았다. 그전의 16개월 동안 나는 내 이야기가 엄마가 건강을 회복하고 우리 가족이 평범한 일상을 되찾는 방향으로 전개되리라고 기대했다. 하지만 엄마의 병세가 갑작스레 악화되고 그 와중에 진실을 아빠만 알고 있었다는 사실이 드러나면서 내가 생각한 이야기는 완전히 붕괴되었다. 그때까지 내가 알고 있던 정보와 새롭게 알게 된 정보 사이의 부조화가 너무나 심했기 때문에 나는 새로운 정보를 수용하기 위해 기존의 이야기를 통째로 수정해야만 했다. 기존의 이야기를 해체하는 동시에 그 이야기를 대체할 새로운 이야기를 만들어내야 했던 것이다. 하지만 그러려면 일단 기존의 가정을 새로운 가정으로 대체해야 했다. 사실상 세계관을 개조함으로써 이전에는 불가능하다고 생각했던 일이 실제로는 가능하다는 사실을 받아들여야 했다.

아니, 그런 일이 실제로 일어났다.

기존의 이야기를 해체하고 새로운 이야기를 형성해야 하는 혼란스러운 과도기(심리학계의 표현을 빌리자면 '대본이 부재한 상태')를 겪는 동안 나는 어떤 일이 일어날 수 있었는지 다양한 가능성을 검토해 보면서 어떤 시나리오가 가장 그럴듯한지, 그중 내가 어떤 시나리오를 받아들여야 하는지 고민했다. 여러 해 전부터 미네소타에 있는 펜팔 친구와 편지를 주고받던 나는 그 친구에게도 엄마가 얼마 전에 돌아가셨다는 소식을 편지로 전하려고 했다. 하지만 편지를 새로 쓰면 쓸수록 내용이 이전 편지보다 더 부정확해지고 비논리적으로 변했다. 엄마가 자신의 몸이 얼마나 안 좋은지 몰랐다는 사실을 설명하려고 할 때마다 머릿속이 엉망진창이 되었다.

나는 생각했다. '그랬을 리가 없어. 우리 가족에게 그런 일이 일어났을 리가 없어.'

'아니, 그랬을 수도 있을까?'

그러다 마침내 '사실, 그랬던 것 같아'라는 생각이 이어졌다.

결국 나는 "엄마가 지난주에 돌아가셨어. 오랫동안 몸이 안 좋으셨거든"이라는 냉혹할 만큼 단순한 사실만을 써 내려갔다. 이 발가벗겨진 사실만이 내가 유일하게 진실이라고 확신할 수 있는 이야기였다.

당시에는 몰랐지만 나는 사회심리학자 존 하비John Harvey가 상실 후의 '이야기 만들기'라고 부르는 과정을 겪고 있었다. 애도와 이야기가 교차하는 지점을 광범위하게 연구해 온 하비의 설명에 따르면 사별을 겪은 사람들은 이야기 만들기 과정을 통해 사별에 관한 구체적인 사실들을 반복적으로 훑어보고 사람들에게 나름의 역할을 부여하며 사실 자체는 물론 사실 간의 관계를 이해하고 재구성함으로써 마침내 감정적인 면에서나 지적인 면에서나 필요한 요소가 모두 갖춰진 이야기를 만들어낸다. 그다음에는 완성된 이야기를 다른 사람들에게 공유한다. 이렇듯 사별을 겪은 개인은 협상과 소통을 거쳐 상실을 이해한다.

하비의 주장에 따르면 사별 이후에는 이야기 만들기 과정을 거쳐야만 정체성을 새롭게 구축하고 이후에 따라오는 실질적·감정적 변화에 적응할 수 있다. 다만 이야기 만들기 과정은 순식간에 벌어지지 않는다. 하비와 그의 연구진은 1년 정도 친밀한 관계를 지속한 소중한 사람을 잃는 경우 인지적으로나 감정적으로 상실을 받아들이는 데 100~200시간이 소요된다고 추정했다. 그렇다면 그보다 훨씬 오래 의지한 사람을 떠나보내는 경우 얼마나 많은 노력이 필요할까? 정확한 측정치가 존재하지는 않지만 하비는 분명 '어마어마한 양'의 시간과 감정적 에너지가 소모될 것이라고 예측했다.

그도 그럴 것이, 심리학자 로버트 니마이어가 말하는 '지진처럼 삶을 뒤흔드는 사건'은 기존의 가정과 목표를 완전히 수정하거나 대체해야 할 만큼 우리의 세계를 무너뜨릴 수 있기 때문이다. 이런 유형의 인지 처리 과정에는 많은 시간이 들 수밖에 없다. 하지만 그만큼 보상은 확실하다. 상실과 회복의 이야기를 구축하는 데 더 많은 노력을 기울일수록 상실로부터 의미를 발견할 가능성도 더 높아진다. 그리고 의미를 발견하는 데 성공할 때 우리가 떠나보낸 사람이 우리의 인생 이야기에서 얼마나 중요한 자리를 차지하는지 확증하고 기억할 수 있다.

문화마다 애도의 방식에 차이가 있는 것처럼 인생 이야기를 구축하는 방식에도 차이가 있다. 이야기의 구조를 어떻게 짤 것인지, 어떤 메시지를 강조할 것인지, 어떤 메시지를 지양할 것인지에 대해 문화마다 암묵적인 지침이 존재하는 셈이다. 예컨대 서양 문화권에서는 강인하고 독립적인 성격의 주인공을 예찬하는 경향이 있다. 주인공이 역경을 극복해 더 강력하고 지혜로운 존재가 된다는 내용의 이야기를 더욱더 반긴다.

각각의 문화에는 그 나름의 거대 서사가 존재해서 사별을 겪은 사람이 트라우마에 대처하고 상실을 이해할 수 있도록 돕는다. 예를 들어 서양 사회에는 역경을 헤쳐나가는 데 초점을 맞추는 영웅의 이야기가 있고 슬픔과 두려움을 강조하는 상처의 이야기가 있으며 타인을 향한 관심과 사랑을 강조하는 연민의 이야기가 있다. 서양 문화권의 동화, 성서, 희곡, 소설, 만화에 등장하는 주인공이 사별을 겪는 경우도 많다. 모세, 에스더, 하이디, 신데렐라, 백설 공주, 헨젤과 그레텔, 오필리아, 햄릿, 《리어 왕》에 등장하는 자매들, 《오즈의 마법사》의 도로시, 고아 소녀 애니, 니모, 엘사, 올리버 트위스트, 히스클리프, 제인 에어, 핍, 데이비드 코퍼필드, 허클베리 핀, 루크 스카이워커, 레아 공주, 캣니스 에버딘, 프로도 배긴스, 해리 포터, 배트맨, 슈퍼맨, 스파이더맨, 캡틴 아메리카 등 전부 나열할 수도 없을 정도다. 디즈니 영화들은 말할 것도 없다. 부모의 죽음이 주인공이 극복해야 할 궁극적인 비극으로 다뤄지는 이야기는 그 밖에도 차고 넘친다. 한니발 렉터, 프레디 크루거, 볼드모트 등 사별을 겪은 악당도 쉽게 찾을 수 있다.

현재 53세인 케빈은 영화 속 영웅들에게 의지하며 동생의 죽음에 대처하는 데 도움을 받았다고 말한다. 당시 케빈은 일곱 살이었다. 임신 중이던 케빈의 어머니는 성금요일에 진통을 느껴 남편과 함께 병원에 갔다. 그러는 동안 베이비시터가 케빈과 케빈의 여동생을 돌보았다. 그날 밤 케빈은 동생과 함께 배우 찰턴 헤스턴이 모세 역으로 나오는 영화 〈십계〉 1부를 TV로 보았다. 잘 준비를 하면서 케빈은 다음 날 아침 막 태어난 동생을 만날 생각에 가슴이 부풀어 있었다. 이번에는 남동생이기를 기대했다.

하지만 몇 시간 뒤 아버지가 슬픈 소식을 안고 집으로 돌아왔다. 아이가 사산되었다는 소식이었다. 아버지는 어머니가 무사하며 아기가 잘못된 건 누구의 탓도 아니라고 아이들을 안심시킨 뒤 사랑한다는 말을 남기고 병원으로 돌아갔다.

도저히 잠을 이룰 수 없었던 케빈은 거실로 내려왔다. 케빈은 이렇게 회상한다. "베이비시터가 부엌에서 숨을 죽인 채 울고 있었죠. 우리는 그릇에 팝콘을 담아 TV 앞으로 가서 〈십계〉 2부를 봤어요. 하느님이 자신이 선택한 백성을 지켜주고 선이 악을 이긴다는 내용이었죠. 하지만 그때 제 속은 시꺼멓게 타들어갔어요. 그게 거짓말인 걸 깨달았으니까요. 그전까지 저는 줄곧 세계가 인과응보의 법칙에 따라 움직인다고, 우리 가족처럼 착한 사람들이 이런 상실의 고통을 겪을 리가 없다고 믿었죠. 그런데 이제 하느님이 우리를 버렸다는, 나를 버렸다는 느낌이 들었어요. 세계가 완전히 잘못된 것 같았죠."

짧지만 강렬한 애도의 기간이 지난 뒤에 케빈의 어머니는 다시 아기를 가졌다. 건강한 아기가 무사히 태어나길 고대하면서 가족의 관심역사 과거에서 미래로 옮겨갔다. 하지만 여전히 케빈이 기존에 가졌던 믿음은 산산조각 나 있었으며 케빈은 새로운 세계관을 지탱할 사고의 틀을 찾지 못한 상태였다. 어떻게 자신이 그런 상실을 겪었는지 납득할 만한 이야기가 필요했다. 케빈은 당시를 이렇게 떠올린다.

남동생을 잃은 해 여름에 저는 두 친구와 가까워졌습니다. 그 친구들도 가족을 사별한 경험이 있었죠. 한 친구는 얼마 전에 아버지를 잃었고 다른 친구는 자기가 태어나기도 전에 형이 죽었다고 하더군요. 우리끼리 죽은 가족 이야기를 나눈 적은 없었습니다. 하지만 우리는 다들 영화에 빠졌죠. 특히 우리에게 생사를 주무를 힘이 있다고 상상하게 만드는 판타지 영화에 푹 빠졌어요. 그런 영화를 볼 때면 마치 상상 속의 슈퍼히어로가 된 것만 같았습니다.

저는 특히 그해 여름에 재개봉한 〈혹성탈출〉 시리즈에 사로잡혔어요. 거기에도 찰턴 헤스턴이 나왔죠. 분명 성금요일에는 하느님이 선한 사람들을 돌봐주신다는 약속의 땅에 다다른 채 잠에 들었는데 잠에서 깨고 나니 어떤 상식도 통하지 않는 금단의 땅, 유인원이 정복한 황폐한 땅이 놓여 있었죠. 당시 제가 겪고 있던 정신적 방황이 영화에 그대로 그려진 것 같았어요. 그런 이야기에는 죽음도 나름의 자리가 있었죠. 죽음에 의미가 있었어요. 그리고 마침 저는 제가 겪은 상실에 의미를 부여할 만한 이야기를 간절히 찾고 있었고요. 제가 이전에 기대고 의지하던 이야기는 망가져버렸으니까요.

온 세상의 파멸이 함축되어 있는 신화적인 이야기에서 당시 저만큼이나 분노와 울분과 애도로 가득 찬 주인공은 무릎을 꿇고 앉아 "지옥에나 떨어질 놈들! 어떻게 이럴 수 있어?"라고 외쳤죠. 〈혹성탈출〉의 종말론적인 세계관은 당시 제가 느끼던 감정에도 명분과 의미를 부여해 줬어요. 그리고 제 곁에는 바로 그 두 친구가 함께했고요.

영화를 보면서 자신에게 어울리는 메시지를 가려내고 자신의 경험을 더 큰 의미의 틀에 끼워 맞추면서 케빈은 이야기 만들기 과정의 첫 단계인 '이야기 발전시키기' 과정을 통과했다. 발전시키기 과정을 통해 우리는 실제 사실들을 여러 차례 곱씹으면서 자신이 생각하기에 진실한 이야기를 구상하며 때로는 자신도 모르는 사이에 그 이야기를 수용할 만한 이야기 구조를 선택하게 된다. 내가 처음에 떠올린 상실의 이야기는 자신이 얼마나 위중한 상태인지 전해 듣지 못한 엄마와 그 결과 고통을 겪어야 했던 세 자녀에 관한 이야기였다. 이야기의 화자, 그러니까 나는 아빠와 의사들에게 숨김없이 분노를 표출했다.

갑작스러운 사별을 경험한 후에는 이야기 발전시키기 과정에 죽음을 이해하거나 납득하려는 노력이 수반되는 경우가 많다. 저널리스트 록산느 로버츠Roxanne Roberts 역시 아버지가 자살로 생을 마감한 이후 자신이 어떤 일을 했는지 이렇게 설명한다. "자살을 다루는 책이라면 손에 잡히는 대로 모조리 다 읽었어요. 자살이라는 행위를 이해하려고, 어떤 이유로 그런 비합리적인 선택을 했는지 알아내려고 애썼죠."

사랑하는 사람이 중병을 진단받거나 이제 막 위기에 직면할 때 등 사별을 경험하기 전이라도 이야기를 발전시키는 과정이 시작될 수 있다. 알렉산드라 역시 사별 후는 물론 사별 전부터 이야기 발전시키기 과정에 참여했다. 알렉산드라가 고등학교 2학년 학생일 때 알렉산드라의 아버지는 전립선암 진단을 받았다. 그로부터 4개월 후 알렉산드라의 어머니가 심장마비로 돌아가셨다. 그로부터 10개월 후에는 아버지마저 세상을 떠났다. 그러는 동안 알렉산드라는 심장마비와 전립선암에 관한 정보를 닥치는 대로 수집했으며 수집한 정보를 바탕으로 당시 나이에 받아들일 수 있을 만한 이야기를 엮어냈다.

알렉산드라는 이렇게 회상한다. "당시 상황을 의학적으로 이해하고 싶은 마음이 간절했어요. 의사나 간호사로 일하는 외가 쪽 친척이 많아서 여기저기서 의학 자료를 어렵지 않게 구할 수 있었죠. 심장 질환에 관련된 내용, 전립선암은 물론 온갖 암에 관련된 내용을 마구 읽었어요. 심지어 부검 보고서까지 확인했죠. 상황을 어떻게든 더 잘 이해해 보려고요. 학교에서도 늘 과학에 끌렸습니다. 죽음을 과학적인 관점으로 이해하는 것이 죽음으로부터 나름의 의미를 도출하는 객관적인 방법일지도 모른다고 생각했죠. 생물학 지식을 이해하면 최소한 엄마의 몸이 왜 기능을 멈췄는지, 엄마가 왜 돌아가셨는지 이해할 수 있을 테니까요."

검증하고 털어놓기

◇◇◇◇◇◇◇◇◇◇◇◇◇◇◇◇◇◇◇◇◇

　이야기 만들기 과정의 두 번째 단계인 '이야기 검증하기' 과정은 우리가 자기 이야기를 타인에게 공유할 때 그들이 어떤 반응을 보일지 상상하는 과정이다. 이 예측 과정을 통해 우리는 자신이 상담사나 친구, 사랑하는 사람, 사별한 사람은 물론 자기 내면의 목소리와 대화를 나누는 모습을 상상하면서 경험한 사건들을 다양한 방식으로 풀어낼 기회를 갖는다. 결과적으로 우리의 이야기는 구조와 디테일을 갖추게 된다. 내가 펜팔 친구에게 사별 이야기를 털어놓을 때 편지를 쓰고 또 쓴 이유 역시 바로 이 때문이었다. 내가 보고 느끼기에 알맞은 이야기를 찾기 위해 이런저런 시도를 해본 것이다.

　한편 검증하기 과정은 타인과의 상호작용에서 이루어질 수도 있다. 누군가가 전화로 사랑하는 사람의 부고를 전하는 경우 우리는 먼저 "무슨 일이 있었던 거야?"라는 질문을 던짐으로써 이야기 발전시키기 과정에 활용할 사실 정보를 수집한다. 반면 소식을 전하는 사람은 사건과 관련된 세부 사항들을 공유함으로써 우리가 발전시키는 이야기의 정확성을 검증한다. 따라서 교류를 많이 하면 할수록 검증하기 과정을 거칠 기회 역시 늘어난다.

　이야기 만들기 과정의 마지막 단계는 '이야기 털어놓기' 과정이다. 이 단계에서 우리는 말이나 글로 한 명 이상의 청중이나 독자에게 이야기를 전달한다. 로버트 니마이어는 이렇게 설명한다. "아래 놓인 발판이 무너져내리면 새로운 발판을 쌓고 그 위에 올라서야 합니다. 이때 우리는 건축 현장에서와 마찬가지로 타인의 도움을 구해야 하죠.

어쩌면 우리가 처한 문제를 잘 알고 있는 건축가 같은 사람의 도움을 구해야 할지도 모릅니다." 친구든 연인이든 친지든 상담사든 상관없다. 고통을 겪는 우리 곁에 앉아 공감하는 태도로 흥미롭게 이야기를 경청하면서 이상적으로는 우리가 새로운 깨달음에 이를 수 있도록 도와줄 수 있는, 호기심과 연민을 가진 사람이라면 누구에게든 도움을 청할 수 있다.

이야기를 털어놓고 나면 한 개인이 은밀히 간직하던 비밀이 공동체가 (설령 그 구성원이 둘뿐이라 할지라도) 호기심을 갖고 바라보는 작품이 될 수 있다. 전미 회복탄력성협회의 창립자 몰리 마티Mollie Marti가 지적하듯, 청자가 이야기를 있는 그대로 수용해 줄 때 화자는 자신이 겪은 일이 중요한 의미를 가진다고 확신하게 된다. 더 나아가 이는 세계 곳곳의 여러 공동체가 앞으로 다가올 비극적인 상실에 대비할 수 있도록 혹은 이미 벌어진 비극적인 상실로부터 회복할 수 있도록 도와준다. 이야기를 듣는 것은 사실상 "당신이 겪은 일에는 의미가 있어요"라고 말하는 것이나 다름없다. 이야기를 털어놓은 사람은 나중에 과거를 돌아보면서 이렇게 말할 것이다. "누군가 내 이야기에 귀를 기울인다고 느꼈던 바로 그날, 내가 다시 일어날 힘을 얻었지."

마티는 계속해서 이렇게 설명한다. "말하자면 '자기 마음속에 아픔을 간직한 채 고통이 자기를 집어삼키도록 내버려둘 것인가?' 아니면 '아픔을 명확히 드러내 보일 것인가?'의 차이죠. 따라서 우리가 서로 교류하고 공감할 수 있는 안전한 환경을 조성한다면 우리는 아픔을 치유하는 과정에 기여할 수 있습니다. 꼭 심리치료사가 되어야만 그런 일을 할 수 있는 게 아니에요."

안타깝게도 자기 이야기를 구축하고 털어놓을 시간적·인적 자원이 모두에게 충분히 주어지는 것은 아니다. 이야기를 만들 때든 털어놓을 때든 시간이 얼마나 걸릴지 정해둘 수 없을뿐더러 그 과정을 돕는 사람 역시 기꺼이 자기 시간을 희생할 만큼 연민의 정이 깊어야 하기 때문이다. 상실을 겪은 직후 당장 생존을 이어나가는 데만도 필사적인 노력이 필요하다는 점을 생각하면 그런 여건을 확보하기란 쉬운 일이 아니다. 그러면 상실의 슬픔은 억눌린 채 응어리로 남을 수 있다.

그런 사람들에게는 어떤 일이 벌어질까? 하비는 이렇게 답한다. "추측건대 그들은 직접적으로든 간접적으로든 (때로는 심신 양면으로) 고통을 겪는다. 자신이 느끼는 아픔과 슬픔에 효과적으로 대처할 수 없기 때문이다." 감정적 고통을 표출하지 못하는 경우 그 고통은 상실을 겪은 사람의 생각, 감정, 몸, 행동에 파문을 일으키며 쌓이다가 결국에는 터져 나올 구멍을 찾고야 만다.

그래서 하비는 사별에 대처하는 데 이야기 만들기 과정이 너무나 중요하다고 강조한다. 그런 과정 없이는 결코 전력을 다해 충분히 애도할 수 없다. 이 과정이 어찌나 중요한지 때로는 굳이 이야기가 진실이 아니더라도 이야기를 구축하고 털어놓는 사람에게 큰 위로가 될 수 있다. 예를 들어 사랑하는 사람이 교통사고로 사망했는데 그 원인 중 하나가 알코올 문제임이 밝혀졌다고 해보자. 이때 상실을 겪은 사람은 사실을 받아들이지 못한 채 자기 이야기에서 술에 대한 내용을 빼버릴 수 있지만 그럼에도 여전히 이야기를 구축하고 검증하고 공유하는 과정을 통해 위안을 얻을 수 있다.

하비는 계속해서 이렇게 설명한다. "물론 이야기에는 서사적 진실성 역시 어느 정도 섞여 있다. 하지만 그것이 핵심은 아니다. 정확한 사실을 밝히는 것보다는 노력을 들여 이야기를 구축하고 공적인 차원에서 이야기를 털어놓는 과정이 더 중요하다. 게다가 당연히도 많은 경우 정확한 사실을 밝히기란 불가능하다. 도대체 상실을 겪은 사람에게 정확한 사실이 무엇이란 말인가?"

의학적인 관점에서 보자면 죽음은 명확히 입증할 수 있는 사건이다. 하지만 인간사가 개입된 세계에서 한 사람이 느끼는 고통이나 절망이 반드시 다른 사람과 일치해야 한다는 법은 없다. 특히 가족 내에서 이런 갈등이 분명히 드러날 수 있다. 가족끼리 같은 기억을 공유해야 한다는 압박감과 그럼에도 구성원 각자가 지닌 경험과 관점이 다르다는 사실이 쉽게 충돌하기 때문이다.

몇 년 전 수재나라는 여성에게 들은 일화가 생각난다. 수재나는 어머니가 돌아가신 직후 어머니에게 작별 인사를 하려고 여동생과 함께 병실에 들어갔다. 수재나는 침상 왼편으로 걸어가 어머니의 손을 잡았다. 여동생은 오른편으로 걸어가 역시 어머니의 손을 잡았다.

수재나가 말했다. "엄마 손이 참 차네." 그와 동시에 여동생이 말했다. "엄마 손이 아직도 따뜻하네."

누구의 말이 맞는 것일까? 아니, 그게 중요하기는 할까? 사랑하는 사람이 죽었다는 사실 자체는 확정되어 있을지 모르지만 그 사실을 어떻게 해석할 것인가는 개인 각자의 영역이다. 상실의 이야기는 듣는 사람 모두에게 진실일 필요가 없다. 그저 이야기를 하는 사람 본인만 진실로 느끼면 된다. 가장 중요한 것은, 누군가는 이야기를 털어놓고 누군가는 이야기를 들어준다는 사실이다.

8장

우리 이야기
좀 해요

상실의 이야기를 공유하며 위로를 주고받는 문화는 이야기의 역사만큼이나 오래되었다. 셰익스피어도 이를 잘 알고 있었다. 실제로 1606년 작품《맥베스》에서 맬컴은 맥더프에게 슬픔을 말로 털어놓지 않으면 안 그래도 우울감에 짓눌린 마음이 부서질지도 모른다고 조언한다. 그로부터 15년 뒤, 영국의 철학자 로버트 버턴Robert Burton 역시 900페이지에 달하는 대작《우울증의 해부The Anatomy of Melancholy》를 통해 슬픔을 표현하는 행위와 정신적·신체적 건강 사이에 직접적인 연관성이 있음을 지적했다.

슬픔을 표현하는 행위는 존 하비의 이야기 만들기 모형을 구성하는 세 번째 요소, 즉 '털어놓기'에 해당한다. 고통에 깊이 공감하고 도움과 조언을 베풀 것 같은 사람들에게 이야기를 들려주는 다분히 공개적인 과정이다.

우리는 이야기를 통해 애도한다. 그리고 그 이야기를 드러낼 때 애도는 더 효과적으로 이루어진다. 지난 40여 년간의 연구에 따르면 사별을 겪은 사람은(특히 사별한 첫해에) 다른 사람들에게 속내를 털어놓는 경우 여러 유익을 얻을 수 있었다. 그렇게 털어놓고 나면 혼자 있을 때에도 죽음에 관해 덜 생각했고 건강 문제도 덜 경험했으며 다른 사람들과 더욱 긍정적인 관계를 유지했다. 강렬한 감정들을 쏟아냄으로써 타인과 따뜻한 유대 관계를 형성하고 강화할 수 있었기 때문이다.

이야기를 듣는 사람은 그저 가만히 앉아 귀를 기울이는 것만으로도 "제가 여기 있어요. 당신은 혼자 상실감을 견디지 않아도 됩니다"라는 메시지를 전달할 수 있다.

타인에게 이야기를 털어놓을 때 우리는 사실을 나열하는 데에서 더 나아가 감정을 드러내게 된다. 이런 높은 수준의 자기 고백은 트라우마적 사건을 경험한 개인의 성장에도 긍정적인 영향을 미친다. 사별을 겪은 사람 중 꾸준히 감정을 털어놓을 수 있는 안정적인 대인관계 네트워크를 가진 사람들이 외상 후 성장 영역에서 더 긍정적인 지표를 보이는 이유 역시 이 때문일 것이다. 의지할 수 있는 타인은 귀를 내어주는 것만으로 사별한 사람이 이야기를 구축할 수 있도록 도움을 제공하고 그 과정에서 통찰과 조언까지 전할 수 있다.

나는《엄마 없는 딸들》을 집필하면서 인터뷰했던 여성 17명을 다시 만나 인터뷰하면서 이 사실을 재차 확인했다. 처음 만났을 때만 해도 그들은 대부분 누구에게도 엄마를 잃은 이야기를 털어놓지 않았었다. 원하지 않아서가 아니라 이전에는 충분히 길고 자유롭게 상실의 이야기를 풀어낼 기회를 얻지 못했기 때문이다. 마침내 이야기를 내게 공유하자 그들은 자신을 짓누르던 이야기의 무게가 줄어든 것 같다고 하면서 인터뷰를 통해 처음 이야기를 털어놓는 순간 안도감과 해방감을 느꼈다고 말했다.《엄마 없는 딸들》출간 이후 시간이 한참 흐른 뒤 이번 책을 위해 그들을 다시 만나 좀 더 모양을 갖춘 이야기를 한 번 더 들었다. 놀랍게도 대다수가 나와 첫 인터뷰를 나눴던 순간이 더 큰 이야기를 만드는 전환점이 되었다고 했다. 그들은 그때부터 비로소 성장하기 시작한 것이다.

이번 인터뷰와 마찬가지로 그때도 인터뷰 도중에 상호 간의 교류가 발생했다. 물론 그들이 이야기하는 시간이 인터뷰의 상당 부분을 차지했지만 일정 시점을 지나면 나와 그들 사이의 벽이 서서히 사라지고 그들 역시 나에 관해 알고 싶어 했다. 나는 이따금 내 기억이나 일화를 공유했고 그들은 내 이야기를 통해 자신의 이야기에 새롭게 접근하면서 더 깊은 통찰에 다가갔다. 그들은 "한 번도 이런 식으로 생각해 본 적이 없어요"라든가 "이걸 말로 풀어낸 적이 한 번도 없었던 것 같아요"라고 말하고는 했다.

나중에 알게 됐지만 이야기를 털어놓는 과정은 이렇게 진행될 때 가장 큰 효과를 거둘 수 있었다. '털어놓기'는 일방적인 활동이 아니기 때문이다. 한 사람이라도 잘 들어주는 사람이 있으면 우리는 그 사람의 관심과 흥미를 끌고 그를 즐겁게 만들기 위해 이야기를 한다. 그러면 상대 역시 반응을 보인다. 그렇게 이야기는 공동 활동이 된다.

털어놓기는 사건을 기억하는 방식에도 영향을 미친다. '대화를 통한 기억'으로 이야기하는 사람은 어떤 내용을 기억할지, 자신의 이야기를 어떻게 생각하는지, 더 나아가 자기 자신을 어떻게 생각하는지를 정하고 구성할 수 있다. 대화를 나누려면 복잡한 사건도 단순한 형태로 압축할 수밖에 없기 때문이다. 누군가가 "아버지에게 무슨 일이 있었나요?"라고 묻는다면 그것은 작년 내내 일어난 일을 전부 나열해 달라는 뜻이 아니다. 오히려 그런 질문에 답하려면 수많은 사소한 사건 중 몇 가지를 추려서 질서 있게 배열함으로써 압축된 요약본을 제시해야 한다. 그리고 나면 이야기를 듣는 상대가 후속 질문을 던져 이야기의 빈틈을 채워나가도록 도움을 제공하고 그렇게 이야기의 완성도를 차츰 높여가는 것이다. 예컨대 이런 질문을 추가로 할 수 있다.

"아버지가 얼마나 오래 투병했나요?"

"어머니 증상이 어땠나요?"

"어쩌다 그런 일이 생겼나요?"

"사전 징후가 나타나지는 않았나요?"

이처럼 쌍방향 상호작용을 통해 사별을 겪은 사람은 객관적인 사실에 자신의 생각과 감정을 투영하기 시작한다. 처음에는 이야기가 있는 그대로의 사실과 객관적인 데이터로만 구성되는 경향이 있다. 하지만 이야기를 듣는 사람이 던지는 질문을 통해 사별을 겪은 사람은 자신이 사별 당시에 떠올리고 느끼기는 했지만 다시 떠올리지 않고서는 이해할 수 없었던 생각과 감정을 이야기에 불어넣게 된다. 이를테면 이야기를 듣는 상대가 "요즘은 어떻게 견디고 계세요?"라든가 "무슨 일이 일어났다고 생각하세요?"라고 질문할 수 있다. 이때 사별을 겪은 사람은 '누가 언제 어디서 무엇을 했다'는 객관적인 사실에 기반을 둔 상실의 이야기를 그 상실이 자신에게 어떤 영향을 미쳤는지 탐구하는 상실의 이야기로 발전시키기 시작한다. 이후에도 이야기는 수정에 수정을 거듭하면서 확장되고 시간이 지남에 따라 사별을 겪은 사람이 변화하고 성장하는 과정을 담게 된다.

이야기는 공연과 같은 활동이다. 그래서 청중에 따라 모습을 바꾼다. 우리는 아침에 아이들에게 들려준 이야기를 오후에 직장 동료에게는 전혀 다른 방식으로 들려줄 수 있다. 배우자나 친구에게 완전히 새로운 방식으로 같은 이야기를 다시 들려줄 수 있다. 또한 대화 장소와 시간, 상대, 청자와의 관계 등에 따라 발화자의 반응도 달라진다. 이처럼 다양한 형태의 털어놓기 활동을 통해 상호 이해의 분위기를 형성하는 가운데 이야기는 점점 발전한다.

사람들이 대화를 통해 과거를 어떻게 풀어나가는지 연구하는 유타대학의 발달심리학과 교수 모니샤 파수파티Monisha Pasupathi는 이렇게 설명한다. "청자는 세부 내용에 의문을 제기하거나 문장을 대신 완성하면서 좋은 이야기에 열정적으로 살을 붙이는 반면 별로인 이야기에는 따분함, 반감, 혼란을 분명히 표출한다. 이렇게 이야기를 공동으로 구축하는 과정은 발화자가 어떤 사건을 이야기할 것인가는 물론 그 사건에 어떤 해석이나 감정을 연관시킬 것인가에 영향을 미친다."

1990년대 초에 나와 인터뷰를 했던 엄마 없는 딸들은 내가 그들의 말에 귀를 기울이자 자신들의 이야기가 털어놓을 만한 가치가 있다는 메시지를 받아들였다. 탁자 가운데 녹음기를 올려놓은 채 자리에 앉아 대화를 나누기 전까지 그들 대부분은 털어놓고 싶은 이야기를 속에만 간직한 채 외로워하고 있었다.

적극적으로 이야기를 듣기 위해서는 반드시 공감력과 호기심을 가져야 한다. 파수파티의 연구에 따르면 발화자는 청자가 무관심하거나 이야기에 반감을 가지고 있다는 생각이 들면 마음의 문을 닫는 경향을 보였다. 설령 이야기를 하더라도 길이나 밀도, 구체성이 떨어졌다.

지극히 감정적인 이야기를 털어놓을 여유나 기회가 모두에게 주어지는 것은 아니다. 내밀한 생각을 드러내고자 하는 성향이나 열망이 없는 사람들도 있다. 그런 기질과 성격을 가진 사람들은 자기 고백보다 침묵을 더 편안하게 느낀다.

성별에 따른 애도 방식의 차이도 이야기에 영향을 미친다. 여성은 감정 표출을 통해 애도하는 경향이 있는 만큼 일반적으로 남성에 비해 가까운 친구에게 속내를 더 많이 털어놓는다. 반면 남성은 문제 해결이나 행동을 통해 애도하는 경향이 있고 남성끼리 감정적 지원을 주고받는 일을 어색하게 느끼는 문화적 분위기도 강하다. 남성이든 여성이든 남성보다는 여성에게 자기 속내를 털어놓는 것을 더 편하게 느낀다. 대개 10대 초반부터 이런 경향이 강해진다.

스무한 살에 어머니를 사별한 줄리안은 이렇게 회상한다. "어머니가 돌아가신 날 친구 하나가 이렇게 말하더군요. '야, 일어나. 밖에 나가자.' 저는 제 마음이 어떤지 털어놓고 싶었거든요. 그래서 말을 꺼냈죠. 그랬더니 친구가 곧장 나가면서 '됐고, 술이나 마시자'라고 하더군요. 바로 그 순간 눈이 확 뜨이는 것처럼 뭔가를 깨달았죠. 제가 제 이야기를 털어놓고 싶은 만큼 아무도 제 이야기를 듣고 싶지 않았던 거예요. 적어도 저와 친한 남자애들은 그랬어요. 제 슬픔은 저 스스로 짊어져야 할 짐이었던 셈이죠. 그래서 그때부터 저는 무엇이든 제 내면에만 담아둘 뿐 아무에게도 마음을 열지 않았어요. 사회로부터 거절당한 느낌이 들었으니까요." 다행히도 현재 줄리안은 아내와 다 큰 딸들에게 자기 이야기를 털어놓고는 한다. 하지만 여전히 20대 시절을 홀로 사별의 슬픔을 삼켜야 했던 시기로 기억하고 있다.

사별을 겪은 사람의 치유 과정은 다른 사람이 이야기에 귀를 기울일 때 촉진된다. 특히 사별 직후일수록 더욱 그러하다. 하지만 상대가 아픔을 표현할 때 불편함을 느끼는 친구나 가족이라면 대화의 시작 자체를 의도적으로 막아버릴지도 모른다. 존 하비가 지적하듯 최근에 사별을 경험한 사람일수록 그런 압력에 더 취약하기 때문에 그저 한 번만 대화 시도가 좌절되더라도 앞으로 이야기를 털어놓을 생각을 하지 않게 될 수도 있다. 줄리안의 사례처럼 수십 년이 지나고서야 속내를 털어놓거나 아니면 아예 영영 속내를 드러내지 않을지도 모른다.

이는 심각한 문제다. 이야기를 털어놓는 과정 없이는 개인적 차원에서만 이야기가 만들어질 뿐 상호작용을 기반으로 한 공적 차원의 이야기는 만들어지지 않기 때문이다. 사별을 겪은 뒤 속마음을 드러낼 기회를 갖지 못하는 사람은 다른 사람과 교감하는 대신 혼자 애도 기간을 헤쳐나가기로 결심할 수 있으며 이는 고립감과 우울을 유발할 수 있다. 결국 다른 자기표현 수단을 찾지 못하는 이상 상실의 이야기는 사별을 겪은 이의 마음속에 응어리진 채 남는다.

어쩌면 수많은 작가, 예술가, 정치인에게 개인적인 상실의 역사가 존재하는 것도 바로 이 때문일지 모른다. 실제로 심리학자 마빈 아이젠슈타트Marvin Eisenstadt는 성별을 가리지 않고 유명인 573명을 선정해 그들의 역사를 연구한 결과 그중 거의 절반(45퍼센트)이 스무 살 전에 한쪽 혹은 양쪽 부모와 사별했다는 사실을 발견했다. 조지 워싱턴부터 빌 클린턴을 지나 버락 오바마에 이르기까지 미국 대통령 12명이 유년 시절에 아버지를 여의었으며 영국 총리 역시 과반수가 열여섯 살 전에 부모와 사별했다. 미국 대법관 중에도 2명(열세 살에 어머니를 잃은 루스

베이더 긴즈버그와 아홉 살에 아버지를 잃은 소니아 소토마요르)이 소위 '뛰어난 고아'로 알려져 있다.

부모를 사별하는 경험이 성공에 필수적이라는 뜻일까? 늘 그렇지는 않다. 교도소에 수감된 죄수도 유년 시절 부모와 사별했을 확률이 일반 사람에 비해 2~3배 높다. 유년 시절 갖가지 역경을 겪었을 가능성 역시 죄수와 범죄자에게서 더 높게 나타난다. 어린 시절의 부정적인 경험은 누적되는 경향이 있기 때문에 수차례 고난을 겪은 사람은 쌓이고 쌓인 고난의 총량을 극복하지 못할 수 있다. 물론 뛰어난 고아라면 자신에게 내재한 재능을 가지고 예술 활동이나 공적 활동에 참여하여 자기를 표현함으로써 어린 시절 겪은 역경을 넘어설 수도 있다.

오리건의 포틀랜드에서 사별의 아픔을 겪는 가정을 돕고 있는 더기센터의 대표 도나 슈먼Donna Schuurman은 이렇게 말한다. "물론 슬픔을 말로 표현할 수 있죠. 하지만 물감과 풀, 음악과 연극 등 그 밖의 온갖 표현 수단을 사용할 수도 있어요. 심지어 침묵까지도 말이죠."

이따금 사별을 겪은 사람에게 필요한 활동이 타인의 이야기를 경청하면서 자기 내면을 들여다보는 것일 때도 있다. 내가 '엄마 없는 딸들' 모임을 주최할 때마다 말하기 활동은 물론 듣기 활동도 프로그램에 포함시키는 것도 바로 그 때문이다. 이 모임에서는 첫날 오전부터 '이야기 바라보기' 시간을 갖는데 이때 모임에 참석한 여성들은 방해 없이 5분간 자기 이야기를 털어놓을 수 있다. 억압적인 분위기 속에 침묵을 지키느라 한 번도 입 밖에 내지 못했던 이야기를 말로 표현하는 것은 실로 강력한 활동이다.

활동을 마친 후 여성들은 다른 사람의 이야기를 듣는 것이 자기 이야기를 하는 것만큼이나 중요했다고 말했다. 케이틀린이라는 여성은 모임에 참석한 직후 내게 이메일로 이렇게 고백했다. "다른 누군가의 상실 이야기를 들었을 때 가장 좋았던 점은 제가 그 이야기에 깊이 공감했다는 거예요. 물론 제 이야기를 듣는 사람도 제게 동조하면서 자기 마음도 똑같다고 말했죠. 하지만 다른 사람의 이야기를 들을 때, 그 사람이 제가 이전에 느꼈던 감정을 느꼈다고 말할 때마다 마치 제가 인정받고 이해받는 느낌이었어요. 저한테 비슷한 일이 일어났을 때 제 머릿속을 가득 채웠던 생각이 제가 미쳤다는 증거가 아니었음을 깨달았죠."

다른 여성의 이야기에 귀를 기울이고 그 속에서 자기 기억의 파편을 발견함으로써 많은 여성이 난생처음 혼자가 아니라는 느낌을 받았다. 로버트 니마이어도 이렇게 설명한다. "우리는 소속감, 동질감, 친밀감을 갈구하면서 자기 경험이 일반적인 것으로 받아들여지기를 간절히 바랍니다. 하지만 동시에 자기 경험이 지극히 특수한 것으로 받아들여지기를 원하죠." 비슷한 생각을 가진 사람들끼리 모여 자기 이야기를 털어놓을 때 우리는 고립감을 느끼지 않으면서도 고유한 존재가 될 수 있고 이질감을 느끼지 않으면서도 특별한 존재가 될 수 있다.

침묵의 대가

슬픔을 말로 표현하고 싶은데 들어주는 사람이 없다면 억눌린 마음에는 무슨 일이 일어날까? 이야기하려는 시도가 무시되거나 차단되거나 거절되거나 방해받거나 억압받거나 지연된다면 사별을 겪은 사람에게 어떤 일이 벌어질까? 어릴 때 사별을 경험한 성인들과 대화해 보면 대다수가 가족이나 공동체 구성원에게서 죽음이나 죽은 사람에 관해 이야기하지 말라는 말을 들으며 자랐다고 한다. "할아버지 얘기 꺼내지 마. 할머니가 속상해하실 거야"라든가 "아예 생각을 하지 마. 그럼 슬프지 않을 거야"라는 식이다.

1976년에 여동생과 오빠를 교통사고로 떠나보낸 랜디는 집안의 침묵 때문에 "부당함을 이중으로 느꼈다고" 한다. 랜디는 1969년에 이미 비행기 사고로 부모님을 떠나보내고 고모 부부 밑에서 두 남매와 함께 생활하고 있었다. 랜디는 이렇게 회상한다. "사별의 트라우마 때문만은 아니었어요. 우리 가족에게 그런 일이 일어났다는 사실을 말할 수도 인정할 수도 없다는 것에도 부당함을 느꼈죠. 대화를 하다가도 여동생이나 오빠 이름이 나오면 다들 입을 꾹 닫았어요."

의학박사 빈센트 펠리티Vincent Felitti와 연구진은 1994년 '부정적 아동기 역경' 연구를 승인받기 위해 연구심사위원회를 찾았다. 하지만 처음에는 거절당했다. 위원회는 환자들에게 과거의 상실과 충격, 학대에 대해 질문했다가 트라우마를 다시 촉발하거나 심약한 성인에게 충격을 초래할 가능성에 우려를 표했다. 펠리티는 9개월 동안 거듭 위원회를 찾아간 끝에 마침내 승인을 받아냈다.

펠리티는 안타까움을 담아 이렇게 회상한다. "환자에게 삶에 관한 질문을 했다가 그들이 자살을 결심할지도 모르니 연구진 한 명이 응급 전화를 받을 수 있도록 3년 동안 24시간 내내 대기해야 한다는 사항이 합의 내용에 있었습니다. 물론 그런 전화는 한 통도 오지 않았습니다.

오히려 감사와 찬사를 담은 편지가 쌓였죠. 한 할머니의 편지에는 이렇게 쓰여 있었습니다. '물어봐줘서 고마워요. 무슨 일이 있었는지 아무에게도 말하지 못한 채 죽음을 맞을까 봐 얼마나 무서웠는지요.'"

이는 트라우마와 애도를 불편해하는 풍조가 얼마나 뿌리 깊은지를 단적으로 보여준다. 펠리티는 이렇게 말한다. "우리 모두는 어릴 때부터 착한 사람은 그런 이야기를 해서도 안 되고 물어서도 안 된다고 단단히 교육받아 왔습니다." 심지어 아이들은 그런 질문을 해서는 안 된다는 말을 직접 듣는 게 아니라 죽음과 역경에 대한 이야기를 입 밖으로 꺼내서는 안 된다는 어른들의 신호를 암묵적으로 전달받는다.

이는 비참할 만큼 안타까운 일이다. 펠리티의 표현을 빌리자면 지금 우리가 언급조차 할 수 없는 관계들은 '과거에 파묻혀 버리기 때문'이다. 사별을 겪은 사람이 적응하고 성장하고 변화하면서 내적 관계를 발전시킬 기회가 사라진다. 실제로 한 45세 남성은 아버지를 추억하거나 아버지처럼 권위 있는 존재를 생각할 때면 15세 소년 같은 마음이 된다고 말했다. 자신의 일부가 '과거에 갇혀 있는' 느낌이라는 것이다. 돌아가신 아버지와 관계를 맺었던 열다섯 살의 자아가 성장할 기회를 전혀 얻지 못했다. 의식적으로 지금 다시 아버지 이야기를 끄집어냄으로써 슬픔과 사랑을 모두 끌어안지 않는 이상 둘의 관계는 영원히 과거에만 머무를 것이다.

《애도의 기술The Crafting of Grief》의 공동 저자인 로레인 헤트케의 주장에 따르면 이런 과정 없이는 고인을 향한 사랑을 표현할 기회를 마련할 수 없다. 사별을 겪은 사람에게는 이야기를 털어놓고 감정적 유대를 형성할 수 있는 사적인 혹은 공적인 공간이나 대상, 행위가 필요하다. 돌아가신 어머니의 장신구를 매일 착용한다거나 떠나보낸 오빠가 좋아하던 음악을 공유하는 등 사소한 행동도 도움이 될 수 있다.

헤트케는 이렇게 설명한다. "꼭 대대적으로 떠벌려야 하는 건 아닙니다. '당신을 향한 제 사랑은 아직 그대로 남아 있어요. 그리고 저도 당신의 사랑을 느낄 수 있어요'라는 메시지를 표현하는 것으로 충분합니다. 그리고 이는 사적으로나 공적으로나 '너는 상실을 잊어야만 해'라는 주장에 정면으로 맞서는 태도죠."

사람들은 어떤 이유로 타인의 슬픔을 억누르려고 하는 것일까? 때로는 사별을 겪은 사람이 더 이상 고통받지 않기를 바라는 이타적인 마음일 수 있다. 통제력을 발휘해 감정을 덮어두는 것을 미덕으로 여기는 집안에서 자랐을 수도, 이야기를 듣는 입장에서 불편함과 무력감을 느낄까 봐 두려워 스스로를 보호하려는 시도일 수도 있다. 공감력이 부족한 경우도, 이 모든 요인이 복합적으로 작용하는 경우도 있다.

드라마 〈매드맨Mad Men〉에 어머니를 잃고 슬픔에 잠긴 아내가 남편에게 위로를 구하는 장면이 나온다. 남편은 곧장 기계적으로 답한다. "울지 마."

나는 '정말 최악의 조언이네'라고 생각했다. 그러다가 문득 이 드라마가 1960년대 초를 배경으로 하고 있다는 사실이 떠올랐다. "아예 생각을 하지 마"라는 식의 메시지가 한창 기승을 부리던 시대였다. 안타깝게도 오늘날까지 이런 메시지는 공공연하게 이어지고 있다.

만약 그 아내가 "나는 꼭 울어야 해. 나는 꼭 이야기를 해야 해. 그리고 그러는 동안 당신이 내 곁에 앉아 있어 주면 좋겠어"라고 말할 수 있었다면 어땠을까? 정말로 그렇게 해줄 수 있는 남편이나 아내나 부모님이나 형제자매나 친구가 얼마나 될까? 고통을 겪는 동안 그저 함께 곁에 있어줄 사람이 얼마나 될까? 얼마나 많은 사람이 용기를 내서 그러려고 시도해 볼 수 있을까? 최근에 내 친구가 다른 친구에게 이런 말을 했다고 한다. "터널 끝에 빛이 보이지 않더라도 괜찮아. 내가 네 곁에 오래도록 앉아 있을게." 내가 들은 위로의 말 중 가장 현명하면서도 감성적인 말이었다.

타인의 슬픔을 교정하거나 없애줄 수는 없다. 그저 옆에서 도울 수 있을 뿐이다. 물론 사람들은 이 사실을 받아들이기 어려워한다. 심지어 경험 많은 아동 심리치료사조차 슬퍼하는 아이의 고통을 있는 그대로 받아들이고 곁에서 지켜보는 일이 얼마나 어려운지 인정한다. 대대적으로 훈련받은 전문가에게도 사별이 다루기 어려운 주제라면 평범한 가족 구성원이나 친구는 사별한 사람을 위로할 방법을 어떻게 배워야 할까?

현재 50세인 사샤는 불과 5개월 간격으로 부모님이 연달아 돌아가셨을 때 고모와 고모부가 어떤 상황에 처했던 것인지 이해한다. 두 사람 다 그전에는 가까운 사람을 사별한 경험이 없었다. 이제 어엿한 성인이 된 사샤는 당시 경험이 부족했을 고모 부부가 때 이른 사별을 겪고서 얼마나 큰 슬픔을 느꼈을지 생각하며 연민을 느낀다. 그럼에도 당시 온 집안을 집어삼킨 침묵이 사별의 고통으로 아파하던 어린 자신에게 얼마나 깊은 영향을 미쳤는지도 잊지 않는다.

흔히 어린아이가 회복탄력성이 좋다고들 생각하죠. 어린아이라면 잘 적응하고 잘 조정해서 금방 괜찮아질 것이라고요. 제 삶에 존재했던 어른들 역시 바로 그때 세가 있었다는 사실, 트라우마로 아파하던 어린아이가 있었다는 사실을 어떻게 다뤄야 할지 몰랐던 것 같습니다. 게다가 당시 전 내성적인 편이었죠. "지금 제 마음이 이래요. 말해드릴게요. 보여드릴게요. 행동해 드릴게요"라고 할 줄 아는 아이가 아니었어요. 오히려 무엇이든 가슴속에 꼭꼭 감추었죠. 사실 누군가가 "한번 안아줄까? 네 마음을 얘기해 볼래? 지금 감정이 어떠니?"라고 말해주기만을 기다리고 있었어요. 하지만 그런 일은 없었죠. 그런 일이 일어날 수가 없는 환경이었어요. 제게 다른 사람의 일상을 방해할 권리가 없다는 사실이 늘 명백히 드러났죠. 그러다 보니 그냥 혼자 헤쳐나가야 했어요. 게다가 제가 참 운이 좋은 아이라는 말을 자주 듣기도 했어요. 머무를 집이 있다니 참 운이 좋았고 위탁 가정에 맡겨지지 않았으니 참 운이 좋았죠. 운이 좋았다니. 그 생각이 저를 미치게 했어요.

그래서 결혼한 뒤에도 자연스럽게 수동적인 역할을 맡았죠. 이를테면 "제가 원하는 건… 아, 그건 얘기할 필요가 없죠! 당신이 뭘 원하는지에 초점을 맞춥시다. 우리가 어디로 가면 될까요? 제가 어떻게 하면 당신 인생에 맞출 수 있을까요? 제가 어떻게 하면 당신 인생을 뒷받침할 수 있을까요?"라는 식이었어요. 그러다 우리 부부에게 딸이 생기자 역할이 바뀌었어요. 우리 관계에 좋은 일은 아니었죠. 상황이 엉망으로 틀어졌고 전 완전히 허를 찔렸어요. 여러 차례 상담을 받으면서 수없이 제 자신을 들여다본 후에야 그 원인이 상당 부분 제 유년 시절에서 비롯됐으며 제게 충분히 애도를 표현할 기회가 없었다는 사실을 깨달았습니다. 슬픔을 억누른 탓에 제 성격이 변했어요. 어떤 아픔이든 참아야 한다고, 혼자 알아서 해결해야 한다고 생각하게 된 거죠.

10대 시절 사샤가 슬픔에 대처하기 위해 사용한 주된 대응 전략은 감정적 자립이었다. 슬픔과 불안을 어찌나 성공적으로 억눌렀던지 당시 누구도 사샤가 여전히 아파하고 있다는 사실을 알아차리지 못했다. 사샤 본인밖에 몰랐다. "댐이 무너져내리는 것 같았어요. 너무나도 우울했죠." 열여덟 살에 고모와 고모부가 이혼했을 때, 중년의 나이에 사샤 본인 역시 이혼을 겪어야 했을 때, 오빠를 떠나보내야 했을 때 등 사샤는 여러 차례 그런 감정을 느껴야 했다. 사샤는 40대가 되고 나서야 상담치료사의 도움을 받아 열두 살 때 억눌렀던 분노와 슬픔을 밖으로 드러낼 수 있었다.

사샤는 이렇게 말한다. "우리 모두 결점이 있죠. 완벽한 사람은 없잖아요. 그렇지만 왜 제 삶의 어른들이 제가 느끼던 슬픔과 아픔으로부터 거리를 두려고 했는지는 여전히 잘 이해가 가지 않아요. 다들 마치 그런 감정에 위험이라도 도사리고 있는 것처럼 반응했죠. '감정을 마음속 깊숙이 숨겨. 밖으로 새어 나오지 못하게 막아. 그러면 다들 괜찮아질 거야.' 어째서인지 그게 목표가 되었어요. 하지만 제 생각에 열두 살의 저는 그냥 저로서 존재할 자격이 있었어요. 제게 끊임없이 제약을 가할 필요가 없었죠. 창피를 느껴야 할 대상이라도 되는 것처럼 제 자신의 일부를 감추려고 애쓰지 않아도 되었어요."

토머스 애티그의 설명에 따르면 인간은 고난을 넘어서려는 열망을 타고난다. 따라서 사별을 겪은 사람이 애도를 표현하지 못하게 가로막는 것은 그 사람이 고난을 딛고 성장할 기회를 빼앗는다는 점에서 존중이 결여된 태도라고 할 수 있다. 아픔을 숨기고 억눌러야 한다는 몰이해는 무력감, 수치심, 죄책감을 유발하고 강화함으로써 사별을 겪은 사람의 상실감과 상처를 증폭시킬 뿐이다. 애티그는 이렇게 말한다. "그런 태도는 사별을 겪은 사람이 지원과 공감을 받지 못한 채 슬픔 속에 홀로 남겨지도록 만든다."

침묵은 고립으로 이어진다. 너무나 당연한 말처럼 보이겠지만 몇 번을 강조해도 지나치지 않는다. '침묵은 고립으로 이어진다.' 그리고 인간은 고립에 처할 때 오롯이 혼자 상황을 헤쳐나가야 한다는 인식, 다른 사람들과는 다른 존재라는 인식, 누구도 이해할 수 없는 세상에 갇혀 있다는 인식을 품는다. 고등학교 졸업반 시절 나는 600명이 넘는 다른 모든 여학생으로부터 동떨어져 있다는 느낌을 받았다. 실제로도 나는 다른 여자애들과 딱 잘라 구분이 되었다. 같은 학년 여자애들은 거의 모두 어머니가 살아 있었으니 말이다. 내가 알기로는 어머니가 없는 친구는 하나뿐이었다. 게다가 우리 가족이 살던 평범한 규모의 교외 지역에서 엄마는 수많은 친구들이 함께 결성한 모임의 활동적인 일원이었다. 그러다 보니 내가 거의 알지도 못하는 어른들이 사람들로 가득 찬 곳에서 나를 붙잡고는 위로의 말을 전하기도 했다. 군중 속에서 돋보이는 것, 그것도 썩 좋지 못한 이유로 돋보이는 것은 10대 소녀에게 취약 같은 일이었다. 적어도 당시 나에게는 그랬다.

하지만 동네 사람들의 관심보다 훨씬 더 당황스러웠던 것은 집안을 감돌던 침묵이었다. 분명 무언가 어마어마한 일이 터져서 나를 충격과 혼란에 빠뜨렸다. 큰 사건이었던 만큼 내 반응 역시 심각했다. 그럼에도 주위 사람 누구도 내가 중대한 일을 겪었다는 사실을 인정해 주지 않았다. 아니, 정말 심각한 일이 아닌가? 내가 보기에는 그랬다. 엄마 얘기만 꺼냈다 하면 아빠가 곧장 울음을 터뜨렸으니까 말이다. 하지만 동시에 정말 별일이 아닐지도 모른다는 생각도 들었다. 심각한 일이라고 느끼는 게 나뿐인 것만 같았으니까. 외부 현실이 내 생각이나 감정과 너무도 큰 괴리를 일으키다 보니 때로는 내가 제정신인지 진지하게 의심한 적도 있다. 이런 내 상태를 숨기는 것은 물론 아빠를 지키기 위해 나는 의식적으로 입을 다물었다. 바로 거기서부터 도미노가 차례차례 쓰러지기 시작했다. 침묵은 내가 남들과 다르다는 느낌을 강화시켰고 남들과 다르다는 느낌은 수치심을 낳았다.

합리적인 생각이 아니라는 사실은 나도 잘 안다. 부모님을 잃었다고 해서 수치심을 느낄 이유는 전혀 없다. 어차피 내 통제 범위를 벗어나는 일이었고 가족 구성원을 떠나보낸 사람의 미래에 자동적으로 오점이 남는다고 생각해서는 안 되었다. 하지만 나는 사별을 경험하는 내내 끔찍할 만큼 외로웠으며 고독한 가운데 흘린 눈물은 마음속 은밀한 곳에 수치심을 낳았다.

안타깝게도 정신적으로 취약하거나 예민한 사람이 포함되어 있는 가정에서는 스스로를 침묵시키는 행위가 빈번하게 발생한다. 형제자매가 세상을 떠났는데 부모님이 조금도 마음을 추스르지 못하는 것처럼 보인다면 누가 감히 부모님을 더 심하게 흔들어놓을 행동을 시도할 수 있을까? 게다가 바로 그 사람들이 상황을 수습할 책임을 맡은 어른인데 말이다. 럿거스대학에서 19세 이전에 형제자매를 사별한 경험이 있는 성인 34명을 대상으로 실시한 조사에 따르면 그중 76퍼센트(무려

4분의 3 이상)가 사별 직후는 물론 이후로도 오래도록 죽음에 대한 자신의 생각이나 감정을 공유하지 못했다고 답했다. 실로 수많은 아이들이 슬픔을 표출하지 못한 채 마음속에 키우고 있는 셈이다. 침묵을 지키는 것은 그렇게 점차 그들 정체성의 일부가 된다.

하지만 사별을 겪은 아이 곁에 동정심 많은 동료가 딱 한 명만 있어도 부정적인 결과를 최소화하거나 예방할 수 있다. 여러 애도 연구에 따르면 부모를 사별한 뒤 자기 이야기를 들어주고 지침과 인도를 베푸는 안정적인 어른이 곁에 있었던 아이는 이야기를 마음속에만 담아두어야 했던 아이보다 장기적으로 더 잘 살아가는 경향이 있다. 그 동료가 꼭 남은 부모나 보호자일 필요는 없다. 오히려 아닌 경우가 더 많다.

현재 32세인 첼시는 어머니가 유방암으로 돌아가셨을 때 네 살이었으며 세 자녀 중 막내였다. 이후 아버지는 가족을 데리고 멀리 이사를 갔으며 그곳 학교에서 첼시는 상담 교사와 한두 번 만남을 가졌다. 첼시는 그때를 이렇게 회상한다. "상담 선생님 무릎에 앉아 엄마한테 편지를 썼던 기억이 나요. 그 외에는 우리 가족이 느끼던 슬픔과 애도에 관해 이야기한 적이 없었죠." 첼시가 열두 번째 생일을 맞이하기 직전, 아버지마저 교통사고로 돌아가시고 말았다. 다행히 같은 동네의 이웃 부부가 법적 보호자로서 돕겠다고 나서준 덕분에 첼시와 첼시의 언니는 계속 같은 선생님, 같은 이웃, 같은 친구와 함께 지낼 수 있었다.

당시 첼시는 중학생이었다. 아무리 환경이 좋아도 변화무쌍하고 불안정할 수밖에 없는 시기를 보내고 있던 셈이다. 첼시는 이렇게 회상한다. "학교에서는 여유 있는 모습만 보여줘야 했죠. 그래서 전 제 상황을 농담거리로 삼기까지 했어요. 우리 가족은 우리가 잭슨 부부네 집에 얹혀살 거라는 사실에 관해 한마디도 하지 않았어요. 그냥 그렇게 했죠. 할아버지와 할머니가 아빠의 집을 정리했고 짐 대부분이 잭슨 부부의 집 창고에 들어갔죠."

챌시는 고등학교 2학년 때 그레이라는 선배와 사귀기 시작했다. 그레이는 챌시가 처음으로 돌아가신 부모님 이야기를 한 사람, 사별이 자신에게 미친 영향을 털어놓은 사람이었다. 챌시는 이렇게 말한다. "진심으로 제 이야기에 귀를 기울여준 건 그레이가 처음이었죠. 그레이 말고는 누구에게든 제 슬픔을 꼭꼭 감췄어요." 둘은 깊은 사랑에 빠졌다. 하지만 바로 그때 졸업식을 얼마 남겨두지 않은 그레이마저 교통사고로 세상을 떠나고 말았다. 챌시는 불과 열일곱의 나이에 소중한 사람을 잃는 경험을 세 번이나 하게 된다. 이번에는 도저히 고통을 억누를 수 없었다. 챌시는 분통을 터뜨렸고 눈물을 쏟았으며 남는 시간을 전부 그레이 부모님 댁에서 보냈다.

챌시는 당시를 떠올리며 이렇게 말한다. "고등학교 3학년을 보내는 내내 완전히 엉망진창이었어요." 그럼에도 잭슨 부부는 챌시에게 "정리하고 잊어"라고 말했다. 이에 대해 챌시는 이렇게 덧붙였다. "저한테는 그게 제일 어려운 일이었어요. 그 두 단어가 정말 듣기 싫었죠. 전혀 정리하고 잊고 싶지 않았으니까요. 전 가만히 앉아 애도하고 싶었어요. 슬퍼하고 싶었죠. 그레이가 이제 막 세상을 떠난걸요."

그때쯤 초등학생 시절 챌시가 만났던 상담 선생님은 50킬로미터 떨어진 다른 동네로 이사를 간 상태였다. 하지만 선생님은 그레이가 죽었다는 소식을 듣고는 직접 챌시를 찾아 나섰다. 선생님은 이렇게 제안했다. "언제든 이야기하고 싶을 때면 날 찾으렴." 이 말을 듣고 챌시는 선생님과 개인적으로 만나고 싶을 때마다 차를 몰고 선생님을 찾아 갔다. 첼시에게는 상담 선생님 집 거실에서 보내는 시간이 자신의 생 각과 감정을 어른에게 털어놓고 인정받을 수 있는 시간이 되었다.

첼시는 이렇게 말한다. "선생님이 했던 말 중에 가장 기억에 남는 게 '네가 사랑하는 사람이 모두 죽는 건 아냐'라는 말이었어요. 그레이 를 떠나보낸 이후로는 정말 모두를 잃을 것만 같았으니까요." 선생님 의 메시지 덕분에 첼시는 다른 사람들과 친밀해져도 된다는 확신을 회 복했으며 마침내 20대가 되어 결혼을 하고 엄마가 될 수 있었다. 내가 첼시와 대화를 나눈 건 첼시가 셋째를 출산한 직후였다. 그레이가 세 상을 떠난 지 17년이 지난 때였다. 첼시는 그레이를 제외하면 바로 그 상담 선생님만이 10대 시절의 자신에게 다른 사람의 판단을 두려워할 필요 없이 자유로이 이야기할 수 있는 장소를 내주었다며 깊은 감사를 표했다.

다른 사람에게 상실의 이야기를 털어놓는 데에는 위험이 수반된다. 상대방이 어떤 반응을 보일지 알 길이 없기 때문이다. 내 이야기에 몰 두할까 아니면 별 관심이 없을까? 혹시 상대의 일진이 안 좋은 날은 아 닐까? 반응은 어떨까? 공감할까 아니면 거리감을 느낄까? 겁에 질리 지는 않을까?

현재 25세인 알렉스는 어린 시절 부모님을 모두 사별했다. 이후 충 분히 많은 사람들에게 상실의 이야기를 털어놓은 알렉스는 매번 익 숙한 대화 패턴이 나타난다는 사실을 발견했다. 이에 관해 알렉스는 2020년 1월호 《미디엄Medium》에 게재한 수기에서 이렇게 밝힌다. "내 대화 상대는 얼굴을 찌푸리거나 앓는 소리를 내면서 자기 자신에게 화가 났음을 드러내려 한다. 마치 자신이 먼저 눈치를 채기라도 했어야 한다는 듯, 이야기를 듣고 보니 희미하게 비치는 고아의 기운을 미리 알아차리기라도 했어야 한다는 듯 말이다. 부모님이 돌아가셨다는 사실을 기억나게 해서 미안한 것인지 마구 사과의 말을 내뱉는 상대도 있다. 하지만 도대체 누가 자기 부모님이 돌아가셨다는 사실을 잊는단 말인가? 어떤 사람은 얼굴이 하얗게 질릴 만큼 당황해서는 넋을 놓는다. 또 어떤 사람은 내 불행을 불쌍히 여기는 마음으로 잔뜩 연민을 머금은 채 아파하는 표정을 짓는다."

그 순간 알렉스는 상대방의 고통을 오롯이 떠안아야겠다는 욕구를 느낀다. 그러고는 상대방이 느끼는 불편을 덜어주려고 애쓴다. 진심이 담긴 표정 대신 사회가 용납할 만한 표정을 얼굴에 가면처럼 덧댄 것이다. 진짜 속마음은 그 뒤에 감춰져 있었다.

알렉스는 이렇게 말한다. "나는 상대가 안심할 만한 근거를 제공한다. 요새 내가 얼마나 잘 지내고 있는지 언급하고, 아직 살아 있는 다른 가족 이야기로 주의를 돌리며, 나도 괜찮고 삶도 괜찮고 모든 것이 정말 괜찮다고 선언하는 것이다. 물론 그런 선언은 진실과는 한참 거리가 멀다. 나는 절대 괜찮지 않을 것이다. 오직 그것만이 진실이다."

자살, 살인, 자연재해, 흉측한 사고 등 끔찍하고 충격적인 방식으로 사별을 경험한 경우 다른 사람에게 상실의 이야기를 털어놓기가 특히 까다롭다. 이런 종류의 경험을 가진 사람들은 정말로 남에게 이야기를 털어놓아도 될지, 털어놓는다면 언제, 어떻게, 누구에게 털어놓아야 할지 신중히 판단하는 법을 깨닫게 된다.

현재 44세인 셰리는 이렇게 설명한다. "사람들은 자신이 어떤 주제

를 건드리고 있는지도 모른 채 '어머니는 어디 계세요?'라고 질문하고
는 하죠. 제가 '어, 돌아가셨는데요'라고 답하면 그다음에는 '아, 미안
해요. 어쩌다 그렇게 되셨어요?'라고 물어봅니다. 그러면 '딱히 그 답
을 알고 싶지는 않으실 텐데' 하고 생각하지요."

　홀로 셰리를 키운 셰리 어머니는 다발성 경화증 때문에 휠체어를
타고 생활해야만 했다. 어느 날 오후, 열여덟 살인 셰리가 직장에 가 있
는 동안 어머니가 피우던 담배에서 불이 옮겨붙어 화재가 일어나 어머
니가 목숨을 잃고 말았다. 어머니가 세상을 떠난 과정이 너무나 충격
적이고 고통스럽다 보니 그때 이후로 셰리는 아예 어머니 얘기를 입에
올리지 않았다. 처음 만난 사람이 부모님에 관해 물어볼 때면 머릿속
으로 '괜찮아. 할 수 있어. 울지 않고 답할 수 있어'라고 되뇌며 마음의
준비를 했다. 하지만 그렇게 해도 지극히 피상적인 사실 말고는 입 밖
으로 꺼낼 수가 없었다.

　사별의 아픔을 버텨낸 사람들은 대개 떠난 사람 이야기를 간략하
고 모호하게 전달하려고 한다. 누군가 "아버지는 무슨 일 하시니?"라
고 물어보면 "아, 아버지 안 계세요"라고 답한다. "형제자매가 어떻게
되니?"라고 물으면 "삼 남매였어요"라고 답한다. "부모님은 졸업식에
오시지?"라고 물으면 "아빠랑 새엄마가 12시까지 오신대요"라고 답한
다. 그러다 보면 몇몇은 대화 곡예사의 경지에 이르러 직설적인 질문
을 요리조리 회피하면서 상대방의 주의를 기어이 다른 곳으로 이끄는
법을 터득하기도 한다.

　"우리 다른 이야기 할까?"

　"내 가족 얘기는 진짜 재미없어서. 차라리 너희 가족 얘기를 하자."

안타깝게도 신뢰할 만한 연구 결과에 따르면 속에 '갇힌' 이야기는 장기적으로 정신과 육체에 부정적인 영향을 미칠 수 있다. 몰리 마티는 이렇게 설명한다. "사별의 슬픔을 건설적인 방식으로 분출할 길을 찾지 못하면 슬픔이 옆길로 새어 나오거나 속에서 응어리지기 마련입니다. 이런 상황을 목격한 게 한두 번이 아니에요. 반면 서로 공감하면서 각자 무슨 일을 겪고 있는지 이야기할 수 있는 환경이 주어질 때 사람들은 비로소 치유 과정에 돌입합니다. 그러면 저희는 그들이 해결에 이를 수 있도록 돕는 도구를 제공하죠. 이렇게 사람들이 서로 공감하고 치유하는 가운데 공동체를 도울 기회를 얻는다면 그대로 방치했을 때 추가적인 정신의학적 치료 비용을 유발할 수밖에 없는 수많은 문제를 해결할 수 있습니다. 사람들은 이런 기회에 너무나 목말라 있어요."

　'부정적 아동기 역경' 연구를 통해 빈센트 펠리티와 로버트 안다Robert Anda가 밝혀낸 바에 따르면 유년 시절에 충격과 상실을 경험하고도 충분히 감정을 표출하지 못한 경우 치명적인 만성 스트레스를 겪을 수 있다. 이런 종류의 스트레스는 염증을 유발하여 결국 우울증, 당뇨, 암과 같은 질환이 발생할 가능성을 높인다. 그와 비슷한 맥락으로 하비와 그의 연구진이 진행한 연구에 따르면 상실의 이야기를 털어놓지 못한 사람은 고혈압, 장기적인 불안, 반복적인 스트레스 반응을 경험할 확률이 더 높았으며 이후 또 다시 상실을 겪을 때 대처하는 능력 역시 더 떨어졌다. 속내를 털어놓을 때 감수해야 할 위험이 속내를 숨기려는 욕구를 압도하는 경우 침묵이 내적 갈등으로 이어질 수 있다는 사실은 오래전부터 알려져 있었다. 하지만 이제는 침묵이 신체적 고통까지 유발할 수 있다는 증거가 나온 것이다.

'내려놓기'의 좋은 예

지금까지 논의한 내용은 흥미로운 의문 하나를 불러일으킨다. 충격과 상실의 이야기를 억누르는 것이 미래의 건강에 악영향을 미칠 수 있다면 충격과 상실의 이야기를 털어놓음으로써 미래의 정신적·신체적 고통을 예방할 수도 있지 않을까?

1980년대 중반 오스틴의 텍사스대학에서 심리학자 제임스 페니베이커James Pennebaker가 자신의 연구진과 함께 한 가지 의문을 파헤치고자 했다. 연구진은 어린 시절 트라우마를 경험한 사람이 그렇지 않은 사람보다 성인이 된 후 건강 문제를 겪을 가능성이 더 높다는 사실을 알고 있었다. 고통스러운 이야기를 나누고자 하는 인간의 타고난 욕망이 가로막히면 추후 스트레스나 질병이 나타날 확률이 더 높아진다는 사실도 알고 있었다. 그들이 밝혀내고 싶었던 것은 속내를 털어놓고자 하는 욕망을 억누를 때 건강에 긍정적인 영향도 있을까 하는 의문이었다. 그들은 '표현적 글쓰기' 기법을 활용하는 실험을 설계한 뒤 피험자로 학부생 46명을 모집해 가설을 검증했다.

방법은 간단했다. 연구진은 학생을 두 집단으로 나누고 대조군으로 설정한 첫 번째 집단에는 나흘 연속으로 교실에 와서 하루에 15분씩 기숙사나 신발 이야기 등 중립적인 주제에 관해 글을 써달라고 요청했다. 4일과 15분이라는 시간을 설정한 데에 과학적 근거가 있었던 것은 아니다. 캠퍼스에서 실험에 사용할 만한 교실이 오후 5시부터 10시까지 나흘 동안만 이용 가능했을 뿐이다. 이용 가능한 시간을 피험자 수로 나누어 한 학생당 15분의 시간을 주었다.

두 번째 집단인 표현적 글쓰기 집단에도 교실에 와서 하루에 15분씩 글을 써달라고 요청했다. 대신 이들은 이제껏 살면서 가장 속상하거나 충격적이었던 사건에 관해 자유롭게 글을 쓰면 되었다. 연구진이 학생들에게 제시한 지침은 다음과 같았다. "다른 사람에게 자세히 이야기한 적 없는 내용일수록 좋습니다. 다만 스스로를 내려놓고 마음 가장 깊숙한 곳에 있는 감정과 정신 가장 깊숙한 곳에 있는 생각에 다가가야 합니다. 이 점을 명심하세요. 요컨대 무슨 일이 있었는지, 그때 어떤 느낌이 들었는지, 지금 어떤 느낌이 드는지 써주시면 됩니다."

처음에 연구진은 표현적 글쓰기를 시도하는 학생들이 삭막한 교실 환경에서 감정을 쉽게 터놓지 못할까 봐 염려했다. 그러다 보니 그들은 이후에 이어진 상황에 놀랄 수밖에 없었다. 학생 대다수가 과거의 트라우마를 떠올리면서 글을 쓰다가 울음을 터뜨리고 만 것이다. 학생들의 수기에는 사건에 관한 세부 내용이 풍부하게 들어 있었으며 깊은 감정을 드러내는 문구들도 담겨 있었다. 나흘간의 실험 기간 내내 학생들은 글로 쓴 내용에 관해 여러 차례 상념에 빠진 것은 물론 심지어 꿈까지 꿨다고 증언했다.

실험 전에 연구진은 표현적 글쓰기를 통해 억눌린 감정을 분출한 학생들이 글쓰기 시간이 끝날 때마다 슬픔과 불안을 덜 느낄 것이며 뒤이어 해방감을 느끼리라 예측했다. 하지만 이번에도 학생들은 연구진을 놀라게 했다. 그들은 표현적 글쓰기 시간이 끝날 때마다 기분이 나아지기는커녕 오히려 나빠졌다고 응답했다. 그들이 느낀 감정은 슬픈 영화를 본 뒤에 느끼는 감정과 유사했다. 그럼에도 실험이 끝나고 며칠 뒤 표현적 글쓰기에 참여한 학생들은 교정에서 페니베이커를 멈취 세우고는 실험에 초대해 줘서 고맙다고 했다. 그들은 표현적 글쓰기를 통해 실험 당시에는 정확히 표현할 수 없었던 긍정적인 영향을 받은 것 같다고 말했다.

대조군에 속한 학생들은 그와는 전혀 다른 경험을 했다. 기숙사나 신발을 화제로 글을 쓴 것은 그들의 감정에 유의미한 혹은 지속적인 영향을 미치지 못했다. 어느 모로 보나 그들은 교실에 앉아 중립적인 소재로 글을 썼을 뿐이며 이전과 달라진 바 없이 일상을 지속했다. 이로부터 연구진은 글쓰기 행위 자체가 학생들에게 긍정적인 영향을 미친 것은 아니라는 결론을 내렸다. 학생들이 어떤 '유형'의 글쓰기에 참여했는지가 결과의 차이를 불러일으킨 것이 분명했다.

실험 결과는 점점 더 흥미로워졌다. 이후 여섯 달 동안 연구진은 실험에 참가한 학생들을 추적해 각 집단이 얼마나 자주 학교 보건소를 방문했는지 조사했다. 조사 결과, 표현적 글쓰기에 참여한 학생들이 보건소를 찾아간 빈도수가 대조군에 속한 학생들이 보건소를 찾아간 빈도수의 절반에 불과했다는 사실이 드러났다. 표현적 글쓰기에 참여한 학생들이 병원을 방문할 만큼 충분히 아프지 않았거나 다른 학생들만큼 자주 아프지 않았던 것일 수 있다. 혹은 연구진의 주장대로 트라우마를 유발한 사건을 재조직하고 재구성한 경험이 학생들 신체의 자기 조절 능력을 향상시킨 것일 수도 있다.

연구진은 호기심이 생겼다. 표현적 글쓰기는 정확히 학생들의 어떤 면에 영향을 준 걸까? 결과는 실질적인 의미가 있을까 아니면 우연에 불과했을까? 실험을 반복해도 같은 결과가 나올까?

실제로 뒤이어 진행된 유사한 연구들에서 과거의 트라우마를 소재로 표현적 글쓰기를 한 피험자들은 실험 이후 최대 6주에 걸쳐 면역 체계가 향상된 것으로 나타났다. 이들 역시 대조군 학생들에 비해 학교 보건소를 방문하는 빈도가 낮았다. 이후 실시한 설문조사에서는 표현적 글쓰기에 참여한 응답자 중 80퍼센트가 글쓰기 시간 덕분에 오래도록 유익이 될 통찰을 얻었다고 답했다.

이번에도 학생들이 어떤 유형의 글쓰기에 참여했는지가 중요했다. 후속 연구 결과에 따르면 매 장마다 감정을 분출하기만 한 학생들은 긍정적인 영향을 받지 못했다. 오히려 그들은 다른 피험자들에 비해 부정적인 결과를 얻었다. 자신이 겪은 트라우마에 대해 냉철하고 기계적인 방식으로 글을 쓰는 것도 딱히 도움이 되지는 않았다. 마법은 두 방식을 결합했을 때, 즉 자기 감정에 대해 어떻게 생각하는지와 자기 생각에 대해 어떻게 느끼는지를 둘 다 썼을 때 일어났다. 글을 통해 자신의 감정을 인지적으로 처리하자 인간적 성장이 일어난 것이다. 이후에 진행된 연구에 따르면 비슷한 절차를 대화로 수행했을 때도 동일한 결과가 나타났다.

이 시점까지 페니베이커의 연구에 참가한 피험자들은 실험에서 부모의 이혼, 할아버지나 할머니와의 사별, 반려동물의 죽음 등 과거에 감정적 동요를 일으킨 사건이라면 무엇이든 글로 쓸 수 있었다. 또한 그들은 자기 이야기를 말하는 대신 글로 쓰기만 했다. 그러던 어느 날 우연히도 페니베이커는 사랑하는 사람을 사별한 이야기를 다른 사람에게 소리 내어 털어놓는 행위의 효과를 관찰할 기회를 갖게 되었다.

어느 날 오후 페니베이커가 자신이 가르쳤던 학생인 라토야와 함께 점심을 먹고 있을 때였다. 식사 내내 슬픈 표정을 했던 라토야는 오늘

이 비행기 사고로 부모님을 떠나보낸 지 1년이 되는 날이라고 말했다. 라토야는 자신이 느끼는 고통을 페니베이커에게 털어놓았으며 둘은 식사를 마친 후에도 대화를 계속하기 위해 캠퍼스로 돌아갔다. 돌아가는 길에 페니베이커의 머릿속에 한 가지 생각이 떠올랐다. 상실에 관해 이야기할 때 라토야의 스트레스 수준이 어떻게 변하는지 측정하고 싶었던 것이다. 그래서 라토야에게 실험실에 가서 피부 전도성 검사를 받을 의향이 있는지 물어보았다. 이런 종류의 연구에 익숙했던 라토야 역시 흥미가 생겼다. 그래서 실험에 응했다.

그날 오후 스승과 제자가 발견한 사실은 (페니베이커의 말을 빌리자면) '매혹적'이었다. 부모님의 첫 기일은 분명 라토야에게 고통스러운 감정을 불러일으켰다. 그렇다면 이 주제에 대해 직접 이야기를 나누는 행위가 라토야의 스트레스 수치를 높이리라고 예측하기 쉽다. 하지만 실험실에서 라토야가 부모님을 사별한 경험에 관해 이야기하자 라토야의 피부 전도도가 하락했다. 라토야의 몸이 압박감을 내려놓았다는 뜻이다. 반면 라토야가 사소하거나 평범한 화제에 관해 이야기하자 피부 전도도가 상승했다. 라토야의 몸에 스트레스가 쌓였다는 뜻이다. 간단하게 정리하면, 그날 라토야가 부모님 이야기를 했을 때보다 하지 않았을 때 라토야가 받는 스트레스가 더 컸다. 라토야의 몸은 마치 라토야가 부모님 기일에 부모님 이야기를 꺼내기를 바라는 것 같았다. 반면 부모님의 죽음에 관한 생각과 감정을 억누르려면 스트레스를 유발할 만큼 큰 노력을 들어야 했다.

다른 날에 실험을 했어도 같은 결과가 나왔을까? 그 답을 알기란 어렵다. 하지만 확실한 건 라토야가 자신이 겪은 상실의 이야기를 말로 털어놓기를 원한 날에 이런 결과가 나왔다는 사실과 라토야가 이야기를 참아야 했을 때 라토야의 몸이 스트레스를 받았다는 사실이다. 그렇다면 표현적 글쓰기도 말하기와 동일한 효과를 낼 수 있을까? 이 질문에도 확실히 답하기 어렵다. 사별한 사람이 자신의 이야기를 글로 털어놓는 행위가 어떤 영향을 미치는지 알아내려는 연구가 여럿 진행되었지만 최상의 결과는 오직 특정 조건하의 특정 집단에서만 나타났다. 예컨대 실험 이전부터 높은 수준의 무력감을 느꼈다고 응답한 사람들, 자살과 같은 갑작스러운 죽음으로 사랑하는 사람을 잃은 사람들, 자신의 감정을 능숙하게 통제할 수 있는 사람들의 경우에는 글로 털어놓는 행위가 긍정적인 영향을 미쳤다.

어쨌든 라토야의 실험은 상실의 이야기를 의식적으로 억누를 때 신체적 스트레스가 유발되고 상실의 이야기를 믿을 만한 사람에게 털어놓을 때 신체적 스트레스가 해소된다는 사실을 과학적으로 증명했다. 그보다 앞서 진행한 연구에서도 페니베이커는 자기표현 수단을 사용해 생각과 감정을 결합하는 행위가 (적어도 일부 개인에게는) 지속되는 감정적 유익을 제공할 수 있다는 사실을 밝혀냈다.

셰리는 어머니의 25주년 기일에 두 사실 모두를 몸소 체험했을지 모른다. 그해에 셰리는 자기 친척이나 친구들도 볼 수 있는 페이스북 게시판에 난생처음 어머니 이야기를 쓰기로 결심했다. 셰리는 이렇게 회상한다. "먼저 엄마를 떠올렸어요. 그다음 길게 하소연을… 아니, 하소연이라고 말하기는 그렇고. 어쨌든, 글을 하나 써서 사별의 슬픔을 극복해야 할 대상으로 인식하는 사람들의 통념에 관해 이야기했어요. 내용은 이랬죠. '사별의 슬픔이란 내가 극복한 무언가가 아니다. 앞으로 극복할 것이라고 기대하지도, 극복해야만 하는 것이라고 생각하지도 않는다. 그것은 과거에도 까다로웠고 앞으로도 계속 까다로울 것이다. 사별의 슬픔은 나를 바꿔놓았으며 따라서 나라는 존재의 일부다. 나는 엄마를, 혹은 엄마의 죽음을 잊고 싶지 않다. 오히려 오늘 엄마를 인정하고 기억하고 싶다. 그리고 다른 사람들 역시 엄마를 기억해 주기를 바란다.'"

사람들이 보인 반응에 관해 셰리는 이렇게 말한다. "사실 긍정적인 피드백을 굉장히 많이 받았어요. 엄마 이야기를 글로 전부 써 내려간 건 좋은 선택이었죠. 벌써 25년이나 지났지만 친구들이나 친지들이 제 진짜 마음을 이해하는 데에도 도움이 되었을 거라고 생각해요."

페니베이커의 실험에 참가한 학생들이 지속적인 유익을 얻기까지, 라토야의 몸에서 스트레스 수준이 줄어들기까지, 셰리가 더 깊은 차원의 치유를 경험하기까지 크게 세 가지 요소가 필요했다. 첫째로는 이야기를 하는 사람이 필요했고 둘째로는 (실제 세계에 존재하든 이야기꾼의 인식 속에 존재하든) 이야기를 듣는 사람이 필요했으며 셋째로는 이야기 자체가 필요했다. 사회학자 아서 프랭크Arthur Frank는 이렇게 말한다. "하나라도 빠지면 이 중 어떤 것도 제힘을 발휘하지 못한다."

9장

여섯 가지 예외

만약 '이야기 전개'라든가 '일관된 서사' 같은 표현을 볼 때마다 가슴이 쿵쾅거리고 정신이 아득해진다면 당신은 혼자가 아니다. 내가 접한 상실 이야기 중에도 약 30퍼센트가 비순응적이었다. 다시 말해 고전적인 이야기 구조를 따르지 않았다는 뜻이다. 누락된 사실이나 기억때문에 혹은 사별의 원인이 명확히 밝혀지지 않아서 이야기 사이에 공백이 생기는 경우가 있다. 또는 그 밖의 이유로 이야기 자체를 이해하지 못하는 사례도 있는데 이때는 상실에 결부된 죄책감과 소외감이 배가된다.

사별을 겪은 직후 사실을 바탕으로 이야기를 구성하려고 할 때 우리의 정신은 일반적으로 아리스토텔레스적인 이야기 곡선을 따르려고 한다. 아리스토텔레스적 이야기 구조는 기원전 4세기경 아리스토텔레스가 여러 편의 그리스 비극을 관찰한 끝에 발견한 극적 서사 구조로 시작, 중간, 끝으로 명확히 구분되는 3막 구성을 이룬다는 특징이 있다. 이 같은 고전적 이야기 구조에 몇 가지 작문 용어를 더하면 '시작-발단-중간-질정-끝'이라는 구성이 완성된다.

'시작'은 이야기의 배경과 설정을 설명하는 부분이다. 주요 사건이 시작되기 전 중심 등장인물이 어떤 모습을 하고 있는지를 묘사한다. '발단'은 주요 사건을 촉발시키는 균열적인 사건을 설명하는 부분이다. 다시 말해 '무언가가 일어나는 순간'이다. 발단이 아니었다면 이야기에 등장하는 모두가 무한히 존재했을 것이다. 이 발단으로 인해 주인공은 이전에는 원하지 않았던 무언가를 원하게 된다. 그리고 이 새로운 열망이 이야기가 계속 진행되도록 하는 동력으로 작용한다.

이후 '중간' 지점에서 이야기의 상당 부분이 전개되고 이때 주인공은 새로운 열망을 발견하거나 그 열망을 성취 혹은 포기하기까지 온갖 사태와 문제를 직면하고 또 극복한다.

'절정'에서는 말 그대로 이야기가 절정에 달하고 이때 발단에서 등장한 갈등이 마침내 해소된다. 즉 등장인물들은 이때 자신이 원하는 바를 달성하거나 새로운 무언가를 얻거나 혹은 목표를 이루지 못한 채 살아가야 한다는 사실을 알아차리게 된다.

'끝'은 절정이 초래한 여파를 담아낸다. 등장인물들이 목표를 달성한 채 혹은 달성하지 못한 채 살아가는 법을 깨우치는 모습이 표현된다. 애도의 경우 대개 이 '끝' 부분이 '해결'에 이르는 과정이 된다.

7장에서 소개한 나의 상실 이야기 역시 고전적인 이야기 구조를 따르고 있다. 만성 질환에 관한 이야기가 거의 그렇듯 초기 증상이 나타나거나 병을 진단받은 순간으로 시작해 치료를 통해 차도나 완치를 기대하는 과정을 거쳐 실제로 완치에 이르거나 혹은 죽음에 이르는 것으로 끝이 난다는 식의 구조다. '시작' 부분에서 우리 가족은 앞으로 무슨 일이 다가올지 모른 채 평범하게 살아가는 보통의 가족이었다. 그러다 1980년 봄날 엄마가 병원에 갔다가 유방에 악성 종양이 있다는 소식을 듣고 집으로 돌아왔다(이야기에 추진력을 공급하는 '발단' 부분이다). 이는 가족 모두로 하여금 엄마의 회복을 간절히 바라도록 만들었다. 그다음 16개월 동안 여러 치료 과정에 더해 평범한 가정생활을 이어나가려는 시도가 뒤따랐다('중간' 부분이다). 화학 요법이 행해지고 정밀 검사가 진행되었다. 엄마가 차도를 보인다고 생각한 가족은 기뻐했다. 그러다 1981년 여름이 되었다. 엄마의 병세가 되돌릴 수 없을 만큼 악화되었고 엄마의 상태에 대한 진실이 밝혀졌으며 7월 12일 아침 결국 엄마가 돌아가셨다(주요 등장인물인 우리 가족이 원하던 바를 이루지 못한 '절정' 부분이다). 우리는 구성원을 하나 잃은 채 병원에서 집으로 돌아왔다. 그날 아침 우리는 식탁에 가만히 둘러앉아 서로를 바라보았다(가족들이 새로운 세계에 적응하기 시작한 '끝' 부분이다). 이때를 기점으로 내 삶은 달라졌다. 앞으로 경험할 어떤 일도 이전 경험과는 다를 것 같았다.

상실을 경험한 후 이제껏 지나온 과정을 되돌아보는 일 자체가 힘들고 고통스러울 수 있다. 그러나 상실을 이야기로 만들어나갈 때 비로소 상실에서 의미를 찾고 새로운 삶에 적응할 수 있다. 이런 시도를 통해 우리는 세 가지 이익을 얻을 수 있다. 첫째로 무슨 일이 벌어진 것인지 진정으로 이해하기 위해 노력할 수 있고 둘째로는 사별이라는 비극적인 사건에서도 유익을 찾을 수 있으며 셋째로는 정체성을 변화시킬 수 있다. 이 세 가지 이익을 모두 얻을 때에야 극심한 애도 반응이 불러일으키는 고통의 강도를 약화시키고 복합적 애도 가능성을 줄일 수 있다.

상실로부터 유익을 얻고 정체성 변화를 경험하기 위해서는 먼저 앞뒤가 맞는 이야기를 만들어낼 수 있어야 한다. 이는 좌절감을 불러일으킬 수 있다. 처음 이야기를 발전시키는 과정에서 사별을 경험한 사람이 자신이 지닌 정보와 기억에만 의존해야 하기 때문이다.

하지만 전통적인 서사 구조에 맞아떨어지지 않는 이야기 유형이 최소 여섯 가지 이상 존재한다. 우리의 뇌가 시작, 중간, 끝으로 이루어진 3막 구조를 만들어내려고 아무리 애를 써도 구조를 벗어나고야 마는 이야기들이 있다. 그런 상실의 이야기는 전통적인 이야기 구조와는 다른 구조를 따를 수밖에 없다. 그래도 괜찮다. 그 이야기의 의미를 좀 더 창의적으로 정의하면 된다. 애도와 마찬가지로 모두에게는 각자의 고유한 이야기와 이야기 방식이 존재한다.

갑작스러운 상실 : 압축된 서사

사랑하는 사람이 사고, 자살, 살해 혹은 동맥류, 심장마비, 뇌졸중 같은 급성 질환 때문에 갑작스럽게 사망한 경우 상실의 이야기가 완전히 비틀린 형태로 구성될 수 있다. 갑작스러운 사별을 겪은 사람 입장에서는 사랑하는 사람을 죽음에 이르게 한 논리적인 인과관계를 파악하기가 어렵기 때문이다. 이때 상실의 이야기는 점진적으로 탄력이 붙는 구조를 취하기보다는 한순간에 폭발하는 구조를 취한다.

작가 조앤 디디온Joan Didion 역시 남편이 집에서 저녁 식사를 하던 도

중 심장마비로 세상을 떠났을 때 받았던 충격에 관해 이렇게 썼다. "눈 깜짝할 새 삶이 뒤바뀌었다."

치명적인 사고가 즉각적인 죽음을 초래한 경우 발단 부분과 절정 부분이 동일 지점에서 충돌을 일으킨다. 결과적으로 상실의 이야기에서 중간 부분이 소실되며 이처럼 중간 부분이 빠진 이야기는 딱히 이야기처럼 느껴지지 않을 수 있다.

이런 이유로 많은 사람들이 갑작스러운 사별을 겪은 이후 별도의 발단 부분을 찾으려고 부단히 애를 쓴다. 그들의 사고 과정은 이러하다. '내가 개입해 결과를 바꿀 수 있었던 지점을 찾아낼 수만 있다면, 중대한 선택의 기로가 된 순간을 찾아낼 수만 있다면, 그렇다면 이 이야기가 말이 될 수도 있을 텐데.'

찰나에 벌어진 예측 불가능한 사건 때문에 갑작스러운 사별을 경험한 경우 상실의 이야기는 언제든 누구에게나 경고 없이 일어날 수 있는 비극을 담은 이야기가 된다. 당연히 감당하기 어려운 이야기다. 따라서 이야기의 주인은 비극이 펼쳐지기 이전 시점에 별도의 발단을 설정함으로써 이야기의 중간 부분을 마련한다. 더 나아가 중간 부분에 일련의 사건들을 채워넣음으로써 상실의 이야기에 그 나름의 논리와 절차를 부여한다. 이로써 이야기의 주인은 자신이 겪은 사건을 논리적으로 이해할 수 있다. 그리고 논리적으로 이해할 수 있는 사건이라면 정확한 예측이나 개별적인 계획을 통해 미리 예방할 수도 있었을 것이다.

이처럼 대안적인 시나리오에서는 사별을 겪은 사람이 무기력하게 옆에 빠져 있는 대신 나름대로 중요한 역할을 맡을 수 있다. 차라리 실수를 범하는 역할이라도 맡는 것이 아예 아무런 역할을 맡지 않는 것보다 낫다. '혹시 엄마가 지난달에 독감을 앓은 탓에 심장에 무리가 간 건 아닐까? 그렇다면 왜 난 엄마한테 심장 전문의를 만나보라고 말하지 않았지? 어떻게든 고집을 부려서 엄마를 병원에 보냈어야 했어.' '아빠가 오빠한테 차를 몰아도 된다고 허락하지 않았더라면 사고가 일어나지 않았을 텐데. 나는 분명 아빠한테 거절해야 한다고 말했잖아. 왜 아빠는 안 된다고 말하지 않은 거지?'

가장 가까운 친구인 칼라가 자살로 생을 마감한 뒤 에비는 압도적인 무력감을 느꼈다. 그래서 칼라의 친구들이나 동료들에게 연락을 돌리기 시작했다. 대체 칼라에게 무슨 일이 있었던 건지, 칼라의 정신 상태를 드러내는 실마리를 간과하거나 무시한 건 아닌지 이해하려고 시도한 것이다. 에비는 이렇게 회상한다. "아무도 몰랐을까? 왜 아무도 조치를 취하지 않은 걸까? 저는 그 답을 찾고 싶었어요. 칼라가 다니던 회사의 상사는 이렇게 말하더군요. '칼라에게 뭔가 문제가 있는 건 알았죠. 갑자기 살이 엄청 빠졌거든요.' 자기는 그 문제가 약물 문제인 줄 알았대요. 가장 어려운 건 '왜 아무도 조치를 취하지 않은 걸까?'라는 의문을 해결하는 것이었어요."

예기치 않게 갑작스러운 사별을 경험한 사람은 사망 과정을 직접 지켜보지 못한 경우 흔히 죽음에 관한 이야기를 재구축하려고(다시 말해 죽음을 '재현'하려고) 애쓴다. 힐러리와 힐러리의 동생은 14년 전 어머니가 원인을 알 수 없는 건강 문제로 갑작스레 돌아가시자 그날 아침에 벌어진 사건을 머릿속에 재현하려고 혈안이 되었다. 당시 집에는 아버지도 있었기 때문에 둘은 아버지를 마구 닦달해 모든 정보를 알아내려고 애썼다.

현재 51세인 힐러리는 그때 상황을 이렇게 설명한다. "저는 엄마의 죽음을 막을 수 있었던 시점이 언제였는지 알아내려고 노력했죠. '엄마가 병원에는 가셨던가요? 마지막으로 병원에서 검사를 받으신 게 언제였죠?' 이런 식으로 아빠를 무진장 괴롭혔어요. 당시에는 아빠도 상태가 말이 아니었고 당연히 제 질문에 답할 준비도 되어 있지 않았죠. 하지만 제 머릿속에는 계속 이런 생각이 떠오르더군요. '시간을 계속 거슬러 올라가 의사든 누구든 엄마의 죽음을 막을 수 있었던 시점을 찾아낼 수만 있다면 엄마의 죽음을 더 잘 이해할 수 있을 텐데. 어쩌면 엄마가 돌아가시지 않을 수도 있었을 텐데.'"

힐러리 자매는 새로운 이야기를 구축하는 데 몰두함으로써 훨씬 더 받아들이기 어렵고 고통스러운 가능성을 외면할 수도 있었다. 어머니가 돌아가신 날 아침 아버지가 어머니의 증상을 별일이 아니라고 치부함으로써 어머니의 죽음에 기여했을지도 모른다는 가능성 말이다. 실제로 힐러리의 어머니는 건강염려증이 심했고 아버지는 항상 어머니가 과민 반응을 보인다고 단정했다. 어쩌면 아버지의 판단은 그날 아침 이전까지만 유효했던 것일지도 모른다.

힐러리는 이렇게 말한다. "지금 와서 생각해보면 아마도 저희 자매는 아빠가 엄마의 증상을 진지하게 받아들이지 않은 탓에 구급차를 부르지 않았고 결국 엄마가 죽고 말았다는 생각을 피하려고 애썼던 것 같아요. 진실이라면 근처에도 가고 싶지 않았죠. 진실이라는 포장지 속에 너무나 심각한 책임 문제가 싸여 있었으니까요. 사건을 끊임없이 반복해서 훑고 또 훑다 보면 어떻게든 다른 진실을 찾아낼 수 있을 것만 같았어요."

사랑하는 사람이 자살로 생을 마감한 경우 그 원인을 이해하고 의미를 발견하려는 과정이 특히 더 힘들고 가슴 아프다. 유서마저 없다면, 아니 때로는 유서가 있다고 하더라도 모호함이 해소되지 않을 수 있다. 이때 사별을 겪은 사람은 온갖 사실과 기억과 정보를 샅샅이 조사해 사건 전개 과정을 그럴듯하게 재현함으로써 이야기의 방향을 돌릴 만한 지점이 없었는지, 그런 지점을 누군가 간과하고 지나가지 않았는지 알아내려 애쓴다. 설령 그 결과 스스로를 탓해야 한다 할지라도 아무런 설명이 없는 것보다는 조금이라도 그럴듯한 설명이 있는 것이 더 만족스럽다.

바로 이런 이유로 자살에서 비롯된 상실의 이야기는 다루기가 특히 더 까다롭다. 떠나간 사람이 내 이야기보다 자신의 이야기를 우선시했다는 사실을 받아들여야 하는 것이다. 이야기의 절정을 맺고자 한 그들의 선택은 남은 사람들에게 감당하기 어려운 비극적인 이야기만을 남긴다.

어릴 적의 상실: 기억의 부재

로니가 네 살 때 로니의 부모님은 개인 비행기를 타고 휴가를 다녀오는 길에 사고를 당해 목숨을 잃었다. 너무 어린 나이에 사별을 겪었기 때문에 로니에게는 부모님과의 추억도, 부모님의 죽음에 관한 기억도 거의 없었다. 그나마 오빠 덕분에 로니는 사건 당일 네 남매가 엄마 아빠의 귀가를 환영하는 현수막을 만들었다는 사실을 알 수 있었다.

그러나 그 외에는 물건이나 서류, 타인의 기억에 의존해 유년 시절에 관한 기억을 조각조각 맞출 수밖에 없었다.

로니는 이렇게 말한다. "네 살 때의 기억이 없는 게 일반적인 아동 발달 과정을 따른 결과인지 아니면 제 정신이 스스로를 보호하기 위해 기억을 차단한 결과인지 모르겠어요."

어느 쪽이든 답이 될 수 있다. 일반적인 성인이 떠올릴 수 있는 가장 오래된 기억은 보통 해마(두뇌에서 기억 저장 및 반환을 담당하는 부위)가 발달하는 시기인 3~4세 시기의 기억이다. 대개 5세 정도까지는 언어를 배우기 전에 감각을 기반으로 형성한 초기 기억을 떠올릴 수 있다. 하지만 약 7세가 되면 '아동기 기억 상실'이라는 현상을 겪으면서 초기 기억을 대부분 잊어버린다.

2014년에 미네소타대학에서 시행한 연구를 참조하면 이 과정을 더 잘 이해할 수 있다. 연구진은 미취학 아동 83명과 그 어머니를 대상으로 여러 해에 걸쳐 연구를 진행했다. 우선 아이들에게 최근 경험한 사건에 관해 말해달라고 요청한 뒤 그들의 응답을 기록했다. 몇 해 뒤 진행한 후속 조사에 따르면 5~7세가 된 아이들은 자신이 3세 때 응답한 내용의 60퍼센트밖에 기억하지 못했다. 8~9세가 되자 기억하는 내용이 40퍼센트까지 떨어졌다.

이는 아마도 약 7세 즈음의 아동이 성인과 마찬가지로 자서전적인 기억 방식을 발달시키기 때문일 것이다. 결과적으로 7세 이후에 형성된 기억은 나이를 먹어도 비교적 쉽게 떠올릴 수 있다. 대신 7세 이후에는 아무리 오래전 기억을 떠올리려고 해도 약 3세 반 이후의 기억밖에 떠올리지 못한다. 연구진의 추정에 따르면 약 9세에도 떠올릴 수 있는 기억만이 성인기까지 유지되는 것으로 보인다.

미네소타대학 연구에서는 두 가지 사실이 더 밝혀졌다. 첫째로 어휘력이 확장되었다는 점을 감안하더라도 나이가 어느 정도 찬 아이들이 어릴 적 기억을 이야기하는 방식은 그보다 더 어릴 때 이야기하던 방식과 달랐다. 8~9세에 이야기한 내용이 시간, 장소, 인과관계 정보를 포함해 훨씬 더 자세하고 완성된 형태로 나타났다.

둘째로 3세 때 아이의 어머니가 "그다음에는?"이라든가 "언제인지 기억해?" 같은 질문을 사용해 기억을 다듬도록 유도한 경우 아이는 8~9세에도 정보를 매우 자세히 기억했다. 유년 시절에 주위 어른에게 자기 경험을 이야기하는 행위가 나중에 기억을 구체적으로 떠올리는 데 도움을 주었다는 뜻이다. 요컨대 부모나 보호자가 기억을 독려하면 할수록 아이는 더 많은 내용을 성인기까지 기억할 가능성이 높았다. 따라서 아주 어린 나이에 가족 구성원과 사별하고 그 사람에 관해 아무와도 대화를 나누지 못한다면 그 사람과 함께한 기억을 이후로도 떠올리기 어려워질 수 있다.

인간이 어떤 기억을 왜 잊어버리는가에 대해서는 정확히 알려진 바가 없다. 하지만 인간이 어떤 기억을 왜 간직하는가에 대해서는 어느 정도 알려진 내용이 있다. 좋은 기억이든 나쁜 기억이든 깊은 감정을 수반할수록 더 오래 유지되는 경향이 있다. 외할아버지가 돌아가셨을 때 일곱 살이었던 내 큰딸은 뉴욕에서 외할아버지와 마지막 2주를 함께 보내면서 요동치는 감정을 경험한 덕분에 스물두 살이 된 지금까지도 몇몇 기억을 아주 생생하고 정확하게 떠올린다. 반면 당시 작은딸은 이제 막 세 살이 된 참이었다. 작은딸은 다섯 살까지만 하더라도 외할아버지가 돌아가신 날 아침에 내가 우는 모습을 본 기억이 있다고 자주 말하고는 했다. 하지만 이제 머릿속에 떠오르는 기억(땅 위에 쌓인 눈이라든가 침대 위에 누워 있는 남자 등)이라고는 사진을 보거나 남의 이야기를 듣고 상상해 낸 이미지가 다인 것 같다고 한다.

인간은 일상적인 흐름을 깨는 특이한 순간이나 예기치 못한 사건 등 평범함을 벗어나는 요소도 잘 기억하는 경향이 있다. 이례적인 순간에 관한 기억은 마치 빛줄기가 흐릿한 잿빛 하늘을 뚫고 나오듯 의식의 베일을 뚫고 나올 수 있다. 예컨대 아주 어린 나이일지라도 가족의 죽음이 공식적으로 발표되는 순간 자신이 어디에 있었고 어떻게 느꼈는지 정확히 기억하는 경우가 많다. 그처럼 특별한 기억에는 풍부한 감정이 담겨 있기 때문에 성인이 되고 나서도 그 기억을 평생 또렷이 떠올릴 가능성이 높다. 심지어 병원 수술복을 보거나 구급차 사이렌 소리를 듣는 등 당시와 유사한 감각적 자극에 노출될 때 트라우마 반응까지 나타날 수 있다.

내가 이 책을 준비하면서 인터뷰한 사람들 중 매우 어린 나이에 사랑하는 가족을 사별한 사람들은 떠난 사람과 함께한 기억을 떠올릴 수 없다는 이유 때문에 매우 특별한 종류의 슬픔과 절망감을 느낀다고 증언했다. 그들은 '내 일상에서 그토록 중요한 자리를 차지하던 사람이 어떻게 기억에서 사라질 수 있지?' 하고 의문을 품는다. 또 그들은 "그분이 저를 꼭 안아주거나 침대에 눕혀주거나 함께 놀아주었던 기억이 딱 하나라도 있었으면 좋겠어요"라고 말한다. 인생 역사를 구성하는 핵심적인 기억의 파편들, 안정되고 일관된 자아를 형성하는 데 꼭 필요한 기억의 조각들이 사라졌다고 느끼는 것이다.

언어 습득 이전의 발달 단계에 사별을 경험한 경우 초기 기억은 언어나 기억의 형태로 저장되는 대신 신체적인 반응으로 남을 수 있다. 로버트 니마이어의 설명에 따르면 설령 상실의 경험을 묘사할 언어 표현을 가지고 있다 하더라도 여전히 인간의 뇌는 감정적 자극에 반응하고 행동을 강화하는 영역인 변연계를 통해 상실의 경험을 처리한다.

로버트 니마이어는 이렇게 설명한다. "우리는 언어와 대화라는 자원을 활용해 상실을 경험하고 이해합니다. 하지만 훨씬 근원적인 차원에서 자극을 받는 쪽은 사실 자신과 타인을 인식하는 우리의 감각입니다. 갓난아기조차 그런 자극을 인식할 수 있죠. 이는 우리가 다른 사람과의 관계에서 안정을 느끼는가와 관련되어 있습니다. '다른 사람들이 내 곁에 있어줄 것이라고 확신할 수 있을까? 이제 역경이 가득한 세상을 혼자 마주해야 하는 내게 무슨 일이 벌어질까?' 이런 의문은 결코 언어로 표현할 수 있는 종류의 인식이 아닙니다. 그보다는 어린아이조차도 체득하는 종류의 인식에 가깝죠."

이후에 아이가 언어를 습득하고 언어 사용에 능숙해지고 나서야 이야기를 통해 자기 경험을 이해하고 설명하려는 욕구가 나타난다. 아주 어린 나이에 사별을 겪은 사람은 참조할 만한 기억을 가지고 있지 않다 보니 상실의 이야기를 구축하기 위해 조각 모으기 활동에 몰두하기 시작한다. 예를 들면 문서, 사진, 영상 자료를 참고하거나 가족, 친구, 전문가가 공유하는 정보에 의존하는 식이다. 다른 이로부터 유용한 정보를 상자째 받는 사람이 있는가 하면 어떤 정보도 제공받지 못하는 사람도 있다. 이와 관련해 내가 들은 이야기 중 가장 마음을 저미는 이야기는 어린 시절 사별한 부모나 형제자매의 삶과 죽음에 관한 단서를 조금이라도 찾아보겠다고 망자의 방에 몰래 숨어 들어간 적이 있다는 사연들이다. 그들은 '그 사람이 어떤 사람인지 모르는데 내가 누군지 어떻게 알 수 있을까? 나는 그 사람에게 어떤 존재였을까?'라는 의문을 품는다.

어느 날 저녁 집필 작업을 하는데 수신함에 메일 하나가 도착했다. 첫 문장은 이러했다. "우리는 우리의 기억을 들여다볼 때 스스로를 이해할 수 있다고 생각한다. 하지만 우리는 우리가 기억하지 못하는 내용, 즉 우리 인생 서사에서 소실된 부분, 생략된 부분, 누락된 부분을 들여다볼 때도 스스로를 이해할 수 있다." 발신인은 뇌동맥류로 어머니를 잃은 니나라는 여성이었다. 메일 내용은 니나가 '잊혀진 것'이라고 제목을 붙인 짧은 에세이의 일부였다.

에세이에서 니나는 이렇게 말한다. "당시 나는 여섯 살이었다. 충분히 엄마를 기억할 수 있는 나이였다. 그럼에도 엄마를 떠올리려고 시도할 때면 머릿속에는 텅 빈 백지만이 남아 날 불안하게 했다. 어떻게 내게 생명을 준 사람을 잊을 수 있단 말인가? 내 잠재의식 어딘가에는 분명 엄마의 기억이 묻혀 있을 것이다. 나는 심지어 최면치료를 받을 생각도 했다. 내 입에서 무서운 말이 나올까 봐 두려운 것만 아니라면 진작 받았을 것이다. 나는 혹시 내가 의도적으로 엄마를 잊기로 선택한 것이라면 어떻게 해야 할지, 훗날 내가 스스로에게 초래할 고통을 인지하지 못한 채 날 두고 떠난 엄마를 벌하겠다고, 내게 상처를 준 이에게 더 큰 상처를 주겠다고 다짐했던 것이라면 어떻게 해야 할지 두려웠다."

니나는 어머니의 부재에 적응한 채 성장했을 뿐만 아니라 거기서 느끼는 공허함을 채울 기억조차 지니고 있지 않았다. 유년 시절 어머니와 함께한 기억이 몸과 마음에 새겨졌을 가능성이 없지는 않았지만 그 기억에 접근할 길이 없는 이상 잃어버린 기억이나 다름없었다.

내가 엄마에 관해 기억하는 것이라고는 엄마의 죽음에 관한 이야기뿐이다. 할아버지 댁 갈색 가죽 소파에 앉아 〈스타트렉〉 재방송을 보고 있을 때였다. 아빠가 헐레벌떡 들어와 눈물을 쏟으며 엄마가 돌아가셨다는 소식을 전해주었다. 나는 고작 여섯 살이었기 때문에 아빠는 내가 이해할 수 있는 표현으로 엄마가 죽은 이유를 설명해 주었다. 엄마 머릿속 혈관에 거품 방울이 생겼는데 방울이 터지는 바람에 엄마가 돌아가셨다는 이야기였다. 엄마는 취업 면접을 보러 갔다가 변을 당했다고 했다. 면접을 끝내고 면접관과 악수를 하려고 일어났는데 그대로 의식을 잃고 쓰러졌다는 것이다. 면접관은 엄마가 바닥에 완전히 쓰러지기도 전에 불길한 낌새를 알아차렸다고 했다. 아빠로부터 물려받은 기억 중 특히 이 마지막 부분, 즉 31세에 불과한 꽃다운 나이의 엄마가 의식을 잃은 채 죽어갔다는 부분은 유년 시절 내내 뇌리에서 떠나지 않았다.

하지만 그로부터 28년 뒤 나는 엄마의 죽음에 관한 진실을 알게 되었다. 여러 우여곡절 끝에 나는 당시 엄마의 남자친구와 연락이 닿았다(부모님은 이미 몇 해 전부터 갈라선 상태였다). 그분은 엄마가 자기 품에서 숨을 거두었다고 말했다. 좀 더 정확히 말하자면 둘이 관계를 맺고 있었다고 한다. 엄마를 알고 지내던 사람 중 엄마가 어떻게 돌아가셨는지 알게 된 사람은 나뿐이었다. 엄마의 남자친구에게 물은 사람이 아무도 없었기 때문에 아무도 진상을 알지 못했다. 심지어 외할아버지와 외할머니조차도.

20대 후반이 된 나는 외할머니에게 외동딸인 엄마 이야기를 좀 해달라고 요청했다. 외할머니는 이렇게 답했다. "뭐라도 기억하는 사람이 있겠니?" 나는 잊어버린 기억을 되찾으려고 애쓰고 있는데 외할머니는 남아 있는 기억을 잊으려고 애쓰고 있다니, 참 이해할 수 없는 아이러니였다.

기억은 프리즘과 같다. 눈에 보이는 색과 형태를 결정하는 것은 결국 프리즘을 들여다보는 사람 본인이다. 사실이 왜곡될 가능성이 있다고 하더라도 나처럼 기억이 없는 것보다는 다른 사람들처럼 잘못된 기억이라도 있는 편이 나았다. 나는 사람들의 잘못된 기억을 바탕으로 엄마라는 존재를, 나라는 존재를 인식했다. 텅 빈 기억 창고에서 나는 내가 되었다.

이렇듯 아주 어린 시절에 겪은 상실에 관한 이야기는 사건을 사실적으로 서술한 이야기라기보다는 아이가 간직할 수 없었던 추억에 관한 이야기일 수 있다. 기억과 기억 사이에 자리 잡은 공백은 사별의 아픔을 겪은 사람 입장에서 상실의 이야기를 풀어내는 데 필요한 핵심 요소다. 사랑하는 사람의 부재는 물론 그 사람과 관련된 기억의 부재 역시 이야기의 뼈대를 이룰 수 있기 때문이다. 잊어버린 기억이 무엇이든 기억을 찾아내려고 노력하는 과정 역시 의미 있는 이야기가 될 수 있다.

어려서 이해하지 못한 상실: 주술적 사고와 회고적 보충

대부분의 아이들은 11세 즈음 죽음을 성숙하게 이해하기 시작한다 (죽음이 비가역적이고 불가피하며 보편적이라는 사실을 이해한다). 그전까 지는 그들의 이해력이 허락하는 만큼만 죽음을 이해할 수 있을 뿐이 다. 따라서 누군가 어린아이에게 사랑하는 사람의 죽음과 관련된 사실 을 자세히 설명해 주더라도 아이의 지적 역량이 설명을 따라가지 못한 다면 아이는 왜곡되거나 허황된 방식으로 사실을 해석할 가능성이 있 다. 결과적으로 아이는 소위 '주술적 사고'에 빠질 수 있다.

주술적 사고란 자신의 생각, 행동, 언어, 감정이 외부 세계의 사건 을 불러일으킬 수 있다는 믿음을 말한다. 이런 사고방식은 성인에게 도 나타날 수 있다. 주술적 사고에 빠진 아이는 대개 자기 주변 세계를 이해하기 위해 공상의 이야기를 창조한다. 이런 이야기는 진실에 기 반을 두지 않을 수 있으며 심지어 물리 법칙을 따르지 않을 수도 있다.

아이들은 인지 능력이 미숙하기 때문에 주위 어른들로부터 아무 리 진솔한 설명을 들어도 죽음을 이해하는 면에서 한계를 보인다. 아 이들이 죽음을 제대로 이해하려면 새로운 발달 단계에 진입할 때마다 주위 어른의 도움을 받아 몇 번이고 죽음과 관련된 사실을 재고해야 한다. 그렇지 않으면 아이들의 지적 수준이 진실과 허구를 가릴 수 있 을 만큼 발달한 뒤에도 주술적 사고에서 비롯한 공상이 정서에 족적 을 남길 수 있다.

저명한 아동심리학자 장 피아제Jean Piaget는 아동의 인지 발달 과정 을 연구한 논문에서 전조작기에 해당하는 2~7세 사이에 주술적 사고가 가장 활발히 이루어진다고 설명했다. 바로 이 시기에 아이들은 공상과 현실을 구분하는 법을 배워나간다.

현재 50대 초반인 케빈은 그가 일곱 살 때 동생이 사산된 뒤 도저히 답할 수 없는 거대한 의문에 대응하기 위해 주술적 사고에 의지했다. 물론 케빈의 부모님은 아이들에게 동생의 죽음이 그들 때문이 아니라고 안심시켰다. 하지만 케빈은 도대체 왜 그런 일이 일어났는지, 왜 하느님이 무고한 아기가 죽도록 내버려두었는지 이해할 수 없었다. 이와 같은 존재론적 고민은 그저 좋은 것과 나쁜 것, 옳은 것과 그른 것을 이분법적으로 구분할 줄 아는 게 전부인 7세 소년의 지적 역량에 큰 부담을 주었다.

케빈은 이렇게 설명한다. "당시 저는 나쁜 일은 나쁜 사람에게만 일어난다는 인과응보적인 사고방식에서 아직 빠져나오지 못한 상태였죠. 아이들은 도덕적으로 순수한 데다가 거대한 윤리적·도덕적 의문에 겁을 먹지도 않습니다. 오히려 자신만의 천진난만한 방식으로 의문을 파고들죠. 그러다 보니 점점 압박감이 느껴졌어요. 일단 세계가 작동하는 방식이 어딘가 단단히 잘못되었다는 생각이 들었습니다. 우리 가족이 나쁜 짓을 저지른 것 같지는 않았으니까요. 그러자 혹시 내가 무언가 못된 짓을 저지른 건 아닐까 의심이 생겼습니다. '어쩌면 나 때문에 그런 일이 생긴 건 아닐까? 내가 충분히 열심히 기도하지 않았던 걸까? 내가 착한 아이가 아니었던 걸까?'"

시간이 흘러 케빈의 지적 능력이 그처럼 단순한 인과응보 논리가 현실에 적용되지 않는다는 사실을 이해할 수 있을 만큼 발달한 뒤에도 케빈은 동생의 죽음에 자신의 책임이 있을지도 모른다는 인식을 오랫동안 떨쳐내지 못했다. 그로부터 몇 년 뒤 어머니에게 출산 과정에 대해 자세히 설명을 듣고 난 후에야 케빈은 일곱 살 소년의 믿음을 온전히 놓아버릴 수 있었다. 그때부터 케빈은 허황된 상상 대신 과학적인 사실에 근거해 이야기를 꿰맞출 수 있었다.

케빈은 이렇게 말한다. "엄마는 그전에도 난산을 겪은 적이 몇 번 있었죠. 끊임없이 진통이 반복되다 보니 배 속 아기가 산소를 충분히 공급받지 못했어요. 그래서 여동생은 출산 중에 거의 목숨을 잃을 뻔했고 남동생은 실제로 목숨을 잃고 말았죠. 엄마는 지금 와서 생각해 보니 병원 판단에 문제가 있었다고 하더군요. 병원에서는 밤에 진통이 와도 돌봐줄 사람 없이 엄마를 혼자 병실에 뒀어요. 과거에 엄마한테 어떤 문제가 있었는지 인지하고 있었는데도 말이죠. 병원이 일 처리를 더 잘할 수 있었다는 사실을 깨닫고 나니 제 생각에도 영향을 미치더군요."

알리사가 여섯 살 때 알리사의 아버지는 오랜 암 투병 끝에 세상을 떠났다. 케빈이 그랬듯 알리사도 아버지의 죽음에 어떤 식으로든 자신의 책임이 있다고 확신했다. 주변 어른들은 네 자녀 중 막내였던 알리사와 바로 손위의 오빠에게는 아버지의 건강 상태와 투병 과정에 대해 말을 아꼈다. 실제로 알리사는 어릴 때 '죽다' 내지는 '죽음'이라는 단어를 들어본 기억이 없다고 한다. 물론 들었다고 하더라도 당시에 그게 무엇을 의미하는지 이해할 수 있었을지 확신할 수 없다.

10월 28일 아침 알리사의 학교에서는 할로윈 축제가 열렸다. 알리사는 악마 복장을 한 채 학교로 갔다. 그날 저녁 알리사의 어머니는 네 남매를 집에 앉혀 놓고 아버지가 그날 일찍 돌아가셨다고 말했다. 알리사는 정보를 빠르게 흡수했다. 그러고는 머릿속으로 그날 있었던 일을 되돌아보면서 여섯 살 소녀가 내릴 수 있는 가장 합리적인 결론을 내렸다. 아버지가 돌아가신 것이 자기 때문이라는 결론이었다.

알리사는 이렇게 회상한다. "방으로 돌아가서 제 할로윈 복장을 꽉 움켜쥐었던 기억이 나요. 그대로 밖으로 나가서 옷을 쓰레기통에 쑤셔 넣고는 한바탕 발작을 일으켰죠. 그때 기억이 여러 해가 지나도록 뇌리에 박혀 있었어요. 내가 못난 딸이라는 생각, 내가 하필 그해에 악마가 되는 바람에 아빠를 죽게 만들었다는 생각이 머릿속을 떠나지 않았죠. 물론 제 생각을 진지하게 받아들이는 사람은 아무도 없었어요. 하지만 저는 이후로도 거의 10대 동안 그 생각을 정말 심각하게 받아들였어요. 제 탓이 제일 크다고 믿었고 그런 믿음이 한동안 저 자신에게 상처를 줬죠."

어느 동정심 많은 어른의 도움으로 알리사는 10대 시절 내내 상실의 이야기를 되짚어보면서 서사를 새로운 방향으로 다듬어 나갈 수 있었다. 우선 알리사는 기존의 이야기를 뒷받침하던 잘못된 논리를 교정했다. 그리고 어린아이에 불과했던 자신에게 아버지의 생사를 가를 힘 따위는 존재하지 않았다는 사실을 인정했다. 하지만 10년에 걸쳐 뿌리내린 죄책감을 뽑아내는 데에는 꽤 많은 시간이 필요했다.

알리사는 이렇게 말한다. "어리다고 해서 인과관계가 눈에 들어오지 않는 건 아니에요. 어린아이의 두뇌도 얼마든지 인과관계를 찾아내고야 말죠. 어쩌면 어른의 두뇌보다도 훨씬 창의적이고 창조적일지도 몰라요."

게다가 사랑하는 사람의 죽음을 겪는 동안 어린아이에게는 주체적으로 선택을 내릴 권리가 주어지지 않는다. 사랑하는 사람이 서서히 죽어가는 모습을 지켜볼 때든 사랑하는 사람의 죽음과 관련된 사실을 알아갈 때든 장례식이나 추도식에 참석할 때든 아이들은 주변 어른들의 선택에 의지할 수밖에 없다. 사실상 어른들이 대신 써주는 이야기의 등장인물 역할을 하는 셈이다. 자신의 과거 이야기 역시 어른들이 말해주는 대로 받아들일 수밖에 없다. 따라서 어린 시절 사별을 겪은 사람이 상실의 이야기를 구축해 놓았다 해도 그 이야기가 정말 사실에 기반을 둔 것인지 아니면 다른 사람의 주관적이고 불분명한 증언에 영향을 받은 것인지 판단하기란 쉽지 않다. 어린아이일 때 사별을 경험한 사람이 말하는 이야기에는 그가 직접 밝혀낸 사실에 더해 다른 사람이 공유해 준 기억은 물론 주변 어른이 가르쳐준 성숙한 식견까지 겹겹이 뒤섞여 있을지도 모른다.

현재 46세인 애비가 자기 아버지의 죽음에 관해 이야기하는 내용을 보면 이 사실이 명확히 드러난다. 아버지가 스스로 목숨을 끊었을 때 애비는 고작 네 살에 불과했다. 따라서 아버지에 대한 애비 본인의 기억은 거의 없다시피 하다. 그 대신 애비는 어머니가 들려준 이야기, 성인이 되어서 직접 조사하고 추측한 내용, 공백 상태로 남겨놓은 부분, 성인으로서 세계를 바라보는 관점 등 다양한 요소를 한데 엮어 자신만의 이야기를 구성했다.

제 이야기는 이런 식으로 진행이 돼요. (중략) 엄마가 유치원으로 와서 저를 데리고 집으로 갔죠. 엄마는 차고에 아빠 차가 있는 걸 발견했어요. 그래서 곧장 집으로 들어갔죠. 저도 알아서 차에서 내렸던 것 같아요. 엄마는 위층으로 올라갔어요. 제 기억에는 없지만 엄마 얘기로는 그래요. 어쨌든 엄마는 계단 맨 위에 있었고 저는 계단 맨 아래에 있었죠. 제가 말했어요. "엄마, 왜 소리를 질러?"

엄마는 계단을 뛰어내려 와 저를 붙잡고는 얼른 집 밖으로 나갔어요. 제가 위층에 올라가면 안 된다고 생각한 거죠. 충분히 이해해요. 마침 저희 동네에는 은퇴한 간호사가 두 분 계셨어요. 엄마는 곧장 그분들 집으로 달려갔죠. 엄마는 생각했어요. '그 사람들만 오면 전부 다 괜찮아질 거야.'

물론 두 사람은 집에 없었어요. 하지만 있었다고 하더라도 달라질 건 없었죠. 그때 이후로는 무슨 일이 있었는지 딱히 기억이 안 나요. 아마 엄마가 다시 삶을 일으켜 세우는 동안 저는 할머니 댁에서 지냈던 것 같아요. 그러고는 얼마 안 있어서 멀리 이사를 갔죠. 결국 저한테 네 살이라는 나이는 삶의 전반부와 후반부를 나누는 경계선이었던 셈이에요.

어린아이에 불과했던 애비는 자신만의 이야기를 논리 정연하게 구축할 수 없었다. 어린아이들이 이해할 수 없는 건 죽음뿐만이 아니다. 그들은 서사 역시 이해하지 못한다. 일반적으로 5세 이하의 아동은 사건을 시간 순서대로 배열하는 법을 알지 못한다. 시간 개념이 부족하기 때문에 이야기를 해도 시공간적 배경이 들쑥날쑥하다. 6세 즈음이 되어야 개인적인 경험에 시간적 배경이 결부되기 시작하며(예컨대 '밤'이 되면 자러 간다는 식의 말을 한다) 시간 개념을 이해할 역량이 생긴다. 초등학교 1~2학년 때 시간 읽는 법을 학습하는 것도 바로 이 때문이다.

　대부분의 아이들은 8~9세 나이에 달력을 구성하는 기본적인 개념을 이해하기 시작한다. 하지만 순차적이고 논리적인 서사를 구성하는 능력은 추상적 사고 능력을 비롯한 지적 능력과 마찬가지로 아직 발달 과정 중에 있다. 다시 말해 10~12세에 이르기 전까지는 서사를 이해하고 구사하는 능력이 온전히 발달하지 않는다.

　취학 연령대의 아동이 사별을 겪는 경우 아이는 갑작스러운 변화에 압도된 나머지 상실의 이야기를 만들어나가기보다는 적응하고 생존하는 데 집중할 가능성이 높다. 이런 상태는 여러 해 지속될 수 있다. 오직 죽음에서 의미를 찾는 일이 시급한 문제로 느껴질 때에야 상실의 이야기를 구축하고자 하는 열망이 수면 위로 떠오르기 때문이다. 중년에 접어들고 나서야 이런 여정을 밟기 시작하는 사람도 드물지 않다. 하지만 이때도 어린 시절에 떠올린 불완전한 이야기를 다듬는 정도로는 충분하지 않을 수 있다. 기억과 생각과 감정을 종합해 이야기를 만들려고 시도하는 게 이때가 처음일지도 모른다.

침묵과 비밀과 거짓: 진실의 부재

　각각의 가족은 그 가족만의 고유한 현실, '가족 세계'를 창조한다. 가족 구성원이 사망하면 남은 구성원들은 대개 상실의 이야기를 공동으로 발전시킨다. 상실의 이야기를 발전시키는 과정에서 얼마나 많은 대화를 주고받을지는 가족의 문화에 따라 달라진다. 특히 가족 내에서 영향력과 지배력이 가장 강한 사람이 어떤 의견을 내는지가 결정적으로 작용할 때가 많다.

어떤 일이 있었으며 또 거기에 어떤 의미가 있는지 가족 구성원 모두가 진정으로 의견 일치에 이르는 경우는 드물다. 미니애폴리스에서 병원을 운영하며 《죽음을 이해하려는 가족들Families Making Sense of Death》을 집필한 심리학자 재니스 윈체스터 나두Janice Winchester Nadeau는 이렇게 설명한다. "일차적으로 가족 구성원 모두가 동의해 특정한 의미를 도출해 낼지도 모른다. 하지만 이내 구성원 각자가 자신만의 생각을 더하기 마련이다." 이상적인 환경에서는 가족 전체가 공유하는 상실의 이야기와 구성원 각자가 구축한 상실의 이야기가 조화롭게 공존할 수 있다. 하지만 현실에서는 쉬운 일이 아니다.

동일한 사실이라도 해석하는 방식은 사람마다 다르다. 한 사람에게는 사실인 것이 다른 사람에게는 비밀일 수 있고 한 사람에게는 비밀인 것이 다른 사람에게는 치부일 수 있다. 타고난 기질, 애도하는 방식, 고인과의 관계, 사망 과정에 대한 생각 등에 따라 어떤 사람에게는 죽음에 관한 이야기가 비교적 수월하거나 달갑게 느껴질 수 있다. 이 때문에 사실 관계에는 이론의 여지가 없더라도 고인의 죽음이 어떤 의미를 지니는가에 대해서는 가족 구성원들이 합의에 이르지 못하는 경우가 많다.

때로는 가족이 공통의 상실 이야기를 빠르게 구축한 뒤 자신들끼리는 물론 다른 사람들에게 그것을 전달하는 데 집중할 수 있다. 하지만 그 이야기는 의료 기록이나 경찰 보고와 일치하지 않을지도 모르며 결국 세월의 시험을 통과하지 못할 수 있다.

내가 만난 한 사람은 어머니의 죽음이 자신에게 미친 여파를 이렇게 설명했다. "저는 저희 가족이 합의한 상실 이야기 안에서 아주 오랜 시간을 보냈어요. 제가 알고 있는 이야기가 진실이기는 한지 확신이 들지도 않았죠. 40대가 되고 나서야 그 이야기를 종합해서 이해해 보려고 노력하기 시작했어요."

사별을 겪은 가정에서 고인이나 고인의 죽음에 관한 대화가 가로막히는 경우 가족 구성원들이 함께 의미를 만들어나가기가 어려워진다. 이때 각각의 구성원은 개별적으로 이야기 만들기 과정에 몰두할 수밖에 없으며 결과적으로 여러 버전의 이야기가 만들어진다. 이 중 일부는 다른 이야기와 모순을 일으키거나 심지어 다분히 부정확할 수 있다.

설상가상으로 사랑하는 사람의 죽음과 관련된 특정 사실이 일부 가족 구성원에 의해 숨겨질 수도 있다. 특히 끔찍하고 고통스러운 사고가 죽음을 초래한 경우 대개 어린 자녀들은 정확한 정보를 전달받지 못한다. 죽음의 원인이 자살이라는 이유로 사실을 숨기려는 시도가 훨씬 광범위하게 이루어질 때도 있다. 그와 동시에 남은 가족은 공통으로 합의한 대외적인 버전의 이야기에 계속 고착하면서 그로부터 이탈해 자신만의 이야기를 만들어내려는 구성원을 벌하기도 한다.

사실 정보가 분명히 존재하고 그 정보를 소유한 사람이 누군지 알고 있음에도 객관적인 진실을 찾으려는 시도가 거절과 방해에 봉착한다면 논리 정연한 서사를 구축하기 어려울 수 있다. 이 경우 상실의 이야기에서 유일하게 확신할 수 있는 부분은 절정 부분, 즉 사랑하는 사람이 떠났다는 사실뿐이다. 왜, 어떻게, 언제, 어디서, 누구 때문에 그런 일이 벌어졌는지는 파악하기 어렵다.

나에게 상담을 받았던 사람 중 다른 친지들이 부모님의 사망 원인을 끝까지 비밀로 감춘 탓에 사망 증명서까지 발급받아야 했던 사례도 있다. 물론 어른들은 사망 원인에 대한 정보가 남은 가족에게 너무나 큰 상처가 되기 때문에 사실을 숨기고는 한다. 예컨대 사망한 부모가 불륜 관계에 있었을 수도 있고 사망한 자녀가 약물 중독 문제를 겪고 있었을 수도 있다. 사랑하는 가족이 자살이나 에이즈 등 사회적 낙인이 찍힐 만한 문제로 사망한 경우 남은 가족은 매우 모호한 표현을 사용해 죽음에 관한 대화를 나누거나 아예 거짓을 이야기해 수치심을 줄이려 할지도 모른다.

1980년에 엄마가 유방암 진단을 받았을 때 암이라는 질병은 여전히 '빅 시big C'라는 별칭으로 불리고 있었으며 사람들은 공개적인 장소에서 '유방'이라는 표현을 사용하기를 꺼렸다. 요즘에야 상상하기도 어려운 일이지만 1980년에는 실재하던 금기였다. 사람들은 암에 관해 터놓고 얘기할 줄 몰랐고 엄마가 겪었던 것처럼 심지어 환자와도 암에 대해 대화를 나누기를 주저했다. 일부 문화권에는 이런 관행이 아직도 규범처럼 자리 잡고 있다. 2019년도 영화 〈페어웰The Farewell〉에서 한 중국계 미국인 여성은 폐암 말기 진단을 받은 사랑하는 할머니를 만나기 위해 대가족을 이끌고 미국을 떠나 중국으로 간다. 하지만 식구들은 할머니에게 병의 예후가 어떤지 이야기하지 않기로 결정한다. 중국에는 환자에게 상태를 정확히 알려주고 나면 의사의 예측이 더 빨리 실현된다는 통념이 있기 때문이다.

현재 51세인 라야는 열두 살 때 남동생이 심각한 중병을 앓았다고 한다. 당시 라야의 가족은 정치적 망명으로 막 미국에 이주해 온 상태였으며 미국에서 보낸 첫해는 가족 구성원 모두에게 굉장히 혼란스러운 시기였다. 그러던 와중 어느 날부턴가 라야의 부모님이 차로 동생을 데리고 한 시간 거리에 있는 대형 병원을 다니기 시작한 것이다. 그때마다 라야와 라야의 언니는 단둘이 새집을 지키고 있어야 했다.

라야는 당시를 이렇게 회상한다. "부모님이 해준 말이라고는 '피에 문제가 좀 있어서 동생이 아픈 거란다'뿐이었어요." 하지만 열두 살 소녀의 눈에도 무언가 단단히 문제가 있는 게 분명해 보였다. 부모님과 동생이 매주 병원에서 보내는 시간이 적지 않았을 뿐만 아니라 집에 돌아왔을 때에도 고통과 두려움으로 일그러진 얼굴을 하고 있었기 때문이다. 라야는 스스로 답을 찾아내려고 애썼지만 어떻게 이야기를 만들어보아도 논리가 빈약했다. 아무도 동생이 어떤 병을 진단받았는지 혹은 예후가 어떤지 말해주지 않았기 때문이다. 라야는 도대체 이야기의 발단이 무엇인지, 앞으로 무엇을 기대해야 하는지 지극히 원론적으로만 이해할 수밖에 없었다. 확실히 아는 정보라고는 동생의 혈액에 무언가가 빠져 있다는 부모님의 설명뿐이었다.

라야는 이렇게 말한다. "그래서 저는 도서관으로 가서 혈액 관련 질병에 대한 책을 읽고 조사하기 시작했어요. 대체 무슨 일이 벌어지고 있는 건지 알고 싶었으니까요. 결국 어느 시점엔가 동생이 백혈병을 앓고 있다는 사실을 알게 되었어요. 동생이 일종의 혈액암을 앓고 있는데 부모님이 진실을 말해주지 않았다는 걸 깨달은 거죠." 도서관의 도움으로 라야는 동생이 앓고 있는 병이 매우 심각한 중병이며 살아남지 못할 수도 있다는 결론을 얻었다. 안타깝게도 라야의 추측은 정확히 맞아떨어졌다. 동생이 이듬해에 세상을 떠난 것이다.

라야는 진실을 숨긴 부모님을 탓하지는 않는다고 말한다. 이제 자신도 자식을 키우는 입장에서 부모님 마음을 이해하기 때문이다. 라야의 부모님은 당시 새로운 사회, 학교, 지역에 적응하느라 애를 먹고 있던 두 딸이 그처럼 절망적인 소식까지 접해서는 안 된다고 생각했을 것이다. 그럼에도 나는 여전히 열두 살 소녀가 동네 도서관에 홀로 앉아 남동생의 병이 무엇인지 실마리를 찾으려고 고군분투하는 모습을 머릿속에서 지울 수 없다. 어린 소녀에 불과했던 라야의 뚝심과 재치, 혼자 힘으로 진실을 갈구할 만큼 절박했던 라야의 마음, 원했던 이야기는 아니지만 결국 말이 되는 이야기를 만들어내고야 만 라야의 노력은 실로 감동을 준다.

물론 라야는 혼자 도서관에 가서 정보를 탐색할 만큼 나이를 먹은 아이였다. 하지만 라야보다 더 어린 아이들은 이런 조사조차 수행할 수 없다. 게다가 어린아이들은 집안에 혼란과 고통을 가져올 것만 같은 질문을 꺼내기를 주저하는 경향이 있다. 이는 정말 불행한 일이다. 어린 시절 사별을 겪은 뒤 정확한 사실 정보를 얻지 못한 사람은 어른이 되고 나서도 추가로 고통을 겪을 가능성이 크기 때문이다. 실제로 18세 이전에 부모와 사별한 경험이 있는 영국인 33명을 대상으로 진행한 2013년도 연구에 따르면 부모의 죽음에 관해 정확하고 진솔한 의사소통이 이루어지지 않은 가정에서 자란 사람은 성인이 된 이후에도 타인을 신뢰하거나 타인과 친밀감을 형성하거나 타인에게 감정 표현을 하는 데 어려움을 겪었으며 자신감과 자존감이 떨어졌고 외로움과 고립감에 시달리는 것으로 드러났다.

동일한 연구에 따르면 돌아가신 부모님 이야기를 지양하는 가족의 경우 자신의 생각과 감정을 어떤 식으로 전달해야 하는지에 관한 암묵적인 규칙이 가정 내에 존재했다. 보통 그런 가족은 하나의 집단으로서 기능하는 데 어려움을 겪었으며 구성원 역시 가족이 '각자도생'하는 것 같다는 느낌을 받았다.

어린아이는 어른들이 거짓을 말하는지 진실을 말하는지 섬뜩할 만큼 예리하게 파악한다. 진실이 무엇인지는 알지 못해도 자신이 듣고 있는 말이 진실이 아니라는 사실 정도는 알아챈다. 주위 어른에게서 정확한 정보를 습득하지 못하거나 오해의 여지가 많은 소량의 정보만을 습득한 경우 아이들은 그 빈틈을 채우기 위해 이야기를 만들어내기 시작한다. 이는 공상적 요소를 포함하는 주술적 사고와는 다르다. 그보다는 이미 존재하는 사실을 '당시'의 눈으로 보기에 합리적인 방식으로 이어 붙이는 어린아이만의 차선책에 가깝다.

현재 58세인 그레이스는 친구 린이 어린이집에서 보이지 않기 시작한 날을 생생하게 기억한다. 그레이스는 이렇게 말한다. "크리스마스 시즌이 지나고 아직 부활절 시즌이 오지 않은 겨울이었죠. 다들 '린 어디 갔어요? 린 어디 갔어요?' 하고 의문을 품었죠. 선생님과 친구들의 부모님은 그저 '잠깐 멀리 나갔단다. 곧 돌아올 거야' 하고 말았어요. 하지만 린은 돌아오지 않았죠. 저희 반 아이들은 대체 무슨 일이 벌어지고 있는 건지 점점 더 무서워했어요."

정확한 답을 얻을 수 없었던 그레이스와 친구들은 그럴듯한 이야기를 찾기 시작했다. 그레이스는 이렇게 회상한다. "한 아이는 린이 유치원 건너편에 있는 공원에서 놀다가 다람쥐한테 물리는 바람에 광견병에 걸렸다고 했죠. 또 어떤 아이는 '아냐, 아냐. 광견병에 걸린 게 아냐. 린은 하교 시간 때마다 거리를 서성이는 눈먼 아저씨한테 납치를 당했어'라고 말했어요. 물론 눈먼 사람이 아이를 납치할 수 없다는 건 이해하지 못했죠. 저희는 다들 겁에 질렸어요. 저는 집에 달려가서 친구가 광견병에 걸렸다고 울음을 터뜨렸죠. 외과의사인 아버지는 저를 보고 '무슨 소리를 하는 거니?' 하고 물었어요. 그래서 아버지가 사실을 알아보았죠. 린은 뼈에 암이 걸렸던 거예요. 수술을 받아서 다리를 잘라내야 했죠. 집과 병원을 오가면서 화학 요법과 방사능 치료를 받고 있었어요. 아이들의 부모님은 린이 얼마나 아픈지, 린에게 무슨 일이 있는지 자녀에게 알리고 싶지 않았던 거예요."

그레이스의 아버지는 신속하게 상황에 개입해 정보를 수집하고 겁에 질린 딸을 진정시켰으며 딸에게 친구의 질병이 어떤 것인지 이해시켰다. 그레이스는 이따금 린의 집을 찾아갔으며 린이 세상을 떠날 때까지 우정을 유지했다.

이처럼 주변 어른의 지원이 없다면 아이들은 혼란스러운 상황을 이해하기 위해 비논리적인 서사에 의존할 수밖에 없다.

펜실베이니아대학 조교수로 사회 정책 및 관습 분야를 연구하고 있는 앨리슨 워너린은 이렇게 설명한다. "그렇게 찾은 의미는 한 번 쓰이고 마는 게 아니라 훨씬 더 오래 지속된다. 이는 아이의 삶에서 핵심적인 부분으로 자리 잡아 아이가 성격, 애착, 자존감을 형성하는 과정에 영향을 미친다."

"무슨 일이 벌어지는 거지?" 혹은 "무슨 일이 일어난 거지?" 같은 질문에 답을 찾기 어렵게 느껴진다면, 사별이라는 사건을 이해하고 처리하는 과정을 보조해 줄 환경이 주어지지 않는다면 그때 어린아이가 느끼는 혼란은 아이의 자기 이해 방식에 영향을 미칠 수 있다. 그 아이는 '너는 네 주변에서 일어나고 있는 일을 이해할 자격이 없단다. 너는 네 힘만으로 모든 걸 이해해야 해. 이 세상에서 너는 오롯이 혼자야'라는 세계의 메시지를 내면화하여 오래도록 간직한다.

어른들과 마찬가지로 아이들도 시간이 지나면 자신이 만들었던 이야기를 다시 꺼내 그 안에 담긴 메시지를 수정하고 보완하는 과정을 거친다. 바로 이때 '당시 내가 이해했던 이야기'와 '지금 내가 이해하는 이야기' 사이에 또렷한 구분이 생긴다.

달린이 딱 그런 과정을 거쳤다. 달린은 여덟 살에 이별을 겪은 뒤 주위 어른들이 사실을 숨기고 침묵한 탓에 오래도록 그 여파에 시달려야 했다.

현재 45세인 달린은 당시 입양된 아이 둘을 포함한 네 자녀 중 셋째였다. 고작 몇 개월 위인 오빠 조지프는 필리핀의 한 고아원에서 7년을 지내다 달린의 가족이 되었다. 베트남에서 태어난 여동생 역시 입양된 자녀였다. 마지막으로는 피가 섞인 오빠가 하나 있었다.

조지프가 식구로 들어온 뒤 18개월 동안 달린은 조지프와 떼려야 뗄 수 없는 사이가 되었다. 달린은 이렇게 회상한다. "저희는 마치 쌍둥이 같았죠. 어디를 가든 함께 갔고 무엇을 하든 함께했어요. 오빠는 제 베스트 프렌드였죠."

그러던 어느 날 아침, 다들 학교 갈 준비를 하는데 어머니가 조지프는 집에 남을 거라고 말했다. 특이하다고는 생각했지만 불안감을 불러일으킬 정도는 아니었다. 그날 오후 집으로 돌아온 달린은 입양기관 승합차가 집 앞 도로에 세워져 있는 걸 보았다.

달린은 생각했다. '식구가 하나 더 늘었구나! 이 일 때문에 조지프 오빠도 집에 있었던 거야. 새 식구를 환영해 주려고!'

하지만 달린이 현관문을 향해 가는데 조지프가 여행 가방을 든 채 밖으로 걸어 나왔다.

입양기관에서 나온 여자는 조지프를 데리고 계단을 내려가더니 그를 차에 태웠다. 달린은 그때 이후로 조지프를 다시는 만나지 못했다.

제 기억 속 오빠의 마지막 모습은 차창 유리에 얼굴을 꾹 맞댄 채 저를 보면서 손을 흔드는 것이었어요. 어리둥절한 표정이었죠. 마치 '이게 무슨 일이지?' 하는 표정이었어요. 저는 현관 계단 꼭대기에 앉아 있었죠. 겨우 여덟 살이었지만 어쨌든 방금 뭔가 끔찍한 일이 일어났다는 사실을 직감할 수 있었어요. 그냥 거기 앉아 있었죠. 그저 앉아서 계속 생각했어요. '여기 오래 앉아 있다 보면 차가 머리를 돌려서 다시 돌아올 거야.' 하지만 오빠는 다시 돌아오지 못했어요.

저는 꼭대기 층으로 올라갔어요. 거기에는 저랑 여동생이 같이 쓰는 방이 하나 있었고 복도 바로 맞은편에 오빠 둘이 같이 쓰는 방이 하나 있었죠. 꼭대기 층에는 그게 다였어요. 저는 오빠 방으로 들어갔죠. 오빠 물건이 다 사라지고 없었어요. 모든 게 사라져 버렸죠.

아래로 내려갔는데 엄마는 입을 꾹 닫고 있었어요. 이 일에 대해 한마디도 하지 않으셨죠. 그러고는 일주일도 안 돼서 부모님이 저희를 앉혀놓고 말했어요. 아빠가 집을 나갈 거고 두 사람이 이혼할 거라고요. 그때 이후로 평생 조지프 오빠에 대해 묻는 건 금기였어요. 부모님은 오빠의 사진, 오빠의 흔적 전부를 집에서 없앴죠. 오빠 생각을 떠올리기가 너무 힘들었어요.

어른들이 조지프 이야기를 입 밖으로 꺼내지 않은 탓에 달린은 물론 각각 다섯 살과 열네 살이었던 여동생과 오빠 역시 혼자 힘으로 그럴듯한 이야기를 만들어내야 했다. 아이들은 아버지가 조지프를 친자식이 아니라는 이유로 포기했을 것이라고 결론 내렸다. 또 조지프가 고아원에 있던 시절 한쪽 눈을 실명한 일을 아버지가 부끄러워했을 것이라고 확신했다. 아버지가 첫째보다는 조지프를 유독 엄하게 대하는 모습을 본 적이 있기 때문에 논리적으로 타당한 설명이라고 생각했다.

일주일 뒤 아버지는 실제로 이사를 나갔고 얼마 안 있어 다른 지역에서 일자리를 구했다. 교회 사람들은 어머니가 이혼을 당했다는 이유로 등을 돌렸고 어머니는 깊고도 긴 우울증에 빠졌다.

달린은 당시 상황을 이렇게 설명한다. "조지프 오빠가 떠난 뒤로 엄마는, 물론 저희 뒷바라지를 안 한 건 아니지만, 절대 '엄마'가 되어주지는 않았어요. 그때부터는 제가 엄마 역할을 해야 했죠."

침묵과 비밀이라는 안개가 자욱이 드리워 조지프와의 이별을 이해하지 못하게 가로막고 그럼에도 어떻게든 상실로부터 의미를 찾기 위해 억지로 이야기를 만들어내자 아이들은 앞으로 무슨 일이 벌어질지 극도로 걱정하기 시작했다. 부모의 사랑이 조건에 따라 그처럼 획획 바뀔 수 있다면 친자식이라 해도 똑같이 버려질 수 있지 않을까? 달린은 그 답을 확신할 수 없었다. 감히 그 답을 알아내고 싶지도 않았다.

달린은 이렇게 떠올린다. "조지프 오빠가 떠나자 제 속에는 여동생도 똑같은 일을 겪지는 않을까 하는 공포심이 피어났어요. 이후 10년 동안 저는 여동생을 위해 거짓말을 했고 혹시 여동생이 말실수를 하지는 않을까 입을 감시했어요. 여동생에게 완벽해야 한다고, 조용하고 순종적이어야 한다고, 좋은 성적을 받아야 한다고, 아빠가 시키는 모든 걸 해야 한다고 말했죠. 그러지 않으면 아빠가 너도 떠나보낼지도 모른다고요. 제정신이 아니었어요. 제게 남은 가족을 지켜야 한다는 병적인 집념으로 완벽주의자처럼 살았죠. 두려움에 떨면서, 완벽해지려 발버둥을 치면서, 우리 가족이 영원히 함께할 수 있도록 여동생을 지키려 애쓰면서 어마어마한 시간과 에너지를 낭비했죠."

달린은 계속해서 이렇게 말한다. "다른 사람에게 사랑을 받으려면 완벽해야 한다는 생각, 어떤 식으로든 미쳐야 버림받지 않을 수 있다는 생각을 떨쳐내기까지 얼마나 많은 시간이 걸렸고 얼마나 많은 상담이 필요했는지 몰라요. 실제로 어린 시절에 살았던 현실이 그랬으니까요."

지금까지도 달린은 조지프 오빠에게 무슨 일이 있었던 건지, 왜 그런 일이 있었던 건지 진상을 알지 못한다. 여러 해에 걸쳐 어머니에게 갖가지 모순적인 해명을 듣기는 했지만 죄다 아버지를 탓하는 내용이었으며 진실과는 거리가 멀었다. 달린의 어머니는 현재 알츠하이머를 앓고 있으며 아버지는 이미 세상을 떠났다. 따라서 달린 본인도 인정하듯 달린은 이제 조지프가 새로운 입양 가정을 찾았는지, 지금 어디에 살고 있는지 절대 알 수 없을 것이다. 조지프를 찾으려고 부단히 노력했지만 모두 막다른 길에 다다랐다. 결국 달린이 만든 상실의 이야기는 중간 부분이 추측으로만 가득 차 있다. 그리고 이야기의 끝부분에는 "그리고 나는 아직도 그때 무슨 일이 있었는지 모른다"라는 메아리가 마침표 대신 쉼표만을 찍어놓았을 뿐이다.

하지만 달린은 이제 어린 시절의 자신이 만든 이야기(크게 도움이 되지 않았던 이야기)와 지금의 자신이 만든 이야기(조금이나마 진실에 가까워진 이야기)를 구별할 줄 안다. 새롭게 만든 상실의 이야기는 달린이 여러 해에 걸쳐 수집한 사실을 바탕으로 성숙한 정신을 가지고 꿰맞춘 이야기다.

여덟 살의 달린은 아버지에게 달린보다 몇 살 더 많은 혼외 자녀가 있었다는 것을, 어머니가 이 사실을 알고 아버지에게 이혼을 요구했다는 것을 알지 못했다. 어쩌면 이 일이 조지프와의 이별을 불러일으킨 촉매였을지 모른다.

달린은 이렇게 말한다. "제 생각에는 아마 이랬던 것 같아요. 당시 저희 집에서 정식 입양을 하려면 18개월에서 24개월의 위탁 기간을 거쳐야 했죠. 그런데 도중에 부모님이 이혼하기로 결정했으니 입양기관 측에서는 조지프 오빠를 부모님 양쪽이 모두 있는 안정적인 가정으로 보내는 게 낫다고 판단했을 거예요." 어쩌면 어머니가 마음을 닫아버린 이유도 자신의 이혼 결정이 초래한 결과에 무거운 죄책감을 느꼈기 때문일지 모른다.

오늘날 달린이 만든 상실의 이야기에는 어머니를 향한 연민이 들어가 있다. 하지만 거기에는 솔직하고 진실하고 균형 잡힌 방식으로 이야기를 쓰기 위해 최선을 다하겠다는 다짐, 진실의 양 측면을 모두 담겠다는 다짐 역시 들어가 있다. 달린은 이렇게 말한다. "어릴 적 부모님이 마음의 문과 집의 문을 활짝 열어 아이들을 자기 삶의 일부로 받아들이는 모습을 곁에서 지켜볼 수 있었다는 게 지금 시점의 저에게는 정말 놀라운 경험으로 느껴져요. 하지만 동시에 조지프 오빠가 떠났다는 사실이 어떻게 엄마를 망가뜨렸는지, 불행히도 그 여파가 어떻게 도미노처럼 연달아 우리를 망가뜨렸는지도 인식하고 있어요."

빠진 조각: 퍼즐 맞추기와 매듭짓기

인간은 해답을 좋아한다. 이유를 알고 싶다는 욕망을 끊임없이 충족하려 애쓴다. 미스터리를 갈구하는 만큼 미스터리를 끝내고 싶어 한다. 특히 죽음이 결부될 때 인간의 생존 본능은 무슨 일이 일어났는지 이해하려 안간힘을 쓴다. 그래야 같은 일이 또 발생할 가능성을 막을 수 있기 때문이다. 하지만 때로는 이야기를 완성하는 데 필요한 정보가 주어지지 않을 수 있다. 예컨대 사망 원인이 무엇인지 결론이 나지 않을 수 있다. 시신이 발견되지 않을지도 모른다. 사건이 미결 딱지가 붙은 채 종결될 수도 있다. 사망 원인이 약물 중독이라면 그건 사고일까, 자살일까? 시신이 발견됐다면 그는 사고를 당한 것일까, 살해를 당한 것일까? 그 답이 늘 확실할 수 있을까?

사별을 겪은 사람이 이런 의문을 해결하지 못하면 상실의 이야기를 구축할 때 중간 부분을 텅 비워둔 채로 내버려둘 수밖에 없다. 죽음을 이해하고 의미를 도출하는 데 필요한 순서나 인과관계를 파악하지 못하는 것이다. 결과적으로 이야기를 만드는 사람은 그나마 알고 있는 사실을 띄엄띄엄 나열하면서 틈틈이 "그다음 어떤 일이 벌어졌는지는 아무도 모른다. 하지만 바로 그때…" 같은 말을 끼워넣거나 추측으로 빈틈을 채워넣는 수밖에 없다. 이런 유형의 이야기 만들기 과정은 사망 원인이 자살, 사고, 살인 등일 때 주로 나타난다. 하지만 사랑하는 사람이 병환으로 사망한 경우에도 그와 관련된 정보가 명확히 밝혀지지 않는다면 비슷한 상황이 발생할 수 있다.

영원히 풀리지 않는 의문은 사별을 겪은 사람들에게 어떤 영향을 미칠까?

그들은 흔히 "무슨 일이 일어났는지 모르니 무슨 감정을 느껴야 할지도 모르겠어요"라고 토로한다. 이는 상실의 이야기를 구축하는 과정에 감정적 자원은 물론 인지적 자원 역시 필요하다는 사실을 잘 보여준다. 이성이 앞장서서 논리 정연한 이야기를 만들어놓으면 무대 뒤에서 기다리던 슬픔이 신호를 받고 입장하는 것이다. 따라서 이성이 자기가 맡은 일을 수행하지 못하면 슬픔은 무대 위로 나오지 못한다. 결국 사별을 겪은 사람은 슬픔을 가로막거나 미루거나 쫓아내거나 엉뚱한 곳으로 보낸다. 때로는 사별의 아픔 때문에 슬퍼하기보다는 이야기에서 빠진 내용 때문에 슬퍼하기도 한다.

바로 이때 사별을 겪은 사람은 사망 원인을 직접 조사하거나 경찰 혹은 사설 수사관과 협력해 사건을 재현하는 데 온 시간과 에너지를 들이붓는다. 그러는 동안 두뇌는 새로운 사실과 기억을 끊임없이 반복해 훑으면서 새로운 정보가 없는지 확인하고 이전에 짜놓은 사건 개요를 다시 꺼내 연결 고리가 끊어진 부분을 봉합하면서 논리적으로 납득이 가는 이야기를 완성하려 애쓴다.

사별을 겪은 사람 중 사건의 진상을 이해하려고 거듭 노력하는 사람이 죽음을 철저히 외면하려고 애쓰는 사람보다 더 심각한 트라우마를 겪을 가능성이 높다. 머릿속에 생각을 떠올리지도 않는데 상처를 입기는 어려운 반면 머릿속에 생각이 있으면 그것을 떠올릴 때마다 상처를 입기 때문이다. 죽음과 관련된 온갖 사실에 몰두한 채 온종일 시간을 보내고도 의미를 찾는 데 번번이 실패한다면 우울증과 침입적 사고에 빠질 수도 있다.

그런데도 왜 인간은 답을 알아내려고 할까? 구체적인 사실에 관해 자꾸만 생각하고 이야기하려는 충동은 어쩌면 불확실한 상황을 정리하고 통제함으로써 압박감을 해소하려는 시도일 수 있다. 여기저기 흩어진 이야기를 한데 꿰맞추는 데 몰두하다 보면 사별의 아픔으로부터 주의를 돌릴 수도 있다. 아무리 사소한 정보라도 어떻게든 찾고 나면 명확하고 만족스러운 해답이 나올 수 있다.

올리비아는 여동생 지니가 열여섯의 나이에 목숨을 잃은 과정을 이해하기 위해 관련 정보를 찾다가 포기하기를 30년 이상 반복했다. 미국 동부 해안 지역에 가족과 함께 거주하던 지니는 어느 날 실종되었다가 24시간이 채 지나지 않아 국토 정반대편에 있는 고층 호텔 꼭대기에서 추락한 채로 발견되었다. 올리비아는 도대체 무슨 일이 벌어진 것인지 알아내기 위해 사설 수사관을 고용해 사건을 조사한 것은 물론 점술가까지 동원했으며 이후로도 이모와 함께 30년이 넘도록 이미 알고 있는 사실들을 훑고 또 훑었다. 그럼에도 지니가 왜 그렇게 먼 곳으로 떠났는지, 왜 그 호텔에 묵기로 결정했는지, 그날 밤 호텔 옥상에서 무슨 일이 있었는지 알 길이 없었다.

당시 경찰은 지니의 사망 원인을 사살로 규정짓고 사건을 종결시켰다. 하지만 올리비아는 빠진 조각들을 채워넣으면 전혀 다른 이야기가 펼쳐질지도 모르며 그로부터 진실이 드러날지도 모른다는 생각을 오래도록 지울 수 없었다.

지니는 죽기 직전 유럽에서 6주짜리 여름 캠프를 마치고 돌아온 상태였다. 올리비아는 여름 캠프가 지니에게 '끔찍한 여행'이었다고 설명한다. 유럽에서 지내는 동안 지니는 살이 20킬로그램이나 쪘다. 집에 돌아온 후에도 여러모로 달라 보였다.

올리비아는 상실의 이야기를 재구성하기 위해 지금까지 가족이 기억하고 있는 사실들, 나중에 추가로 밝혀진 사실들, 아마 이랬을 것이라고 추측하는 내용들, 아직 밝혀지지 않았다고 인정하는 부분들을 모두 종합해야 했다.

얼마 뒤 할머니, 할아버지 결혼 50주년 기념 파티가 열릴 예정이었기 때문에 지니는 파티에서 입을 옷을 구해야 했어요. 그래서 엄마가 지니에게 신용카드를 주었죠. 지니는 옷을 산다며 쇼핑몰에 가서는 그길로 돌아오지 않았어요. 차에서 쇼핑백이 발견된 걸 보면 쇼핑을 하러 간 건 맞아요. 하지만 다음 날 오전 6시에 경찰과 랍비가 부모님 집을 찾아와 지니가 죽었다는 소식을 전했습니다. 비행기를 타고 저 멀리 날아가서 한 호텔에 체크인을 했더군요. 여기서부터는 거의 다 사설 수사관한테 들은 내용인데요. 지니는 호텔 밖으로 나가서 다섯 시간 정도 누구를 만나고 돌아왔다고 해요. 그러고는 사고였는지 고의였는지 옥상에서 떨어진 거죠.

사설 수사관을 고용하고 나서도 정확히 무슨 일이 있었던 건지 알 수는 없었어요. 자살 사건 전문가들과 해를 거듭해 조사를 했지만 10대의 자살 사건치고 이례적인 점이 많았죠. 부모님은 지니가 잠깐 머리가 어떻게 되었던 거라고 생각하기로 했어요. 하지만 전 절대 인정할 수 없었죠. 저로서는 정말 오랜 시간 동안 지금 내가 알고 있는 정보를 진실로 받아들여야 하는지 고민해야 했어요.

지니의 죽음을 설명하는 이야기를 만들어내려는 올리비아의 노력은 30여 년에 이르는 기나긴 여정이 되었다. 그 기간 내내 올리비아는 지니의 죽음에 얽힌 진실을 알아내려고 애쓰는 한편 새로 발견한 사실을 바탕으로 조금씩 고치고 다듬은 이야기를 받아들이려고 노력했다. 더 나아가 올리비아는 모든 사실을 다 알지 못하는 쪽이 오히려 자신을 보호할 수도 있음을 깨달았다. 올리비아는 이렇게 말한다. "내가 알지도 못하는 사실에 상처를 받을 수는 없으니까요. 지니가 마지막으로 저지른 행동은 너무 끔찍한 일이었죠. 그래서 저는 거기까지 이르는 과정, 그러니까 지니가 캘리포니아로 간 이유에 초점을 맞췄어요. 혹시 성폭행을 당했던 걸까요? 아니면 임신을 했던 걸까요? 무슨 일이 있었던 건지 집요하게 파고드는 건 이제 그만 멈추고 싶네요."

"과연 해답이 나오기는 할까 싶어요. 나올 거라고 믿고 싶기는 하죠. 어쩌면 언젠가 제가 뭔가를 갑자기 깨달아서 '그래, 이 정도면 만족해'라고 생각하게 될지도 몰라요. 하지만 또 한편으로는 지금 있는 그대로를 받아들일 수는 없을 것 같죠. 제가 받아들여야 하는 게 뭔지도 모르겠는걸요."

지니 인생의 마지막 날에 어떤 일이 있었는지 정확한 일지를 완성해 미스터리를 해결하기란 영영 불가능할지도 모른다. 시간이 지나면 지날수록 그날 밤을 기억하는 사람을 찾기도 어려워질 것이다. 결국 지니의 죽음에 관한 이야기에서 중간 부분은 구체적인 내용도 정서적인 만족감도 제시하지 못할 것이다. 올리비아로서는 그저 진실을 둘러싼 모호함을 있는 그대로 받아들이는 수밖에 없다.

하지만 지금까지 올리비아가 만들어온 상실의 이야기, 올리비아가 지니를 위해 진실을 밝히고 정의를 실현하기 위해 분투해 온 이야기는 설령 빠진 조각이 있다고 할지라도 여전히 '이야기'이다. 이 사실을 잊지 말아야 한다. 올리비아의 이야기에 불확실한 부분이 존재한다는 것은 오히려 올리비아가 알려진 사실과 알려지지 않은 사실을 모두 포함해 자신의 경험을 솔직하게 서술했다는 것을 암시한다. 올리비아의 이야기는 미완의 이야기이자 아직 답을 찾지 못했고 앞으로도 답을 찾지 못할 의문을 담은 이야기다. 사랑하는 사람의 죽음에 관한 이야기는 절대 매듭을 지을 수 없는 이야기일지도 모른다. 하지만 '내' 이야기의 불완전함과 모호함을 인정하고 수용한다면 바로 그때 우리의 상실 이야기는 완성된 작품이 될 수도 있다.

트라우마를 유발하는 상실: 기억의 파편화

58세인 섀런은 지금도 부모님이 돌아가신 날을 떠올리려 할 때면 기억이 깨진 유리 파편처럼 조각조각 떠오른다고 말한다.

"집에는 두 언니와 교회 사람들이 많이 와 있었어요. 다들 눈물을 흘리고 통곡을 했죠. 지금 기억해 봐도 제게 부모님이 돌아가셨다는 얘기를 개인적으로 해준 사람은 없었던 것 같아요. 저는 탁자 밑에 혼자 앉아 있었어요. 뭔가 무시무시할 만큼 잘못되었다는 걸 알았죠. 제 기억이 이렇게 된 건 트라우마 때문이에요. 트라우마는 사건을 조각조각 썰어버릴 수 있죠. 지금 그때 일을 떠올리려고 하면 기억이 영화처럼 매끄럽게 이어지기보다는 흑백 파워포인트 문서처럼 뚝뚝 끊어져요."

새런은 부모님이 사고로 돌아가셨을 때 '충격 트라우마'를 경험했을 가능성이 높다. 이 용어는 1956년에 심리학자 에른스트 크리스Ernst Kris가 '긴장 트라우마'라는 용어와 함께 처음 사용했으며, 두 유형의 트라우마 구분은 지금까지도 유용하게 활용되고 있다. 충격 트라우마란 사고나 살인 같은 단발성 사건을 경험한 뒤 기존 세계관에 죽음이라는 가혹한 현실이 돌발적으로 침투할 때 발생하는 트라우마를 가리킨다. 반면 긴장 트라우마란 사랑하는 사람이 오랜 투병으로 점차 쇠약해지다 죽음을 맞이할 때처럼 만성적인 스트레스 요인이 장기간에 걸쳐 견딜 수 없을 만큼 쌓이다 마침내 위기를 초래할 때 발생하는 트라우마다.

트라우마는 경험을 파편화시키기 때문에 결과적으로 기억 역시 파편화된다. 인간의 두뇌에 코르티솔을 비롯한 스트레스 호르몬이 범람하면 두뇌는 강렬한 혼란을 겪기 시작한다. 이때 두뇌는 자전적인 기억을 형성하는 데 어려움을 겪으며 특히 기억을 서사적인 방식으로 떠올릴 수 있게 저장하는 기관인 해마가 제대로 기능하지 못한다.

다시 말해, 인간은 극도의 스트레스를 겪을 때 심상이나 감각을 체계적인 방식으로 수집하고 저장하지 못한다. 따라서 트라우마가 얽힌 기억은 대개 특정한 소리, 질감, 향기 등 감각 기억으로만 존재한다. '복합성 외상 후 스트레스 장애'처럼 지속적이고 만성적인 스트레스를 경험하는 경우에도 트라우마를 겪을 당시의 기억에는 듬성듬성 빈 공간이 만들어진다.

트라우마는 또한 뇌에 신경전달물질을 과다하게 분비시켜 경찰차 불빛이나 구급차 사이렌 소리 등 사건과 관련된 감각적인 심상을 기억 위에 생생하게 새긴다. 이런 심상들은 두려움, 황망함, 무력함 등 사건 당시에 느꼈던 감정들과 긴밀하게 결합한다. 이렇게 만들어진 기억은 의식 밖에 파편처럼 저장되어 있다가 사건이 일어난 지 한참 뒤에 경고도 없이 불쑥 의식의 틈을 비집고 들어올 수 있다. 우리가 보통 플래시백이라고 부르는 현상도 여기에 속한다.

로버트 니마이어의 설명에 따르면, 기존 세계관이 대대적으로 붕괴된 상황에 대처하는 동시에 그처럼 이질적이고 고립된 기억을 이야기 구조에 끼워맞추는 데에는 상당한 노력이 필요하다. 일부 트라우마 환자는 파편화된 기억 정보와 침입적인 감각 기억이 떠오를 때면 그로부터 이야기를 엮어내기 위해 자기도 모르게 강박적인 노력을 기울이기도 한다. 따라서 '이야기 노출 치료'나 에드워드 리니어슨의 '회복의 이야기 다시 쓰기' 프로그램 등 단기간에 PTSD 치료를 시도하는 심리치료 기법들은 환자들이 파편화된 기억을 응집력 있는 이야기로 발전시킬 수 있도록 도움으로써 트라우마를 안정시키는 데 기여한다.

한편 트라우마는 '자전적 기억 말소' 현상을 통해 트라우마를 유발한 사건 전후의 기억을 (일정 기간 혹은 영구적으로) 지워버릴 수 있다. 이 현상은 어린아이, 특히 신뢰할 만한 어른의 지원을 받지 못한 어린아이에게 주로 나타나지만 10대 청소년이나 성인에게서도 얼마든지 나타날 수 있다.

내가 엄마가 돌아가신 뒤 4~5개월가량의 기억을 거의 떠올리지 못하는 이유도 바로 이 때문일 것이다. 아무리 기억을 되살리려 애를 써봐도 1981년 7월에서 11월 사이에 어떤 일이 있었는지 거의 하나도 떠오르지 않는다. 마치 오늘의 나와 1981년의 나 사이를 거대한 커튼이 가로막고 있는 것만 같다. 그해 여름에 두 개 아르바이트를 동시에 했고 가을에 다시 학교로 복학한 것은 알겠다. 그러니 분명 수업을 듣긴 했겠지? 그러면서 집안일을 도왔을까? 친구도 사귀었고? 솔직히 기억이 전혀 나지 않는다. 40년이라는 세월이 지났기 때문이 아니다. 트라우마를 얻은 뒤 몇 개월 동안 기억이 저장되는 방식에 문제가 있었기 때문이다.

제대로 저장되지 않은 기억은 제대로 떠올리기도 힘들다. 심리학자 피터 레빈Peter Levine이 《트라우마와 기억Trauma and Memory》에서 설명하듯 기억이 정상적으로 이루어지면 우리 머릿속에는 크게 두 가지 기억이 저장된다. 바로 '외현 기억'과 '암묵 기억'이다. 외현 기억은 누가 무슨 말을 했는지, 언제 무슨 일이 일어났는지, 누가 무엇을 입고 있었는지 등 사건이나 만남과 관련된 피상적인 정보를 포함한다. 반면 암묵 기억은 그런 경험을 하는 도중 우리 머릿속에 떠오른 생각과 우리 마음속에 느껴진 감정을 담는다. 때때로 암묵 기억은 신체적 감각 형태로 저장되어 있다가 이후 신체 반응으로 나타날 수 있다.

외현 기억과 암묵 기억이 둘 다 있어야 하나의 경험을 온전히 그려 낼 수 있다. 둘 다 이야기를 발달시키는 과정에 필수적이다. 하지만 트라우마는 이 과정에 심각한 악영향을 미친다. 트라우마는 외현 기억을 저장하는 과정은 물론 암묵 기억을 형성하는 데 필요한 감정 처리 과정을 뒤죽박죽 엉망으로 만든다. 따라서 시간이 흐른 뒤 사건을 다시 기억하려고 노력할 때 우리는 둘 중 어떤 기억도 끄집어내지 못할 수 있다. 심지어는 아예 기억에 접근조차 못 할 수도 있다. 이때 상실을 겪은 사람은 과거에 너무나도 중요한 사건이 있는데도 그와 관련해 표면적인 사실에만 접근할 수 있다는 느낌을 받는다. 어쩌면 표면적인 사실에조차 접근하지 못할 수도 있다.

트라우마를 겪은 사람은 사건에 대한 기억을 일시적으로 잃어버렸다가 한참 뒤에 기억을 되찾을 수도 있다. 이때 기억은 별다른 전조도 없이 조각조각 흩어진 채로 나타나고는 한다. 갑작스레 기억이 되살아난 사람은 혼란을 느낄 수밖에 없기 때문에 대개 전문적인 도움을 받아야 한다.

일상적인 기억은 끊임없이 역동적으로 변화한다. 우리는 일상적인 기억을 시간 순서에 따라 이야기 형태로 떠올릴 수 있다. 반면 트라우마가 얽힌 기억은 체계 없이 분열되어 있다. 이런 기억에는 사건이 순서 없이 뒤섞여 있으며 중요한 정보 역시 빠져 있다. 그렇기 때문에 트라우마가 얽힌 기억을 이야기에 끼워 맞추기란 쉽지 않다.

또한 트라우마가 얽힌 기억은 변함없이 고정되어 있는 경향이 있다. 예컨대 지워진 기억이 되살아난 경우 이 기억은 이전 형식을 거의 그대로 유지하고 있다. 떠올릴 수 없는 기억은 바꿀 수도 없기 때문이다. 마치 40년 동안 땅속 깊숙이 묻혀 있던 타임캡슐을 꺼냈더니 캡슐 안에 들어 있던 내용물이 조금도 바뀌지 않은 상황과 비슷하다. 따라서 파편화된 기억은 다시 되살아날 때에도 침입적 사고, 심상, 감각으로서 조각조각 떠오른다. 이는 PTSD 반응을 다시 활성화시킴으로써 기억의 주인을 위기로 몰아넣는다. 그렇기 때문에 잃어버린 기억을 되살릴 때는 스스로의 정신 건강을 주의 깊이 점검해야 한다.

하지만 과거에 묻힌 기억에 접근할 수 없는 이유가 트라우마 자체 때문인지 아니면 '기능적 회피' 현상 때문인지는 명확히 밝혀지지 않았다. 기능적 회피란 인간이 고통스러운 기억에 접근하지 못하도록 막는 타고난 자기 방어기제다. 이는 기억을 찾으려는 노력이 일반 수준에서 그치도록 만듦으로써 사별을 겪은 사람이 구체적인 사실에 압도당하는 일을 방지한다. 예컨대 유년 시절에 지속적으로 방치된 기억이 있다고 하자. 이 사람은 일반화된 사실 자체만을 기억할 뿐 당시에 벌어진 특정한 사건을 구체적으로 생생하게 떠올리지는 못한다. 기억을 형성할 당시에 겪은 스트레스의 수준이 높으면 높을수록 사건의 구체적인 내용을 저장하고 기억할 확률은 낮아진다. 기능적 회피라는 방어기제가 없다면 사건의 피해자는 자기 기억 때문에 다시 트라우마를 겪어야 할 것이다.

트라우마가 얽힌 상실에 관해 이야기를 만드는 일은 세심한 주의가 필요한 까다로운 과정이다. 먼저 트라우마 반응을 안정시키려면 상실을 경험한 사람에게 치료적 차원의 지원이 우선되어야 한다. 또한 상실을 겪은 사람이 자신의 이야기를 검증하고 털어놓을 수 있도록 이야기에 귀를 기울여줄 동정심 많은 사람 역시 필수적이다. 트라우마를 겪은 사람이 이야기를 구축할 수 있도록 돕는 또 한 가지 방법은 이야기의 결말을 확장시키는 것이다. 고전적인 서사 구조를 가지고 말하자면 이야기의 끝은 새로운 이야기의 시작으로 이어지기 마련이다. 이 경우에는 새 이야기에 트라우마를 이해하는 과정은 물론이고 외상 후 성장하는 과정 역시 담겨 있을 것이다.

사실 모든 상실의 이야기가 그런 식으로 발전한다. 한 이야기의 끝은 끊임없는 인과관계의 사슬을 따라 새 이야기의 시작으로 이어진다. 상실의 이야기는 생존의 이야기에, 생존의 이야기는 적응의 이야기에 불을 지핀다. 그리고 상황이 허락한다면 적응의 이야기는 곧 성장의 이야기로 이어질 것이다.

10장

상실의 이야기
다시 쓰기

상자들은 과거의 모습 그대로였다. 상자를 두른 포장 테이프는 오랜 세월을 반영하듯 색이 바래고 벗겨져 있었지만. 20여 년 전 뉴욕에서 정성껏 포장해 4500킬로미터 떨어진 캘리포니아로 보낸 이후 처음 보는 것이었다. 남편이 다락에서 그 상자들을 꺼내 내게 건넸고 나는 그것들을 보자마자 바로 알아볼 수 있었다. 마치 오랜 친구를 다시 만난 기분이었다.

두 개의 상자 안에는 내가 첫 책을 집필하면서 수집한 논문과 메모, 인터뷰 자료가 노란 서류철에 담긴 채 가지런히 줄지어 있었다. 각각의 서류철에는 주제나 챕터의 제목이 붙어 있었다. 나는 인터뷰 자료가 들어 있는 두꺼운 서류철을 꺼내 쭉 훑어보았다. 첫 책을 쓰면서 인터뷰한 여성 92명의 이야기를 다시 내 손에 쥔 것이다.

1990년대에 나는 무려 3년 동안 이 이야기들을 매일같이 품고 살았다. 그중 상당수를 내 이야기처럼 느낄 정도였다. 그로부터 27년이 지난 후 나는 이 이야기의 주인공들을 다시 만나 대화를 나누고 싶었다.

시간이 지남에 따라 상실의 이야기가 어떻게 변화했는지 알고 싶었다. 그러기 위해서는 기존 인터뷰 내용을 되짚어 정확히 파악하고 비교해야 했기에 다시 상자를 찾게 되었다.

사실 상자를 찾는 데만 몇 달이 걸렸다. 차고의 물건을 몽땅 꺼내 하나하나 뒤지기까지 했다. 그러면서 상자 안 인터뷰 자료에만 정신이 팔린 나머지 상자에 다른 어떤 자료들이 있는지는 전혀 기억하지 못했다. 마침내 찾아낸 상자 안에는 인터뷰 자료 외에도 내 필체로 '메모'라고 적어놓은 서류철이 하나 더 있었다. 나는 그것을 발견하고 깜짝 놀랐다.

서류철에는 왼쪽 위에 내 이름이 적힌 4페이지짜리 문서가 하나 들어 있었다. 문서의 제목은 '대화가 멈춘 뒤'였다. 서체를 보아 하니 내 첫 컴퓨터와 프린터로 출력한 것이 분명했다. 1991년 아니면 1992년쯤이었을까?

'이게 뭐지?' 호기심이 생긴 나는 문서를 읽기 시작했다. 문서는 이렇게 시작했다. "엄마는 만물이 만개하는 한여름에 세상을 떠났다. 동이 트기 직전이었다."

기억을 더듬어보니 첫 책의 서문으로 쓰려고 작성한 견본 문서였다. 나는 계속 글을 읽어나갔다. 이야기의 구조는 7장에서 소개한, 내가 최초로 떠올린 상실의 이야기와 유사했다. 추측건대 엄마가 돌아가신 지 10년쯤 지났을 때 쓴 글이었다. 사별 직후에 떠올릴 만한 이야기는 아니었다. 물론 지금의 내가 떠올릴 법한 이야기도 아니었다. 그보다는 중간 단계의 이야기, 계속 변화하고 있는 이야기였다. 그러니까 나는 지금 막 살아 움직이는 상실의 이야기를 발견한 것이다.

순간 포착

상실의 이야기는 마치 순간을 포착하는 스냅사진처럼 우리 인식의 한순간을 포착한다. 처음 상실의 이야기를 만들 때 우리는 육하원칙에 따른 기본적인 질문에 답을 내놓기 위해 알고 있는 사실을 한데 모아 배열한다. 이 같은 단편적인 사실이 나열된 초고가 이야기의 뼈대 역할을 한다. 이야기 치료 분야에서는 피상적인 원인과 결과에 의존한다는 점에서 이 단계의 이야기를 '저밀도 서사'라고 부른다. "이런 일이 일어났고 그다음 저런 일이 일어났다. 그녀가 이런 말을 했고 그다음 그가 저런 말을 했다"와 같은 식이다.

나중에 감정적인 층위가 더해지고 내용의 밀도가 높아짐에 따라 이야기는 사건의 기계적인 나열 이상의 무언가가 된다. 이처럼 부가적인 내용이 더해질 때 상실의 이야기는 우리가 일련의 사건을 겪으면서 어떻게 반응하고 적응하고 변화하고 성장했는지를 훨씬 섬세하고 다층적인 방식으로 서술한다. 이때 우리가 고인과 맺은 관계에 관한 이야기도 내용이 채워지기 시작한다. 이렇듯 누군가의 죽음에 관한 이야기는 애도 후의 슬픔을 거치면서 고유한 상실의 이야기로 진화한다.

존 하비는 이 과정을 '해석적 재구성'이라 부른다. 이를 위해 우리는 주기적으로 동일한 사실들을 다시 꺼내 새롭게 이해해야 한다. 마치 같은 우물로 다시 또 다시 돌아가 매번 이전과는 약간 달라진 물을 양동이로 퍼 올리는 행위와 같다. 우물 자체는 크게 바뀌지 않으며 양동이도 마찬가지다. 바뀌는 것은 우리가 퍼 올리는 물의 구성 요소다. 양동이로 우물 아래 묻힌 사실을 반복해서 퍼 올릴 때마다 우리는 어떤 사실이 위로 떠오르고 어떤 사실이 밑으로 가라앉는지 판단하게 되며 그때마다 각각의 사실에서 새로운 의미를 도출하게 된다.

결국 모두 관점의 문제다. 글쓰기 교실에서 학생들이 일화적인 초고 이상의 이야기를 쓸 준비가 되었다는 판단이 서면 나는 비비언 고닉Vivian Gornick이 《상황과 이야기The Situation and the Story》에서 언급한 말을 인용하고는 한다. "작가에게 어떤 일이 일어났는지는 중요하지 않다. 일어난 일로부터 어떤 인식을 얻었는가가 중요하다." 우리에게 일어난 일이 우리의 반응을 결정하지는 않는다는 빅터 프랭클의 주장 역시 사실상 같은 말이다. 궁극적으로는 우리에게 일어난 일로부터 어떤 의미를 찾는지가 우리의 행동을 결정한다.

의미를 찾는 과정은 동일한 사실을 끊임없이 반복해서 고민하는 과정이다. 우리가 기억과 감정을 바탕으로 사건을 이해하면 그 이해는 우리가 새로운 발달 과정을 겪거나 새로운 정보를 얻을 때까지만 임시적으로 유효하다. 이야기가 계속 변할 수 있는 셈이다. 하지만 상실의 이야기는 딱 우리가 허락하는 만큼만 유연하다. 이야기를 기꺼이 수정하려고 해야 실제로 변화가 일어난다는 뜻이다. 이것이 늘 쉬운 것은 아니다. 인간은 기존 세계관에 부합하지 않는 정보, 기존 이야기 위에 세워진 자신의 정체성을 위협하는 정보를 거부하려는 경향이 있기 때문이다. 이런 경향은 서로 다른 구성원이 각자 자신만의 해석을 가지고 있는 가정에서 충돌을 일으키고는 한다.

이야기가 변하지 않고 굳어지면 이는 '지배적 인생 서사'로 발전한다. 지배적 인생 서사란 한 사람의 인생 전체를 규정하는 단일한 이야기로 그 사람의 자기 인식에 핵심적인 역할을 한다.

이런 유형의 이야기는 끊임없이 되풀이된 후에 마치 예행연습을 완벽히 끝낸 공연처럼 변모한다. 이야기를 말하는 사람은 그 세부 내용을 거의 자동화된 기계처럼 읊어낸다. 그는 어떤 사실이 듣는 사람의 눈을 번쩍 뜨이게 할지, 듣는 사람에게 원하는 인상을 주기 위해 어떤 지점을 강조해야 할지 잘 알고 있다. 전달 과정이 완벽하다는 점에서 이런 이야기는 유기적인 생물이라기보다는 인위적인 인공물처럼 느껴진다.

현재 35세인 갈라는 열 살에 경험한 어머니의 죽음에 관한 이야기가 새로운 사실과 설명이 등장함에 따라 여러 중대한 변화를 맞는 것을 보고는 이렇게 말했다. "기존의 이야기는 정말 '내 것'처럼 느껴졌어요. 마치 멀리 갈 때도 들고 다니는 애착 담요 같았죠. 낡고 지저분했고 깨끗하게 빨거나 꼼꼼히 살펴본 적은 거의 없지만 어쨌든 위안이 되었습니다. 새로 누군가를 만나면 저는 곧장 제 인생 이야기의 하이라이트를 자동으로 재생했죠. 상대방이 지나치게 슬픔에 잠기지 않도록 하려면 어디를 비틀어야 하는지도 잘 알고 있었어요. 상대가 어느 타이밍에 숨을 '헉' 하고 들이마실지, 어느 타이밍에 '아이고' 하는 탄성을 내뱉을지도 완벽히 예상했죠. 이따금 냉소적인 농담을 하나씩 던져서 이야기의 흐름을 경쾌하게 유지할 줄도 알았어요."

글쓰기 교실에서 똑같은 유년 시절의 기억을 놓고 수년, 심지어 수십 년 동안 고민하고 있는 학생들에게도 비슷한 일이 벌어진다. 그들은 매번 글쓰기 교실을 새로 등록해 동일한 사건에 관해 동일한 글을 쓴다. 자기 이야기의 내용과 의미에 포로처럼 사로잡혀 있는 셈이다. 어쩌면 그 이야기를 쓰는 행위가 정체성의 일부로 강력하게 자리를 잡은 탓에 이야기하려는 욕구를 해소하고 난 후에는 자신이 이렇게 될지 겁이 나는 걸 수도 있다. 혹은 누군가가 계속 자기 이야기를 들어주고 인정해 주기를 바라는 마음에 이야기를 털어놓는 행위를 삶의 주된 목표로 삼은 것일 수도 있다. 아니면 이야기가 지금 형식 그대로 정체성의 핵심을 이루고 있기 때문에 이야기를 놓아버리기가 두려운 것일지도 모른다.

《우리를 죽이지 못하는 것What Doesn't Kill Us》의 저자이자 심리학자인 스티븐 조지프는 이렇게 설명한다. "이야기를 고치면 정체성을 잃어버릴 것만 같다. 정체성을 다시 구축하려면 우리는 가치관, 기대, 역할을 재구성하는 새로운 이야기를 만들어내야 한다."

끊임없이 변하는 이야기

나와의 전화 통화에서 로버트 니마이어는 이미 친숙해진 이야기를 다시 쓰기 위해서는 용기가 필요하다고 말했다. 당장 밟고 일어설 발판이 없기 때문에 어쩔 수 없이 이야기를 다시 쓰는 경우도 있다. 하지만 때로는 의식적으로 이야기 다시 쓰기를 선택할 수도 있다.

이야기를 만드는 일이 끊임없이 재협상과 재평가를 해야 하는 과정이라면 과연 우리는 이야기의 최종본을 확정 지을 수 있을까? 어쩌면 기나긴 인생의 끝에는 가능할지도 모른다. 하지만 확신하건대 그 전까지는 우리의 성장과 경험, 우리가 학습하고 조사한 내용에 따라 이야기 역시 꾸준히 변할 것이다. 이런 변화 과정은 마치 숫자 '8'을 옆으로 뒤집어놓은 거대한 무한의 기호처럼 보인다. 우리는 이야기의 정중앙(현재 우리의 의식이 거하는 곳)에 서서 과거를 거슬러올라 기억을 소환하고, 불러온 기억을 현재에 결합하며, 미래를 내다보면서 앞으로의 전망을 예측한다. 이 과정을 통해 우리가 스스로에게 되뇌는 이야기는 계속해서 모습을 바꾼다. 변화하는 이야기는 기존 이야기의 핵심 요소를 유지하면서도 그 위에 새로운 통찰과 경험을 겹겹이 쌓는다. 이렇게 우리는 우리의 미래를 새롭게 써 내려간다.

상실의 이야기가 변화를 겪을 때 그 모습은 이런 식이다.

엄마는 만물이 만개하는 한여름에 돌아가셨다. 동이 트기 직전이었다. 나는 병원 밖으로 혼자 걸어 나왔다. 손에는 잠옷과 가발, 싸구려 슬리퍼, 속옷 등 엄마의 유품이 든 하얀 비닐봉지가 들려 있었다. 어두컴컴한 주차장을 가로질러 가는데 막 깎은 잔디밭의 풀 냄새가 코를 찔렀다. 자라고 또 자라봐야 결국 잘릴 운명이라니 끔찍이도 불합리해 보였다.

엄마는 마흔한 살에 암 진단을 받았다. 그리고 고작 1년 뒤 밤에 돌아가셨다. 나는 열일곱이었다. 여동생은 열세 살, 남동생은 아홉 살이었다. 아빠는 우리를 어떻게 돌봐야 할지 막막해 완전히 넋이 나간 것 같았다. 애도하는 법을 가르쳐주는 사람이 없었기에 우리는 제대로 애도하지 못했다. 아니, 애도 자체를 하지 못했다. 우리는 그저 엄마가 앉았던 식탁에 앉아 TV를 보면서 전자레인지에 돌린 저녁을 먹었다. 각자 직장이나 학교에서 하루를 어떻게 보냈는지 이야기하는 대신 퀴즈 프로그램 재방송에 몰두하는 척했다. 우리는 대화를 통해 안정을 찾는 법을 모조리 까먹었다. 여동생과 나눈 대화라고는 "네가 식사 준비할

차례잖아"라든가 "언니가 빨래할 차례잖아" 같은 집안일에 대한 내용
이 전부였다. 남동생은 항상 방에 들어가 있었다. 부엌 조리대에는 빈
위스키 병이 늘어나기 시작했다. 하지만 우리 중 누구도 밤마다 꼭 닫
힌 안방 문을 두드릴 엄두는 내지 못했다.

아빠와 나는 집안일을 질서 있게 관리하기 위해 서로 기능적인 관
계만을 유지했다. 대화를 하더라도 사실 전달에만 집중했다. "글렌 미
용실 예약을 언제로 했더라? 미셸 지난번 대수학 시험 몇 점 받았니?
너 대학 입학 원서 언제까지 내야 해? 금액은 얼마고?" 같은 대화가 다
였다. 이야기가 더 필요한가? 엄마가 마지막으로 병원에 들어가기 1시
간 전에 아빠는 나를 거실에 앉혀놓고 엄마가 돌아가실 거라고 말했
다. "사실 오래전부터 알고 있었어. 작년 봄에 수술했을 때부터 알았단
다. 하지만 그걸 네 엄마나 너희들한테 어떻게 이야기하겠니? 네가 무
슨 생각 하는지 알아. 나도 모두 사실대로 말해야 하나 계속 생각해 왔
으니까. 의사들이 완치가 어렵다고 이야기했을 때, 그때만 해도 엄마
한테 1년이 남았다고 했어. 하지만 벌써 엄마와 15개월이나 함께했잖
니. 우린 운이 좋았어."

이듬해 오전 10시 57분, 1300킬로미터 떨어진 지역에 있는 대학에
가려고 아빠 차를 타고 공항으로 가던 길에 나는 아빠에게 물었다. "대
체 누가 운이 좋았다는 거예요?"

아빠가 말했다. "무슨 얘기니?" 내가 뭘 말하는 건지 전혀 모르는 눈
치였다.

아니, 혹시 알았을까? 잘 모르겠다.

아빠가 이어서 말했다. "넌 얼마나 운이 좋니. 완전히 새로운 삶을

시작하러 가잖아."

차는 브롱크스부터 속력을 내더니 트라이버러 다리를 건너 라이커스 섬을 지났다. 시카고행 비행기 표와 옷가지를 넣은 여행 가방 몇 개로 아무런 문제 없이 이전의 삶을 벗어날 수 있을 것 같았다.

하지만 그날 저녁 기숙사에서 가방을 풀면서 나는 옷이 아니라 기억으로 서랍을 채워야 했다. 속옷을 하나하나 볼 때마다 간호사가 "이거 챙겨 가야지"라며 건넨 하얀 비닐봉지가 떠올랐다. 양말을 작은 공처럼 말아서 정리하는 방법도 엄마한테 배운 것이었다. 밤이 되자 엄마에게 전화를 걸기 위해 공중전화 앞으로 줄을 선 여학생들로 기숙사 복도가 가득 찼다. 나는 오리엔테이션 일정에 흥미를 잃은 채 다리를 꼬고 침대 위에 가만히 앉아 있었다. 내 분노가 방을 가득 채웠다.

엄마는 1981년에 돌아가셨다. 1981년이면 암이든 죽음이든 예전처럼 비밀스러울 필요가 없었다. 의사라면 응당 환자에게 진실을 말해줘야 했다. 그래야만 했다. 엄마한테 그랬던 것처럼 진실을 숨겨서는 안 되었다.

밝은 오후에 나는 차로 엄마를 데리고 병원에 검사를 하러 가고는 했다. 내가 대기실에서 잡지를 읽으며 기다리는 동안 엄마는 검사실 안에서 피를 뽑고 주사를 맞았다. 집으로 돌아가는 차 안에서 엄마는 미소를 지으며 "백혈구 수치가 괜찮게 나왔대"라고 말했다. (나중에야 알았지만 담당 의사는 진료실 안에서 아빠에게 전화를 걸어 이렇게 말했다고 한다. "우리 상황이 지난번보다 안 좋네요. 환자분께 뭐라고 말씀드리는 게 좋을까요?")

이 일을 기억할 때면 늘 '우리'라는 단어가 내 마음을 저민다. 대체

'우리'가 누구였을까? 거기에는 아빠는 물론 종양 전문의와 외과 전문의에 심지어 엄마의 오른쪽 겨드랑이에서 혹을 발견하고 검사를 권했던 알레르기 전문 병원 의사까지 들어갔다. 바로 그 남자들이 서서히 몸이 쇠약해져 가는 여성의 운명을 자기들끼리 은밀하게 논의하고 있었다. 엄마와 식탁에 앉아 땅콩을 먹다가 이런 말을 들은 적이 있다. "병원에서 약을 바꿀 거야. 새로운 약을 시도할 준비가 되었대."

(그날 아빠가 사무실에서 전화로 들은 이야기는 이랬다. "이대로라면 위험합니다. 새로운 방법을 시도해 봐야 합니다.")

시티 촬영을 하고 집으로 돌아온 엄마는 피곤해 보였지만 미소를 띠며 이렇게 말했다. "완전 깨끗하대. 좋은 소식이지."

(바로 옆방에서 방사선 전문의는 촬영 사진을 아빠에게 보여주면서 엄마의 폐, 가슴, 뼈 곳곳에 작은 점들이 보인다고 말했다. 간에도 살짝 음영이 보인다고 했다.)

한참 시간이 흐른 뒤에 정말 엄마에게 소리치고 싶었다. "이런, 망할! 엄마는 대체 왜 사진을 직접 보지 않은 건데?"

마지막 2주는 침묵어 가득했다. 여동생은 여름 캠프를 갔다가 중간에 돌아왔다. 이후에 벌어진 일들은 순식간이었다. 엄마가 탈수 증세를 보였다. 남동생은 친구 집으로 보내졌다. 엄마의 배가 부풀기 시작했다. 아빠는 부엌에서 의사에게 전화를 걸어 엄마에게 침실 전화기를 받아보라고 외쳤다. 엄마는 이렇게 말했다. "이게 대체 무슨 일이야? 임신 6개월 차 배 같잖아." 아빠가 랍비를 만나러 간 사이 나는 엄마를 데리고 침실과 화장실 사이를 오갔다. 의미 없는 시도였다. 덕분에 정신이 없긴 했다. 지금 상황이 얼마나 심각한지, 앞으로 얼마나 더 심각해질지 생각하지 않을 수 있었다. 아빠가 1960년에 결혼식을 올릴 때를 제외하고는 랍비를 찾은 적이 없다는 사실도 되새기지 않을 수 있었다.

아침에 엄마가 아빠를 호출했다. 아빠는 엄마가 침대 옆에 기대앉을 수 있도록 부축했다. 엄마 입에서 까만 토사물이 나오자 아빠는 구급차를 불렀다. 그리고 바로 그때 나를 거실로 불러 소파에 앉아보라고 했다.

구급대원들이 도착해 엄마를 구급차로 옮기려고 하자 엄마가 외쳤다. "가발! 내 가발 좀 줘요!"

차고 문을 지나 저 멀리 떠나면서 아빠가 어깨 너머로 소리쳤다. "엄마 잠옷이랑 가발 좀 챙겨 오거라!"

며칠 만에 집이 다시 잠잠해졌다. 나는 가발을 찾으러 위층에 올라가다가 거실 끝에 멈춰 섰다. 텅 빈 소파와 덮개를 씌운 의자가 눈에 들어왔다. 둘은 눈싸움이라도 하듯 서로 마주보고 있었다. 그때는 몰랐지만 이 광경은 이후로도 수없이 자주 내 머릿속에 떠올랐다. 테네시에서 상담 치료를 받을 때도 나는 상상 속의 소파에 앉아 텅 빈 의자를 마주 보고 있었다. 집에 침묵이 감돌기 전 내가 마지막으로 들었던 말이 생각났다. '사실 오래전부터 알고 있었어. 작년 봄에 수술했을 때부터 알았단다. 하지만 그걸 네 엄마나 너희들한테 어떻게 이야기하겠니?' 상담실에서 나는 소리를 지르고 베개를 집어 던졌다. 아빠를 망할 놈의 거짓말쟁이, 게으름뱅이라고 불렀다. 발을 쿵쿵 구르면서 보이지도 않는 아빠 머리를 향해 베개를 몇 개 더 집어 던졌다. 베개는 벽에 부딪혀 튕겨 나왔다. 나는 엄마가 죽음을 앞두고 있다는 사실을 엄마에게 알려주지 않은 아빠를 욕했다.

다시 그날 오후, 구급차가 병원에 도착한 뒤 엄마는 응급실의 간이
침상에 누운 채 두 눈을 꼭 감고 울었다. 눈가를 따라 눈물이 삐져나왔
다. 엄마는 말했다. "너무 무서워. 곧 죽을 거 같아." 아빠가 보험 서류
를 작성하러 커튼 너머로 나가자 엄마가 내 팔을 끌어당기고는 부탁했
다. "호프, 엄마한테 말 좀 해줘. 엄마가 죽지 않을 거라고 말 좀 해줘."

엄마가 위층의 빈 병실로 이동하기 전, 엄마와 단둘이 보내는 마지
막 순간에 딸이 해야 할 일은 무엇이었을까? 나는 몸이 퉁퉁 붓고 머리
가 벗겨진 엄마를 내려다보았다. 엄마 손이 내 손목을 꽉 쥐고 있었다.
엄마의 손톱에는 매니큐어가 완벽히 칠해져 있었다. 무기력하고 흐트
러진 쪽은 오히려 나였다. 이 중요한 순간에 나는 산 자들의 편에 서야
할지 죽은 자들의 편에 서야 할지 확신이 들지 않았다.

나는 엄마에게 말했다. "절대 떠나지 않을게요. 약속할게요. 엄마를
절대 혼자 내버려두지 않을게요." 하지만 그렇게 말하면서도 나는 내
가 핵심을 놓치고 있다는 사실을 알고 있었다. 내가 실패했다는 느낌
이 들었다.

이후 3~4일에 걸쳐 벌어진 일들은 마치 몇 주 동안 일어난 것처럼
서서히 진행되었다. 나는 여름 캠프에 간 여동생을 데려오기 위해 코
네티컷으로 운전해 갔다. 여동생과 함께 돌아왔을 때 엄마는 이미 혼
수상태에 빠져 있었다. 사회복지사가 오더니 나를 구석으로 데려가 한
손으로 벽을 짚으며 말했다.

"어머니가 곧 돌아가실 거야." 속보라도 전하듯 긴급한 말투였다.

나는 대기실의 까만 플라스틱 의자에 앉아 이모에게 말했다. "악몽

이에요. 완전 악몽이에요. 게다가 주변에는 다 광대뿐이야." 비유를 마구 섞었지만 아무도 신경 쓰지 않았다. 이모는 바닥 타일을 뚫어져라 보고 있었다. 크기가 제각각인 작은 네모 조각이 서로 합을 맞춰 더 큰 타일이 되었다. 이모가 바닥에서 눈을 떼지 않은 채 내게 말했다. "네 엄마가 아빠한테 마지막으로 남긴 말이 '우리 아이들을 잘 부탁해요' 였단다."

이튿날 밤, 나는 같은 의자에 누워 잠을 자고 있었다. 새벽 3시가 되기 직전 아빠가 와서 나를 깨우고는 말했다. "다 끝났어." 우리는 그때부터 엄마의 죽음을 돌려 말하고 있었다. 나는 아빠에게 엄마를 혼자 내버려두지 않겠다는 약속을 받아냈었다. 아빠는 마지막 순간까지 엄마 손을 잡고 엄마의 곁을 지켰다고 말했다. 하지만 내 신뢰는 이미 산산조각 난 상태였다. 나는 증거를 요구했다. 물론 그런 건 없었다.

엄마에게 작별 인사를 하러 병실로 들어갔을 때 나는 울지 않았다. 장례식장에서도 울지 않았다. 장례식에서 사촌이 틈틈이 안경을 닦아가며 추도사를 읊었다. 추도사에는 엄마가 죽음을 눈앞에 두고도 힘과 용기를 잃지 않았다는 내용이 담겼다. 그 순간 나는 깨달았다. 아무도 진실을 모른다는 사실을. 나는 일어나서 소리치고 싶었다. "그렇지만 엄마는 자기가 죽을 줄 몰랐다고요! 아무도 얘기를 안 했잖아요. 엄마는 작별 인사를 할 기회도 없었다고요!" 대신 나는 침묵을 지켰다. 어쨌든 장례식이었으니까. 몇 달 뒤 나는 일기장에 분노를 쏟아내기 시작했다. "엄마가 죽었어. 품위도 못 지키고. 품위도 못 지키고. 품…." 마지막 '품' 자에서 연필이 부러졌다.

요즘 이때 일기를 읽어보면 낭시 내가 아빠와 의사들에게 얼마나 분노했는지, 지금 그 분노가 얼마나 낯설게 느껴지는지 놀랍기만 하다. 또 10년이 지난 지금 내가 열일곱 살이던 당시에 비해 시야가 얼마나 넓어졌는지 생각하면 그 역시 놀랍다. 7장에서 소개한 내 상실의 이야기 원안은 사별을 겪은 직후의 인식에 따라 사실들을 서술한 것이다. 반면 방금 소개한 수정안에는 감정과 문맥이 더 풍부하게 담겨 있다. 더 성숙한 관점으로 쓴 이야기이기 때문이다. 하지만 이 시점에도 여전히 나는 내 이야기를 이해하는 과정에 있었다.

상실의 이야기는 여러 이유로 변할 수 있다. 이 책을 집필하기 위해 인터뷰를 진행하면서, 특히 1990년대 초반 《엄마 없는 딸들》 인터뷰에 참여했던 18명의 여성들을 다시 인터뷰하면서 나는 어떻게 새로운 정보가 경고도 없이 등장해 사건의 줄거리를 뒤바꿔놓는지 확인할 수 있었다. 사람들은 새로운 정보를 접하면 이야기 발전시키기 단계로 되돌아가 사실과 사건을 머릿속으로 다시 훑어보면서 새로운 이야기, 어쩌면 훨씬 더 진실한 이야기를 만들어냈다. 때로는 사랑하는 고인이 남긴 편지나 일기에서 새로운 정보를 찾았고 또 어떤 경우에는 타인의 이야기를 듣고 관점을 바꾸었다. 사실이라고 생각했던 정보의 출처가 신뢰성이 떨어지는 것을 확인하고 의심을 품거나 성숙한 시각을 가져 동일한 사건을 돌연 새롭게 보기도 했다. 자신이 짊어진 이야기가 너무 부담스럽고 무익하다고 느껴서 스스로 이야기를 고치겠다고 결심하기도 했다.

스물다섯에 부모님을 모두 잃은 클레어 비드웰 스미스는 심리학 석사 과정을 밟으면서 정체성 문제를 공부하다가 깨달음을 얻었다.

스미스는 이렇게 회상한다. "제가 지니고 있던 이야기에 의문을 품기 시작했죠. 내 이야기가 꼭 내가 잃어버린 것에 관한 이야기여야만 할까? 저는 여태까지 모든 것을 부정적으로 비틀어 보고 있었고 언제나 제가 가지지 못한 것에만 초점을 맞추고 있었어요. 제 눈에는 제 인생이 부정적인 이미지로만 그려졌죠. 하지만 깨달았어요. '아니, 내 삶을 그렇게 바라보기로 결정한 건 나잖아!' 뻔한 얘기처럼 들리겠지만 바로 그때부터 제 삶에 생각보다 소중한 것이 많다는 사실을 기억하려고 사소한 것에 감사하기 시작했어요. 계속 색안경을 낀 채 살고 싶지는 않았으니까요. 그래 봐야 항상 고통스럽고 슬프고 비참할 뿐이었죠. 그러니 전 자문해야만 했어요. '이게 정말 말이 되는 이야기야?'"

내 이야기는 20대 후반에 커다란 선환점을 맞았다. 계기는 엄마의 가장 친한 친구인 샌디 아주머니를 만나러 플로리다에 갔을 때였다. 우리는 그 집 부엌에 앉아 엄마 인생의 끝에 대해 대화를 나눴다. 샌디 아주머니는 사실을 숨긴 아빠에게 내가 얼마나 화가 났는지 알아차렸다. 나는 엄마를 피해자로 묘사하고 있었다. 당시에는 누가 봐도 알 수 있었을 것이다.

샌디 아주머니는 앞쪽으로 몸을 살짝 기울이고는 이렇게 말했다. "호프, 네가 너희 가족을 너무 과소평가하는 걸지도 몰라. 아버지가 소식을 가려들은 다음 말해도 될 것 같은 내용만 엄마에게 전하기로 암묵적인 합의를 한 건 아닐까? 나라면 그런 가능성도 생각해 볼 것 같아. 내가 네 엄마를 열세 살 때부터 알고 지냈잖니. 내 생각에는 걔가 자신의 죽음을 받아들일 수 있을 만큼 강인한 아이는 아니었던 것 같아. 어쩌면 걔가 진실을 몰랐기 때문에 네가 네 엄마랑 몇 달은 더 함께할 수 있었던 셜지도 몰라."

아! 정말, 아! 이전에는 한 번도 그런 생각을 하지 못했다. 조금도 생각해 보지 못했다.

10년 동안 내 정체성은 엄마를 대신해 복수하는 투사로 굳어져 있었다. 세상을 흑백으로만 바라보는 열일곱 살 소녀에게서 나올 만한 생각이었다. 그 소녀는 어른들의 삶이 많은 경우 회색 지대에서 구성된다는 사실을 미처 알지 못했다. 성인이 되고 나서야 나는 샌디 아주머니가 한 말의 의미를 이해하기 시작했고 그게 진실일 가능성을 인정하기 시작했다. 엄마에게 내려진 시한부 선고는 엄마 본인에게 얼마나 끔찍했을까? 샌디 아주머니의 말대로 그 사실을 알았다면 오래 버티지 못했을지도 모른다. 여기까지 생각하자 엄마가 엄마의 죽음과 관련된 책임을 기꺼이 아빠에게 맡긴 이유도 이해가 되기 시작했다.

열일곱의 나는 결코 그런 고민이나 공감을 해내지 못했을 것이다. 내 공감 능력이 떨어져서가 아니다. 어른들이 그런 결정을 내릴 수도 있다는 사실을 이해할 만큼, 그런 이해가 내 마음에 불러일으키는 감정에 대처할 만큼 충분히 성숙하지 않았기 때문이다.

샌디 아주머니는 믿을 만한 정보원이었다. 엄마를 '엄마'로서가 아니라 '친구'로서 알고 있는 사람이기 때문이다. 아주머니의 생각은 추측에만 기대고 있는 것 같지 않았다. 새로운 가능성에 마음의 문을 열고 그에 따라 이야기가 모습을 바꿀 수 있도록 허락하자 날카로웠던 부분이 무뎌지기 시작했다. 물론 사춘기의 내가 생존하려면 나는 미성숙한 이야기라도 지닐 수밖에 없었다. 의분을 품은 덕에 한동안 나는 삶을 버틸 힘을 얻었다. 활력과 목표가 있었기에 나는 절망으로 곤두

박질치지 않을 수 있었다.

그날 오후 샌디 아주머니 집 부엌에서 시간을 보낸 뒤 나는 내가 짊어졌던 상실의 이야기를 넘어서서 새로운 이야기를 만들기 시작했다. 새 이야기는 이전보다 더 풍성하고 구체적이었으며 그만큼 더 혼란스럽고 복잡했다. 시간이 지남에 따라 내가 상실의 이야기를 털어놓을 때마다 느끼는 분노와 수치심도 줄어들었다.

신뢰하고 의지할 만한 샌디 아주머니가 그날 나와 대화할 시간을 너그럽게 내주었다는 점에서 나는 정말 운이 좋았다. 이처럼 사별을 겪은 이가 고인의 친지나 친구에게 다가갈 때 그 사람이 자신이 아는 사실을 기꺼이 공유해 주는 경우가 있다. 어쩌면 그 사람 역시 고인에 대해 이야기할 기회를 기다렸을지도 모른다. 고인에 대해 이야기해 달라는 요청을 선물처럼 반기는 것이다. 하지만 반대로 "왜 그걸 알고 싶은데?"라든가 "과거는 과거로 묻어둘 수 없겠니?" 같은 반응을 마주할 위험도 있다. 이런 반응은 반응을 보이는 사람이 죽음에 적응하거나 애도하는 방식을 반영할 뿐 요청을 한 사람과는 무관하다.

따라서 고인에 대해 이야기해 줄 수 있는 사람이 한 명 이상이라면 이야기해 달라는 요청을 선물로 받아들여줄 누군가를 찾을 때까지 계속 요청하고 또 요청하라. 다만 타인의 기억 또한 주관적이라는 사실, 타인의 시각에 결함이나 모순이 존재할 수 있다는 사실을 잊지 말자. 모든 사람의 기억을 이야기에 집어넣을 필요는 없다. 상실의 이야기는 타인과 공동으로 쓰는 이야기가 아니다. 글쓰기 수업에서 강조하듯 취할 것은 취하고 버릴 것은 버리자.

오늘의 이야기

우리가 성장한 한계 내에서만 최선을 다해 애도할 수 있는 것처럼 상실의 이야기 역시 지금까지 쌓아온 정보를 바탕으로 인식하고 이해한 범위 내에서만 기록할 수 있다. 예컨대 1990년대 초반의 나는 '대화가 멈춘 뒤'라는 제목을 붙인 내 이야기가 임시적인 이야기가 되리라고는, 25년 뒤에 다시 그 이야기를 꺼내 읽을 때 어릴 적의 전혀 다른 나를 만나는 기분을 느끼리라고는 꿈에도 생각하지 못했다.

지금은 분노와 고통에서 벗어나지 못한 그 어린 여성에게 깊은 연민을 느낀다. 그녀는 이후로도 약 1년 동안 플로리다의 샌디 아주머니와 대화할 생각을 하지 못할 것이다. 한편으로는 그녀의 어깨에 팔을 두른 뒤 이렇게 말해주고 싶다. "지금은 분노가 네게 살아갈 힘을 준다고 생각할 거야. 하지만 평생 그렇지는 않을 거야. 좋은 일들이 생길 거야. 그 좋은 일들이 네 이야기를 부드럽게 바꿔줄 거야. 그러니 마음을 열고 기다리렴."

어릴 적의 내가 쓴 글들을 읽는데 그때 이후로 내가 이야기를 말하는 방식이 얼마나 많이 바뀌었는지가 분명히 드러났다. 사실 자체는 똑같았다. 하지만 내가 거기서 찾은 의미는 여러 면에서 달라졌다.

오늘날의 내가 과거의 나를 발판 삼아 이야기를 만든다면 그 새로운 이야기에는 전에 없던 문맥과 시각이 포함될 것이다. 얻어내기까지 오랜 시간이 걸린, 타인과 나 자신을 향한 연민 역시 포함될 것이다.

오늘날의 새로운 이야기는 아마 이런 식으로 전개될 것이다.

엄마는 만물이 만개하는 한여름, 밤에서 새벽으로 넘어가는 문턱에 돌아가셨다. 그날 오전 나는 잠옷과 가발, 싸구려 슬리퍼, 속옷 등 엄마의 소지품이 든 하얀 비닐봉지를 든 채 홀로 병원 밖을 거닐었다. 어두컴컴한 주차장을 가로질러 걷는데 막 깎은 잔디밭의 풀 냄새가 알싸하게 코를 찔렀다. 그처럼 생명력 넘치는 존재가 짧게 잘려나간 것을 생생하게 목격하니 내 마음도 갈라졌다.

엄마는 마흔한 살에 암 진단을 받았고 암이라는 녀석은 1년 뒤 어느 날 밤 엄마의 목숨을 앗아갔다. 지금 나에게는 얼마든지 일어날 수 있는 일처럼 보인다. 열일곱에는 마흔둘이라는 나이가 많아 보였지만 엄마가 돌아가실 때 나이보다 열세 살이나 많아지고 나니 마흔둘이라는 나이가 가슴 아플 만큼 어리게만 느껴진다. 당시 여동생은 열세 살이었고 남동생은 아홉 살이었다. 아빠는 우리를 어떻게 키워야 하나 막막했는지 철저히 실의에 빠져 있었다. 막막하지 않을 수가 있겠나? 부모님이 살던 1970년대는 성별에 따라 노동 및 가사 분담이 엄격히 나뉘었던 시대다. 아버지는 밖에서 일하며 생활비를 벌어야 했다. 어머니는 집안일을 돌보고 아이들을 양육해야 했다. 엄마가 돌아가셨을 때 아빠가 전자레인지 돌리는 법이라도 알고 있었을지 의문이 든다. 아빠가 배워야 할 일이 너무나 많았다. 당시 아빠에게는 그 모든 것이 부담으로 다가왔을 것이다.

게다가 엄마가 돌아가신 해는 1981년이었다. 암은 여전히 '빅 시'라는 별칭으로 불렸고 공개적인 장소에서 '유방'이라는 말을 하는 게 창피하다는 이유로 아무도 '유방암'이라는 표현을 쓰지 않았다. 의사가 환자에게 진단이 어떻게 나왔는지, 병의 예후가 어떤지 숨기는 일 역시 비일비재했다. 사별을 겪은 사람을 지원하는 시스템 역시 암흑기 수준에 머물러 있었다. 애도에 빠진 우리에게 손을 내미는 사람은 아무도 없었다. 그래서 우리는 말없이 앞으로 나아가는 수밖에 없었다. 우리는 엄마가 앉았던 식탁에 앉아 TV를 보면서 조용히 저녁을 먹었다. 각자 직장이나 학교에서 하루를 어떻게 보냈는지 이야기하는 대신 퀴즈 프로그램 재방송에 몰입한 척했다. 우리 가족은 감정적으로는 멀어졌지만 능률적으로는 크게 발전했다. 모자란 공감력을 생산성으로 채웠다. 우리는 식기세척기에 그릇을 정리했고 더러운 옷가지를 빨래 바구니에 모았으며 미용실이나 병원 예약 시간에 늦지 않게 갈 수 있도록 노력했다. 나는 내가 통제할 수 있는 대상에 집중했다. 공교롭게도 그때까지 내가 받은 성적 중 가장 높은 성적이 엄마가 돌아가신 이듬해에 나왔다.

부엌 조리대에 쌓이는 빈 위스키 병만큼 아빠는 점점 고통에 빠져들었다. 엄마가 병원에 들어가기 한 시간 전에 아빠는 나를 거실에 앉혀놓고 엄마가 곧 죽을 거라고 말했다. "사실 오래전부터 알고 있었어. 작년 봄에 수술했을 때부터 알았단다. 하지만 그걸 네 엄마나 너희들한테 어떻게 이야기하겠니? 네가 무슨 생각 하는지 알아. 나도 모두 사실대로 말해야 하나 계속 생각해 왔으니까. 의사들이 완치가 어렵다고 이야기했을 때, 그때만 해도 엄마한테 1년이 남았다고 했어."

이 대화를 떠올릴 때면 나는 오래도록 분노를 참을 수 없었다. 나는 어디서든 분노해 있었고 툭하면 분노를 터뜨렸다. 매끄럽게 닦인 조약돌처럼 편안하게 느껴질 때까지 분노를 계속 만지작거렸다. 분노가 곧 내 힘이었다. 분노는 내게 행동력을 불어넣었고 절대 나를 대신해서 남자가 결정을 내리도록 허락하지 않으리라고 다짐하게 만들었다.

나는 절대 엄마처럼 주위 남자들에게 선택의 자유를 뺏긴 채 살아가지 않으리라고 확신했다.

하지만 이렇게 힘에 힘으로 맞대응하는 식의 이야기를 품고 있기가 점점 어려워졌다. 세상을 떠난 엄마를 대신해 투사로 살려면 하루 종일 분노에 매달려 있어야 했다. 결국 나는 완전히 녹초가 되고 말았다. 때로는 분노가 나를 뒤틀고 좀먹는 것처럼 느껴졌다. 내가 정말 나를 위한 선택을 하고 있는 것인지, 내가 정말 엄마의 품위를 지키는 선택을 하고 있는 것인지 확신이 들지 않았다.

어느덧 내가 엄마가 되었기 때문일까 아니면 내 나이가 엄마를 잃었을 때 아빠의 나이가 되었기 때문일까? 언제부터인가 아빠 입장에서 그런 비밀을 숨긴다는 것이, 아내가 곧 떠나리라는 사실을 인지한 채 매일을 살아간다는 것이, 아이들이 곧 엄마 없이 살아야 한다는 사실을 아는 것이, 이런 얘기를 누구와도 할 수 없다는 것이 얼마나 끔찍했을지 깨닫기 시작했다. 숨겨진 진실이 내게 어떤 영향을 미쳤는지 잘 알고 있었다. 침묵이 엄마에게서 앗아간 대가 역시 잘 안다고 생각했다. 하지만 그 16개월이라는 기간이 아빠에게서 무엇을 앗아갔는지는 한 번도 생각해 보지 못했다. 부엌에 쌓인 빈 위스키 병에서 유약한 아빠의 모습 대신 상황에 적응하려고 발버둥치는 아빠의 모습이 보이기 시작했다.

오랜 세월 나는 엄마에 관한 내 상실의 이야기가 중대한 정보를 손에 쥔 남성과 캄캄한 무지 안에 갇힌 여성 사이의 대립 구도라고 생각했다. 하지만 엄마의 수술 기록과 사회복지사의 수술 후 회복 기록을 읽고 나니 그런 입장을 고수하기가 어려워졌다. 사회복지사는 엄마에게 암이 얼마나 광범위하게 퍼져 있는지, 예후가 얼마나 심각힌지 말해주려고 여러 차례 시도했었다. 하지만 그런 시도를 차단한 것은 '일상으로 돌아가야 한다'는 엄마의 고집이었다. 기록에는 점점 커져가는 사회복지사의 좌절감이 잘 드러나 있었다.

누군가가 분명 진실을 말하려고 했다. 하지만 엄마가 알고 싶어 하지 않았다.

의료 기록을 확인하고 얼마 안 있어 나는 엄마의 가장 친한 친구인 샌디 아주머니를 만나 내가 알게 된 사실을 털어놓았다. 아주머니는 놀란 기색이 없었다.

아주머니는 이렇게 말했다. "내가 너희 엄마를 열세 살 때부터 알고 지냈잖니. 내 생각에는 걔가 자기 죽음을 받아들일 수 있을 만큼 강인한 아이는 아니었던 것 같아. 나라면 아버지가 의사에게 소식을 가려 들은 다음 말해도 될 것 같은 내용만 엄마에게 전해주기로 두 사람이 암묵적인 합의를 했을 가능성을 배제하지 않을 거야. 걔가 진실을 알았더라면 네 엄마를 더 빨리 잃었을지도 몰라. 어쩌면 네 엄마가 사실을 몰랐기 때문에 엄마와 몇 달이라도 더 함께할 수 있었던 거지."

엄마는 자신이 머지않아 죽을 것이라는 사실을 듣지 못했다. 또한 자신이 죽을 것이라는 사실을 알고 싶어 하지 않았다. 두 명제 모두 진실일 수 있다.

끝은 빠르게 진행되었다. 7월 4일, 비가 오는데도 나는 제임스 테일러 콘서트를 보러 갔다. 7월 8일, 구급차가 와서 엄마를 병원으로 데려 갔다. 7월 12일, 이른 아침에 엄마가 세상을 떠났다. 장례식장에서 나는 울지 않았다. 가족 전체가 관을 앞에 둔 채 중앙 통로를 걸어가는 동안 나는 남동생의 손을 붙잡고 말했다. "상자에 든 건 엄마가 아니야. 엄마의 몸만 들어 있는 거야. 엄마의 영혼은 이미 저 위에 어딘가로 떠났어."

내 입으로 말을 하면서도 딱히 믿기지는 않았다. 다 큰 어른이 아홉 살짜리 아이에게 해야 할 말 같았다. 하지만 이제는 그 말을 믿는다. 나는 어디서든 엄마의 존재를 느낀다. 정말이다. 그날 오후 엄마의 육신은 땅 아래 묻혔지만 엄마가 남긴 나머지 부분, 그 부분만큼은 어디를 가든 나와 함께하고 있다.

상실의 이야기는 삶의 이야기다

모든 상실의 이야기에는 고인의 삶 이야기는 물론 고인이 맺은 관계의 이야기 역시 짧게라도 들어간다. 엄마는 암을 진단받기 전까지 41년에 달하는 인생을 살았다. 엄마가 병으로 고통받은 기간은 마지막 16개월에 불과하다. 그럼에도 엄마를 떠나보낸 뒤 엄마를 생각할 때면 그 16개월만이 내 머릿속을 가득 채웠다. 그 기간 동안의 기억은 그만큼 강렬했다.

오랜 시간이 지난 뒤에야 나는 엄마가 단지 병을 앓다가 죽은 여성 이상의 존재였다는 사실을 떠올릴 수 있었다. 엄마는 열렬히 삶을 살았던 사람이다. 초등학생들 앞에서 까만 지휘봉을 들고 공연을 지휘하던 선생님이자 부엌을 바쁘게 오가며 저녁 식사를 준비하던 우리 집의 요리사였고, 딸에게 피아노 치는 법을 가르쳐주던 자상한 엄마였다.

엄마와의 다양한 추억을 간직한 데다 아빠와는 더 많은 시간을 함께할 수 있었다는 점에서 나는 분명 운이 좋았다. 그런데도 왜 나는 상실을 이야기할 때면 좋은 기억들을 외면해 버렸던 걸까? 왜 두 분과의 이별에만 매몰되어 두 분의 삶이 아니라 두 분의 죽음에만 집중하고 그 죽음이 나와 내 정체성에 미치는 영향에만 온 신경을 쏟았던 걸까?

《애도의 기술》에서 로레인 헤트케가 말했듯 우리는 애도를 경험하면서 사랑하는 사람이 살아 있을 때 우리에게 미친 영향에 연속성을 부여하는 대신 상실과 적응의 과정을 지나치게 강조하는 경향이 있다. 헤트케의 설명에 따르면 그런 애도는 고통을 심화할 뿐이다. 고통을 줄이려면 잃어버린 관계를 반드시 되찾아야 한다.

최근에 사별을 경험했거나 죽음의 원인이 자살이나 살인, 끔찍한 사고인 경우 생전의 관계를 되짚고 회복하기 어려울 수 있다. 거대하고 극적인 죽음의 이야기가 삶의 이야기를 가려버리는 것이다. 열두 살에 어머니를 낙마 사고로 잃은 영국의 자산관리사 마틴 루이스Martin Lewis는 이렇게 말한다. "엄마를 생각할 때면 엄마의 죽음과 사고가 가장 먼저 떠올라요. 그러면 엄마가 어떤 사람이었는지, 내가 엄마와 어떤 추억을 쌓았는지는 희미해지죠. '소중한 사람을 잃었다'는 사실에 집중하기보다는 '소중한 사람' 자체를 기억하는 편이 훨씬 낫습니다."

샬린 역시 8년 전에 유일한 남매인 사이먼이 자살로 생을 마감한 후로 자신의 생각을 바로잡기 위해 애쓰고 있다. 두 살 터울이었던 샬린과 사이먼은 친한 친구처럼 함께 성장했다. 10대 시절에는 학교에서 인기를 독차지하는 잘생긴 남학생으로, 성인이 되고 가정을 꾸린 이후에는 헌신적인 아버지가 되어 샬린에게 듬직한 모습을 보여주던 사이먼은 마흔두 살에 스스로 삶을 끝냈다. 이 사실에 너무나 압도된 나머지 샬린은 지금도 사이먼을 '자살한 사람'으로 가장 먼저 떠올리게 된다고 말한다. 샬린은 이렇게 설명한다. "제 머릿속에는 항상 사이먼이 자살했다는 사실이 가장 크게 자리를 차지하고 있어요."

　이런 경향성을 조정하기 위해 우리는 마음을 가라앉히고 이야기의 전반부를 구성하는 데 더 많은 시간을 쏟아야 한다. 개인적인 추억이 있다면 그런 추억을 의식적으로 선별해 떠올려야 하고 추억이 없다면 타인에게 고인에 대한 기억을 공유해 달라고 요청해야 한다. 다시 말해 사랑하는 사람이 아프기 전에 혹은 죽기 전에 우리에게 어떤 존재였는지 기억해야 한다. 사랑하는 사람과의 관계를 설명하는 이야기는 다양할 수 있다. 그 관계가 어떻게 끝났는지에 대한 내용이 가장 중요한 부분이 될 필요는 없다. 상실의 이야기에 삶의 이야기를 더해 이야기를 확장시킬 때 우리는 성공적으로 감정을 치유할 수 있다.

　내 이야기로 돌아가자면 엄마는 유방암으로 16개월 동안 투병 생활을 했고 마지막 며칠은 끔찍한 혼란 속에서 고통스러워하다 결국 병마에 굴복하고 말았다. 하지만 동시에 엄마는 라디오로 흘러나오는 음악을 곧바로 피아노로 따라 연주할 수 있는 분이었다. 은박지로 포장된 두툼한 초콜릿 바를 무척 좋아하던 분이기도 했다. 아빠도 간암을 진단받고 생의 마지막을 암울하게 맞았다. 하지만 아빠는 용감하고 침착하게 끝을 기다렸다. 또 아빠는 군에 복무한 일을 자랑스럽게 여기던 참전 용사였다. 십자말풀이를 열렬히 즐기던 분이었다. 실력은 신통치 않았지만 매년 여름 집 뒷마당에서 열리던 동네 소프트볼 경기에 꾸준히 참가하던 성실한 외야수였다.

생의 마지막 모습이 고인의 전부가 아니다. 삶의 이야기를 죽음의 이야기로만 축소하는 것은 고인의 삶에도 죽음에도 공평한 일이 아니다. 남겨진 사람이 만드는 상실의 이야기에서 고인은 시작과 중간 부분에 모두 존재한다. 심지어 그 시작과 중간 부분이 고인이 보낸 삶의 대부분이 되기도 한다.

그러므로 이야기를 만드는 우리 역시 이야기의 시작과 중간 부분을 더 적극적으로 구성해야 한다. 자신과 고인의 삶이 뒤얽혔던 순간들을 하나도 빼놓지 않고 모두 포함시킬 수 있도록 이야기를 길게 늘려보자. 어차피 상실의 이야기는 저마다 모두 다르고 이야기를 만들어나가는 사람은 사별을 경험한 우리 자신이다. 그리고 바로 그 이야기 안에서 우리가 사랑했던 고인은 더욱 다채로운 삶을 살게 된다.

11장

이야기 분할하기

뉴욕의 웨스트 68번가에는 내 친구 크리스토퍼가 가장 좋아하는 이탈리아 식당이 있다. 특히 이곳의 미트볼 메뉴는 뉴욕 최고라고 할 수 있다. 우리는 9월의 어느 날 저녁에 이 식당에서 만나 식사를 함께하기로 했다. 크리스토퍼와 나는 20여 년 전 처음 만났다. 당시 크리스토퍼는 학부생이었고 나는 강사였다. 우리는 곧 절친한 친구이자 동료가 되었고 크리스토퍼는 기업 컨설턴트로 경력을 쌓으며 세계 곳곳을 누비고 다녔다. 그러다 몇 해 전 뉴욕으로 돌아와 동업자와 회사를 차렸고 현재는 유명 대학의 경영자 과정에서 강연까지 하고 있다.

어떤 기준으로 보아도 크리스토퍼는 40대 중반이라는 젊은 나이에 엄청난 성공을 이룬 사람이다. 하지만 크리스토퍼는 지금에 이르기까지 자신이 내린 선택이 과연 옳은 것이었는지를 두고 고민이 깊었다. 정확히는 자신의 '선택하지 않았던 행위'에 대해 고민했다.

5장에서도 한 차례 언급했듯 크리스토퍼는 여덟 살에 아버지를 심장마비로 잃었다. 내가 엄마를 잃은 해인 1981년이었다. 당연히 사별을 겪은 가족을 지원하는 제도는 거의 혹은 전혀 존재하지 않았다. 이 때문에 크리스토퍼는 구급대원이 집에 도착해 아버지를 소생시키기 위해 애쓰는 과정을 지켜봐야 했던 순간부터 갑작스럽게 사별을 겪게 된 순간까지 모든 충격을 아무런 도움 없이 홀로 견뎌내야 했다. 어머니는 크리스토퍼와 동생들이 대학을 졸업할 때까지 혼자 힘으로 자녀들을 부양했다. 그렇게 20대가 되었다. 친구들은 짝을 찾고 안정된 직장을 구하기 시작했다. 그러나 크리스토퍼는 세계 곳곳을 여행하며 인생 경험을 쌓는 데 몰두했다. 그러다 40대가 된 최근에야 깨닫게 된 것이다. 인생의 동반자, 자녀, 재정적 안전망 등 자신이 마흔다섯 즈음에 원할 만한 것들을 미리 준비하지 못했다는 사실을 말이다.

사실 젊을 적에는 자신이 나중에 그런 것들을 원하게 되리라고는 생각조차 하지 못했다.

크리스토퍼는 이렇게 설명한다. "미래 계획을 세워야지 생각만 하고 실천에 옮기지 못한 게 아니라 말 그대로 생각 자체를 하지 못했어요. 그때는 모든 것이 추상적이고 모호하고 사소하게만 느껴졌어요. '뭐가 되고 싶지? 앞으로 어떤 일을 하고 싶지? 내가 할 수 있는 일이 뭐가 있지?'라고 생각할 수 있는 사고의 틀이나 구조 자체가 형성되지 않았던 거죠. 그래서 어떤 선택을 해야 할지 인식하지 못하고 그저 눈앞에 닥치는 일을 한 거예요."

크리스토퍼의 아버지는 체계적으로 계획을 세우는 일에 능숙한 엔지니어였다. 만약 크리스토퍼의 아버지가 서른여덟에 닥친 두 번째 심장마비에서 무사히 소생했다면 장남인 크리스토퍼의 진로에 관해 조언을 아끼지 않았을 것이다. 최소한 크리스토퍼의 장래를 생각해 크리스토퍼가 직업으로 삼을 만한 학문을 전공으로 선택하도록 권했을 것이다. 하지만 크리스토퍼는 전공 선택 기한이 다가오자 아무런 생각 없이 자신이 수강한 과목을 훑어보면서 단순하게 학점이 가장 높은 과목을 전공으로 선택해 버렸다. 바로 프랑스 문학이었다. 크리스토퍼는 그 선택이 자신의 의지와는 상관없이 '자동적'으로 이루어졌다고 말했다. 다른 중요한 문제 역시 그런 식으로 결정해 왔다는 말도 덧붙였다.

나는 이해가 되지 않았다. 내가 무언가를 놓친 것 같았다. 크리스토퍼는 그저 태평하고 모험적인 기질을 타고난 게 아닐까? 한계를 정하고 어딘가에 매이기를 싫어하는 성격 때문에 아무것도 선택하지 않는 삶을 살아온 게 아닐까?

나는 물었다. "어릴 적부터 항상 그랬던 거예요? 그때도 그저 눈앞에 벌어진 상황을 그대로 내버려두는 편이었어요?"

크리스토퍼는 단호하게 고개를 저었다. "절대 타고난 기질은 아니라고 확실하게 말할 수 있어요. 실제로 저는 컨설턴트로 커리어와 명성을 쌓았으니 제 특기는 그런 성향과 완전히 정반대라고 할 수 있죠." 크리스토퍼는 업무에 관해서라면 신중하면서도 단호하게 선택했고 어떤 일이든 결정하는 데 어려움을 겪지 않았다. 오로지 자신의 인생을 위한 장기적인 계획을 세우는 일에서만 선택과 결정을 미루는 경향을 보였다. 크리스토퍼는 이것이 아버지의 부재 때문이라고 생각했다.

크리스토퍼는 이렇게 말했다. "지금 제게 존재하거나 존재하지 않는 모든 성향과 특징은 여덟 살에 경험한 사별과 관련되어 있어요."

정체성 문제

◇◇◇◇◇◇◇◇◇◇◇◇◇

크리스토퍼가 틀렸다고는 생각하지 않는다. 어린 시절 경험한 사별은 분명 크리스토퍼의 미래관과 세계관을 변화시켰을 것이다. 어린 크리스토퍼는 취약성, 안전, 예측 가능성 같은 개념을 또래에 비해 훨씬 빠르게 이해해야 했고 나이에 비해 복잡한 생각을 발전시켜야 했다.

크리스토퍼는 또한 어린 나이에 아버지를 잃음과 동시에 믿고 따를수 있는 가정 내 가장과 본보기도 잃었다. 크리스토퍼가 정체성을 형성하는 데 이 사실이 큰 영향을 미쳤을 것이다. 게다가 청소년기에는 안정되며 일관된 정체성을 발달시키는 일을 최우선 과제로 수행하게 되는데 어린 시절의 트라우마가 이 과정을 방해할 수 있다. 동성의 부모를 사별한 청소년은 자신의 이상적인 미래상을 그리는 데 더 큰 어려움을 겪는다. 심리학자 라라 슐츠Lara Schultz에 따르면 10대 청소년은 부모가 제시하는 다양한 선택지를 탐색한 후 "그들과 자신을 비교하거나 자신을 그 연장선에 놓음으로써 정체성을 결정하기 시작"한다.

어린 나이에 예기치 못한 사별을 겪으면 미래를 향한 기대는 산산조각이 난다. 아이는 자신이 성인이 되기까지 거치리라 상상했던 진로를 크게 수정해야 한다. 특히 계획을 달성하는 데 고인의 존재가 중요했다면 신중하게 세운 계획이라도 무참히 흔들릴 수밖에 없다.

열 살에 아버지를 잃은 CNN의 앵커 앤더슨 쿠퍼는 이렇게 말했다. "아버지의 죽음은 제 인생의 궤적을 바꿔놓았습니다. 저는 제가 기대했던 것과는 전혀 다른 사람이 되었습니다."

거대한 상실은 우리를 바꿔놓을 수밖에 없다. 당연하지 않은가?

20대에 부모님을 암과 심장마비로 모두 잃은 줄리안은 두 번의 상실이 자신을 완전히 바꾸어놓았다면서 이렇게 설명했다. "저는 항상 낙천적이고 긍정적이고 태평한 사람이었습니다. 학교에서는 '학급 최고의 낙천주의자'로 꼽히기도 했어요. 하지만 부모님을 여의면서 저의 이런 성격도 크게 꺾였습니다. 완전히 다른 사람이 됐죠. 나쁜 의미가 아니라 세상과 관계를 맺는 방식에 변화가 생겼다는 점에서 다른 사람이 된 거예요."

줄리안은 부모님의 죽음으로부터 고정된 미래나 확실한 미래는 존재하지 않는다는 강력한 메시지를 깨달았다. 쉰세 살이 된 줄리안은 이렇게 회상한다. "부모님이 돌아가시기 전의 저는 항상 '내일 할게요. 그 일은 내일 걱정하면 되죠. 내일 봐요' 같은 말을 입에 달고 살았어요. 하지만 부모님을 잃은 후 바로 지금, 오늘을 살아야 한다는 사실을 깨달았어요. 내일이 존재하지 않을 수도 있으니까요."

줄리안의 타고난 긍정성이 감소한 사건과 부모님을 사별한 사건은 동시에 일어났다. 그래서인지 줄리안은 두 사건을 인과관계로 묶어 생각했다. 우리의 정신과 마음은 두 가지 사건에 인과관계를 부여함으로써 둘을 연결해 줄 최단 경로를 찾으려는 경향이 있다. 이를테면 이런 식이다. "부모님을 여의면서 제 낙천적인 성격도 크게 꺾였습니다." "어머니(혹은 아버지, 혹은 형제자매)를 잃었기 때문에 누군가에게 다가가기가 두려워요." "지금 제게 존재하거나 존재하지 않는 모든 성향과 특징은 아버지를 사별한 경험과 관련되어 있어요."

사별 후 어느 정도 시간이 지나면 이런 인과관계는 단순한 진술을 넘어 개인적인 믿음으로 자리 잡게 된다. 더 나아가 진리나 신념으로까지 발전하기도 한다. 그러면 그 믿음은 그 사람의 정체성을 이루는 한 부분이 되고 좀처럼 변화시키기 어려울 정도로 단단하게 굳어진다.

우리는 이야기를 만들어나가면서 여러 사건을 뒤섞거나 왜곡하는 경향이 있다. 실제로 삶에서 A라는 요인이 Z라는 결과에 이르는 과정은 우리 생각만큼 단순하지도 직접적이지도 않다. 'A 때문에 Z가 발생했다'라는 서사는 지나치게 단순화된 이야기이며 여러 한계점이 있을 수밖에 없다.

그런 환원주의적인 사고방식은 대개 10대 청소년 시기에 나온다. 성인이 되어 정신이 충분히 성숙하고 나면 상실과 그에 따른 결과가 딱 떨어지는 인과관계로 설명하기에는 훨씬 복잡한 양상을 보인다는 것을 수월하게 이해한다.

또한 'A 때문에 Z가 발생했다'는 식의 이야기에서는 결과가 고정될 수밖에 없다. 변화의 여지를 주지 않는다. 부모님의 죽음이 자신의 긍정성을 무너뜨렸다는 이야기를 구축하면 부모님이 살아 돌아오지 않는 한 긍정성을 영원히 되찾을 수 없게 되는 것이다.

마지막으로 'A 때문에 Z가 발생했다'는 식의 이야기에는 서사가 지나치게 압축된다. 시작과 끝만 존재할 뿐 중간이 존재하지 않는다. 중간이 빠진 이야기는 사건의 전체를 아우르지 못한다.

한 손에는 A를, 다른 한 손에는 Z를 잡고 바깥으로 잡아당기면 이야기 사이사이의 틈이 활짝 열린다. 대개 그 틈에 이전에는 미처 보지 못했던 일련의 행동과 사건이 숨어 있다. 이 틈을 자세히 들여다볼 때에야 비로소 이분법적 인과관계로 구성된 이야기에 누락되어 있던 온갖 사건이 우리에게 모습을 드러낸다.

지나간 사건에 알파벳 붙이기

중학교 3학년 대수학 시간에 배운 내용은 대부분 잊어버렸다. 친구 스테이시와 수업 내내 쪽지를 주고받느라 집중을 못 했기 때문이다. 하지만 왜인지 인과관계에 관한 수업에서는 집중을 잘했다. 지금 생각해 보면 그렇다. 그 수업 덕분에 상관관계가 곧 인과관계는 아니라는 사실을 배웠다. 예컨대 앤더슨 쿠퍼는 열 살에 아버지를 잃었고 서른 네 살에 CNN 앵커가 되었다. 그렇다고 앤더슨 쿠퍼가 열 살에 아버지를 사별했기 '때문에' CNN 앵커가 되었다는 뜻은 아니다. 아버지와의 사별이 쿠퍼로 하여금 기존의 이야기를 벗어나 새로운 길을 가도록 자극했을지는 모르나 그것 말고도 열 살과 서른네 살 사이에 발생한 수많은 사건들이 쿠퍼의 직업 선택에 영향을 미쳤을 것이다.

그처럼 중간에 끼어 있는 사건들, 즉 '중개 변수'는 이야기의 중간 부분을 구성한다. 우리는 이 중간 부분 덕분에 어떻게 두 사람이 유사한 상실을 겪고도 전혀 다른 결과를 얻는지 설명할 수 있다. 가족을 사별한 후에 새로 등장하거나 계속 유지되는 변수들이 사별을 겪은 사람이 감당해야 할 고통의 크기를 결정하는 요인으로 작용한다.

《멍든 아동기, 평생건강을 결정한다Childhood Disrupted》의 저자 도나 잭슨 나카자와Donna Jackson Nakazawa는 이렇게 설명한다. "부모 중 한 사람이 사망했는데 남은 한쪽이 알코올중독자라고 해보자. 이 상황은 남은 한 사람이 훌륭하고 뛰어난 양육자여서 과하게도 둔하게도 반응하지 않은 채 자녀를 잘 이끌어주는 가정과는 너무나도 다르다."

중개 변수는 이야기가 전개되는 사이사이에 새로운 연결 고리를 끼위 닝을 공간을 제공한나는 점에서 매우 중요하다. 또한 중개 변수는 지나간 사건을 돌이켜 보면서 이야기를 자유롭게 수정할 여지도 제공한다. 낡은 이야기에 새로운 결말을 부여할 수 있는 것도 바로 이 덕분이다.

예를 들자면 이런 식이다.

적어도 10여 년간 내 믿음 체계에는 이런 인과적 진술이 들어 있었다. '엄마가 40대 초에 유방암으로 돌아가셨다 보니 나도 언젠가 유방암으로 죽게 될까 두렵다.' 이 이야기는 마치 조용한 동반자와 같아서 데이트를 할 때나 진료실에서 진찰을 받을 때나 매일 아침 일어날 때나 출장을 떠날 때나 늘 내 곁에 함께했다. 인과관계가 너무 명백해 보여서 나는 한 번도 그 논리를 의심하지 않았다. '당연히' 엄마가 유방암으로 죽는 모습을 지켜봤으니까 나도 유방암으로 죽을까 봐 두려운 거겠지. 그렇지 않나? 아닌가?

하지만 이 이야기를 활짝 쪼개자 그 사이에 숨어 있던 길고도 긴 변수 목록이 쭉 나타났다. 새롭게 확장해서 쓴 이야기는 이렇다.

A 엄마가 40대 초에 유방암으로 돌아가셨다.

B 바로 그때 나는 처음부터 엄마 몸 전체에 암이 전이된 상태였다는 걸 알았다.

C 1981년에 엄마가 받은 치료가 딱히 효과가 없었다는 사실도 알게 되었다.

D 엄마의 죽음은 너무나 충격적인 사건이어서 내게 트라우마를 안겼다.

E 아무도 엄마의 죽음에 대해 말하지 않았고 사별 지원 프로그램
은 존재하지 않았다.

F 나는 슬픔과 트라우마에 대처하는 법을 혼자 깨쳐야 했다.

G 가족력 때문에 나는 유방암 고위험군에 속했다.

H 내가 유방암에 걸릴 것이라고 장담하는 사람은 아무도 없었다.

I 나는 엄마와 무척 닮았기 때문에 이런 점에서도 엄마를 따라갈
것이라고 생각했다.

그래서 결과는?

J 나는 내가 유방암에 걸려 죽을까 봐 두렵다.

새롭게 쪼개진 이야기는 줄거리가 여덟 줄이나 더 늘었다. 즉 내가
개입해 변화를 가할 수 있는 항목이 여덟 개 늘은 것이다. 그만큼 기존
의 사건 경로를 조정해 새로운 결과를 만들어낼 가능성도 더 커졌다.

실제로 중간에 낀 사건들을 이해하고 나자 이런 일이 벌어졌다.

엄마는 암이 온몸에 퍼지고 나서야 암 진단을 받았기 때문에 나는
스물여덟 살에 받은 첫 유방 조영촬영을 기점으로 매년 칼같이 검진을
받고 있다. 다행히도 21세기의 의료 장비는 40년 전보다 훨씬 이른 시
점에 악성종양을 감지할 수 있으며 종양 치료 방식 역시 종양만을 정
확히 겨냥해 치료할 수 있을 만큼 훨씬 더 발전했다. 이제는 말기 암 환
자인 엄마가 받았던 비효율적인 치료를 걱정하지 않아도 된다.

엄마의 죽음이 내게 트라우마가 되었다는 사실을 이해한 뒤로 성인
이 된 나는 트라우마 전문 상담을 받기 시작했다. 상담 치료 덕분에 나

는 트라우마 반응을 안정화시킬 수 있었고 엄마의 삶과 죽음에 대해 자유롭게 이야기하게 되었다.

엄마의 죽음과 관련된 구체적인 사실을 10년 동안이나 모르고 있었기 때문에 나는 병원에 의료 기록을 요청했고 엄마를 담당했던 종양 전문의와 대화를 나누었다. 더 나아가 그렇게 얻은 정보를 동생들과 공유함으로써 사실에 근거한 의사결정을 내릴 수 있었다.

비록 여전히 유방암 고위험군에 속하기는 하지만 매년 유방암 검사를 받고 있으며(지금까지는 음성이다) 위험도가 높아지지 않았는지 확인할 수 있는 유전자 검사 방법을 계속 알아보는 중이다.

그래서 결과는? 내가 유전적인 이유로 유방암에 걸릴 가능성이 있다는 사실을 엄마가 돌아가신 직후에 비해 훨씬 더 평온한 마음으로 바라보고 있다.

내 이야기에서는 거의 모든 중개 변수를 다뤘지만 꼭 그럴 필요는 없다. 때로는 단 하나의 변수를 찾아내고 바로잡는 것만으로도 이야기에 담긴 감정을 변화시킬 수 있다. 물론 내가 유방암에 걸리는 일 자체를 막을 수는 없다. 하지만 중개 변수를 하나둘 살펴봄으로써 유방암에 걸릴 것이라는 두려움은 줄일 수 있다.

남은 부모의 역할

사별을 겪은 사람은 흔히 어린 시절 부모나 형제자매를 잃은 경험이 성인이 된 후 친밀한 관계를 맺는 데 겪는 어려움과 직접적인 인과 관계가 있다고 믿는다. 예컨대 이런 식이다. '어릴 때 가족을 잃은 경험 때문에 어른이 되어서도 관계에서 버림받을까 봐 두려워하는 거야.'

얼핏 보면 꽤 논리적인 생각 같다. 어릴 때 사랑하는 사람을 잃었다면 그런 일이 다시 벌어질까 봐 두려워하는 것도 납득이 간다. 심리학자들은 이처럼 나쁜 일을 경험한 후 그와 동일한 나쁜 일이 또다시 일어날 수 있다는 생각에서 기인한 만성적인 두려움을 '지각된 취약성'이라고 부른다.

하지만 어릴 때 사별을 겪은 사람의 애착 유형을 결정하는 가장 중요한 요인은 남은 양육자와 맺는 관계라는 사실이 여러 연구를 통해 거듭 밝혀졌다. 남은 양육자가 꾸준히 아이를 자상하게 대하고 아이와 소통하며 아이의 필요에 주의를 기울이면 그 아이는 우울과 불안을 앓을 가능성이 낮으며 어른이 되어서도 훨씬 만족스러운 관계를 형성할 가능성이 높다. 반면 남은 양육자가 정서적으로 닫혀 있거나 애도에 거부감을 보이거나 자신의 슬픔에만 몰두해 있거나 정신 질환 내지는 약물 중독으로 제 기능을 하지 못한다면 정반대의 결과가 나타난다.

어떤 이유에서든 남은 양육자가 사별을 겪은 아이를 돌보지 않으면 아이는 이중 딜레마에 갇히게 된다. '내게 무슨 문제가 있어서 한 사람은 죽고 남은 한 사람은 날 돌보지 않는 걸까?' 하고 의문을 품는 것이다. 사별 후의 일관적인 보살핌이 어찌나 중요한 중개 변수인지 일부 심리학자들은 부모가 사망한 후 아이가 받는 보살핌이 부모의 죽음 자체만큼이나 장기적으로 큰 영향을 미칠 수 있다고 주장한다.

현재 대인 관계에 문제를 겪고 있는 이유를 유년 시절 부모님을 사별한 경험에서 찾는 사람과 대화를 나눌 때면 나는 먼저 "부모님이 돌아가신 뒤에 누가 선생님을 돌봐주었나요?"라고 묻는다. 두 번째로는 "어떻게 돌봐주었나요?"라는 질문을, 세 번째로는 "어머니가 돌아가시기 전에는 애착 유형이 어땠나요?"라는 질문을 던진다. 그런 다음 상실의 이야기를 활짝 쪼개서 열어보면 그가 어떤 보살핌을 받지 못했는지, 그가 언제부터 지금과 같은 애착 유형을 보였는지 등 원인과 결과 사이에 생각지도 못한 중개 변수가 등장한다. 애착 유형은 보통 생후 18개월 이내에 형성된다. 트라우마가 애착 유형을 악화시킬 수는 있지만 반드시 애착 유형을 형성하는 것은 아니다.

이야기 쪼개기 활동이 기존에 내가 품었던 두려움을 없애주거나 무효화시키지는 않았다. 매년 봄 방사선실에서 촬영 결과를 기다릴 때면 나는 여전히 극도의 불안감을 느낀다. 하지만 지금 내 곁에는 초창기의 단순한 인과적 진술 외에도 새로 확장한 이야기가 존재한다. 나는 엄마가 40대에 유방암으로 돌아가시는 모습을 지켜보았기 때문에 나도 어린 나이에 유방암으로 죽게 될까 봐 두려워한다. 동시에 나는 엄마가 40대에 유방암으로 돌아가시는 모습을 지켜보았기 때문에 내 이야기만큼은 다르게 적힐 수 있도록 가능한 모든 조치를 전부 취한다. 두 가지 이야기 모두에 진실이 담겨 있다.

부정적 아동기 역경의 영향

나는 1992년 어느 월요일 저녁 맨해튼의 내 아파트에서 줄리엣을 처음 만났다. 나는 줄리엣이 내가 사는 층으로 올라올 수 있도록 문을 열어주었다. 줄리엣은 20대로 구성된 엄마 없는 딸들 표적 집단에 참여하겠다고 자원했다. 그날 밤 우리 집에는 줄리엣 말고도 세 명의 여성이 더 있었으며 그들은 얼마 지나지 않아 서로 공감할 수 있는 부분이 아주 많다는 사실을 깨달았다.

이들은 모두 22~25세였고 미혼이었으며 당시 (뉴욕 출신은 아니더라도) 뉴욕에 거주하고 있었다. 둘은 어머니를 암으로 잃었고 나머지 둘은 어머니가 스스로 목숨을 끊었다. 그날 밤 내내 계속해서 등장한 단어는 바로 '안심'이었다. 다들 이렇게 말했다. "그렇게 말하는 걸 들으니까 정말 안심이 돼요. 제가 혼자가 아니라는 사실을 알게 되어서 너무 안심이 돼요."

당시 줄리엣은 25세였으며 기나긴 고독과 혼란에서 갓 빠져나온 상태였다. 줄리엣은 지난 몇 년을 '고독과 혼란의 기간'이라고 묘사했다. 어머니가 유방암 진단을 받았을 때 열네 살이었던 줄리엣은 여섯 남매 중 막내였다. 그로부터 3년 후 어머니는 세상을 떠났다. 열일곱 살의 줄리엣은 알코올중독자인 아버지와 집에 남겨졌다. 그때 이후로 줄리엣은 사실상 자신이 스스로를 돌봐야 했다.

우리 집에 모인 날 저녁, 줄리엣은 어머니의 죽음이 가족 행사와 모임에 종지부를 찍었다고 설명했다. 생존을 위해 발달시켜야 했던 과도한 자립심은 타인에게 도움 청하기를 꺼리는 성향으로 이어졌으며 그런 탓에 줄리엣은 성인이 된 후에도 신뢰감 있는 대인관계를 발전시키지 못했다.

줄리엣은 그날 모인 사람들에게 자신의 이야기를 털어놓았다. "저는 남자와 한 번도 진지하게 사귀어본 적이 없어요. 지금 스물다섯인

데 열네 살에 첫 키스를 한 이후로 하룻밤 잠자리 상대만 찾아다녔죠. 친밀감이라고는 없었어요. 스스로 '저는 괜찮아요. 저는 제가 알아서 돌봐요. 당신 도움은 필요 없어요. 제발 거리를 유지해 주세요. 제 삶은 제가 꼭 쥐고 있어요'라고 외치고 다닌 셈이었죠. 정말 슬픈 처지였어요. 저는 진심으로 울적하거나 외로워지면 도와달라고 말할 수 있는 사람이 되고 싶었거든요. 하지만 제가 친밀감 쌓는 법을 아예 모른다는 사실을 이해하고 받아들여야 했어요. 저는 언제나 온전히 유능해야 했고 스스로의 부모 노릇을 해야 했으니까요. 이제야 어두운 동굴을 벗어날 길을 찾아내고 있는 것 같아요."

10대 시절 줄리엣은 술과 약으로 분노와 슬픔을 잠재웠다. 언뜻 효과가 있는 방법 같아 보였지만 얼마 가지는 못했다. 1992년에 줄리엣은 1년간 금주를 한 상태였고 알코올중독자 치료 모임에도 정기적으로 참석하고 있었다. 줄리엣은 이렇게 말했다. "계속 삶을 이어나가기 전에 제 자신의 부모로서 스스로를 성장시켜야 했어요. 삶을 엉망으로 만들어놨으니 제가 또 해결해야겠죠. 그래도 미래는 낙관적인 것 같아요. 다행이죠."

그날 이후 줄리엣과 나는 27년 동안 연락이 끊긴 채로 지냈다. 그러다 인터넷을 뒤져서 "혹시 줄리엣인가요?" 하고 머뭇머뭇 메일을 보냈는데 "네! 맞아요!" 하는 답장이 왔다. 덕분에 우리는 각각 로스앤젤레스의 내 사무실과 그곳에서 한참 떨어진 지역에 있는 줄리엣의 집 거실에서 화상으로 만날 약속을 잡았다.

그날 오후에 나는 1992년에 진행했던 표적 집단 자료를 찾아 인터뷰 내용을 다시 읽었다. 그러면서 줄리엣과 내가 그때 이후로 지리적으로나 시간적으로나 경험적으로나 얼마나 먼 거리를 지나왔는지 생각하고는 충격을 받았다. 약속 시간이 되어 전화를 연결하자 달라진 우리가 화면에 등장했다. 이후 2시간 동안 나는 두 명의 줄리엣을 만났다. 자신감과 활력이 넘치는 52세의 줄리엣이 내 휴대전화 화면에 있었고 혹시 비슷한 처지의 여성들을 만나면 조금이라도 외로움을 덜 수 있을까 싶어 지하철로 몇 시간을 달려서 내 집까지 찾아왔던 25세의 줄리엣이 흐릿하게 눈앞에 아른거렸다.

줄리엣은 이렇게 회상한다. "제가 기억하기로는 그날 밤에 제가 제 인간관계에 대해 이야기했죠. 그때 저는 남자친구와 오래 교제해 본 경험이 없었고요. 아마 남자들과 하룻밤 잠자리만 갖고 마음은 열지 않았다는 이야기도 지나가듯 했을 거예요. 27년이 지난 지금 제가 부모님의 빈자리를 어떻게 느껴왔는지 돌이켜 보면 보면 참 신기해요. 한 분은 어릴 때 돌아가셨고 나머지 한 분은 술에 빼앗겼죠. 이제는 두 사건이 타인을 신뢰하는 제 능력에 어떤 영향을 끼쳤는지 잘 보여요. 사실 통화를 준비하면서 생각했죠. '과연 엄마에 관한 내용만 콕 집어서 상실의 이야기를 털어놓는 게 가능할까? 내 상실의 이야기는 죽음은 물론 술과 주위 사람들의 행동에도 큰 영향을 받았는데 그 이야기의 주단에서 실 하나만 쏙 뽑아내는 게 가능할까?'"

줄리엣이 두 사건을 분리할 수 있는지, 아니 꼭 분리해야만 하는지 잘 모르겠다. 사랑하는 사람의 죽음은 광범위한 맥락 속에서 사건의 연속체를 따라 진행된다. 때로는 죽음이 도미노처럼 다른 모든 연쇄 작용을 촉발하는 촉매 역할을 한다. 예컨대 가족 구성원의 사망으로 가족이 해체되기도 하고 뿔뿔이 흩어져 먼 곳으로 이사를 가기도

하며 예기치 못한 경제적 압력이 뒤따를 수도 있고 다른 구성원 누군가가 술이나 약물에 중독될 수도 있다. 정반대로 일련의 고난과 역경이 선행한 후에 죽음이 피할 수 없는 결과로 이어질 수도 있다. 마치 도미노의 마지막 블록처럼. 이를테면 사랑하는 사람이 자살로 목숨을 끊은 경우 그 이전에 정신 건강 문제, 긴장과 공포를 유발하는 집안 분위기, 여러 차례의 자살 시도 등 다양한 사건이 선행할 수 있다. 장기간의 투병이 죽음으로 이어지는 경우에도 가족은 그 기간 내내 무거운 짐을 짊어지고는 한다.

작가 마사 맥스위니 브라우어Martha McSweeney Brower의 어머니는 난소암으로 오래 투병하다 끝내 세상을 떠났다. 브라우어는 스무 살이었던 당시를 이렇게 기억한다. "엄마는 돌아가시기 전부터 이미 감정적으로 닫혀 있었어요. 8년 사이에 형제자매를 넷이나 떠나보냈거든요. 사별의 슬픔과 우울증으로 감정이 완전히 망가져 버렸죠. 왕년에는 유능하고 감각 있는 예술가였는데 슬픔에 완전히 잡아먹힌 거예요. 게다가 엄마에게는 아홉 살 터울의 자식들이 일곱 명이나 있었죠. 엄마의 육신이 흙으로 돌아가기 훨씬 전부터 이미 영혼은 저희에게서 멀리 떠나가 있었던 거죠. 사회 혁명이 이어지던 1960년대의 격동기에 반항적인 10대 아이들이 한 무더기 남겨졌어요. 저희는 어른이 되어 엄마를 알아갈 기회도 잃고 말았죠. 그때 엄마만 건강했더라면 우리 가족도 함께 행복한 시절을 보내지 않았을까 생각해요. 하지만 현실은 정반대였어요. 반항적인 10대 자녀들의 분노가 쓰레기처럼 집안을 가득 채우며 죽어가는 엄마 주위를 맴돌았어요. 사춘기를 통과하던 자녀들은 잔뜩 성이 나 있었고 난잡한 머리를 한 채 화를 터뜨리고 다녔으며 스포

츠카를 몰면서 담배를 피웠죠. 심지어 한 오빠 부부는 헤로인도 했어요. 온갖 혼란이 엄마가 임종을 맞이하는 길 주위로 소용돌이치고 있었죠."

역경이 미치는 영향은 누적되는 경향이 있다. 사별 전후로 여러 역경이 동시에 닥치는 경우 사별을 겪은 사람은 심각한 스트레스를 경험할 수밖에 없다. 특히 그런 부정적인 사건이 18세 이전의 아동이나 청소년에게 발생하는 경우 이를 가리켜 '부정적 아동기 역경ACE: Adverse Childhood Experience'이라 부른다.

1995~1997년에 이루어진 '부정적 아동기 역경 연구ACES: Adverse Childhood Experience Study'를 빼놓고는 유년 시절에 겪는 상실에 관해 논할 수 없다. 카이저퍼머넌트 사와 미국질병통제예방센터가 공동으로 진행한 연구에서 연구진은 카이저퍼머넌트 사의 의료보험 프로그램에 가입한 성인 회원 1만 7421명을 설문조사하여 부정적 아동기 역경이 이후 정신적으로나 신체적으로 어떤 문제를 초래하는지 확인하고자 했다. 설문지는 유년 시절에 겪을 수 있는 역경을 크게 세 가지 범주로, 작게는 열 가지 유형으로 분류한 뒤 이에 대해 물었다. ACE는 크게 학대, 방임, 가족 문제로 나뉘며 최근에는 가난, 인종차별, 공동체 내의 폭력도 ACE로 인정하고 있다.

초기 연구에 등장하는 ACE의 열 가지 유형은 다음과 같다.

· 유년 시절의 신체적 학대
· 유년 시절의 성적 학대
· 감정적 학대

· 물리직 방임

· 감정적 방임

· 이혼이나 사별로 인한 부모와의 이별

· 가정 폭력에 노출되는 환경

· 가족 구성원의 투옥

· 가정 내 정신 질환으로 인한 어려움

· 가정 내 약물 남용으로 인한 어려움

ACES의 주임 연구자인 빈센트 펠리티와 로버트 안다는 설문조사 결과를 바탕으로 데이터베이스를 구축한 뒤 이를 실험 참가자들의 의료 기록과 비교했다. 그리고 그 결과에 놀랄 수밖에 없었다. 유년 시절에 경험한 ACE의 빈도가 높을수록 성인이 된 후 우울증과 당뇨, 자가면역질환, 암과 같은 신체적·정신적 질환을 겪을 가능성이 매우 높게 나온 것이다.

게다가 연구 참가자 3명 중 2명이 유년 시절에 적어도 한 번 이상 부정적 역경에 노출된 적 있다고 응답했다. 즉 연구에 참여한 성인 중 3분의 1만이 ACE를 한 번도 경험하지 않았다. 공중보건학계에서는 중대한 발견이었다. 또한 연구진은 ACE가 또 다른 ACE를 낳는다는 사실을 발견했다. 또한 ACE가 한 번으로 그칠 확률은 두 번으로 이어질 확률보다 낮았다. 두 번으로 그칠 확률 역시 세 번으로 이어질 확률보다 낮았다.

유년 시절에 경험하는 ACE의 빈도수는 중요한 정보를 담고 있다. 아동이 ACE를 많이 겪으면 겪을수록 만성적인 유해 스트레스 물질에 노출될 가능성 역시 높아진다. 아동이 그처럼 만성적인 유해 스트레스 물질에 노출되면 될수록 면역 기능과 두뇌 발달에 악영향이 가해질 가능성 역시 더 높아진다.

ACE에 관해 방대한 양의 글을 써온 도나 잭슨 나카자와의 설명에 따르면 만성적인 스트레스는 성장하는 아이의 두뇌 구조를 변형시키고 스트레스 물질을 조절하는 유전자의 발현을 방해하며 평생 지속될 수 있는 과민성 염증 반응을 유발함으로써 아이가 갖가지 성인병에 취약해지도록 만든다. 나카자와는 개인의 경험을 통해서도 그 증거를 제시한다. 나카자와는 어린 시절 갑작스럽게 아버지를 잃었다. 가족은 큰 시련에 봉착했으며 이전에 가깝게 지내던 친척들과도 멀리 떨어졌다. 2015년도 저서《멍든 아동기, 평생건강을 결정한다》에서 나카자와는 이렇게 회상한다.

나는 아빠와 무척 가까웠다. 안전감, 평온함, 존중을 느끼고 싶을 때면 아빠에게 기댔다. 가족사진을 보면 나는 늘 미소를 지은 채로 아빠 품에 안겨 있다. 아빠의 죽음으로 내 유년 시절은 하룻밤 사이에 갑자기 끝나버렸다. 그때 이후의 시간을 되돌아보면 솔직히 말해 '행복한 기억'을 단 하나도 떠올릴 수가 없다. 누구의 잘못도 아니다. 그냥 그렇게 되었다. 나는 잃어버린 과거에 미련을 두지 않았다. 내가 보기에 과거에 집착하는 사람, 특히 유년 시절에 집착하는 사람은 감정적으로 문제가 있는 사람 같았다.

그래서 나는 씩씩하게 나아갔다. 삶을 투포환처럼 쏘아 던졌다. 내 삶은 꽤 괜찮았다. 나는 과학 저술가로 열심히 일하면서 유의미힌 목적에 기여했고 훌륭한 남편을 만나 결혼해 가정을 이루었으며 내 삶의 이유인 사랑스러운 자녀들을 최선을 다해 길렀다. 하지만 열심히 일군 가정이 아름답게 빛나는 모습을 지켜보거나 가까운 친구들과 함께 있을 때를 제외하면 나는 항상 고통을 밀어내고 있었다. 내 자신이 남의 파티에 끌려온 이방인 같았다. 내 몸은 내가 아무리 아닌 척해도 아주 오랜 시간 어마어마한 양의 상실감을 내면에 숨겨 왔음을 잊을 수 없게 만들었다. 나는 내 자신이 '누구와도 같지 않다'고 느꼈다.

나카자와는 성인이 된 이후 10여 년 이상 여러 자가면역질환으로 고통을 겪었다. 길랭-바레 증후군으로 두 번이나 마비가 왔다. 나카자와가 ACE의 존재를 인지한 이후에야 비로소 유년 시절에 겪은 역경과 성인기 건강 문제 사이의 연관성이 명확히 보이기 시작했다.

나카자와는 이렇게 말한다. "내가 유년 시절에 겪은 만성 스트레스를 고려하면 내 몸과 두뇌는 평생토록 유해한 염증 물질에 절여진 것이나 마찬가지다. 그래서 내가 그런 질병들에 취약해진 것이다. 존스홉킨스 대학 병원의 내 주치의 말에 따르면 그렇다."

나카자와는 어린 시절 아버지의 죽음 때문에 심한 스트레스를 받았던 경험과 성인이 된 후 스트레스가 건강에 악영향을 미친 일 사이의 관계를 단순히 'A 때문에 Z가 발생했다'는 식의 인과관계로 구성할 수도 있었다. 하지만 두 사건 사이의 빈틈을 벌리니 A에서 Z로 가기까지 중간에 여러 단계가 있었음이 밝혀졌다. 유년 시절에 겪은 여러 ACE가 나카자와의 신체와 두뇌에 다양한 영향을 미친 것이다. 예컨대 어린아이가 학대와 방임에 노출되는 경우 두뇌의 집행 기능을 관장하는 전두엽 피질과 좌뇌 및 우뇌를 연결하는 뇌량이 변화를 겪는다.

ACE는 불운이 겹치듯 동시다발적으로 발생할 수 있다. 릴리의 청소년기가 딱 그랬다. 릴리가 열여섯 살 되던 해 여름 아버지가 신장암으로 돌아가셨다. 릴리는 2주 후 학교로 돌아가 아무 일도 없었다는 듯 덤덤하게 행동하려고 노력했다. 하지만 그러는 동안 집안의 모든 것이 바뀌었다.

릴리는 오래전부터 정신 질환과 약물 중독 문제를 겪던 어머니와 단둘이 살아야 했다. 현재 22세가 된 릴리는 당시를 이렇게 회상한다. "엄마가 아빠를 잃고 큰 충격을 받았어요. 몇 달이 지나도록 침대 밖으로 나오지 않았죠. 집이 쑥대밭이 됐어요. 아빠가 돌아가신 뒤 처음 몇 달이 어땠는지 돌이켜 보면 '내가 어떻게 그 시기를 버텼지?' 싶다니까요. 주변에 다른 어른이 없었던 건 아니에요. 아빠 친구분이 자주 도움을 주었고 숙모도 5분 거리에 살았죠. 하지만 어쨌든 집에는 엄마와 저뿐이었어요. 사람들은 엄마가 영양실조로 죽을까 봐 걱정했어요. 다행히도 당시에 제가 일을 하고 있었고 아빠가 돌아가신 뒤로 복지금도 나왔기 때문에 먹고살 수는 있었어요. 그래도 정말 힘든 시기였죠."

몇 달 후 릴리의 어머니는 정신의학과 병동에 입원했고 릴리는 숙모와 함께 살기 시작했다. 새로운 집에서 안전과 안정을 찾은 릴리는 학업을 무사히 마칠 수 있었다. 하지만 아버지의 죽음 이후로 여러 달 지속된 돌봄의 부재는 릴리로 하여금 혹독한 대가를 치르게 했다. 사별의 슬픔에 빠진 엄마를 돌보고 하루하루 생존하는 데 급급했던(즉 여러 ACE를 동시에 겪어야 했던) 릴리는 자기 자신의 감정적 필요를 돌볼 여유를 갖지 못했다. 최근 꾸준히 감정을 살펴주는 남자친구를 만났고 정규직을 구해 경제적 안정을 얻었다. 그제야 비로소 아버지의 죽음을 제대로 애도할 수 있었다.

소속감을 얻고 어엿한 성인으로서 인정을 받은 후에야 릴리는 과거에 경험한 고통스러운 사건들을 다시 돌이켜 볼 수 있었다. 빈센트 펠리티는 어릴 때 ACE를 경험한 성인에게 이런 경향이 흔히 나타난다고 설명한다. 심지어 오랜 세월이 흐른 후라도 누군가가 과거의 역경이 그때는 물론 지금의 삶에도 중요한 사건이라는 사실을 대화를 통해 한 번이라도 확인시켜 주면 당사자는 감정적으로는 물론 신체적으로도 편안함을 찾을 수 있다. 펠리티의 말에 따르면 "아무리 다루기 힘든 병을 앓고 있다고 해도 치유 과정이 시작"된다.

상실의 이야기를 쪼갠 뒤 그 안에서 ACE를 발견한 사람에게는 희망적인 소식이다. ACE를 수차례 경험했다고 하더라도 상실의 이야기가 반드시 길 잃은 슬픔을 가둬놓은 수용소의 모습을 띠고 있을 필요는 없기 때문이다. ACE가 뇌에 가한 영향은 시간이 얼마나 지났든 얼마든지 되돌릴 수 있다.

그렇다면 ACE와 두뇌 사이의 연결 고리를 어떻게 끊을 수 있을까?

심신 치료, 명상, 요가 등 몸과 마음을 진정시키는 어떤 활동이든 좋다. 예컨대 나카자와는 마음챙김 명상이 신체 증상을 완화하는 데 도움이 된다는 사실을 발견했다. 자신의 이야기를 글로 쓰는 활동 역시 유익했다.

나카자와는 이렇게 설명한다. "논리 정연한 이야기를 구축하는 활동 역시 치유 과정의 핵심이다. 하지만 그저 이야기를 쏟아내기만 해서는 회복에 닿을 수 없다. 회복탄력성이란 이야기를 만드는 과정에서 깨달음을 얻는 능력을 의미한다. 이야기를 만드는 사람은 지금까지 일어난 모든 일을 열린 마음으로 주의 깊이 살펴보면서 각각의 사건이 나에게 어떤 영향을 미쳤는지, 나를 어떻게 바꿔놓았는지 생각해야 한다." 페니베이커의 실험에서 표현적 글쓰기 활동에 참여한 학생들이 그랬던 것처럼 이야기 만들기 과정에 적극적으로 참여해야만 치유에 이르는, 외상 후 성장에 이르는 직행 통로를 찾을 수 있다. 물론 그러려면 동정심을 가지고 우리 이야기에 귀를 기울여주는 사람 앞에서 스스로를 표현할 기회를 가져야 한다.

훨씬 더 나은 길

저녁 식사가 끝났다. 식당이 마감을 준비하기 시작했다. 다른 손님들과 함께 크리스토퍼와 나도 거리로 나왔다. 우리는 아버지를 사별한 경험이 크리스토퍼의 커리어에 어떤 영향을 미쳤는지 계속 분석했다. 교외로 나가는 택시를 잡으러 브로드웨이 쪽으로 넘어가면서 우리는 이메일과 전화로 대화를 이어나가자고 약속했다. 아직 크리스토퍼의 이야기를 충분히 쪼개지 못했다. 그 안에 뭔가가 더 있는 게 분명했다.

이후 몇 주에 걸쳐 메일과 전화를 주고받으면서 크리스토퍼의 청소년기와 청년기가 어땠는지 좀 더 분명한 그림을 그렸다. 얼마 지나지 않아 크리스토퍼가 속단했던 인과관계가 낡은 유물처럼 느껴지기 시작했다. 크리스토퍼의 생각은 거대한 이야기를 지나치게 짧게 압축한 요약문에 불과했다. 그 속에는 온갖 중개 변수가 득실거리고 있었다. 거대한 이야기를 활짝 열어 그 안에 담긴 내용을 호기심을 가지고 바라보자 크리스토퍼의 직업적 경력 역시 완전히 새롭게 보였다.

한번은 전화 통화 중 크리스토퍼가 이렇게 말했다. "어린 시절 저는 언제나 아빠가 없는 특이한 아이였어요. 사람들이 그렇게 얘기했다는 게 아니라 저 스스로 그렇게 느꼈어요. 아버지와 야구장에 갔다가 야구 모자를 쓰고 학교에 오는 아이들과는 절대 같은 경험을 할 수 없다는 사실을요. 그 아이들은 부자간 유대 관계를 형성할 수 있었고 그런 경험에 관해 자기들끼리 이야기를 나눌 수 있었죠. 하지만 저는 할 얘기가 없었어요. 그래도 아이들은 환경에 적응하기 마련이죠. 주어진 것만으로 어떻게든 살아가는 수밖에요."

크리스토퍼는 계속 말을 이었다. "그게 그렇게 불행한 일은 아니라는 걸 기억해야 해요. 오히려 그 경험에서 무궁무진한 창의성이 나올 수 있죠. 특별한 환경에 적응해야 한다는 것, 세계를 이해하는 '일반적인' 틀이 확립되지 않았다는 건 아무리 어리더라도 자신만의 세계관을 창조해야 한다는 뜻이니까요. 아주 어린 나이에 창의성을 꽃피우는 셈이죠. 예술적인 창의성이 아니라 스스로를 위해 무엇이든 창조할 수 있는 원형적인 창의성인 거죠. 저에게는 생활력이든 창의력이든 적응력이든 평범하고 당연한 능력이에요. 하지만 대다수의 사람에게는 그렇지 않죠. 저는 깊이 생각할 줄 알고 정보를 이해하고 종합할 줄 알아요. 아주 어릴 때부터 여러 측면에서 그래야 했기 때문이죠."

처음 대화를 시작할 때만 해도 크리스토퍼는 자신이 여덟 살에 아버지를 잃었기 때문에 인생 계획을 세울 수 없었다고 생각했다. 물론 타당한 논리일 수 있다. 하지만 대화를 하면 할수록 대안적인 이야기가 모습을 드러냈다. 이야기는 훨씬 더 풍성하고 광범위했다. 아버지의 부재와 크리스토퍼의 생활력 및 창의력은 깊은 연관이 있었다. 정리하자면 크리스토퍼는 여덟 살에 아버지를 잃었고 그 빈자리를 채울 사람도 없었기 때문에 또래 친구들과 달리 남자로서 보고 배울 본보기를 갖지 못했다. 하지만 크리스토퍼는 여덟 살에 아버지를 잃었기 때문에 자신의 인생을 스스로 창작할 지혜와 창의성을 기를 수 있었다.

둘 다 진실일 수 있다.

혹시나 아버지의 운명이 자신에게도 찾아올까 봐 서른여덟 살이 되기 전에 세상을 최대한 널리 겪어보겠다고 다짐한 크리스토퍼는 실제로 다양한 경험을 했고 다양한 사람들을 만났으며 살던 곳에만 머물렀다면 절대 얻지 못했을 능력과 기술 역시 발달시켰다.

크리스토퍼는 이렇게 말한다. "마치 매 순간을 창조하는 기분이에요. 제가 뭐 대단한 선구자라도 되는 양 으스대고 싶지는 않아요. 하지만 제 창의성에는 오래전부터 지금까지도 계속 불이 들어와 있죠. 오래도록 창의성을 발휘해 왔지만 항상 평화롭고 안락한 삶을 살았던 건 아니에요. 하지만 덕분에 다채로운 경험을 수없이 많이 했죠. 또 그 경험 덕분에 수많은 아이디어를 새롭게 발견하고 조합할 수 있었고요. 그만큼 창의성이 폭발적으로 강력해졌죠. 창의성을 발휘할 기회를 마주할 때 활용할 폭넓은 경험을 얻은 셈이에요. 정해진 길을 따라 걷는 사람과는 근본적으로 다른 삶의 방식이죠."

크리스토퍼가 혼자 힘으로 쌓아온 경력은 크리스토퍼가 가진 다양한 흥미와 경험을 한데 결합시킨 결과물이었다. 마치 지난 25년 동안의 경험과 행동과 생각을 한데 묶는 보이지 않는 실과 같았다. 크리스토퍼는 자신의 직업적 성취를 가리켜 이미 존재하는 요소들로부터 새롭고 흥미로운 결과물을 창조해 내는 '재조합적 혁신'의 한 사례라고 불렀다.

크리스토퍼가 어른으로 성장하고 직업적 성공에 이르기 위해 택한 인생 노선은 다른 사람들이 일반적으로 택하는 전통적인 노선에 비하면 구불구불한 우회로에 가깝다. 하지만 온전히 크리스토퍼 본인만의 길이기도 하다. 크리스토퍼가 걸어온 발자국 하나하나가 전부 그의 소유라고 할 수 있다. 이런 시각으로 보면 크리스토퍼의 말처럼 그 길이 "훨씬 더 나은 길"일지도 모른다. 같은 말을 다시 한번 강조하는 크리스토퍼의 목소리에는 감출 수 없는 경이가 서려 있었다. "훨씬 더 '나은 길'일지도 몰라요."

12장

연속성을 찾아서

2019년 8월 15일, 토크쇼 진행자로 유명한 스티븐 콜베어가 CNN의 시사 프로그램 〈앤더슨 쿠퍼 360°$^{Anderson Cooper 360°}$〉에 출연해 앤더슨 쿠퍼와 한 시간 동안 대화를 나누었다. 처음 30분은 정치와 영화, 진실과 진실성에 대한 이야기가 이어졌다. 그러던 도중 두 사람의 대화가 예상치 못한 방향으로 흘러가기 시작했다.

중간 광고가 나간 후 쿠퍼는 콜베어와의 과거 인연을 회상하며 대화를 이어나갔다. "얼마 전 제가 어머니를 잃었을 때 당신이 제게 건넨 편지가 기억이 나요." 쿠퍼는 방송 두 달 전 어머니 글로리아 밴더빌트를 떠나보냈다. "편지에 이렇게 써주셨죠. '슬픔 안에서 평안을 찾기 바랍니다'라고요. 우리는 좀처럼 애도와 상실에 대한 이야기를 입 밖으로 꺼내지 않죠. 사람들이 그런 이야기를 불편해하니까요. 요즘에 이런 생각을 정말 많이 해요."

두 사람은 사별 이후 이어지는 장기적인 슬픔에 대해 허심탄회한 대화를 나누었다. 실로 진귀한 풍경이었다. TV를 통해 그런 진솔한 대화를 접한 것도 정말이지 오랜만이었고 특히 그 대화를 남자들이 공개적으로 나누었다는 점에서 더욱 특별하게 느껴졌다.

쿠퍼가 어머니를 사별한 때는 성인이 된 이후였지만 그는 열 살에 아버지 와이어트 쿠퍼를 심장마비로 떠나보낸 경험이 있다. 콜베어 역시 열 살에 아버지와 두 형을 비행기 사고로 잃었다. 두 사람 모두 그 사건이 자신의 인생에 긴 흉터를 남겼다고 고백했다. 그 흉터는 두 사람의 인생을 완전히 바꿔놓았다.

쿠퍼는 지금까지도 아버지가 살아 있을 때와 그렇지 않을 때로 자신의 시간을 구분한다고 설명했다. 그리고 콜베어에게 말하기를 유년 시절에 경험한 사별이 "마치 폴 포트Pol Pot가 캄보디아를 장악한 뒤 설정한 '원년'처럼" 느껴진다고 했다.

콜베어는 수긍하며 받아쳤다. "두말하면 잔소리죠. 맞아요. 아예 다른 사람이 되죠. 또 다른 스티븐이 생기는 거예요. 한 명은 스티븐 콜베어이고, 다른 한 명은 아버지와 형들이 죽기 전의 어린 스티븐이죠. (중략) 아버지와 형들을 떠나보낸 직후부터 지금까지의 기억은 꽤 생생해요. 아시다시피 그 전과 후의 시간도 연결되어 있어요. 하지만 그 순간을 기준으로 제 기억에는 커다란 균열이 생겼습니다." 콜베어는 사별을 겪기 전의 기억이 모두 낯설고 희미하게 느껴진다고 털어놓았다.

이처럼 두 갈래로 갈라지는 형태의 이야기는 트라우마나 상실을 경험한 사람들에게 빈번하게 나타난다. 상실 이전의 삶을 하나의 길로, 상실 이후의 삶을 다른 하나의 길로 각각 인식하는 것이다. 상실을 겪기 전에 특정한 유형의 자아가 존재했고 상실 이후에 그와는 다른 새로운 자아가 나타났다는 식의 인식은 사실 너무나 흔해서 상실 이야기의 보편적 특징으로 여겨질 정도다. 어린 시절 부모와 사별한 성인 남성과 여성을 대상으로 연구를 진행해 온 심리학자 맥신 해리스Maxine Harris는 사별의 순간을 가리켜 "세계를 영구적으로 분할하는 심리적 대분수령"이라고 불렀다.

열네 살에 어머니를 심장마비로 잃은 캣 역시 이렇게 말한다. "마치 제 인생의 역사에 기원전과 기원후가 존재하는 것 같아요. 엄마를 잃기 전 천진난만한 유년 시절의 저와 엄마를 잃고 난 후의 제가 완전히 다른 사람처럼 느껴지는 거죠. 그런 생각을 떨칠 수가 없어요."

이야기의 시작점에서는 충분히 달성 가능해 보였던 목표가 트라우마로 인해 완전히 꺾이게 되면서 이런 현상이 나타나게 된다. 어린 시절에 구축하는 가정적 세계에는 어린아이라도 충분히 예측할 수 있는 미래의 이야기가 담기기 마련이다. 하지만 거대한 상실을 경험하고 나면 그런 미래가 실현될 가능성이 좌절된다. 새로운 이야기를 만들어야 하는 것이다. 그렇게 만들어낸 새로운 이야기는 기존의 이야기와 너무나 다르다. 주인공도 내가 아닌 다른 사람인 것만 같다.

우리는 내가 기억하는 과거와 내가 인식하는 현재, 내가 기대하는 미래를 나만의 방식으로 재구성해 삶의 이야기를 구축한다. 그렇기 때문에 삶의 이야기에는 내가 나의 정체성과 내 삶의 역사를 어떻게 바라보고 있는지가 고스란히 드러난다. 다시 말해 삶의 이야기는 우리의 자기 인식 방식을 정확하게 반영한다.

스티븐 조지프 역시 이렇게 주장한다. "우리가 스스로에게 되뇌는 이야기는 '차례차례' 우리의 정체성을 변화시킨다. 먼저 우리의 자전적 이야기(인생 이야기)에 영향을 미치고 그다음에는 개인의 목표, 가치, 우선순위에 영향을 미친다. 이 짐을 명심하면 우리는 우리에게 유익이 되는 방식으로 이야기를 만들어나갈 수 있다."

노스웨스턴대학에서 심리학을 가르치며 《이야기 심리학Stories We Live By》을 집필한 댄 매캐덤스Dan McAdams는 인생 이야기가 우리의 특성, 동기, 가치관은 물론 정체성까지 반영하고 확립할 수 있다고 지적한다. 시간에 따른 삶의 흐름을 이해하고 종합하는 최상의 구조가 바로 '이야기'라는 것이다.

이런 맥락에서 보면 분열된 인생 이야기(예컨대 '이전'과 '이후'로 나뉘는 이야기)는 당장 수정되어야 한다. 정체성이 분열된 상황, 인생의 두 부분이 일관성 있게 만족스러운 방식으로 합쳐지지 못한 상황일 수 있기 때문이다.

'이전' 부분의 자아가 어린아이이거나 10대인 경우 어린 자아는 과거에 고립된 채 묶여 있다. 내면이 순수함으로 가득 찬 자아와 차가운 진실을 깨달은 자아가 분열되어 있는 셈이다. 이런 이야기를 지닌 사람은 서사적 연속성을 인식할 수 없으며 자연스러운 시간의 흐름에 따라 과거와 현재를 연결하는 데도 어려움을 겪는다.

심리학자 로버트 니마이어의 설명에 따르면 이처럼 인생 이야기가 분열된 경우 한때 '나'라고 생각했던 사람과 지금 '나'라고 생각하는 사람을 연결하기가 매우 까다롭다. 니마이어는 이렇게 말한다. "무엇보다 과거의 자아를 향한 연민을 잃어버릴 수 있어요. 어린 자아에게 말을 걸지도 않고, 과거처럼 상처받을 수 있는 어린아이 같은 부분이 우리 안에 아직 존재한다는 사실을 인정하려 하지도 않죠. 하지만 어린 자아에게 공감하지 못한다면 우리는 마치 성벽에 가로막힌 것처럼 어릴 적 경험에 접근할 수 없습니다. 과거와 현재 사이를 연결하는 다리를 찾지 못하는 셈이죠. 그처럼 분열된 이야기는 우리의 몸과 마음에 계속 영향을 미칩니다."

예컨대 성인이 된 후 버려졌다거나 배신당했다거나 외롭다거나 두렵다거나 무가치하다는 느낌을 받을 때 우리는 그토록 밀어내려고 했던 어릴 적의 연약한 자아를 떠올릴 수 있다. 이때 우리는 어릴 적 받았던 상처에 공감하는 대신 스스로를 비판할지도 모른다. 니마이어는 이렇게 설명한다. "그처럼 연약한 모습이 전면에 등장할 때 우리는 스스로를 무자비하게 공격합니다. 너무나 불편하고 낯선 모습이니까요. 하지만 사실 그것이 우리 본모습입니다. 우리가 이야기를 발전시키는 가운데 어릴 적 경험을 이야기에 결합시킬 수 있다면 우리는 자기애를 얻는 것은 물론 비슷한 외로움과 두려움을 경험한 타인의 고통 역시 잘 이해하고 공감할 수 있을 것입니다."

트라우마를 겪은 사람들에게서 '이전과 이후' 이야기가 흔히 발견되는 이유는 무엇일까? 개인의 선택이라고 볼 수만은 없다. 어떤 문화권에든 해당 문화만의 전형적인 이야기 틀이 존재한다. 만약 서양 문화권에 속하는 사람들이 인생을 '이전'과 '이후'로 나눠서 묘사하는 경향이 있다면 그건 서양 사람들이 그런 이야기 구조를 과거 경험을 떠올리는 틀로서 받아들이고 있기 때문이다.

스티븐 매디건은 이렇게 설명한다. "우리는 이야기 틀을 통해 자신이 어떤 존재인지, 자신이 죽음과 어떤 관계를 맺고 있는지 경험할 뿐만 아니라 이야기 틀을 통해 그런 경험을 표현하기도 합니다." 다시 말해 문화권 전반이 분열된 인생 이야기를 배격한다면 그런 식으로 자기 이야기를 털어놓는 사람도 줄어든다는 뜻이다.

사별을 기점으로 이전과 이후를 분리해 개념화하는 것은 어쩌면 감정적으로 정확한 묘사일지 모른다. 사별의 고통에서 애써 벗어나려는 사람은 불과 며칠 전만 해도 상상조차 할 수 없었던 사건을 목격하고 경험했다. 사랑하는 사람의 죽음은 자신이 어떤 역경에도 끄떡없다는 환상을 무너뜨리고 가족이 누구 하나 빠진 사람 없이 온전하다는 인식을 깨부수며 자신이 상황을 통제할 수 있다는 감각에 위협을 가하고 세상이 안전하고 예측 가능하다는 믿음을 영구적으로 손상시킨다. 지금 존재하는 것이 앞으로도 영원히 존재하리라는 기대는 더 이상 설 자리가 없다. 사별 이전의 순수한 상태는 결코 온전히 회복될 수 없다.

바로 그 순간 사별을 겪은 사람은 자아를 새롭게 인식하기 시작한다. 예컨대 지금 막 자신에게 들이닥친 불행을 목격한 이상 앞으로도 스스로를 불행해질 수 있는 사람으로 인식한다. 이런 변화를 어떻게 받아들이고 반응하는지(비관적으로 받아들일지 낙관적으로 받아들일지, 감사하고 사랑하는 마음을 품을지 분노하고 두려워하는 마음을 품을지 등)에 따라 그에 상응하는 행동이 이어진다. 거주지, 학교, 사회적 환경, 보호자의 행동, 재정 상황, 가족 간의 소통 양상 등 외부 요인 역시 변화를 겪을 수 있다. 이런 식으로 사별을 겪은 사람은 비극적 사건 이전의 자아와 이후의 자아를 분리시킨다.

소설가 무라카미 하루키가 상실 이전과 이후가 분리되는 바로 이런 순간을 가장 잘 포착하기로 정평이 나 있다. 무라카미 하루키는 이렇게 썼다. "일단 한바탕 폭풍을 겪고 나면 당신은 어떻게 폭풍을 뚫고 지나왔는지, 어떻게 살아남았는지 기억하지 못할 것이다. 폭풍에서 완전히 벗어난 것인지 확신이 들지도 않을 것이다. 하지만 한 가지 사실만은 분명하다. 폭풍을 지나온 당신은 폭풍 속으로 들어가기 전의 당신과는 전혀 다른 사람이다. 폭풍의 의미란 그런 것이다."

서양 문화권에서는 변화에 관한 이야기를 좋아한다. 역경이 반드시 성장과 부활로 이어진다고 믿기를 좋아한다. 기껏해야 얻을 수 있는 결과가 홀딱 젖는 게 전부라면 굳이 폭풍을 헤쳐나가야 할 이유가 무엇이란 말인가? 겨우 목숨만 부지하는 게 목표가 될 수는 없다. 인간은 고치를 벗고 나비가 되어 날아오르기를 원한다. 확장과 성장을 원한다. 서양 문화권에서는 자신의 인생 이야기를 이런 식으로 전개해야 한다는 문화적 압력이 상당하다.

하지만 여기에 예상치 못한 반전이 있다. 반드시 변화를 실제로 경험해야만 성장에 이를 수 있는 것은 아니다. 때로는 변화를 가져오는 이야기를 만드는 것만으로도 똑같은 결과를 얻을 수 있다.

두 가지 이야기

지난 30여 년 동안 심리학자 댄 매캐덤스는 사람들이 이야기를 구축함으로써 어떻게 의미와 목적을 찾는지 연구해 왔다. 로스앤젤레스에서 열린 노스웨스턴대학 동문 행사에서 매캐덤스가 이 주제로 연설을 하자 강당에 있던 60명의 사람들은 금세 그의 연설에 매료되었다.

매캐덤스의 설명에 따르면 트라우마나 상실의 이야기는 대개 예측가능한 패턴을 보인다. 이야기의 주인공은 안전과 안정의 상태('이전'

시기)로 출발했다가 비극이 닥치년 억경과 고난의 상태('이후' 시기)로 내던져진다. 낙원과 실낙원에 관한 이야기인 셈이다.

이런 식으로 '오염 서사'가 만들어진다. 오염 서사란 긍정적인 무언가가 돌이킬 수 없이 망가진다는 줄거리를 담은 이야기다. 주인공은 감히 피해를 원상으로 되돌리려 애쓸지도 모르지만 그 노력은 실패할 수밖에 없다. 진실한 마음과 능숙한 기술을 가지고 아무리 노력해도 잃어버린 것을 되찾을 수는 없다.

지난 25년 동안 수많은 상실의 이야기를 접하면서 알게 된 사실 하나는 사람들이 상실 '이전'의 시기를 묘사할 때 '단란하다'라는 말을 자주 쓴다는 점이다. 그들은 자신이 안전하고 순수하고 사랑받는다고 느꼈던 유년 시절을 사별 이후 잃어버릴 수밖에 없었다고 말한다. 나는 비극으로 때 묻지 않은 유년 시절을 보냈다는 그들의 인식을 의심하지 않는다. 나 역시 똑같이 느꼈기 때문이다. 하지만 우리는 이야기가 개인의 인식과 문화적 영향의 산물임을 잊어서는 안 된다. 이야기를 쓰는 사람은 어떤 장면을 어떻게 이어 붙일지, 어떤 주제를 강조할지 스스로 선택할 수 있다. 이야기의 주인은 언제든 이야기에 담긴 의미를 바꿀 수 있다는 뜻이다.

인생 이야기의 '이전' 부분을 단란하고 화목한 시기로 묘사하다 보면 '이후' 부분을 순수를 잃어버리고 영광으로부터 추락하는 시기로 묘사하고 싶은 충동이 든다. 서사의 흐름이 행복한 유년 시절에서 불행한 유년 시절로, 긍정적인 감정에서 부정적인 감정으로 이어진다. 하지만 우리가 스스로에게 되뇌는 이야기가 정말 사실인지 잠깐 멈춰 생각해 본 적 있는가? 혹시 이야기를 만들고 그 이야기에 고착하는 이

유가 특정 정체성을 강화하려는 의도는 아닐까?

3월의 어느 날 46세의 애비가 인터뷰를 하러 로스앤젤레스에 있는 내 사무실을 찾아왔다. 우리는 서로 마주하고 대화를 시작했다.

외동딸인 애비가 학교에 들어가기 전 애비의 부모님은 미국 중서부의 한 조용하고 평범한 도시에서 전문직 종사자 부부로 살고 있었다. 애비에게는 이때의 기억이 거의 남아 있지 않았지만(어머니에게 들은 것이 거의 전부였다) 그래도 애비는 이때를 평화로운 시절로 묘사했다.

하지만 슬프게도 애비가 네 살이 되던 해 아버지가 자살로 생을 마감했다. 어머니는 곧바로 애비를 데리고 할머니 댁으로 들어갔으며 어머니가 새로 직장을 구한 뒤에는 대도시의 아파트로 다시 이사를 갔다. 그렇게 애비는 싱글맘의 자녀로서 낯설고 분주하지만 신기하기도 한 환경에서 살게 되었다. 유년 시절과는 어느 모로 보나 정반대였다.

애비 역시 아버지가 돌아가시기 이전의 4년을 두고 '단란하다'라는 표현을 사용했다. 단란한 삶은 아버지가 돌아가시고 대도시로 이사를 가면서 완전히 뒤집혔다. 하지만 애비는 이야기를 하는 와중에도 자신의 인생 역사가 스스로 창조한 주관적인 서사임을 인지하고 있었다.

애비는 이렇게 말한다. "단란하고 소박했던 유년 시절은… 아, 이쯤에서 한 가지 짚고 넘어가야겠네요. 왜냐하면 제 유년 시절은 전혀 단란하지 않았거든요. 아빠가 정신 질환을 앓고 있었어요." 애비가 오래도록 속에 지니고 있다가 반사적으로 내뱉은 이야기는 심지어 이야기가 나오는 와중에도 훨씬 섬세하게 다듬어지고 있던 셈이다.

때때로 상실 '이전'의 이야기가 불완전하고 부정적인 상태에서 시작했다가 오히려 상실 이후 개선되는 방향으로 전개되기도 한다. 이런 양상은 고인이 살아생전에 폭력을 휘둘렀거나 중독에 빠졌던 경우, 여러 차례 자살을 시도했던 경우, 퇴행성 질환으로 가족에게 장기간 스트레스를 주었던 경우 나타날 수 있다. 이때 사별을 겪은 사람은 설령 사별로 인한 고통이 추가되는 상황일지라도 자신의 이야기가 사별을 기점으로 나쁜 쪽에서 좋은 쪽으로 변화했다고 서술할 수 있다.

예를 들어 46세인 세이디는 초등학생 시절의 자신을 무자비하게 따돌림당하던 내성적인 아이로 기억한다. 지금에 와서는 그때 왜 자신이 가해자들에게 당당하게 맞서지 못했는지 한탄한다. 당시 세이디와 가장 친한 친구였던 릴라는 한 살 위였고 도로 바로 건너편에 살았다. 릴라는 다른 학교 학생이었기 때문에 세이디가 매일같이 마주하는 사회적 현실로부터 멀리 떨어져 있었다. 릴라의 집에서 함께 시간을 보낼 때면 세이디는 자신의 본모습대로 행동할 수 있었고 누군가에게 받아들여진다는 느낌을 받을 수 있었다. 이런 맥락에서 릴라의 집과 우정은 학교에서 따돌림을 겪는 세이디에게 너무나 소중한 안식처였다.

하지만 릴라는 당시 세이디로서는 이해할 수 없었던 병 때문에 유년 시절 내내 아팠다가 괜찮아졌다가를 반복했다. 비극적이게도 릴라는 열세 살에 세상을 떠나고 말았다. 세이디에게 그 이후의 시기는 절망적이고 혼란스러운 때로 기억된다. 가장 친한 친구를 잃었다는, 상상조차 못 할 상실감과 그로 인한 존재론적 위기에 더해 세이디는 어린아이로서 온전히 안전하다고 느낄 수 있는 장소마저 잃어버렸다. 하지만 세이디가 구축한 '이후'의 이야기에서 릴라의 죽음은 오히려 세이디가 새로운 차원의 자기실현과 성장에 이르는 계기로 작용한다.

세이디는 이렇게 설명한다. "릴라가 세상을 떠나고 난 후 저에게는 더 이상 안식처가 없었죠. 그러니 안식처를 새로 찾아야 했어요. 하지만 저는 안식처를 제 밖에서 찾을 수 없다는 걸 알고 있었어요. 몇 년 걸리기는 했지만 저는 제 목소리와 주체성을 되찾았고 약간의 존중도 요구할 줄 알게 되었죠. 아무도 저를 대변해 줄 수는 없었어요. 제 스스로가 제 편이 되어야 했죠."

댄 매캐덤스의 설명에 따르면 세이디의 '이전과 이후' 이야기는 '구원 서사'에 해당한다. 구원 서사에서는 이야기가 나쁜 방향에서 좋은 방향으로, 역경과 고난의 상태에서 극복과 회복의 상태로 흘러간다. 매캐덤스는 구원 서사가 미국 성인 중에서도 세대 의식이 매우 강한 성인, 즉 다음 세대를 위해 더 나은 세계를 만들고자 노력하는 성인에게서 가장 흔하게 나타난다는 사실을 발견했다. 보통 이들이 구축하는 이야기는 장애와 역경을 마주하지만 오히려 바로 그 고난 때문에 긍정적인 결실을 거두는 주인공을 내세움으로써 고난을 극복하는 과정을 강조한다. 이들은 얼마든지 오염 서사로 구성될 수 있는 사실들로 회복과 치유와 도전의 이야기를 만들어낸다. 객관적으로 이들이 세대 의식이 떨어지는 사람들에 비해 긍정적인 경험을 더 많이 한 것은 아니다. 이들은 단지 삶을 돌이켜 보면서 구원 서사를 구성할 만한 경험을 더 잘 '인식'하고 이런 인식을 반영하는 인생 이야기를 구축할 뿐이다.

지금까지 내가 조사한 바에 따르면 구원적인 주제는 '이전과 이후' 이야기의 '이후' 부분에서 자주 나타난다. 바로 이 지점에서 아픔을 치유하고 의미를 발견하는 이야기를 구축하고자 하는 욕망이 꿈틀대기 때문이다. 그렇다면 이런 이야기는 사별을 겪은 사람의 실제 인식을 반영할까? 많은 경우 그렇다. 물론 아닐 때도 더러 있다. 서양 문화권의 대중문화와 대중매체는 해피엔딩을 기대하면서 긍정적인 해석을 하도록 사람들을 길들여 놓았다. 이 때문에 이야기의 결말이 부자연스럽거나 인위적인 경우 우리 손에는 '포장만 예쁜 이야기'가 남게 된다. 사실 많은 이야기에는 해피엔딩이 존재하지 않는다. 대부분의 현실 이야기는 절대 예쁘게 포장된 이야기처럼 단순하게 흐르지 않는다.

그럼에도 불구하고 의식적으로 구원 서사를 구축하는 행위는 이야기 주인에게 확실한 유익을 가져다준다. 외상 후 성장을 주제로 한 수많은 연구에 따르면 역경으로부터 긍정적인 결과를 인식할 줄 아는 사람들은 사회적으로나 심리적으로나 적응력이 더 뛰어났다. 게다가 인생 이야기에 오염 서사보다 구원 서사가 더 많이 담겨 있는 성인일수록 다음 세대의 안녕에 더 관심이 많았다. 반면 인생 이야기를 서술할 때마다 오염 서사에 의존하는 사람들에게서는 더 높은 수준의 우울과 불안이 나타났다. 요컨대 우리가 스스로에게 무슨 이야기를 어떤 구조로 되뇌는가는 매우 중요하다. 이는 우리의 정체성은 물론 우리의 정신 건강에도 영향을 미친다.

자신이 겪은 고난의 심각성을 인정하는 일과 고난을 딛고 일어서는 구원 서사를 구축하는 일 사이에서 균형을 잡을 때 우리는 트라우마나 상실을 겪고도 희망을 잃지 않는 가운데 긍정적인 성장을 이룰 수 있다. 바로 이것이 상실을 '통합'하는 과정이다. 이 과정은 외상 후 성장에 이르는 데 꼭 필요하다. 스티븐 조지프도 이렇게 설명한다. "그들은 그들이 겪는 변화의 부정적 측면과 긍정적 측면을 모두 인정하는 가운데 자신의 인생 이야기를 더 큰 맥락에 포함시킨다." 자신이 겪은 상실을 인생 이야기에 통합할 줄 아는 사람은 삶에 고난이 가득하다는 사실을 솔직하게 인정하며 그런 고난으로부터 의미를 찾는 것이 쉽지는 않지만 분명 값진 일이라는 사실을 잊지 않는다. 물론 우리에게 벌어진 일은 비극적이었다. 하지만 바로 그 비극을 발판 삼아 우리는 긍정적인 성장을 이룰 수 있다. 내 친구 안젤라는 이 진리를 아주 간단하게 압축했다. "인생이 지랄맞을 수 있지. 근데 인생이 좋을 수도 있어." 둘 다 진실일 수 있다.

모든 이야기가 해피엔딩으로 끝나지는 않는다. 하지만 이야기의 주인은 고통을 줄이기 위해 새로운 인식을 가지고 이야기를 다시 쓸 수 있다. 그러지 않는다면 우리는 스스로 삶을 살아가고 이야기가 삶을 반영하도록 하는 대신 비극적인 이야기가 우리의 삶을 결정하도록 허락하고 말 것이다. 낡은 이야기를 내려놓고 새로운 이야기를 구축하는 바로 그 지점에서 우리는 스스로를 변화시킬 수 있다. 분열된 이야기를 다듬고 합침으로써 우리는 진정한 치유를 시작할 수 있다.

둘 다 진실일 수 있다

상실의 이야기에 '이전'과 '이후' 부분이 만들어지고 나면 인생은 두 갈래의 이야기 곡선을 따라 나뉜다. 한쪽 곡선은 사별에 이르기까지의 '이전' 기간을, 다른 곡선은 사별을 겪은 뒤의 '이후' 기간을 담당한다.

하나의 인생 이야기가 여러 개의 이야기 곡선, 즉 여러 '미세 서사'를 포함하는 경우는 흔하다. 사실 거의 모든 이야기가 그렇다. 그런 미세 서사가 모여 전체 인생을 아우르는 '거대 서사'를 형성한다. 예컨대 내 인생 이야기를 구성하는 미세 서사에는 엄마를 사별한 이야기(두 버전이 있다)와 아빠를 사별한 이야기는 물론 작가가 된 이야기, 딸들을 키운 이야기, 집을 마련한 이야기, 스윙댄스 추는 법을 배운 이야기, 쥐 공포증을 극복한 이야기, 사나운 고양이를 구조해 기른 이야기 등이 있다. 각각의 미세 서사가 인생이라는 거대한 책에서 한 챕터를 차지할 수도 있고 챕터 속 한 장면을 차지할 수도 있다.

하지만 '이전과 이후' 이야기는 상실의 이야기 하나를 전달하기 위해 별개의 이야기 둘에 의존한다. 9장에서 소개한 고전적인 이야기 구조는 세 영역(시작, 중간, 끝)으로 나뉘며 두 개의 결정적인 순간(발단과 절정)을 포함하고 있다.

그런데 '이전과 이후' 이야기에서는 '이전' 부분이 독자적인 이야기 구조를 가진다. 사별의 원인이 불치병인 경우 병의 증상이 나타나거나 병의 진단이 이루어짐과 동시에 이야기의 시작 부분이 갑작스럽게 끝이 난다. 사랑하는 사람이 사망하는 사건은 이야기의 절정 부분에 놓인다. '이전' 부분은 바로 이 절정 지점을 향해 나아가는 이야기다.

반면 사별의 원인이 갑작스러운 죽음인 경우 사망 소식과 함께 존재가 돌연 부재로 뒤바뀐다. 따라서 이 이야기에서는 사랑하는 사람의 죽음이 이야기의 발단과 절정 역할을 동시에 수행한다. 예상 가능한 사별이든 예기치 못한 사별이든 각각의 이야기에서 '이후' 부분은 얼마 되지 않는 이야기의 끝 부분에 압축된다.

하지만 인생이라는 책에서 한 챕터의 끝은 대개 다음 챕터의 시작으로 이어지기 마련이다. 한 이야기의 절정이 곧 다른 이야기의 발단이 되는 셈이다. '이후' 부분의 서사 역시 그렇게 시작된다.

아이오와의 계관시인인 메리 스완더Mary Swander는 이렇게 말한다. "어머니의 죽음은 크나큰 기쁨과 크나큰 고통으로 가득 찬 내 남은 인생 이야기의 시작을 열었다."

내가 어릴 때 만든 이야기에서도 엄마의 죽음은 절정 부분을 차지하고 있었다. 이야기의 끝 부분에는 이튿날 아침 부엌 식탁에 둘러앉아 있던 우리 가족의 모습과 인생이 방금 막 둘로 쪼개졌다는 사실을 깨달은 나의 인식이 담겨 있었다. 엄마가 돌아가시기 전의 시간과 엄마가 돌아가신 후의 시간이 앞으로 평생 대조를 이룰 것만 같았다. 그때 내 느낌은 그랬다. 하지만 그 이야기에서 나는 고작 열일곱이었다. 다음 페이지를 넘기기만 하면 새로운 챕터를 시작할 수 있었다. 다가오는 여름부터 상실에 적응하고 다음 일(고등학교를 졸업하고 중서부 지역의 대학에 입학하고 언론학 학위를 따고 첫 직장을 구하는 일)을 계획하기 시작하면서 실제로 내 인생 이야기는 계속 이어졌다.

이런 식으로 엄마의 죽음은 한 이야기의 절정이면서 '동시에' 다른 이야기의 발단이기도 했다. 상실 이야기의 '이후' 부분이 바로 그런 구조를 취한다.

엄마의 죽음은 이후에 연쇄적인 사건을 불러일으키면서 다른 수많은 미세 서사의 발단 역할을 수행했다. 내가 작가가 되어 지금 이렇게 글을 쓰는 것도 바로 그 발단에서 비롯된 이야기다. 매캐덤스라면 이를 두고 내가 구원을 역설하기 위해 만든 이야기라고 부를 것이다.

내 상실 이야기의 '이후' 부분을 구성하는 주된 이야기 중에는 또 다른 구원 서사가 존재한다.

엄마는 내가 열일곱 살일 때 돌아가셨다(발단). 그래서 나는 어머니를 일찍 사별하는 경험에 관한 책을 찾았다. 하지만 히니도 찾을 수 없었다. 당시에는 그런 책이 존재하지 않았다. 몇 해가 지날 때마다 서점이나 도서관을 뒤져봤지만 별 소득이 없었다. 결국 20대 후반에 나는 직접 책을 쓰기로 결심했다. 책이 출판된 덕분에 나는 뉴욕에서 몇몇 여성들과 뜻을 모아 엄마 없는 다른 딸들이 도움을 받을 수 있도록 작은 비영리 단체를 설립할 수 있었다. 단체가 어찌나 빨리 성장했던지 우리는 곧 내 집 거실 밖으로 나가 새로운 사무실을 구해야 했다. 공동 설립자 한 명이 사무실을 같이 쓸 남자 둘을 안다고 해서 우리는 타임스퀘어에 위치한 한 영화관 위에 둥지를 틀었다. 두 남자는 큰 사무실의 절반을 우리에게 세주었다. 일을 마치고 퇴근할 때면 나는 두 남자 중 한 사람과 같이 택시를 타곤 했다. 우리는 가까워졌다. 반년쯤 지나고 나서는 교제하기 시작했다. 우리는 1997년에 결혼했고 두 아이를 낳았다. 그 후 지금까지 22년 동안 두 아이는 내 인생에서 가장 소중한 보물로서 밝게 빛나고 있다.

내 딸들이 존재하기까지 지나온 길을 어떤 식으로 돌이켜 봐도 결국 그 끝에는 엄마를 잃은 열일곱의 내가 있다. 엄마의 죽음은 내가 처음 만든 상실의 이야기에서 절정을 이뤘을 뿐만 아니라 내가 두 딸을 갖게 된 이야기에서 발단을 이루기도 했다.

나는 내 첫 번째 상실 이야기가 아예 펼쳐지지 않았기를 바라는 동시에 내 두 번째 이야기에 깊은 감사를 느낀다. 그렇다고 두 마음이 서로를 상쇄하지는 않는다. 나는 1981년 7월 12일에 순수함을 잃은 열일곱 소녀를 애도하는 동시에 그런 일이 없었다면 지금의 나 역시 존재하지 않으리라는 사실을 인정한다. 두 마음 모두 진실일 수 있다.

연속성 회복하기

이제 정체성에 생긴 균열을 손볼 차례다. 백지 두 장과 필기도구를 준비하자. 노트북을 사용해도 된다.

먼저 종이 한 장을 꺼내 중앙에 세로로 직선을 하나 그어라. 이 선은 사랑하는 사람의 죽음이다. 즉 삶의 이야기를 둘로 나누는 선이다.

직선의 왼쪽 상단에 '이전'이라고 적고 사별을 겪기 전 자신이 어떤 사람이었는지 그 성격과 특징을 써보자. 사랑스럽고 순수하고 천진난만하며 걱정과 불안 없이 안정감을 느끼고 삶에 만족하던 사람? 고집 세고 의존적이며 건방진 데다 자기중심적이고 냉정한 사람? 어떤 특징이라도 좋다. 긍정적인 면과 부정적인 면이 복합적으로 섞여 있었을 수도 있다. 최대한 솔직하게 적기만 하면 된다. 한 단어로 표현하면 좋겠지만 두세 단어 이상을 사용해도 된다.

그다음에는 오른쪽 상단에 '이후'라고 쓴 다음 사별을 겪은 후의 자신이 어떤 사람으로 변했는지 그 성격과 특징을 나열해 보자. 한 단어로 표현할 수 있다면 더 좋다. 독립적이고 지혜롭고, 자신감과 사랑이 넘치며 공감 능력이 뛰어나고 감사할 줄 아는 사람? 슬픔이나 압박감, 두려움, 외로움, 분노, 막막함을 느끼는 사람? 여기에도 긍정적인 면과 부정적인 면을 모두 적는 것이 좋다. 왼쪽에 썼던 특징을 반복해 적어도 된다. 그런 사람도 있다. 모두 적은 후에는 종이를 한쪽에 밀어두자.

이제 이야기를 마지막으로 점검해 보자.

사별을 겪은 사람 대다수가 상실의 순간을 이야기의 전환점으로 인식한다. 앞서 살펴본 것처럼 상실을 기점으로 너무나 많은 변화가 있어서 그 후에 나타난 자아와 이전의 자아를 다르게 느끼는 것이다.

지금 당장은 그 상실이 삶의 이야기에서 가장 중요한 사건으로 보일 수 있다. 특히 상실을 최근에 경험했다면 더욱더 그렇다. 당연한 일이다. 하지만 시간이 지남에 따라 그 상실이 삶에 어떤 영향을 미칠지는 살면서 그 상실을 어떻게 인식하는지에 따라 달라질 수 있다.

로버트 니마이어에 따르면 일반적으로 사별을 경험한 사람들은 그 사별이 자신의 삶을 부정적으로 규정하도록 내버려두는 경향이 있다. 니마이어는 이렇게 설명한다. "그러면 고통이 지속되겠죠. 자신과 자신의 삶을 정의할 때 죽음이라는 사건을 정중앙에 놓는 태도는 대개 끔찍한 결과로 이어집니다."

하지만 니마이어와 그의 연구팀이 발견한 바에 따르면 상실에 의미를 부여하는 행위가 이 같은 부정적인 영향을 감소시킬 수 있다. 자신이 경험한 상실로부터 나름의 의미를 도출한다면 삶의 이야기 중심에 상실이라는 사건을 두더라도 끔찍한 결과를 피할 수 있다는 것이다. 상실로부터 의미를 찾는 태도는 외상 후 성장에도 긍정적인 영향을 미친다. 니마이어는 이렇게 말한다. "그런 행위를 통해 자신이 결코 사별이라는 사건의 수동적인 희생자가 아님을 확인할 수 있습니다. 상실을 인식하는 방식에 따라 미래의 자아가 달라질 수 있어요."

그렇다면 니마이어가 말하는 '의미를 찾는 행위'란 무엇일까?

이는 그저 이야기에 인위적인 주제나 메시지를 부여하거나 죽음을 긍정적으로 해석하는 행위를 의미하지 않는다. 그보다는 사별이라는 사건을 있는 그대로 이해하고 역경에서 자라나는 유익을 발견하는 태도를 가리킨다. 인생 전체라는 더 큰 맥락에서 상실을 바라보고 상실이 전체 이야기에서 정확히 어디에 위치하는지 이해하며 큰 그림 안에서 삶의 의미를 끌어내는 행위를 의미한다. 즉 미시적인 관점과 거시적인 관점을 모두 가지고 스스로를 정의하는 태도를 뜻한다.

이제 당신이 지금까지 살아온 삶 전체를 서술하는 이야기 구조를 하나 만들어보자. 당신이 태어난 순간부터 이야기를 시작해 보는 것이다. 아직은 알 수 없는 절정의 순간은 미래로 설정하자. 언젠가는 그곳에 도달할 것이다. 벌써부터 삶의 절정을 규정할 필요는 없다.

그런 다음 사랑하는 사람의 죽음을 그 이야기의 중간에 놓자. 그 상실을 모든 일의 결말인 것처럼 표현하거나 이후의 성장을 불러일으키는 발단으로 표현하지 마라. 다채롭고 역동적인 삶을 살아가는 와중에 당신에게 일어난 여러 중요한 사건 중 하나라고 생각하라.

상실이라는 사건을 서사의 절정으로 가는 도중에 마주치는 많은 경험 중 하나로 생각하면 이야기는 달리 읽힐 것이다. 상실이 이전처럼 삶에 막대한 영향을 미치는 사건으로 보이지 않을 것이다. 어린 시절의 연약한 자아가 인생의 중심에서 끊임없이 고통을 불러일으키지 않을 것이다. 상실이 그저 거대한 이야기 속 여러 일화 중 하나로, 강인함과 회복탄력성을 고무시키는 사건으로 보일 것이다.

만약 이런 사고방식에 거부감이 든다면 아직 상실의 이야기가 정체성의 핵심을 차지하고 있는 상황이다. 그렇다면 고민해 보아야 한다. 상실이 삶의 전부라고 인식하는 태도가 지금의 자신에게 유익이 되는가? 아니면 이런 태도를 바꾸고 싶은가?

상실이라는 미시적인 이야기를 큰 그림에 통합시킬 때 우리는 과거와 현재를 연결할 수 있다. 또한 그렇게 하면 의식적으로 상실의 무게를 덜어냄으로써 상실을 삶의 많은 사건 중 하나로 축소시킬 수 있다.

이렇듯 '이전'과 '이후'로 구분되는 이야기 구조를 해체함으로써 '이전'과 '이후'를 연속선상에 두는 새로운 이야기를 창조할 수 있다. 물론 거시적인 이야기 안에서도 상실이라는 사건은 여전히 중요한 자리를 차지할 것이다. 하지만 더 이상 핵심에 놓이지는 않는다. 다시 말해 삶을 지배하는 원칙으로 기능하지는 않는다.

테레즈 란도는 이렇게 말한다. "처음에는 상실이 머릿속을 가득 채우고 상실이 세상의 전부인 것처럼 느낄 수 있습니다. 하지만 언젠가는 사랑하는 사람의 죽음을 인생 이야기의 한 챕터로 여겨야 합니다. 물론 가장 중요하고 거대한 챕터일 수는 있겠죠. 하지만 책의 전부가 될 수는 없습니다. 그렇다면 의문이 생기죠. 단지 중요하다는 이유만으로 상실의 챕터가 이후에 나올 다른 모든 내용을 규정해야 할까요?"

아버지가 위암으로 돌아가실 때 열여덟 살이었던 스티브도 이렇게 말한다. "제 인생 이야기에서 아빠의 죽음은 더 이상 최상단에 놓여 있지 않아요. 이제는 60~65퍼센트 지점쯤에 놓여 있죠. 제가 성장하는데, 제가 스스로를 이해하고 지금의 저 자신이 되는 데 그만큼의 영향을 미쳤기 때문이에요."

어떻게 하면 우리는 과거에 경험한 상실에 정체성을 장악당하지 않으면서도 상실로부터 지혜와 인도와 영감을 얻을 수 있을까? 상실을 인생 이야기의 중심 밖으로 옮겨야 한다. 오랜 세월에 걸쳐 다른 인생 경험이 쌓여가기를 가만히 기다리면서 지켜보아야 한다. 적극적으로 상실의 의미를 찾아내야 한다.

이 과정에는 '더 이상 상실이 내 이야기의 기준점이 아니라면 나는 누구일까?'라는 질문을 던지는 일도 포함된다.

이제 두 번째 백지를 꺼내자. 맨 위에 '평생'이라는 제목을 붙여라.

왼쪽과 오른쪽을 가르던 선이 사라진 종이에 다시 당신을 설명하는 성격과 특징을 모두 나열해 보자.

어떤 특징이 당신을 '당신'으로 만드는가?

당신은 어떤 존재로 세상에 나왔는가?

구조적으로나 근본적으로나 당신 그 자체와 같아서 무슨 일이 일어나든 절대 변하지 않는 특징, 유전자에 각인되어 있어서 도저히 벗어날 수 없는 특징에는 어떤 것이 있는가?

어쩌면 첫 번째 종이의 '이전'과 '이후' 밑에 작성한 목록 중에서도 그런 특징이 존재할 수 있다. 타인에게 들은 것, 스스로 생각한 자신의 성격 등 자유롭게 적어보자. 너무 어린 나이에 사별을 겪어서 그 이전의 자신이 어떤 사람이었는지 모른다 해도 괜찮다. 그렇다 하더라도 자신의 핵심적인 성격이나 특성은 직관적으로 파악할 수 있을 것이다.

이 두 번째 종이에 적힌 자아는 이야기에 균열이 발생하기 전부터 발생하는 도중은 물론, 발생한 이후까지 계속해서 존재했던 연속적인 자아다. 균열을 치유하기에 가장 적합한 자아이기도 하다. 근원적이고 일관적이며 지속적이다. 상실의 폭풍을 온몸으로 맞았던 당신은 사실상 상실의 폭풍으로부터 벗어난 당신과 동일하다. 이 새로운 자아는 과거와 현재와 미래를 한데 연결할 수 있다. 바로 이 자아가 당신의 인생 이야기를 만들었으며 앞으로도 언제든 그 이야기를 바꿀 수 있다. 이제 그 자아에게 새롭게 인사할 차례다.

"만나서 반가워, 친구야."

애도의 다른 얼굴

내가 책을 집필하는 4년 동안 바깥세상은 큰 변화를 맞았다. 이 책을 쓰기 시작한 것이 2016년 미국 대선 직전이었다. 그해 가을 미국 국민의 절반이 집단적 애도 반응을 경험했고 나머지 절반은 "그냥 받아들여!"라고 외쳤다. 그 이후 2년 동안 내 가까운 친구 셋이 세상을 떠났다. 2020년 초에는 23년간의 결혼 생활이 막을 내렸다. 그 직후에는 코로나 바이러스가 미국 전역을 휩쓸었으며 여러 세기에 걸쳐 쌓여온 인종차별로 인한 고통의 목소리도 집단적으로 터져 나왔다. 지금 이 시대가 수많은 사람들에게 슬픔을 자아내고 있다. 이는 너무나 자명한 사실이다.

가슴 저미는 상실에 대해 조사하고 글을 쓰면서 동시에 그 상실을 매일같이 경험하고 목격해야 하는 이 상황이 비현실적으로 느껴졌다. 특히 책의 후반부를 집필하는 동안에는 그런 이중적인 상황이 계속되었다. 나는 무너진 집을 눈앞에 둔 사람 같았다. 집을 어떻게 다시 바로 세워야 할지도 알고 손에 도구도 있는데 도저히 홀로 시작할 엄두를 낼 수 없는 무력한 기분이 계속되었다. 정부의 권고대로 매일 집에 틀어박혀 식탁에 앉아 글을 썼다. 그러는 사이에도 주변에는 상실의 이야기가 산처럼 쌓여갔다. 그 와중에 나는 생각을 명확히 정리해야 했고 막대한 사회적 고통을 어떻게 이해하고 해결해야 할지 고민해야 했으며 개인적으로는 이혼 문제까지 처리해야 했다. 충격과 당혹감, 무기력, 혼란, 분노, 두려움 등 책에 서술한 애도의 감정은 내가 매일 직접 경험하고 있는 것이기도 했다. 내가 저자인지 독자인지 혼란스러울 정도였다. 대부분의 경우 나는 둘 다에 해당했다.

결혼 생활의 끝이 인생의 끝을 의미하지는 않는다. 나는 이 사실을 충분히 이해하고 있었다. 그럼에도 내가 한때 영원하리라고 믿었던 무언가가 끝난 것은 확실했다. 이제껏 충분히 많은 상실을 경험한 만큼 결혼 생활의 끝을 맞으며 내가 경험한 감정이 깊은 애도임을 이해했다. 이번에는 슬픔을 억지로 극복하지도 않을 것이고 괜찮지 않으면서 괜찮다고 말하지도 않겠다고 마음먹었다. 억눌린 슬픔이 어떤 결과를 초래하는지 나는 잘 알고 있다. 어차피 정부의 권고대로 집에만 있어야 했기에 주의를 다른 곳으로 돌릴 수도 없었다. 바깥 활동을 같이 하면서 함께 시간을 보내줄 수 있는 친구들도 전화나 인터넷으로만 만나야 했다. 막내딸은 낮에는 온라인 수업을 듣고 밤에는 친구들과 화상 통화를 하느라 바빴다. 큰딸은 첫 직장에 취직해 멀리 떠나 있었다.

그러다 보니 날이 갈수록 불안이 나를 잠식했다. 나는 고통스러운 감정을 고스란히 감내하면서 머릿속으로는 사실관계를 거듭 정리했고 나의 이야기를 스스로에게 들려주는 한편 다른 사람들과도 공유했다. 그렇게 하니 한 문장을 쓰면서도 눈물을 흘렸던 내가 점차 울지 않고 한 단락을 쓸 수 있게 되었다. 심지어 감정에 무너지는 일 없이 여러 장을 써 내려가기도 했다.

이 감정이 아마 내가 지금까지 경험한 애도 중 가장 순수한 애도가 아닐까 한다. 피할 길 없이 날것 그대로 솔직하게 슬픔을 맞닥뜨렸으니까. 인간이 상실에 적응하는 과정을 수십 년간 연구해 왔음에도 여전히 나를 놀라게 하는 사실 하나는 상실로 인한 끔찍하고 부정적인 감정을 있는 그대로 받아들일 때 오히려 그 강도가 점차 줄어든다는 점이다. 그렇게 스스로를 내려놓을 때 비로소 나는 다시 힘을 얻을 수 있었다. 온 국민이 새로운 일상에 적응하기 시작했듯이, 모두가 끊임없이 변화하는 세상에서 살아가는 법을 반복해서 배워야 하듯이, 나 또한 상실에 적응해 갔다.

한편으로는 수많은 논문과 책과 인터뷰 자료에 둘러싸인 채 식탁에 앉아 글을 쓰다 보니 내 개인적인 문제는 사회 전체를 관통하는 거대한 애도의 물결에 비하면 사소하다는 느낌이 들었다. 주변 곳곳에서 친구들과 동료들이 사랑하는 사람을 떠나보냈고 바이러스는 물론 불의와 폭력에도 있는 힘껏 맞서 싸우고 있었다. 이처럼 거대한 고통이 만연한 상황에서 내 고통에만 초점을 맞추는 것은 불합리하게 느껴졌다.

그러던 중 운 좋게도 2013년에 나온 영상 하나를 발견했다.《날카로운 슬픔The Wild Edge of Sorrow》의 저자 프랜시스 웰러Francis Weller의 인터뷰를 편집한 영상이었다. 캘리포니아 북부에서 심리치료사이자 작가로 활동하고 있는 웰러는 다른 사람의 도움에 기대기보다는 혼자 슬픔을 극복해야 한다는 '영웅 문화'를 강력히 비판한다. 애도는 결코 개인적인 과업이 아니다. 웰러는 이렇게 말한다. "인류 역사를 통틀어 애도는 언제나 집단으로 이루어지는 과정이었습니다. 온 마을의 지원을 기다리는 과정이었죠. 우리는 가만히 앉아 직접 슬픔을 느끼는 것은 물론 슬픔을 공동체 앞으로 가지고 나가 고통을 나누고 위안을 얻어야 합니다."

2020년대인 지금, 특히 대인 접촉을 최소화하기 위해 국가가 나서서 전력을 쏟고 있는 지금으로서는 따르기 힘든 조언이지만 그럼에도 불구하고 웰러의 말은 옳다. 내가 오래도록 지속되는 애도를 4년에 걸쳐 연구하며 배운 점이 있다면 그건 바로 우리가 두 축 사이를, 즉 개인의 축과 집단의 축 사이를 오갈 때야 비로소 성장할 수 있다는 것이다. 우리는 혼자 가만히 앉아 슬픔을 마주하기도 해야 하지만 슬픔을 타인과 공유하기도 해야 한다. 그러고 나서 또 가만히 앉아 슬픔을 느끼며 그 안에서 의미와 목적을 찾은 뒤 다시 세상으로 나가 우리가 배운 것을 실현해야 한다. 상실을 겪은 후 가만히 앉아 기다리기만 해서는 성장이 찾아오지 않는다. 적극적으로 노력을 기울여 기억을 다시 떠올리고 재구성해야 하며 계속 앞으로 나아갈 수 있도록 새로운 이야기를 구상해야 한다.

의미는 우연히 마주칠 수 있는 무언가가 아니다. 우리가 만들어내야 하는 것이다.

나 역시 식탁에 앉아 가만히 지원을 기다리는 대신 스스로 공동체를 찾아 나서야 했다. 2020년 4월 초에는 '코로나 사태 완화를 위한 세계 연합' 온라인 모임에 초대받았다. 죽음 및 사별 분야 전문가, 학자,

사회운동가가 한데 모여 예기치 못한 시기를 헤쳐나가는 데 도움을 줄 수 있는 지침과 의식을 집단적으로 논의했다. 다른 사람들과 마찬가지로 나 역시 화상 회의 하는 법을 익혀야 했다. 동시에 나는 엄마 없는 딸들을 위한 상담 전화 프로그램도 매주 진행했다. 한번은 코로나 바이러스로 어머니를 잃은 여성들만을 위해 연락을 취한 적도 있다. 다른 사람을 돕는 일은 내가 회복에 이르는 최고의 방법이었다. 엄마로부터 물려받은 박애주의 유전자를 표출하는 방식이기도 했다. 즉 하루하루 스스로를 치유하는 일은 곧 내 엄마를 기리는 일이기도 했다.

앞으로 여러 해 동안 우리는 모두 이 특별한 해를 되돌아보게 될 것이다. 점점 더 폭넓은 이야기가 형성됨에 따라 우리가 같은 사실을 이해하고 구성하는 방식 역시 달라질 수밖에 없다. 나중에 다시 떠올릴 때마다 같은 2020년도 그 모습이 조금씩 달라 보일 것이다. 그때 우리가 경험한 상실이 각자에게 어떤 의미인지, 우리 사회에 어떤 의미를 남겼는지가 점점 더 선명해질 것이기 때문이다. 2020년을 겪기 전까지 나는 나 자신을 작가이자 강연자이자 상담가라고만 생각했다. 생각을 공유하고 다른 사람들이 목표를 이룰 수 있도록 돕기 위해 일방적으로 정보와 지원을 제공하는 존재라고 생각했다. 하지만 식탁에 앉아 이 책을 마무리하면서 내가 공동체와 맺고 있는 관계가 얼마나 상호 보완적인지 비로소 깨달았다. 여러분 모두가 내 공동체의 일부다. 매일 식탁에 앉아 한 사람 한 사람을 마음속에 떠올리며 여러분의 용기와 이야기에 얼마나 깊이 감명받았는지 모른다. 사별의 아픔에 관해 20년 이상 강연을 하고 글을 써왔지만 지난 몇 달을 경험하고서야 비로소 애도가 무엇인지 진정으로 이해하게 되었다. 애도를 통과하는 유일한 방법은 타인과 함께하는 것이다.

트라우마 때문에 세상에 대한 비현실적인 혹은 부정적인 기대를 포기하게 되었다면 오히려 좋은 일일 수 있다. 심리학자 로니 자노프 불먼Ronnie Janoff-Bulman의 논문에서 이런 개념을 접한 뒤로 지난 몇 달 동안 계속해서 생각해 보았다. 요즘 시기에 정말 필요한 메시지인 것 같았다. 우리가 크나큰 고통을 스스로 정복할 수 있다는 가정이 얼마나 낡고 틀린 기대인지도 깨달았다. 혼자서는 한계가 있다. 우리에게는 타인의 도움과 사랑하는 고인에 대한 추억이 반드시 필요하다. 그래야 고통으로부터 지혜를 얻을 수 있다. 이 책에 등장하는 사람들이 전하려는 말도 바로 그것이다.

지난 30년에 걸쳐 인터뷰한 사람들 다수가 이른 나이에 경험한 고통스러운 상실로부터 얻은 것이 있다고 말했다. 그들의 이야기를 듣다 보면 동일한 유익이 너무나 자주 나타났다. 그래서 나는 가장 자주 나타나는 열다섯 가지 유익을 '우리가 놓친 애도의 요소들'이라고 부르기로 했다. 여기에는 감탄, 존경, 연민, 공감, 신념, 은혜, 감사, 희망, 겸손, 의미, 미래관, 목표, 회복탄력성, 지혜, 경외가 포함된다.

익숙한 이야기이지 않은가?

이런 요소들은 질병으로 진단되지 않기 때문에 크게 관심을 받지 못했다. 하지만 상실을 경험한 사람이라면 이 요소들 역시 고통스러운 감정만큼이나 실재적으로 다가온다는 사실을 잘 알고 있을 것이다. 이 요소들은 대개 상실 직후에는 모습을 드러내지 않는다. 애도의 기나긴 궤적을 충분히 거친 뒤에, 즉 애도 후의 애도 기간에 나타난다. 시간이 지남에 따라 서서히 존재를 드러내는 것이다.

우리는 애노를 통해 즉각적인 교훈과 섬신적인 교훈을 배울 수 있다. 우선 즉각적으로는 우리의 삶이 죽음에 얼마나 취약한지, 우리의 삶이 얼마나 덧없이 지나갈 수 있고 그래서 얼마나 소중한지 깨닫게 된다. 오늘 존재하다가도 내일 더 이상 존재하지 않을 수 있다. 우리는 슬픔이나 고통을 피할 수 없다. 안전하다는 생각은 착각이다. 우리가 가진 것은 오늘이 전부다. 나이를 얼마나 먹었든 이런 교훈을 받아들이기란 쉽지 않다. 특히 어린 나이라면 더욱 힘들 것이다.

그러나 애도는 점진적인 교훈도 일깨워준다. 그리고 그 가르침은 기다릴 만한 가치가 있다. 우리는 깊은 슬픔도 결국에는 이겨낼 수 있음을 깨닫는다. 상실의 고통을 견디는 것을 넘어 우리는 새로 발견한 지식을 지렛대 삼아 높이 날아오를 수 있다. 우선순위를 바로잡는다. 감사하는 마음이 꽃핀다. 결국 순수한 기쁨의 순간이 다시 찾아온다.

1980년대에 '기능 장애'라는 말이 유행했던 것처럼 2010년대에는 '회복탄력성'이라는 단어가 자주 언급되었다. 그런데 상실을 경험한 사람들의 이야기를 수천 개 가까이 들여다보고 나니 그들에게 '회복탄력성'이라는 단어가 굉장히 특별한 의미를 지닌다는 생각이 들었다. 그들에게 회복탄력성이란 끔찍하고 비극적인 일이 언제든 누구에게나 닥칠 수 있다는 인식과 설령 그런 일이 자신에게 다시 일어나더라도 또다시 극복할 수 있으리라는 믿음을 동시에 지니는 능력을 의미하는 것 같다.

결국 애도 후의 애도에 있어 회복탄력성이란 앞으로 무슨 일이 일어날지 모름에도 희망과 믿음과 호기심을 가지고 새로운 날을 맞고자 하는 확고한 의지, 실제로 무슨 일이 일어나든 감사하는 마음으로 받아들이겠다는 확고한 의지를 가리킨다. 상실의 슬픔이 우리에게 일깨워주는 변함없는 사실이 있다면 그건 바로 나이를 먹는 일이 특권이라는 것이다. 살아 있다는 것이 축복이라는 것이다.

2019년 8월 스티븐 콜베어가 앤더슨 쿠퍼와의 인터뷰에서 마지막으로 했던 말이 요즘 계속 머릿속에 맴돈다. 콜베어는 "일어나지 않았다면 좋았을 일을 사랑하는 법을 배워야 한다"라고 말했다. 불과 열 살에 아버지와 두 형을 한번에 잃은 사람이 하는 말인 만큼 되새길 만한 가치가 있다. 우리는 '일어나지 않았다면 좋았을 일을 사랑하는 법'을 배워야 한다.

콜베어는 이렇게 말했다. "그런 일이 일어났어야 한다고 생각하는 게 아니에요. 오히려 일어나지 않았더라면 좋았겠죠. 하지만 자신의 삶에 감사하는 사람이라면 삶이 가져다주는 모든 것에 감사할 줄 알아야 합니다. 그중 일부만 골라서 감사할 수는 없어요."

이 대목을 반복해 볼 때마다 나는 영상을 잠시 멈춘 뒤 생각이 머릿속에 스며들기를 기다린다. '일어나지 않았다면 좋았을 일을 사랑하는 법을 배워야 해.' 삶에 감사하는 법을 이보다 더 잘 설명하는 말을 나는 아직 찾지 못했다.

흔히들 슬픔을 이해하지 않고서는 기쁨도 이해할 수 없다고 한다. 그게 사실인지는 잘 모르겠다. 기쁨을 전혀 누리지 못한 채 고통으로 가득 찬 삶을 살거나 깊은 고통을 경험하지 못한 채 행복한 삶을 사는 일이 가능해 보이기 때문이다. 하지만 부재를 경험하지 않고서는 인간 존재에 눈물이 흐를 만큼 열렬히 감사할 수 없다는 점만큼은 확신한다. 그런 감사함이 없는 세상에서는 살고 싶지 않다. 그러기 위해 고통을 끌어안아야 한다면 기꺼이 그렇게 하겠다. 그리고 그럴 기회가 주어진다는 사실에 감사하겠다.

애도가 그리는 긴 궤적은 삶이 그리는 긴 궤적과 필연적으로 겹친다. 둘을 갈라놓을 수는 없다. 최근에 상실을 경험했거나 이제 막 애도의 여정을 시작한 사람에게는 이 사실이 분명히 와닿지 않을 수 있다. 그런 경우 이 책의 이야기들 역시 시간이 지나고 나서야 온전히 이해될 것이다. 만약 지금 하루하루를 간신히 버티고 있는 사람이라면 기쁨과 감사의 순간이 다시 찾아오기는 할지 의문이 들지도 모른다. 자신의 이야기가 변화하고 확장하고 성장할 수 있을지 확신이 들지 않을 수 있다. 하지만 지금의 고통이 완전히 사라지지는 않더라도 다른 무언가로는 바뀔 수 있다. 이 사실만큼은 내가 약속할 수 있다. 시간이 지날수록 그 고통은 견딜 수 있는 무언가로 변해갈 것이다. 어깨를 짓누르는 짐이 아니라 삶이라는 여행의 동반자가 될 것이다.

그때가 되기 전까지는 일단 양손을 내밀어 한 손에는 슬픔을, 다른 한 손에는 감사함과 경외심을 담자. 그리고 양쪽 손바닥을 눈앞에 맞대 둘을 하나로 합치자. 이것이 바로 프랜시스 웰러가 '삶의 기도'라고 부르는 태도다.

이렇게 하면 자신의 인간성을 온전히 느낄 수 있다. 그리고 이 과정에서 타인과 함께하고자 하는 의지를 찾고 그렇게 함으로써 상실감의 날카로운 날을 무디게 만들 수 있다. 당신의 이야기는 부드러우면서도 폭넓게 변화할 것이다. 당신의 정체성이 바로잡힐 것이다. 과거의 비극과 슬픔이 사라지지는 않겠지만 고통은 줄어들 것이다. 역경으로 인한 고통과 사랑하는 사람을 향한 그리움은 언제나 생생하게 느껴질 것이다. 하지만 그로부터 유익도 얻게 될 것이다.

이는 결코 변치 않는 사실이다.

당신 앞에는 당신이 상상조차 할 수 없는 경험들이 놓여 있다. 당신은 다시 기쁨을 누릴 것이다. 때로는 자기 자신과 다른 사람들이 그 기쁨을 누릴 수 있도록 맹렬히 싸워야 할지도 모른다. 그러나 그 열정 역시 결국 도움이 될 것이다. 그리고 장담하건대 언젠가 멈춰 서서 당신이 지나온 기나긴 애도의 여정을 돌아보면 그것이 삶에 어떤 의미였는지 온전히 이해하게 될 것이다. 약속한다. 그때가 되면 지금과는 완전히 다른 풍경을 보게 될 것이다.

프롤로그: 극복을 극복하기

_____ "A Veil of Tears: One in Seven Americans Lose a Parent or Sibling Before the Age of 20." Comfort Zone Camp, 22 Mar. 2010. pdfslide.net/documents/a-veil-of –tears-one-in-seven-americans-lose-a-parent-tend-to-bear-the-brunt.html. Press release.

_____ Granek, Leeat. "Grief 10 Years Later." *HuffPost*, 11 Sept. 2016, huffingtonpost.com/entry/grief-10-years-later_b_8120688.html.

_____ Granek, Leeat, and Meghan O'Rourke. "What Is Grief Really Like?" *Slate*, 28 Apr. 2011, Slate.com/human-interest/2011/04/what-is-grief-really-like.html.

_____ "Grief in the Classroom: Groundbreaking Survey of Educators Shows Overwhelming Interest in Helping Grieving Students and Strong Demand for Training & More Support." American Federation of Teachers and New York Life Foundation, 10 Dec. 2012. Press release.

_____ Josselyn, Jamie-Lee, host. "Gabriel Ojeda-Sagué on Where Everything Is In Halves." *Dead Parents Society, episode 3*. Kelly Writers House at the University of Pennsylvania, 14 May 2018. player.fm/series/dead-parents-society/episode-3-gabriel-ojeda-sague-on-where-everything-is-in-halves.

_____ Kaplow, Julie B., et al. "Psychiatric Symptoms in Bereaved versus Non-Bereaved Youth and Young Adults: A Longitudinal Epidemiological Study." *Journal of the American Academy of Child and Adolescent Psychiatry*, vol. 29, no. 11, Nov. 2010, pp. 1145–54.

_____ Neimeyer, Robert A. *Lessons of Loss: A Guide to Coping*. Center for the Study of Loss and

Transition, 2006.

____ "New survey on childhood grief reveals substantial 'grief gap.'" New York Life Foundation, 15 Nov. 2017. newyorklife.com/newsroom/2017/parental-loss-survey. Press release.

____ O'Rourke, Meghan. "Good Grief." *The New Yorker*, 25 Jan. 2010, newyorker.com/magazine/2010/02/01/good-grief.

____ O'Rourke, Meghan, and Leeat Granek. "What Is Grief Actually Like?" *Slate*, 24 Mar. 2011, slate.com/human-interest/2011/03/what-is-grief-actually-like-a-slate-survey.html.

____ "Supporting the Grieving Student." Aft.org, *American Federation of Teachers*, go.aft.org/bereavement.

____ "2019 Childhood Bereavement Estimation Model—CBEM." *Judi's House*, judishouse.org/cbem.

1장 애도 이야기

____ Andrews, Stefan. "Mourning Fashion and Etiquette in the Victorian Era." *The Vintage News*. 16 Sept. 2018. thevintagenews.com/2018-09-16/mourning-fashion/.

____ Archer, John. *The Nature of Grief: The Evolution and Psychology of Reactions to Loss*. Routledge, 1999.

____ Aries, Philippe. *The Hour of Our Death: The Classic History of Western Death Over the Last One Thousand Years*. 2nd ed., Vintage Books, 2008.

____ Blad, Evie. "Educators Often Overlook Student Grief, Experts Say." *Education Week*, 20 Jan. 2015, edweek.org/ew/articles/2015/01/21/educators-often-overlook-student-grief-experts-say.html.

____ Brewster, Henry. "Grief: A Disrupted Human Relationship." *Human Organization*, vol. 9, no. 1, 1950, pp. 19–22, doi:10.17730/humo.9.1.g718686718498167.

____ Chevalier, Tracy. "Victorian Mourning Etiquette." *tchevalier.com*, chevalier.com/fallingangels/bckgrnd/mourning/.

____ Cole, Melissa. "Mourning After: The Victorian Celebration of Dying."

____ Deutsch, Helene, and Edith Jackson. "Absence of Grief." *The Psychoanalytic Quarterly*, vol. 6, no. 1, 1937, pp. 12–22, doi:10.1080/21674086.1937.11925307.

____ Freud, Sigmund. "Mourning and Melancholia." *The Standard Edition of the Complete*

Psychological Works of Sigmund Freud, vol. XIV (1914–1916). Hogarth Press, 1964.

____ Granek, Leeat. "Grief as Pathology: The Evolution of Grief Theory in Psychology from Freud to the Present." *History of Psychology*, vol. 13, no. 1, 2010, pp. 46–73, doi:10.1037/a0016991.

____ "Grief in the Classroom: Groundbreaking Survey of Educators Shows Overwhelming Interest in Helping Grieving Students and Strong Demand for Training & More Support." American Federation of Teachers and New York Life Foundation, 10 Dec. 2012. Press release.

____ "Halberstadt-Freud, Sophie (1893-1920)." *Encyclopedia.com*, encyclopedia.com/psychology/dictionaries-thesauruses-pictures-and-press-releases/halberstadt-freud-sophie-1893-1920.

____ Halsey, Ashley. "The Flu Can Kill Tens of Millions of People. In 1918, That's Exactly What It Did." *The Washington Post*, 27 Jan. 2018, washingtonpost.com/news/retropolis/wp/2018/01/27/the-flu-can-kill-tens-of-millions-of-people-in-1918-thats-exactly-what-it-did/.

____ Halsey, Ashley. "A Killer Flu Was Raging. But in 1918, U.S. Officials Ignored the Crisis to Fight a War." *The Washington Post*, 3 Feb. 2018, washingtonpost.com/news/retropolis/wp/2018/02/03/a-killer-flu-was-raging-but-in-1918-u-s-officials-ignored-the-crisis-to-fight-a-war/.

____ Harris, Darcy. "Oppression of the Bereaved: A Critical Analysis of Grief in Western Society." *OMEGA—Journal of Death and Dying*, vol. 60, no. 3, 2010, pp. 241–53, doi:10.2190/om.60.3.c.

____ Jalland, Patricia. "Bereavement and Mourning Great Britain." *International Encyclopedia of the First World War*, 8 Oct. 2014, http://encyclopedia.1914-1918-online.net/article/bereavement_and_mourning_great_britain.

____ Koblenz, Jessica. "Growing From Grief." *OMEGA—Journal of Death and Dying*, vol. 73, no. 3, 10 Mar. 2015, pp. 203–30, doi:10.1177/0030222815576123.

____ Kübler-Ross Elisabeth, and David Kessler. *On Grief & Grieving: Finding the Meaning of Grief through the Five Stages of Loss*. Scribner, 2005.

____ Lindemann, Erich. "Symptomatology and Management of Acute Grief." *American Journal of Psychiatry*, vol. 101, no. 2, 1944, pp. 141–48, doi:10.1176/ajp.101.2.141.

____ Lupi, Robert S. "Classics Revisited: Freud's 'Mourning and Melancholia.' " *Journal of the American Psychoanalytic Association*, vol. 46, no. 3, 1998, pp. 867–83, doi:10.1177/00030651980460030901.

____ Maciejewski, Paul K., et al. "An Empirical Examination of the Stage Theory of Grief." *JAMA*, vol. 297, no. 7, 21 Feb. 2007, pp. 716–23, doi:10.1001/jama.297.7.716.

____ Marsden, Sara J. "The Traditional American Funeral." *US Funerals Online*, us-funerals.com/funeral-articles/traditional-funeral-service.html.

____ "Mourning After: The Victorian Celebration of Death." Oshawa Community Museum, May 18–November 27, 2016. oshawamuseum.org/pdf/Mourning%20After%20E%20Book.pdf.

____ "Oprah Interview with Dr. Elisabeth Kübler-Ross, 'People Are Talking' 1974." *YouTube*, uploaded by Elisabeth Kübler-Ross Foundation, 2 Apr. 2017, youtube.com/watch?v=AlnESKUZFqE.

____ O'Rourke, Meghan. "Good Grief." *The New Yorker*, 25 Jan. 2010, newyorker.com/magazine/2010/02/01/good-grief.

____ Parrow, Kyra. "Parkland students like me were told to get over our grief. We didn't get the support to do it." *Vox*, 28 Mar. 2019, vox.com/first-person/2019 /3 /28/18282962 /suicide-parkland-shooting-marjory-stoneman-douglas.

____ "The 1918 Flu Pandemic: Why It Matters 100 Years Later." *Public Health Matters Blog*, Centers for Disease Control and Prevention, 19 May 2018, blogs.cdc.gov/publichealthmatters/2018/05/1918-flu/.

____ Royde-Smith, John Graham, and Dennis E. Showalter. "Killed, Wounded, and Missing." *Encyclopædia Britannica*, britannica.com/event/World-War-I/Killed-wounded-and-missing.

____ Stroebe, Margaret, et al. "Broken Hearts or Broken Bonds: Love and Death in Historical Perspective." *American Psychologist*, vol. 47, no. 10, 1992, pp. 1205–12, doi:10.1037/0003-066x.47.10.1205.

____ Stroud, Clover. "Have the British Forgotten How to Grieve?" *The Telegraph*, 20 Feb. 2014, telegraph.co.uk/news/health/10639359/Have-the-British-forgotten-how-to-grieve.html.

____ Swetz, Frank J. "Mathematical Treasure: Graunt's Early Statistics on Mortality." *Convergence*, Aug. 2019, maa.org/press/periodicals/convergence/mathematical-treasure-graunts-early-statistics-on-mortality.

____ "US Population from 1900." *Demographia*, demographia.com/db-uspop1900.htm.

____ Walter, Tony. *On Bereavement: the Culture of Grief*. Open University Press, 1999.

____ Walter, Tony. "What Is Complicated Grief? A Social Constructionist Perspective." *OMEGA—Journal of Death and Dying*, vol. 52, no. 1, 2006, pp. 71–79, doi:10.2190/3lx7-c0cl-mnwr-jkkq.

____ Worden, J. William. *Grief Counseling and Grief Therapy: 4th Ed., A Handbook for the Mental Health Practitioner*. Springer, 2008.

_____ Wortman, Camille B., and Roxane Cohen Silver. "The Myths of Coping with Loss." *Journal of Consulting and Clinical Psychology*, vol. 57, no. 3, 1989, pp. 349–57, doi:10.1037//0022-006x.57.3.349.

2장 애도의 과거와 현재

_____ Cacciatore, Joanne. "Appropriate Bereavement Practice after the Death of a Native American Child." *Families in Society: The Journal of Contemporary Social Services*, vol. 90, no. 1, 2009, pp. 46–50, doi:10.1606/1044-3894.3844.

_____ Harris, Darcy. "Oppression of the Bereaved: A Critical Analysis of Grief in Western Society." OMEGA—*Journal of Death and Dying*, vol. 60, no. 3, 2010, pp. 241–53, doi:10.2190/om.60.3.c.

_____ Herzog, Teddy. "Grieving Is a Lost Art." *Teddy Herzog*, 10 Oct. 2014, teddyherzog.com/2014/10/10/grieving-is-a-lost-art.

_____ Krishnan, Vidya. "Coping with bereavement." *The Hindu*, 16 Apr. 2017, thehindu.com/sci-tech/health/coping-with-bereavement/article18062281.ece.

_____ Laungani, Pittu, and Ann Laungani. "Death in a Hindu Family." *Death and Bereavement Across Cultures*, edited by Colin Murray Parkes, et al., Routledge, 2015.

_____ Norton, Michael I., and Francesca Gino. "Rituals Alleviate Grieving for Loved Ones, Lovers, and Lotteries." *Journal of Experimental Psychology: General*, vol. 143, no. 1, 2014, pp. 266–72, doi:10.1037/a0031772.

_____ Parkes, Colin Murray, et al., editors. *Death and Bereavement across Cultures*. Routledge, 2015.

_____ Rosenblatt, Paul. "Grief in Small-Scale Societies." *Death and Bereavement across Cultures*, edited by Colin Murray Parkes, et al., Routledge, 2015.

_____ Rubin, Simon Shimshon. *Working with the Bereaved: Multiple Lenses on Loss and Mourning*. Routledge, 2012.

_____ Silverman, Phyllis R. *Never Too Young to Know: Death in Children's Lives*. Oxford University Press, 2000.

_____ Silverman, Phyllis, Steven Nickman, and J. William Worden. "Detachment Revisited: The Child's Reconstruction of a Dead Parent." *American Journal of Orthopsychiatry*, vol. 62, no. 4, Oct. 1992, pp. 494–503.

____ Somé, Sobonfu. "Embracing Grief: Surrendering to Your Sorrow Has the Power to Heal the Deepest of Wounds." *Sobonfu.com*, sobonfu.com/articles/writings-by -sobonfu-2/embracing-grief/.

____ Walter, Tony. "Facing Death without Tradition." *Contemporary Issues in the Sociology of Death, Dying and Disposal*, edited by Glennys Howarth and Peter C. Jupp. Macmillan, 1995.

____ White, Michael. "Saying Hullo Again: The Incorporation of the Lost Relationship in the Resolution of Grief." *Dulwich Centre Newsletter*, Spring 1988.

____ Wojcik, Daniel, and Robert Dobler. "What ancient cultures teach us about grief, mourning and continuity of life." *The Conversation*, 1 Nov. 2017, theconversation.com/what-ancient-cultures-teach-us-about-grief-mourning-and-continuity-of-life-86199.

____ Worden, J. William. *Children and Grief: When a Parent Dies*. Guilford, 1996.

3장 눈앞에 닥친 고통, 새로운 애도

____ @refugeingrief (Megan Devine). "There's a pervasive weirdness in our culture around #grief that's also showing up in reactions to the #covid19 #pandemic. No one needs life-changing loss to become who they're 'meant' to be. Life is calland-response. The path forward is integration, not betterment." *Twitter*, 22 May 2020, 6:00 p.m., twitter.com/refugeingrief/status/1263952835261104133.

____ "Bereavement Overload." *Psychology*, Iresearchnet.com, 2 Mar. 2017, psychology.iresearchnet.com/developmental-psychology/death-dying-and-bereavement/bereavement-overload/.

____ Bowlby, John. "Grief and Mourning in Infancy and Early Childhood." *The Psychoanalytic Study of the Child*, vol. 15, no. 1, 1960, pp. 9–52, doi:10.1080/00797308.1960.11822566.

____ Brabant, Sarah. "Old Pain or New Pain: A Social Psychological Approach to Recurrent Grief." *OMEGA—Journal of Death and Dying*, vol. 20, no. 4, 1990, pp. 273–79, doi:10.2190/ya0q-45b2-jtjf-vh3h.

____ Bylsma, Lauren M., et al. "When and for Whom Does Crying Improve Mood? A Daily Diary Study of 1004 Crying Episodes." *Journal of Research in Personality*, vol. 45, no. 4, 2011, pp. 385–92, doi:10.1016/j.jrp.2011.04.007.

____ Cavenar, Jesse O., et al. "Anniversary Reactions Masquerading as Manic-Depressive Illness."

American Journal of Psychiatry, vol. 134, no. 11, 1977, pp. 1273–76, doi:10.1176/ajp.134.11.1273.

____ Chethik, Neil. *Fatherloss: How Sons of All Ages Come to Terms with the Deaths of Their Dads*. Hyperion, 2001.

____ Dahl, Melissa. "How Long Does a Typical Crying Binge Last?" *The Cut*, 4 Dec. 2014, thecut.com/2014/12/how-long-does-a-typical-crying-binge-last.html.

____ Dlin, Barney M. "Psychobiology and Treatment of Anniversary Reactions." *Psychosomatics*, vol. 26, no. 6, 1985, pp. 505–12, doi:10.1016/s0033-3182(85)72831-9. .

____ Ellis, Jackie, et al. "The Long-Term Impact of Early Parental Death: Lessons from a Narrative Study." *Journal of the Royal Society of Medicine*, vol. 106, no. 2, 2013, pp. 57–67, doi:10.1177/0141076812472623.

____ Hammett, Elliott B., et al. "Atypical Grief: Anniversary Reactions." *Military Medicine*, vol. 144, no. 5, 1979, pp. 320–21, doi:10.1093/milmed/144.5.320.

____ Harvey, John H., et al. "Trauma Growth and Other Outcomes Attendant to Loss." *Psychological Inquiry*, vol. 15, no. 1, 2004, pp. 26–29.

____ Kastenbaum, Robert. "Death and Bereavement in Later Life." *Death and Bereavement*, edited by A. H. Kutscher. Charles C. Thomas, 1969, pp. 28–54.

____ Khan, M. Masud R. "The Concept of Cumulative Trauma." *The Psychoanalytic Study of the Child*, vol. 18, no. 1, 1963, pp. 286–306, doi:10.1080/00797308.1963.11822932.

____ Klass, Dennis, "Elisabeth Kubler-Ross and the Tradition of the Private Sphere: An Analysis of Symbols." *OMEGA—Journal of Death and Dying*, vol. 12, no. 3, 1982, pp. 241–67.

____ Kübler-Ross, Elisabeth, and David Kessler. *On Grief & Grieving: Finding the Meaning of Grief through the Five Stages of Loss*. Scribner, 2005.

____ McCoyd, Judith L. M., and Carolyn Ambler Walter. *Grief and Loss across the Lifespan: A Biopsychosocial Perspective*. Springer, 2016.

____ Musaph, H. "Anniversary Disease." *Psychotherapy and Psychosomatics*, vol. 22, no. 2-6, 1973, pp. 325–33, doi:10.1159/000286538.

____ Neimeyer, Robert A., and Jason Holland. "Bereavement Overload." *Encyclopedia of Human Development*, edited by Neil J. Salkind. Sage Publications, 2005.

____ "No More Tears: Men Really Do Cry Less than Women." *The Telegraph*, 12 Jan. 2015, telegraph.co.uk/men/the-filter/11339610/No-more-tears-men-really-do-cry-less-than-women.html.

_____ Olin, Randi. "A Child's Grief." *Brain, Child Magazine*, 1 Nov. 2014, https://02f0a56ef46d93f03c90-22ac5f107621879d5667e0d7ed595bdb.ssl.cf2.rackcdn.com/sites/14962/uploads/24215/Harvard_Child_Bereavement_Study20180706-20166-3e6sod.pdf.

_____ Pollock, George H. *The Mourning-Liberation Process*, vol. 1. International Universities Press, 1989.

_____ Silverman, Phyllis R. *Never Too Young to Know: Death in Children's Lives*. Oxford University Press, 2000.

_____ Stroebe, Margaret, and Henk Schut. "The Dual Process Model of Coping with Bereavement: Rationale and Description." *Death Studies*, vol. 23, no. 3, 1999, pp. 197–224, doi:10.1080/074811899201046.

_____ Stroebe, Margaret, and Henk Schut. "The Dual Process Model of Coping with Bereavement: A Decade On." *OMEGA—Journal of Death and Dying*, vol. 61, no. 4, 2010, pp. 273–89, doi:10.2190/om.61.4.b.

_____ Van Hemert, Dianne A., et al. "Culture and Crying." *Cross-Cultural Research*, vol. 45, no. 4, 2011, pp. 399–431, doi:10.1177/1069397111404519.

_____ Worden, J. William. *Children and Grief: When a Parent Dies*. Guilford, 1996.

4장 반복해서 찾아오는 묵은 애도

_____ Biank, Nancee M., and Allison Werner-Lin. "Growing Up with Grief: Revisiting the Death of a Parent over the Life Course." *OMEGA—Journal of Death and Dying*, vol. 63, no. 3, 2011, pp. 271–90, doi:10.2190/om.63.3.e.

_____ Brabant, Sarah. "Old Pain or New Pain: A Social Psychological Approach to Recurrent Grief." *OMEGA—Journal of Death and Dying*, vol. 20, no. 4, 1990, pp. 273–79, doi:10.2190/ya0q-45b2-jtjf-vh3h.

_____ Fox, Sandra Sutherland. "Children's Anniversary Reactions to the Death of a Family Member." *OMEGA—Journal of Death and Dying*, vol. 15, no. 4, 1985, pp. 291–305, doi:10.2190/2jgc-8g4e-aw3w-4n9q.

_____ Gabriel, Martha A. "Anniversary Reactions: Trauma Revisited." *Clinical Social Work Journal*, vol. 20, no. 2, 1992, pp. 179–92, doi:10.1007/bf00756507.

____ Gersen, Hannah. "No More Dead Mothers: Reading, Writing, and Grieving." *Literary Hub*, 6 May 2016, lithub.com/no-more-dead-mothers-reading-writing-and-grieving/.

____ McCoyd, Judith L. M., and Carolyn Ambler Walter. *Grief and Loss across the Lifespan: A Biopsychosocial Perspective*. Springer, 2016.

____ Mintz, Ira. "The Anniversary Reaction: A Response to the Unconscious Sense of Time." *Journal of the American Psychoanalytic Association*, vol. 19, no. 4, 1971, pp. 720–35, doi:10.1177/000306517101900406.

____ Neimeyer, Robert A. *Lessons of Loss: A Guide to Coping*. Center for the Study of Loss and Transition, 2006.

____ Pollock, George H. "Anniversary Reactions, Trauma, and Mourning." *The Psychoanalytic Quarterly*, vol. 39, no. 3, 1970, pp. 347–71, doi:10.1080/21674086.1970.11926533.

____ Pollock, George H. "Temporal Anniversary Manifestations: Hour, Day, Holiday." *The Psychoanalytic Quarterly*, vol. 40, no. 1, 1971, pp. 123–31, doi:10.1080/21674086.1971.11926554.

____ Pollock, George H. *The Mourning-Liberation Process*, vol. 1. International Universities Press, 1989.

____ Rando, Therese A. *Treatment of Complicated Mourning*. Research Press, 1993.

____ Renvoize, E. B., and J. Jain. "Anniversary Reactions." *British Journal of Psychiatry*, vol. 148, no. 3, 1986, pp. 322–24, doi:10.1192/bjp.148.3.322.

____ Rosenblatt, Paul. "Grief That Does Not End." *Continuing Bonds: New Understandings of Grief*, edited by Dennis Klass et al. Taylor and Francis, 1996.

5장 단 한 번 찾아오는 새로워진 애도

____ Birtchnell, John. "Anniversary Reactions." *British Journal of Psychiatry*, vol. 148, no. 5, 1986, pp. 610–11, doi:10.1192/s0007125000211422.

____ "The Bonaparte Women: Marie Bonaparte—A Freudian Princess." *History of Royal Women*, 13 July 2019, historyofroyalwomen.com/marie-bonaparte/the-bonaparte-women-marie-bonaparte-a-freudian-princess/.

____ Hilgard, Josephine R. "Anniversary Reactions in Parents Precipitated by Children." *Psychiatry*, vol. 16, no. 1, 1953, pp. 73–80, doi:10.1080/00332747.1953.11022910.

_____ Hilgard, Josephine R., et al. "Strength of Adult Ego Following Childhood Bereavement." *American Journal of Orthopsychiatry*, vol. 30, no. 4, 1960, pp. 788–98, doi:10.1111/j.1939-0025.1960.tb02094.x.

_____ Livesey, Tony. "Tony Livesey: Life after Mother." *The Independent*, 7 Dec. 2010, independent.co.uk/life-style/health-and-families/features/tony-livesey-life-after-mother-2152961.html.

_____ Pollock, George H. *The Mourning-Liberation Process*, vol. 1. International Universities Press, 1989.

_____ Rando, Therese A. *Treatment of Complicated Mourning*. Research Press, 1993.

6장 애도의 고리들

_____ @LaurenHerschel (Lauren Herschel). "After what has been a surprisingly okayish Christmas, I had a moment today in SuperStore. Saw a lady who reminded me of my 92yo grandma, who even in the early stages of dementia, completely understood that my mom died. I thought I'd share the Ball in the Box analogy my Dr told me" *Twitter*, 29 Dec. 2017, 6:35 p.m., twitter.com/LaurenHerschel/status/946887540732149760.

_____ Calhoun, Lawrence G., et al. "A Correlational Test of the Relationship between Posttraumatic Growth, Religion, and Cognitive Processing." *Journal of Traumatic Stress*, vol. 13, no. 3, 2000, pp. 521–27, doi:10.1023/a:1007745627077.

_____ Calhoun, Lawrence G., and Richard G. Tedeschi. "The Foundations of Posttraumatic Growth: New Considerations." *Psychological Inquiry*, vol. 15, no. 1, 2004, pp. 93–102, doi:10.1207/s15327965pli1501_03.

_____ Cann, Arnie, et al. "A Short Form of the Posttraumatic Growth Inventory." *Anxiety, Stress & Coping*, vol. 23, no. 2, 2010, pp. 127–37, doi:10.1080/10615800903094273.

_____ Chödrön, Pema. *When Things Fall Apart: Heart Advice for Difficult Times*. Shambhala, 2016.

_____ Edmonds, Sarah, and Karen Hooker. "Perceived Changes in Life Meaning Following Bereavement." *OMEGA—Journal of Death and Dying*, vol. 25, no. 4, 1992, pp. 307–18, doi:10.2190/te7q-5g45-bety-x1tt.

_____ "Grief: It's not something you have to 'get over' (Like Minds Ep.12) BBC Stories," *YouTube*, uploaded by BBC Stories, 1 Mar. 2018, youtube.com/watch?v=X55TJRj9HUk.

____ Hogan, Nancy, et al. "Toward an Experiential Theory of Bereavement." *OMEGA—Journal of Death and Dying*, vol. 33, no. 1, 1996, pp. 43–65, doi:10.2190/gu3x-jwv0-ag6g-21fx.

____ Joseph, Stephen. "The Key to Posttraumatic Growth." *Psychology Today*, 11 Mar. 2013, psychologytoday.com/us/blog/what-doesnt-kill-us/201303/the-key-posttraumatic-growth.

____ Joseph, Stephen. *What Doesn't Kill Us: The New Psychology of Posttraumatic Growth*. Basic Books, 2013.

____ Rubin, Simon Shimshon. "The Two-Track Model of Bereavement: Overview, Retrospect, and Prospect." *Death Studies*, vol. 23, no. 8, 1999, pp. 681–714, doi:10.1080/074811899200731.

____ Schwartz, Laura E., et al. "Effect of Time since Loss on Grief, Resilience, and Depression among Bereaved Emerging Adults." *Death Studies*, vol. 42, no. 9, 2018, pp. 537–47, doi:10.1080/07481187.2018.1430082.

____ Tedeschi, Richard G., and Lawrence G. Calhoun. "Posttraumatic Growth: Conceptual Foundations and Empirical Evidence." *Psychological Inquiry*, vol. 15, no. 1, 2004, pp. 1–18, doi:10.1207/s15327965pli1501_01.

____ Wolchik, Sharlene A., et al. "Six-Year Longitudinal Predictors of Posttraumatic Growth in Parentally Bereaved Adolescents and Young Adults." *OMEGA—Journal of Death and Dying*, vol. 58, no. 2, 2009, pp. 107–28, doi:10.2190/om.58.2.b.

____ Wortman, C. "Posttraumatic Growth: Progress and Problems" in (2004) COMMENTARIES on "Posttraumatic Growth: Conceptual Foundations and Empirical Evidence." *Psychological Inquiry*, 15:1, 81–92.

7장 이야기의 힘

____ Calhoun, Lawrence G., et al. "A Correlational Test of the Relationship between Posttraumatic Growth, Religion, and Cognitive Processing." *Journal of Traumatic Stress*, vol. 13, no. 3, 2000, pp. 521–27, doi:10.1023/a:1007745627077.

____ Campbell, Keith W., and Amy B. Brunel. "Sitting Here in Limbo: Ego Shock and Posttraumatic Growth." *Psychological Inquiry*, vol. 15, no. 1, 2004, pp. 22–26.

____ Collins, Rebecca L., et al. "A Better World or a Shattered Vision? Changes in Life Perspectives Following Victimization." *Social Cognition*, vol. 8, no. 3, 1990, pp. 263–85, doi:10.1521/

soco.1990.8.3.263.

_____ Frank, Arthur. *Letting Stories Breathe: A Socio-Narratology*. University of Chicago Press, 2010.

_____ Hammack, Phillip L. "Narrative and the Cultural Psychology of Identity." *Personality and Social Psychology Review*, vol. 12, no. 3, 2008, pp. 222–47, doi:10.1177/1088868308316892.

_____ Harvey, John. *Embracing Their Memory: Loss and the Social Psychology of Storytelling*. Allyn & Bacon, 1996.

_____ Harvey, John H., et al. "House of Pain and Hope: Accounts of Loss." *Death Studies*, vol. 16, no. 2, 1992, pp. 99–124, doi:10.1080/07481189208252562.

_____ Hermans, Hubert J. M. "Self-Narrative as Meaning Construction: The Dynamics of Self-Investigation." *Journal of Clinical Psychology*, vol. 55, no. 10, 1999, pp. 1193–1211, doi:10.1002/(sici)1097-4679(199910)55:10⟨1193::aid-jclp3⟩3.0.co;2-i.

_____ McAdams, Dan. *Stories We Live By: Personal Myths and the Making of the Self*. William Morrow & Company, 1993.

_____ McAdams, Dan P., et al. "When Bad Things Turn Good and Good Things Turn Bad: Sequences of Redemption and Contamination in Life Narrative and Their Relation to Psychosocial Adaptation in Midlife Adults and in Students." *Personality and Social Psychology Bulletin*, vol. 27, no. 4, 2001, pp. 474–85, doi:10.1177/0146167201274008.

_____ Neimeyer, Robert A. "Fostering Posttraumatic Growth: A Narrative Elaboration." *Psychological Inquiry*, vol. 15, no. 1, 2004, pp. 53–59.

_____ Neimeyer, Robert A. *Meaning Reconstruction & the Experience of Loss*. American Psychological Association, 2001.

_____ Pals, Jennifer L., and Dan P. McAdams. "The Transformed Self: A Narrative Understanding of Posttraumatic Growth." *Psychological Inquiry*, vol. 15, no. 1, 2004, pp. 65–75.

_____ Park, Crystal L. "Making Sense of the Meaning Literature: An Integrative Review of Meaning Making and Its Effects on Adjustment to Stressful Life Events." *Psychological Bulletin*, vol. 136, no. 2, 2010, pp. 257–301, doi:10.1037/a0018301.

_____ Pasupathi, Monisha. "The Social Construction of the Personal Past and Its Implications for Adult Development." *Psychological Bulletin*, vol. 127, no. 5, 2001, pp. 651–72, doi:10.1037/0033-2909.127.5.651.

_____ Roberts, Roxanne. "Suicide is desperate. It is hostile. It is tragic. But mostly, it is a bloody mess." *The Washington Post*, May 18, 1996.

____ Rose, Ellen. "Hyper Attention and the Rise of the Antinarrative: Reconsidering the Future of Narrativity." *Narrative Works: Issues, Investigations and Interventions*, vol. 2, no. 2, 2012, pp. 92–102.

____ Solnit, Rebecca. *The Faraway Nearby*. Penguin Books, 2014.

____ Valentine, Christine. *Bereavement Narratives: Continuing Bonds in the Twenty-First Century*. Routledge, 2008.

____ Wortman, Camille B. "Posttraumatic Growth: Progress and Problems." *Psychological Inquiry*, vol. 15, no. 1, 2004, pp. 81–90.

8장 우리 이야기 좀 해요

____ Archer, John. *The Nature of Grief: The Evolution and Psychology of Reactions to Loss*. Routledge, 1999.

____ Attig, Thomas. "Disenfranchised Grief Revisited: Discounting Hope and Love." *OMEGA—Journal of Death and Dying*, vol. 49, no. 3, 2004, pp. 197–215, doi:10.2190/p4tt-j3bf-kfdr-5jb1.

____ AZM. "Telling People That Your Parents Are Dead." *Human Parts*, 5 Jan. 2020, humanparts.medium.com/telling-people-that-your-parents-are-dead-56d8d65c1f7a.

____ Eisenstadt, Marvin, et al. *Parental Loss and Achievement*. International Universities Press, 1989.

____ Frank, Arthur. *Letting Stories Breathe: A Socio-Narratology*. University of Chicago Press, 2010.

____ Furman, Robert A. "Death and the Young Child." *The Psychoanalytic Study of the Child*, vol. 19, no. 1, 1964, pp. 321–33, doi:10.1080/00797308.1964.11822872.

____ Griffin, Susan. *A Chorus of Stones: The Private Life of War*. Anchor Books, 1993.

____ Harvey, John H., et al. "House of Pain and Hope: Accounts of Loss." *Death Studies*, vol. 16, no. 2, 1992, pp. 99–124, doi:10.1080/07481189208252562.

____ Joseph, Stephen. *What Doesn't Kill Us: The New Psychology of Posttraumatic Growth*. Basic Books, 2013.

____ Krulwich, Robert. "Successful Children Who Lost a Parent—Why Are There So Many of

Them?" Krulwich Wonders. *NPR*, 16 Oct. 2013, npr.org/sections/krulwich/2013/10/15/234737083/ successful-children-who-lost-a-parent-why-are-there-so-many-of-them.

____ Lichtenthal, Wendy G., and Dean G. Cruess. "Effects of Directed Written Disclosure on Grief and Distress Symptoms among Bereaved Individuals." *Death Studies*, vol. 34, no. 6, 2010, pp. 475–99, doi:10.1080/07481187.2010.483332.

____ "More than Eight in 10 Men in Prison Suffered Childhood Adversity—New Report." *Phys.org*, 29 Apr. 2019, phys.org/news/2019-04-men-prison-childhood-adversity.html.

____ Murray, Edward J., and Daniel L. Segal. "Emotional Processing in Vocal and Written Expression of Feelings about Traumatic Experiences." *Journal of Traumatic Stress*, vol. 7, no. 3, 1994, pp. 391–405, doi:10.1002/jts.2490070305.

____ O'Connor, Mary-Frances, et al. "Emotional Disclosure for Whom? A Study of Vagal Tone in Bereavement." *Biological Psychology*, vol. 68, no. 2, 2005, pp. 135–46, doi:10.1016/ j.biopsycho.2004.04.003.

____ Pasupathi, Monisha. "The Social Construction of the Personal Past and Its Implications for Adult Development." *Psychological Bulletin*, vol. 127, no. 5, 2001, pp. 5651–72, doi:10.1037/0033-2909.127.5.651.

____ Pennebaker, James W. "Writing About Emotional Experiences as a Therapeutic Process." *Psychological Science*, vol. 8, no. 3, 1997, pp. 162–6, doi:10.1111/j.1467-9280.1997.tb00403.x.

____ Pennebaker, James W., and Janel D. Seagal. "Forming a Story: The Health Benefits of Narrative." *Journal of Clinical Psychology*, vol. 55, no. 10, 1999, pp. 1243–54, doi:10.1002/(sici)1097-4679(199910)55:10<1243::aid-jclp6>3.0.co;2-n.

____ Pennebaker, James W., and Joshua M. Smyth. *Opening It Up by Writing It Down: How Expressive Writing Improves Health and Eases Emotional Pain*. 3rd ed., Guilford Press, 2016.

____ Range, Lillian M., et al. "Does writing about the bereavement lessen grief following sudden, unintentional death?" *Death Studies*, vol. 24, no. 2, 2000, pp. 115–34, doi:10.1080/074811800200603.

____ Rosen, Helen. "Prohibitions against Mourning in Childhood Sibling Loss." *OMEGA—Journal of Death and Dying*, vol. 15, no. 4, 1985, pp. 307–16, doi:10.2190/dpfa-ura4-ch2k-umq5.

____ Stroebe, Margaret, et al. "Does Disclosure of Emotions Facilitate Recovery from Bereavement? Evidence from Two Prospective Studies." *Journal of Consulting and Clinical Psychology*, vol. 70, no. 1, 2002, pp. 169–78, doi:10.1037/0022-006x.70.1.169.

____ Tedeschi, Richard G., and Lawrence G. Calhoun. "Posttraumatic Growth: Conceptual Foundations and Empirical Evidence." *Psychological Inquiry*, vol. 15, no. 1, 2004, pp. 1–18, doi:10.1207/s15327965pli1501_01.

____ Wortman, Camille B. "Posttraumatic Growth: Progress and Problems." *Psychological Inquiry*, vol. 15, no. 1, 2004, pp. 81–90.

9장 여섯 가지 예외

____ Aristotle. *The Poetics of Aristotle*, translated by S. H. Butcher. Project Gutenberg, 3 Nov. 2008, gutenberg.org/files/1974/1974-h/1974-h.htm#link2H_4_0009.

____ Bauer, Patricia J., and Marina Larkina. "The Onset of Childhood Amnesia in Childhood: A Prospective Investigation of the Course and Determinants of Forgetting of Early-Life Events." *Memory*, vol. 22, no. 8, Nov. 2013, pp. 907–24, doi:10.1080/09658211.2013.854806.

____ Blakley, Theresa, et al. "The Risks and Rewards of Speed: Restorative Retelling Compressed into a Three-Day Retreat." *Death Studies*, vol. 42, no. 1, 2018, pp. 9–15, doi:10.1080/07481187.2017.1370412.

____ Brown, David W., et al. "Adverse Childhood Experiences and Childhood Autobiographical Memory Disturbance." *Child Abuse & Neglect*, vol. 31, no. 9, 2007, pp. 961–69, doi:10.1016/j.chiabu.2007.02.011.

____ Callahan, Shawn. "The Link between Memory and Stories." *Anecdote*, 8 Jan. 2015, anecdote.com/2015/01/link-between-memory-and-stories/.

____ Ellis, Jackie, et al. "The Long-Term Impact of Early Parental Death: Lessons from a Narrative Study." *Journal of the Royal Society of Medicine*, vol. 106, no. 2, 2013, pp. 57–67, doi:10.1177/0141076812472623.

____ Gammon, Kate. "Birth of Memory: Why Kids Forget What Happened Before Age 7." *Popular Science*, 31 Jan. 2014, popsci.com/blog-network/kinderlab/birth-memory-why-kids-forget-what-happened-age-7/.

____ Greenhoot, Andrea Follmer, et al. "Stress and Autobiographical Memory Functioning." *Emotion in Memory and Development*, edited by Jody Quas and Robyn Fyvus. Oxford University Press, 2009, pp. 86–118.

_____ Joseph, Stephen. *What Doesn't Kill Us: The New Psychology of Posttraumatic Growth*. Basic Books, 2013.

_____ Lely, Jeannette C. G., et al. "The effectiveness of narrative exposure therapy: a review, meta-analysis and meta-regression analysis." *European Journal of Psychotraumatology*, vol. 10, no. 1, 2019, doi: 10.1080/20008198.2018.1550344.

_____ Levine, Peter A. *Trauma and Memory: Brain and Body in a Search for the Living Past: A Practical Guide for Understanding and Working with Traumatic Memory*. North Atlantic Books, 2015.

_____ Lu, Donna. "The Farewell Explores the Ethics of Lying about a Cancer Diagnosis." *New Scientist*, 29 October 2019, newscientist.com/article/2221673-the-farewell-explores-the-ethics-of-lying-about-a-cancer-diagnosis/.

_____ Nadeau, Janice Winchester. *Families Making Sense of Death*. Sage Publications, 1998.

_____ Neimeyer, Robert A. "Fostering Posttraumatic Growth: A Narrative Elaboration." *Psychological Inquiry*, vol. 15, no. 1, 2004, pp. 53–59.

_____ Parkes, Collin Murray. "Bereavement." *British Journal of Psychiatry*, vol. 146, no. 1, 1985, pp. 11–17, doi:10.1192/bjp.146.1.11.

_____ Pollock, George H. *The Mourning-Liberation Process*, vol. 1. International Universities Press, 1989.

_____ Silverman, Phyllis Rolfe. *Never Too Young to Know: Death in Children's Lives*. Oxford University Press, 2000.

_____ van der Kolk, Bessel. *The Body Keeps the Score: Brain, Mind, and Body in the Healing of Trauma*. Penguin Books, 2014.

_____ Williams, Joah L., and Alyssa A. Rheingold. "Introduction to the Special Section: Creative Applications of Restorative Retelling." *Death Studies*, vol. 42, no. 1, 2018, pp. 1–3, doi:10.1080/0748 1187.2017.1370415.

_____ Woolley, Jacqueline D. "Thinking about Fantasy: Are Children Fundamentally Different Thinkers and Believers from Adults?" *Child Development*, vol. 68, no. 6, 1997, pp. 991–1011, doi:10.2307/1132282.

_____ Worden, J. William. Children and Grief: *When a Parent Dies*. Guilford Press, 1996.

_____ Wortman, Camille B. "Posttraumatic Growth: Progress and Problems." *Psychological*

Inquiry, vol. 15, no. 1, 2004, pp. 81–90.

10장 상실의 이야기 다시 쓰기

____ Bruner, Jerome. *Acts of Meaning: Four Lectures on Mind and Culture* (The Jerusalem-Harvard Lectures). Harvard University Press, 1990.

____ Charon, Rita. *Narrative Medicine: Honoring the Stories of Illness*. Oxford University Press, 2006.

____ Denborough, David. *Retelling the Stories of Our Lives: Everyday Narrative Therapy to Draw Inspiration and Transform Experience*. W. W. Norton & Company, 2014.

____ Ellis, Jackie, et al. "The Long-Term Impact of Early Parental Death: Lessons from a Narrative Study." *Journal of the Royal Society of Medicine*, vol. 106, no. 2, 2013, pp. 57–67, doi:10.1177/0141076812472623.

____ Flesner, Jodi. "A Shift in the Conceptual Understanding of Grief: Using Meaning Oriented-Therapies with Bereaved Clients." *Vistas Online*, 2013. pdfs.semanticscholar.org/67ca/bd3461168 935d0df1cbd400a651e42372f94.pdf.

____ Frank, Arthur. *Letting Stories Breathe: A Socio-Narratology*. University of Chicago Press, 2010.

____ Frankl, Viktor E. *Man's Search for Meaning*. Beacon Press, 2006.

____ Gornick, Vivian. *The Situation and the Story: The Art of Personal Narrative*. Farrar, Straus and Giroux, 2002.

____ Haupt, Jennifer. "Death, Memory, and Other Superpowers." *The Rumpus*, 8 Aug. 2017, therumpus.net/2017/08/death-memory-and-other-superpowers/.

____ Hedtke, Lorraine, and John Winslade. *The Crafting of Grief: Constructing Aesthetic Responses to Loss*. Routledge, 2017.

____ Huxley, Aldous. *Texts and Pretexts: An Anthology with Commentaries*. Forgotten Books, 2017.

____ Joseph, Stephen. *What Doesn't Kill Us: The New Psychology of Posttraumatic Growth*. Basic Books, 2013.

____ Silverman, Phyllis, and Nickman, Steven. "Children's Construction of Their Dead

Parents." *Continuing Bonds: New Understanding of Grief*, edited by Dennis Klass, et al. Taylor & Francis, 1996.

_____ Werner-Lin, Allison, and Daniel S. Gardner. "Family Illness Narratives of Inherited Cancer Risk: Continuity and Transformation." *Families, Systems, & Health*, vol. 27, no. 3, 2009, pp. 201–12, doi:10.1037/a0016983.

11장 이야기 분할하기

_____ "Adverse Childhood Experiences (ACEs)." cdc.gov, Centers for Disease Control and Prevention, 3 Apr. 2020, cdc.gov/violenceprevention/acestudy/.

_____ Bruner, Charles. "ACE, Place, Race, and Poverty." *Academic Pediatrics*, vol. 17, no. 7S, 2017, pp. S123–29, doi:10.1016/j.acap.2017.05.009.

_____ Felitti, Vincent J. "The relation between adverse childhood experiences and adult health: turning gold into lead." *The Permanente Journal*, vol. 6, no. 1, 2002, pp. 44–47, doi:10.13109/zptm.2002.48.4.359.

_____ McCoyd, Judith L. M., and Carolyn Ambler Walter. *Grief and Loss across the Lifespan: A Biopsychosocial Perspective*. Springer, 2016.

_____ Nakazawa, Donna Jackson. *Childhood Disrupted: How Your Biography Becomes Your Biology, and How You Can Heal*. Atria Books, 2015.

_____ Parkes, Collin Murray. "Bereavement." *British Journal of Psychiatry*, vol. 146, no. 1, 1985, pp. 11–17, doi:10.1192/bjp.146.1.11.

_____ Schultz, Lara E. "The Influence of Maternal Loss on Young Women's Experience of Identity Development in Emerging Adulthood." *Death Studies*, vol. 31, no. 1, 2007, pp. 17–43, doi:10.1080/07481180600925401.

12장 연속성을 찾아서

_____ @LaurenHerschel (Lauren Herschel). "After what has been a surprisingly okayish Christmas, I had a moment today in SuperStore. Saw a lady who reminded me of my 92yo grandma, who even in the early stages of dementia, completely understood that my mom died. I thought I'd share the Ball in the Box analogy my Dr told me." *Twitter*, 29 Dec. 2017, 6:35 p.m., twitter.com/LaurenHerschel/status/946887540732149760.

_____ "Anderson Cooper 360 Degrees." CNN, 15 Aug. 2019. Transcript. transcripts.cnn.com/TRANSCRIPTS/1908/15/acd.01.html.

_____ Calhoun, Lawrence G., et al. "A Correlational Test of the Relationship between Posttraumatic Growth, Religion, and Cognitive Processing." *Journal of Traumatic Stress*, vol. 13, no. 3, 2000, pp. 521–27, doi:10.1023/a:1007745627077.

_____ Campbell, Keith W., et al. "Sitting Here in Limbo: Ego Shock and Posttraumatic Growth." *Psychological Inquiry*, vol. 15, no. 1, 2004, pp. 22–26.

_____ Gabriel, Martha A. "Anniversary Reactions: Trauma Revisited." *Clinical Social Work Journal*, vol. 20, no. 2, 1992, pp. 179–92, doi:10.1007/bf00756507.

_____ Hammack, Phillip L. "Narrative and the Cultural Psychology of Identity." *Personality and Social Psychology Review*, vol. 12, no. 3, 2008, pp. 222–47, doi:10.1177/1088868308316892.

_____ Harris, Maxine. *The Loss That Is Forever: The Lifelong Impact of the Early Death of a Mother or Father*. Penguin Books, 1995.

_____ Harvey, John H., et al. "House of Pain and Hope: Accounts of Loss." *Death Studies*, vol. 16, no. 2, 1992, pp. 99–124, doi:10.1080/07481189208252562.

_____ Joseph, Stephen. *What Doesn't Kill Us: The New Psychology of Posttraumatic Growth*. Basic Books, 2013.

_____ McAdams, Dan P. "The Redemptive Self: Generativity and the Stories Americans Live By." *Research in Human Development*, vol. 3, no. 2-3, 2006, pp. 81–100, doi:10.1080/15427609.2006.9683363.

_____ McAdams, Dan. P. *The Redemptive Self: Stories Americans Live By*. Oxford University Press, 2013.

_____ McAdams, Dan P., et. al. "When Bad Things Turn Good and Good Things Turn Bad: Sequences of Redemption and Contamination in Life Narrative and Their Relation to Psychosocial Adaptation in Midlife Adults and in Students." *Personality and Social Psychology Bulletin*, vol. 27, no. 4, April 2001, 474–85, doi:10.1177 /0146167201274008.

_____ McMillen, J. Curtis. "Posttraumatic Growth: What's It All About." *Psychological Inquiry*, vol. 15, no. 1, 2004, pp. 48–51.

____ Romanoff, Bronn D. "Research as Therapy: The Power of Narrative to Effect Change." *Meaning Reconstruction & the Experience of Loss*, edited by Robert A. Neimeyer. American Psychological Association, 2001.

____ Tedeschi, Richard G., and Lawrence G. Calhoun. "Posttraumatic Growth: Conceptual Foundations and Empirical Evidence." *Psychological Inquiry*, vol. 15, no. 1, 2004, pp. 1–18, doi:10.1207/s15327965pli1501_01.

에필로그: 애도의 다른 얼굴

____ "Anderson Cooper 360 Degrees." CNN, 15 Aug. 2019. Transcript. transcripts.cnn.com/TRANSCRIPTS/1908/15/acd.01.html.

____ Edmonds, Sarah, and Karen Hooker. "Perceived Changes in Life Meaning Following Bereavement." *OMEGA—Journal of Death and Dying*, vol. 25, no. 4, 1992, pp. 307–18, doi:10.2190/te7q-5g45-bety-x1tt.

____ Lichtenthal, Wendy G., and Dean G. Cruess. "Effects of Directed Written Disclosure on Grief and Distress Symptoms among Bereaved Individuals." *Death Studies*, vol. 34, no. 6, 2010, pp. 475–99, doi:10.1080/07481187.2010.483332.

____ McAdams, Dan P., et. al. "When Bad Things Turn Good and Good Things Turn Bad: Sequences of Redemption and Contamination in Life Narrative and Their Relation to Psychosocial Adaptation in Midlife Adults and in Students." *Personality and Social Psychology Bulletin*, vol 27, no. 4, 2001, pp. 474–85, doi:10.1177/0146167201274008.

____ Tedeschi, Richard G., and Lawrence G. Calhoun. "Posttraumatic Growth: Conceptual · Foundations and Empirical Evidence." *Psychological Inquiry*, vol. 15, no. 1, 2004, pp. 1–18, doi:10.1207/s15327965pli1501_01.

____ Weller, Francis. "Francis Weller on Grief (2013)," *YouTube*, uploaded by Minnesota Men's Conference, 29 Jan. 2014, youtube.com/watch?v=EaI-4c92Mqo.

옮긴이 김 재 경

서울대학교 영어영문학과를 졸업하고 아이들에게 영어를 가르치다 텍스트에 대한 미련을 버리지 못
하고 번역가의 길로 들어섰다. 현재 바른번역 소속 번역가로 활동하고 있으며 옮긴 책으로《딱 1년만,
나만 생각할게요》《포스트 트루스》《2050 거주불능 지구》《광장의 오염》《왜 살아야 하는가》《집으로
가는 길》이 있다.

슬픔 이후의 슬픔

초판 1쇄 인쇄 2021년 12월 24일
1쇄 발행 2022년 1월 4일

지은이 호프 에덜먼
옮긴이 김재경
펴낸이 김선식

경영총괄 김은영
책임편집 김은하   디자인 심아경   책임마케터 오서영
콘텐츠사업3팀 심아경, 이승환, 김은하, 김한솔, 김정택
마케팅본부장 권장규   마케팅1팀 최혜령, 오서영
미디어홍보본부장 정명찬   홍보팀 안지혜, 김민정, 오수미, 김은지, 이소영, 박재연
뉴미디어팀 허지호, 임유나, 배한진, 홍수경, 박지수, 송희진
저작권팀 한승빈, 김재원   편집관리팀 조세현, 백설희
경영관리본부 하미선, 윤이경, 김재경, 오지영, 박상민, 김소영, 이소희, 최완규, 이지우, 이우철, 김혜진

펴낸곳 다산북스   출판등록 2005년 12월 23일 제313-2005-00277호
주소 경기도 파주시 회동길 490   전화 02-704-1724   팩스 02-703-2219
이메일 dasanbooks@dasanbooks.com   홈페이지 dasan.group   블로그 blog.naver.com/dasan_books
종이 IPP   인쇄·제본 한영문화사   후가공 평창피앤지

ISBN 979-11-306-7939-6 (03180)

다산북스(DASANBOOKS)는 독자 여러분의 책에 관한 아이디어와 원고 투고를 기쁜 마음으로 기다리고 있습니다. 책 출간을 원하는 분
은 다산북스 홈페이지 '투고원고'란으로 간단한 개요와 취지, 연락처 등을 보내주세요. 머뭇거리지 말고 문을 두드리세요.